语言服务与语言生活丛书编委会

主　编　屈哨兵

编　委　（按姓氏音序排列）

郭　杰　马　喆　屈哨兵　王海兰

王　苗　王文豪　王毅力　禤健聪

张晓苏　张迎宝

组　编　国家语委国家语言服务与粤港澳大湾区

语言研究中心（广州大学）

语言服务书系

语言服务与语言生活丛书
屈哨兵　主编

Research on Language Services

语言服务研究论

屈哨兵　著

暨南大学出版社
JINAN UNIVERSITY PRESS

中国 · 广州

图书在版编目（CIP）数据

语言服务研究论/屈哨兵著．—广州：暨南大学出版社，2024.6
（语言服务与语言生活丛书/屈哨兵主编）
ISBN 978 - 7 - 5668 - 3617 - 5

Ⅰ.①语…　Ⅱ.①屈…　Ⅲ.①语言学—文集　Ⅳ.①H0 - 53

中国国家版本馆 CIP 数据核字（2023）第 015056 号

语言服务研究论
YUYAN FUWU YANJIU LUN
著　者：屈哨兵
··

出 版 人：阳　翼
统　　筹：杜小陆
责任编辑：黄志波
责任校对：刘舜怡　梁安儿　黄晓佳　何江琳
责任印制：周一丹　郑玉婷

出版发行：暨南大学出版社（511434）
电　　话：总编室（8620）31105261
　　　　　营销部（8620）37331682　37331689
传　　真：（8620）31105289（办公室）　　37331684（营销部）
网　　址：http：//www.jnupress.com
排　　版：广州良弓广告有限公司
印　　刷：广州市友盛彩印有限公司
开　　本：787mm×1092mm　1/16
印　　张：26.875
字　　数：510 千
版　　次：2024 年 6 月第 1 版
印　　次：2024 年 6 月第 1 次
定　　价：98.00 元

（暨大版图书如有印装质量问题，请与出版社总编室联系调换）

总　序　让成果从我们自己的土壤里生长起来

2016 年 5 月 17 日，习近平总书记出席了哲学社会科学工作座谈会，在谈到我国的哲学社会科学研究应当具有原创性和时代性的特点时，他引用了毛泽东主席在 1944 年说过的一段话，"我们的态度是批判地接受我们自己的历史遗产和外国的思想。我们既反对盲目接受任何思想也反对盲目抵制任何思想。我们中国人必须用我们自己的头脑进行思考，并决定什么东西能在我们自己的土壤里生长起来"。在我看来，毛泽东主席的这段话就是对他一贯主张的"古为今用、洋为中用"的最好阐释，习近平总书记加以引用，意在强调要以我国实际为研究起点，提出具有主体性、原创性的理论观点，构建具有自身特质的学科体系、学术体系和话语体系。广州大学国家语委国家语言服务与粤港澳大湾区语言研究中心（以下简称"粤港澳语言中心"）决定组编"语言服务与语言生活丛书"，我作为中心的首席专家，有责任为丛书写一个总序。在拟定总序的主题时，我想起了习近平总书记引用的这段话，并将它化用成总序的标题。我认为，这套丛书编辑的最重要的价值取向就应该是：用自己的头脑进行思考，让成果从我们自己的土壤里生长起来。

粤港澳语言中心，是国家语委 2020 年正式设立的科研机构。作为一个与大学教学教育同体发展的学术机构，粤港澳语言中心在构建具有中国特色的学科体系、学术体系和话语体系中能起到多大的作用，还很难说。但是以中国哲学社会科学发展的新时代要求作为我们的价值追求，却是我们应该作出的选择。要把这套丛书编好，我认为要在以下几个方面谋划好、统筹好：

第一，做好语言服务的系统研究。国家语言文字事业服务于国家经济社会发展，这是一篇大文章。2022 年 4 月 25 日，习近平总书记到中国人民大学进行考察，其中专门提到高校是哲学社会科学研究的"五路大军"中的重要力量，强调要扎根中国大地办大学，走出一条中国特色世界一流大学新路。这话虽然只是对中国人民大学说的，但其对哲学社会科学的要求却具有普遍性。习近平总书记说要"加快构建中国特色哲学社会科学，归根结底是建构中国自主的知识体系。要以中国为观照、以时代为观照，立足中国实际，解决中国问题"。这里的"立足中国实际，解决中国问题"，就应该包括语言文字工作如何服务于社会主义现代化强国的研究实践问题。

这让我想起了中国人民大学的首任校长吴玉章先生。吴玉章先生是一位革命家、教育家，也是"延安五老"之一，但我们还应该记得他另外一个身份——一位语言文字学家，他也是中华人民共和国成立的文字改革委员会的第一任主任。在长期革命教育实践中，吴玉章倡导根据文字的科学化、国际化和大众化原则，推行汉字简化和汉语拼音方案，以利扫除文盲、普及教育和推广普通话，他还著有《中国文字的源流及其改革的方案》《中国新文字的文法》。他的教育实践和学术著作无不带有强烈的服务于国家语言文字事业发展的追求。学习 21 世纪以来尤其是"十三五""十四五"时期的国家语言文字事业发展规划和国家语委的"十三五""十四五"时期的科研规划，我们可以发现，以服务作为国家语言文字事业价值导向的色彩非常浓厚，其涉及的领域与面临的挑战既广且多。我们应该看清这样的大势，以此作为语言服务研究的最大背景，科学地确定我们的研究领域，系统地梳理语言服务研究的各类课题，在新时代通过陆续的学术产出表明我们在紧跟这个时代、服务这个时代。

第二，做好语言生活的观察建设。语言生活是这套丛书的另外一个关键词。粤港澳语言中心的一个重要任务就是要研究粤港澳大湾区的语言生活。从 2006 年开始，我国的一批语言学人推出了《中国语言生活状况报告》，当时我以领域语言生活报告作者的身份受邀参与其中，我们中心前后有好几位同志受邀参与《中国语言生活状况报告》的研制编写工作。随着十几年来这项工作的坚持开展，这种立足中国大地、关注社会生活的语言学人的行动，为国家语言生活的和谐发展作出了不可替代的贡献，形成了一批重要的学术成果，产生了一系列具有学派特色的研究范畴与概念，也催生了一批新的学术研究队伍在全国各地竞相跟进。毫无疑问，粤港澳语言中心是在这样的大背景下才得以发展并最终形成的。进行国家和区域语言生活观察是粤港澳语言中心与生俱来的一种学术使命。我们虽然已经有相应的《粤港澳大湾区语言生活状况报告》，但这还不足以完全展示我们应有的时代担当。我们要以更加坚定的态度和坚实的行动来做语言生活观察的有心人和语言生活发展的建设者。2022 年 5 月 1 日，中央电视台第 13 频道《吾家吾国》栏目播出了我国著名语言学家陆俭明、马真两位先生的访谈。访谈讲的第一件事就是两位先生在 20 世纪参与编写《汉语成语小词典》的故事。正是因为他们当年观察他们所处时代的语言生活，发现中小学生缺少一本用白话文普通话编写的成语词典，两位先生和他们的同学才下决心一起为帮助中小学生学习语文而投入这本词典的编写工作，在语言生活观察有心人的基础上成为建设者。我们编写这套丛书，要做的也是这种有心人和建设者的工作。

　　第三，做好中华优秀传统文化的传承创新。我们注意到，进入21世纪以来，国家语委将传承中华优秀传统文化作为国家语言文字工作的一个重要组成部分，具有一种鲜明的政治自觉。尤其是十八大以来，如何传承中华优秀传统文化以坚定文化自信的立场，越发成为推动语言文字事业发展的重大命题。一方面，语言文字本身就是文化和文化传承最重要的载体，需要我们不断地研究；另一方面，面临这百年未有之大变局，我们更离不开语言文字从文化传承创新角度的更大作为。如何能够在中华优秀传统文化的创造性转化和创新性发展中发挥更好的作用？这需要我们进行更多的语言生活中的传承观察，进行更有针对性的建设创新。我们希望今后在这套丛书中陆续有这方面的成果产出。作为粤港澳语言中心、针对大湾区文化背景多元、城市区域治理方式多元、社会制度多元、经济制度多元、教育实践多元、国际交往合作多元、历史文化表现多元的情况，如何在这种多元共生的大环境中做好中华优秀传统文化的传承创新更是当务之急。我们尤其希望有和大湾区语言文化有关的高水平学术成果的产出，在这方面能体现出鲜明的参与语言服务和语言生活的学术品质。

　　第四，做好中心学科学术的响应号召。这种响应可以分为大小两个方面。先说小的方面，我们首先要做好粤港澳语言中心研究团队的经营和建设。虽然广州大学的办学历史可以追溯到20世纪20年代，但现在我们所在的广州大学与21世纪同龄，是在原来的几所市属高校的基础上合并组建而成的，称得上是一所"年轻"的大学。因为年轻，我们可能并无多少学术传统可以依靠，这在某种意义上是一种不足，但换个角度看，这也刚好带来了另外一种优势，即我们可以在这所与21世纪共生的学校里从容谋划建设我们的学术领地，努力形成我们的学术研究品牌。语言服务和语言生活研究就是我们着力建设的学术领地和学术品牌。由于广州市正在推动广州大学的高水平大学建设，并将其置于国家"双一流"大学建设的大背景之中，哲学社会科学的建设当然是其中不可缺少的内容，我们应该抓住这样的机会作出我们的努力和贡献。粤港澳语言中心建设所秉持的国家队意识、大湾区意识、集体作战意识、语言服务成果意识和学术创新意识，就是我们这种努力和贡献的一种体现。广州大学的爱国传统应该体现在我们的学术实践之中。这也是"用我们自己的头脑进行思考，并决定什么东西能在我们自己的土壤里生长起来"的一种必然要求。粤港澳语言中心团队成员大都来自国内各知名高校，师出名门，接受过良好的学术训练。大家从五湖四海来到广州大学，如果在这所大学仍然只是在各自原有的研究领域深耕细作，固然也能做出成绩，但对于一个学术机构而言则多少有些遗憾。如果我们集合在一个大家能共同经营的平台上共同做些事情，那一定会产生更好的学术反响，就像各位同事在我们接受名校名师学术训练时接触到的学术响应一样。建立共同的学科建设与学术研究的平台应该成为我们的一种选择，事实上，这也是近些年我们努力的方向，我们的建设也逐渐得到国内同行的肯定。几年前我在政府工作的时候，几位年轻的同志和我一起吃饭聊天，我说我们应该从"抱团取暖"走向"抱团发展"，现在看来这条路走得还是比较扎实的。希望丛书平台的搭建能够为团队的发展增添新的动力。从大的方面来讲，我们这个中心和平台还应该担负起国家语委的科研任务，发挥好特定领域的号召整合的作用，寻求区域内外、领域内外各种资源的支持，尤其是注意推动粤港澳大湾区四大中心城市各相关高校和研究机构构建起互相呼应合作的机制，这也是国家语委赋予我们的任务。中心研究平台和丛书出版平台也应该具有开放性质，聚集更多、更好的学术成果。

习近平总书记在哲学社会科学工作座谈会上还有一段话，我特别愿意引用它作为这篇序言的结尾："要围绕我国和世界发展面临的重大问题，着力提出能够体现中国立场、中国智慧、中国价值的理念、主张、方案。我们不仅要让世界知道'舌尖上的中国'，还要让世界知道'学术中的中国''理论中的中国''哲学社会科学中的中国'，让世界知道'发展中的中国''开放中的中国''为人类文明作贡献的中国'。"这些宏大的目标我们未必能与闻其事，就像我在这篇总序的开头说的那样，我们进行的各种学术探究在构建具有中国特色的学科体系、学术体系和话语体系中能起到多大的作用还很难说，但这并不意味着我们就该放弃这方面的思考和努力。恰恰相反，我们应该用自己的头脑进行思考。我希望这套"语言服务与语言生活丛书"能够成为我们生活在中国这片土壤上的一个证明。

是为总序。

屈哨兵

2022 年 5 月 2 日于广州

自　序

　　这本《语言服务研究论》能作为"语言服务与语言生活丛书"的其中一种出版，首先要感谢国家语委在广州大学建立起国家语言服务与粤港澳大湾区语言研究中心这个平台，我和我的同事们为什么要组织编写这套丛书，我在丛书的总序中大体上已经说清楚了。关于本书的相关情况，我另以自序方式简述如下。

　　本书共收录我近年来与语言服务研究有关的文章39篇，其中大部分在各种期刊、集刊或著作里发表或收录过，这次趁编辑整理的机会将这些文字重新进行了分编梳理。

　　第一编为"语言服务研究综论"，6篇文章，主要反映我对语言服务的学科门类、基本属性、基本类型与研究框架的一些思考。就我个人而言，系统思考语言服务问题是在2005年上海世博会语言环境建设国际论坛上，后来也写成论文发表了出来。2012年在《语言文字应用》上刊出的《语言服务的五个概念系统》可以反映我对语言服务研究系统的一种思考。

　　第二编为"国家视角下的语言服务"，8篇文章，主要反映我对国家现代化进程及现代化强国建设中与语言生活和语言服务相关的问题进行的观察与思考。这一组文章大部分在不同年度的《中国语言生活状况报告》中首发，国家语委十几年来团结语言学者观察中国语言生活、研究中国语言生活、建设中国语言生活，我在这支队伍中收获良多。后来我们还在国家语委和商务印书馆的支持下研制出版了《中国语言服务发展报告》，这是国内首部如此发布的报告，由我执笔的文章也一并收录进这一部分。

　　第三编为"领域视角下的语言服务"，16篇文章。语言服务重在实践，很多领域都存在语言服务的现象。20世纪90年代初，我从华中师范大学研究生毕业南下工作，李宇明师兄跟我说，到广州去，那里商品经济发达，可以注意广告语言的研究，这大概是我观察领域语言服务的起点。后来的观察研究成果陆续发表在《修辞学习》《语言文字应用》及相关大学的学报上，其中有几篇文章是我和刘惠琼共同调查完成的。这一编还涉及教育教学、语言产业和语言职业、语言扶贫等领域的语言服务研究。近几年，语言扶贫研究是国内学界关注的一个热点，反映出我国语言学工作者的一种家国情怀，同行们的研究也让我大开眼界。

第四编为"区域视角下的语言服务"，9 篇文章。这一编的区域主要涉及粤港澳大湾区、新疆维吾尔自治区。其中关于广州的有几篇从标题上看似乎与语言服务的关系不大，但从内容上看倒是部分涉及语言服务的问题，敝帚自珍，就一并整理编辑进来了。

四编之后还有两个附录。附录一是"当代中国领域语言学研究"，这是李宇明主编的《当代中国语言学研究》的第十六章。《当代中国语言学研究》是一本学术质量很高的著作，现在是很多高校语言学专业师生的案头必备之书，我能受邀位列其中贡献文字委实有惶恐之感。领域语言学涉及的领域繁多，这里介绍的包括法律语言学、刑侦语言学、地名学、广告语言学、新闻语言学、语言经济学。这一部分是我和华中师范大学廖美珍教授等共同完成的，有所贡献的相关人员我在附注里面做了说明。附录二是"《语言服务引论》目录"。《语言服务引论》是我和我的同事们共同完成的一本专著，由商务印书馆出版。我现在还清晰记得当初在推敲这本引论章节目录时纠结取舍的情形。后来《语言服务引论》获得第八届高等学校科学研究优秀成果奖（人文社会科学）二等奖，大抵算是语言服务研究一定程度上得到了大家的鼓励与认可。不过从语言服务实践与语言服务研究的发展来看，或者我们到了要考虑写一本《语言服务新论》的时候了。

近年来，语言服务逐渐成为中国语言生活研究的一个重要领域，语言服务理念也成为中国语言生活派学术理念的重要组成部分。与本书同步的是我所在的国家语委科研机构国家语言服务与粤港澳大湾区语言研究中心的不断发展壮大，这个中心已经连续举办了 8 届语言服务高级论坛，这构成了本书最重要的学术背景，2024 年还将继续举办第 9 届语言服务高级论坛。伴随着论坛的举办，我们先后发布了《广州语言生活状况报告（2018）》《中国语言服务发展报告（2020）》《粤港澳大湾区语言生活状况报告（2021）》《粤港澳大湾区语言服务发展报告（2022）》《粤港澳大湾区语言生活状况报告（2023）》，2024 年还将继续研制推出《中国语言服务发展报告（2024）》。中心研制的系列报告，每次发布都引起了社会各界的广泛关注，形成了良好的社会反响，这种反响毫无疑问地成为我们进行语言服务研究的最大动力。

最后我特别想说的是，在我进行专业学习和学术探究的历程中，我的太太刘惠琼给了我最多的支援和帮助。因为工作的需要，近年来我更多的时间是在从事教育管理服务的工作，先是在学院，后来到学校，接着又到政府，再回到学校，能够静下心来读书写字的时间并不多，书里的很多篇目文字都是在假期或者周末完成的，没有刘惠琼的理解与支持，我是写不出这些东西的。她是催生这些研究成果一等一的功臣，我要衷心地感谢她。

是为自序。

屈哨兵

2024 年 5 月 20 日

目　录

第四编　区域视角下的语言服务

附　录

第一编　语言服务研究综论

语言服务研究论纲*

进行语言服务研究是当代社会发展的一种必然要求，本文先分析语言服务研究的学科门类及应用与研究的相关现状，重点研究语言服务的基本属性和语言服务的基本类型，基本属性可以从服务性、规约性和主导性等方面进行定位，基本类型可以从语言要素、行业领域、服务成品、职业角色几个角度进行观察，余论部分讨论与语言服务研究相关的几个问题，涉及语言服务项目的设计、语言服务效能的测评和反语言服务的表现及其应对等问题。

一、问题的提出

从服务的角度来观察语言的功能其实不是一个很新的问题，语言是人们进行交际的工具，工具之谓，本质就是服务。比如，斯大林讲语言"作为人们交际工具的服务作用，不是为一个阶级服务，损害另一个阶级，而是一视同仁地为整个社会、为社会各阶级服务"（转引自叶蜚声、徐通锵，1981），这种从大的角度看语言的服务功能或可称为语言服务宏观说。从宏观角度认定语言的服务功能已经是不刊之论，几乎可以习焉不察了。本文所讨论的语言服务主要是想从比较微观的角度，再大一点，也不会超过中观的范围来审视语言的相关服务属性、服务功能、服务类型、服务项目设计、服务效能测评以及目前语言服务研究应该关注的其他问题，目的是想探讨一下语言服务研究的基本内容及研究的基本走向，可能不成熟，也谈不上系统，论纲之谓，不外乎提供一个可以进一步批评讨论及实践的平台。

现在提出语言服务研究的问题，是时代发展使然。于根元（2003）较早从规范的角度提出一个非常重要的概念，叫作"规范也是服务"，将语言服务观引入一个十分具体的语言运用的场景——语言规划与语言规范之中。李宇明（2001）认为："语言文字的规范化，首先有赖于一系列语言文字及其在方方面面运用的规范和标准。这些规范和标准的制定与推行，

---

* 本文原载于《江汉大学学报》（人文科学版）2007 年第 6 期，曾在上海世博会语言环境建设国际论坛（上海，2005 年 9 月 13—14 日）上宣读。

是信息化时代语言文字工作的中心任务。"所谓"规范和标准的制定与推行"，实际上也是利用语言手段为社会提供的一种服务，这种服务之于国家现代化、信息化的建设尤其重要，这也是我们试图专门厘定语言服务这个概念的一个十分重要的原因。这个时代需要我们建立一种比较全面的语言服务体系，也需要我们建立一个与之相适应的语言服务研究框架，前者重应用，后者重理论，两者发展不可偏废，观察重点则可以允许不同。

二、学科门类及应用与研究现状

（一）语言服务研究的学科门类

如果要划分语言服务研究的学科门类，那么它当然可以归为应用语言学，同时和语用学也有着比较密切的关系。陈章太、于根元（2003）认为，应用语言学有四个部分，包括语言教学、语言规划、广义的社会语言学、语言本体和本体语言学同现代科技的关系（如语言信息处理、计算语言学等）。我们认为，语言服务的范围既涉及语言教学、语言规划，也和广义的社会语言学及语言信息处理、计算语言学等有着天然的联系。当然，这样说的意思不是要在语言服务研究和应用语言学之间画等号，而是语言服务从应用上看可以覆盖应用语言学的各个领域，所不同者，在于以服务作为一个独立的观察点，可以更加清晰地观察语言的一种功能。当代社会里的语言服务功能的开发、研究与应用的重要地位较之以往任何一个时代都有过之而无不及。应用之谓，其本质属性当然也离不开服务，但如果直接从服务观入眼，我们可能会对语言的功用有一些新的观察、新的思考。分析语用学与语言服务研究的关系可以提供一种研究方法与研究理论上的借鉴，尤其是涉及广义的社会语言学、语言的社会运用的时候，我们的研究和观察可以从语用学那里吸收比较多的学术营养。

（二）语言服务的应用与研究现状

从实际应用的角度看，服务作为语言交际功能的一种属性，可以说是伴随着语言的产生和发展而产生和发展的，但语言服务这个概念提出的时间或许并不长，它与现当代社会人们对语言的特别需求分不开。在一定程度上，这是在国际化、市场化、信息化、超母语化背景下才产生的一种带有定向特征的语言需求。国内外在使用语言服务（language services）这个概念的时候，通常包括四个方面的内容：①语言翻译服务（language translation services），这可能是目前使用语言服务这个概念最多的一个领域，它以翻译为手段，给人们提供了一种不同语种间进行沟通的服务。国内外已经有许多这种语言翻译服务的公司与业务。从更广一点的意义上讲，所谓的双语服务也就是这种性质的语言服务。②语言教育服务，这种语言服务也可以叫作语言培训（language training），它依托各种教育机构而存在，比如英国有一个英语语言服务协会，所从事的就是一种提供语言教育服务的工作，我国也有许多这样的机构，比如新东方语言教育机构，它们提供的是一种能使人们获得某种新的语言能力的服务。③语言支持服务，这里主要是指种种依托互联网技术平台建立起来的网络语言服务，比如 Yahoo! Messenger（雅虎通）提供的 Yahoo! Messenger v7.0 Beta 的技术，旨在改善系统中原有的 PC-to-PC 语言服务，帮助网民更好地利用语音聊天室、超级视频进行交流。几乎可以这么说，网络技术中的元语言或者是源代码的设计与利用，都具有语言服务的相关特性与功能。④特定行业领域的语言服务，这里主要是指在社会的各种行业场景中，为了提高交际效率、达到行业运作的目的而实施的一种语言服务，比如广告语言服务、导游语言服务、销售语言服务、医疗语言服务、法律语言服务等。可以说，百行百业，只要用语言做事，就会涉及语言服务问题。

上述诸端，人们通常是从应用的层面上对其进行审视，看重的是一种实践，较少进行语言服务的共性推敲和理论追问，诸如前述服务属性、服务类型、服务功能、服务项目设计、服务效能测评等，有待我们进行比较系统的思考与研究。

三、语言服务的基本属性

目前鲜见有专就语言服务的特征与属性进行讨论的文献。根据我们初步的观察，语言服务的基本属性大致可以从三个方面进行分析：服务性、规约性、主导性。

（一）服务性

语言服务的属性首先当然就是它的服务性。所谓"服务"，以《现代汉语词典》（第5版）的解释，就是指"为集体（或别人的）利益或为某种事业而工作"，从这个定义出发，我们可以看出服务性的一个重要表征就是它具有一种利他性（虽然自己最终会有所获益，但从表现形式上看，是以利他作为整个行为的形成动因）。这一点，可以在语言服务领域得到比较充分的体现，不管是语言翻译服务、语言教育服务，还是语言支持服务或者行业语言服务，都是要满足被服务者与特定对象（或人，或电脑——其实背后还是人）的沟通。语用学认为关于人类语言的全部功能可以归结为两点，一点是索取，另一点是给予。语言服务就是充分利用语言的给予功能，并且这种给予在一些场合带有一定的自返特征，即给予的内容就是语言本身。当然，在另外一些场合，服务所给予的意义与内容并非其终极目的。对语言服务所涉及的这种在"给予"上的双重表现进行研究，应该是语言服务研究的一个比较重要的课题。

（二）规约性

虽然人类的任何言语行为都是在语言系统内外各种原则的规约之下进行的，我们在这里还是要利用规约这个术语来命名语言服务的一个属性。人们彼此之间之所以能够交流、沟通思想，是因为人们在进行言语交际时能够遵守某些约定俗成的言语规则，这种规则通常是当事者习焉不察的，遍布于任何一次成功的言语事件的背后，本体语言学和应用语言学都应该对这类言语规则进行研究。语言服务所指的规约性固然离不开语言的自然属性中的规约性特征，但我们在研究中尤其应该加以注意的是那些为了特定服务目的的需要，针对具体的语言服务项目制定的各种规范与成约。相比语言本体中的各种规则，这种规约更具有一种显性特征，容易被操作，更强调一种统一标准下的遵照施行。语言服务的规约性特征涉及语言服务的各个层面，包括语言服务的制度设计、模式规划、言语行为准则、言语内容约定、语言风格设定等诸多方面。在现代社会中，它优先追求的是效率与市场，而非情感与个性。

（三）主导性

当我们研究言语交际时，通常会考虑到发话者与受话者之间的一种双向交流，因为这种交流本身确实具有一种双向性。语言服务当然也会涉及双向交流的问题，但它的表现与通常的言语交际有所不同，不管是制造一个言语事件，或者是进行一种与语言有关的规划设计，都有一种行为故意和言语主动，并且对于接受语言服务的对象能作出何种反应，或者经过服务相关的语言项目企图要达到一个什么样的标准，都有一种比较明确的预设。这种预设随着语言服务项目的实施可以有计划地达到。也就是说，语言服务对于言语行为的产生、发展具有控制力或拥有主导性。提供语言服务的一方对相关言语事件的掌握通常是可控的，有的时候甚至体现为一种单向性。当然，我们这样说，并不是要否认在提供语言服务的过程中存在着彼此之间的交流，只是我们要强调的是这种交流一定是服务提供方占据着主动的位置，可以控制服务项目的发展方向。主导性特征随着具体语言服务项目的不同，其具体的表现可能也会有所不同。语言服务研究的一个重要任务，就是要根据具体项目不同的单项特征制定出不同的服务策略及测评标准。比如有些特殊的语言能力的开发与训练，像语言矫治与康复，也是一种语言服务，内里涉及口吃矫治、嗓音改造、失语症治疗、聋童语言康复等，都应该由语言服务项目的提供者进行一种主导性的设计与引导训练，它们彼此之间主导性的具体表现各有不同，其与针对正常人或者特定职业的语言服务，如普通话训练、教师口语训练、导游语言训练等，在主导性上的表现就更不一样了。凡此种种，需要我们进行分门别类的研究。

语言服务的基本属性当然可以不止上述三种，还可以从开放性、市场性、实用性等不同角度进行观察，这些方面也需要我们进一步思考与研究。

四、语言服务的基本类型

语言服务有多少种？这可能是一个比较难以回答的问题，即使在我们试图对语言服务的基本属性进行界定的前提下，想清晰准确地回答这个问题也有相当的难度，但我们可以根据各种服务项目对语言的不同处理依据、处理方式、处理途径及处理结果尝试对语言服务的基本类型进行综合分析。因此，我们至少可以确立以下几种观察的角度作为语言服务类型分析的出发点：

（一）语言要素

要进行语言服务，首先得回答两个问题：拿什么来服务？服务的工具是什么？答案当然很简单，是语言。如果进一步思考，我们可以发现，由于服务项目、服务目的、服务方式的不同，不同的语言服务对语言要素的使用是有所区别的，或者还可以换一种说法，针对不同的语言要素进行开发，可以形成不同的语言服务项目。

比如国家针对语言文字制定各种规范标准，正音、正词、正字，根据社会语言生活尤其是信息时代语言生活的发展，积极进行语音、词汇包括文字方面的预测、引导与规范，这就提供了一种语言服务。每一种要素具体引发出来的服务项目具有相当的扩展性。依托国家语言文字规范标准，存在着一个十分巨大的推广市场和服务需求。可以这样说，现代国家关于语言文字的规范标准是语言服务市场体系一个非常重要的策动源。

利用各种语言要素开发语言服务项目的实现途径和表现方式可以有很多种，举个例子，《广州日报》于2005年7月30日发表了一篇题为"语言训练师——为嗓音做美容"的报道，称语言训练师原本只是为演员、播音员等专业人士服务，而现在在普通人中占有越来越多的市场。在美国，一些原本治疗语言障碍、声带疾病的病理学家也开始涉足嗓音美容行业。嗓音当然不等于语音，但嗓音美容充分利用语音产生所依托的生理基础与相关的物理条件提供了一种有效的服务。目前在国内，依托相关语言要素而形成的语言服务项目也为数不少，例如前文提到的失语症的治疗、各种语言障碍矫治、聋人的语言康复等。说到底，要真正使服务对象能获得相应的语言能力，离不开对各种语言要素的分析与利用。此外，像国家推行的普通话水平测试，在相当程度上构成了一个很大的语言服务项目，这个项目的存在与实行实际上也是依托于普通话的各个子系统，尤其是语音系统。并且我们还有理由相信，随着社会的进一步发展，包括汉语国际市场的拓展，我们同样也会产生语音矫正、语言形象包装、语言能力提升等依托语言系统或语言要素的语言服务项目。

我们现在对现代社会中各种语言要素能提供哪些语言服务、能形成一些什么样的服务类型等问题缺少一种整体的观察与预测。

（二）行业领域

从行业领域的角度来观察语言服务的类型相对来说是一件比较简单的事情，我们可以根据存在语言服务的不同领域来指称不同领域的语言服务类型。不过，真要从这个角度探讨语言服务类型，至少有两个问题需要先作出思考与回答。

1. 共性与个性

各个领域中的语言服务彼此之间有什么共性？每个领域的语言服务又具有什么样的个性？比如广告语言设计是一种语言服务，法律语言（包括立法语言、司法语言、录音会话、笔迹与书面语等）解读是一种语言服务，教育教学语言的使用也是一种语言服务，凡此种种，彼此之间有什么共性？如果将其上升到前文所述的语言服务的基本属性层面，倒也好说，但我们感兴趣的是，是否有可能在某些彼此之间具有邻接亲缘关系的语言服务领域之间建立起某种层次的共性，从而有助于推进我们对语言服务领域类群的认识，有效地提升语言服务的质量？对于一些具体的语言服务领域的研究，目前也存在着比较大的参差。有的领域语言的研究成果比较多，但常常也未注意到从服务属性上进行全面的考察分析。

2. 现状与预测

前文我们曾说过，百行百业，只要用语言做事，就会涉及语言服务问题，但到底有多少种，谁也说不清楚，范围小一点，比较成熟的领域语言服务项目有多少种，能作出准确的回答恐怕也不是一件容易的事。之所以如此，从应用的角度说，相关领域及从业人员语言服务意识的自觉程度、语言服务模式的建设、语言服务能力的训练等都各有参差，有的领域的语言服务可能还处在一种自发自在的状态，难以形成规模并进行有效推展。从研究的角度说，我们较少从理论的角度对相关领域的语言服务项目进行有效的跟踪，较少进行语言服务项目的预测，较少进行深入系统的研究。因此，语言服务行业领域类型的研究对我们来说或许还是一块值得加以整合拓展的园地。

（三）服务成品

既然是一种服务，除了开列出一系列服务项目之外，还应该有一批能支持服务或者为实施服务而产生的成品，所以语言服务的成品类型也是考察语言服务类型的一个必不可少的角度。具体来说，可以有两个序列。

1. 支持性成品

为了提供语言服务，我们需要事先为语言服务的实施准备一些相应的支持系统，这里面既有硬件性质的东西，也有软件性质的东西。比如我国为 2008 年北京奥运会准备的奥运多语言服务系统就是一种支持性成品，它采用了相关的语音识别、机器翻译等技术，以宽带城域网络智能技术为依托，使大家在奥运会期间能在任何时间、任何地点，用中文、英语、法语和西班牙语等联合国官方语言，向外国运动员、记者、游客提供不间断的信息发布、信息查询、人机交互等智能服务。我们为实施某些语言服务项目而设计或制定的翻译系统、训练手册、纲要教材、服务用语，甚至包括服务要求、规范原则、维护制度等，都可以归入语言服务支持性成品这个范围内来进行考察。

2. 事件性成品

每一项或者每一次语言服务的实施，从开始到结束，我们都可以将之看成一次语言服务事件，随着一项或者一次语言服务事件的结束，总会有相应的言语成品出现，比如翻译，不管是口译或者是书面翻译，最终总会有目的语的语句或者是翻译作品。现代社会愈来愈多双语双方言服务或者多语服务，常常都是以事件性成品的形式加以表现，人民币上的相关指示符号由汉、蒙、藏、维、壮五种文字组成，就是一种语言服务的事件性成品。国际性都市的城市路牌标志、市场全球化背景下的广告语言、商品标识与产品说明、国家电视台广播电台所使用的多语多方言播报、法律案件中涉及的多语多方言的选择与执行等，都会形成事件性成品。举个例子，《湖南日报》2004 年 1 月 7 日报道，长沙铁路总公司推行"语言无障碍"

服务，各主要服务岗位的工作人员要学习各地常用方言 200 句。我们可以想见，当他们用多种方言应对各地旅客的时候，自然会产生各种基于多方言的语言服务成品。至于在其他涉及语言服务的领域中，这种事件性成品的表现形式则更是多种多样，值得我们进行深入的观察与研究。比如一个销售场景中，当一个销售服务人员因为没有拿对顾客想要的款式而向顾客道歉："对不起，是我拿错了，您需要的是哪一款，我再拿给您。"这就形成了一个语言服务的事件性成品。上述如北京奥运多语言服务系统，当它真的在 2008 年北京奥运会上被来自世界各地的运动员、教练员、记者和旅游者使用时，其所产生的事件性成品一定会蔚为大观。上海世博会期间提供各种各样的语言服务项目，其所产生的事件性成品也自然是数量惊人。如果要我们对所有的语言服务所产生的事件性成品进行分析，几乎是一件不可能的事情，但有一些问题可以促发我们进一步思考，比如事件性成品和支持性成品之间的关联度问题，事件性成品的效率高低问题、适切性问题，事件性成品的跟踪问题等，都值得我们作深入的研究。

（四）　职业角色

如果我们假定语言服务是一种产业，那么我们还可以就此提出一个问题，即依托语言服务，可以产生一些什么样的职业，这也可以作为观察语言服务类型的一个角度。比如加拿大航空公司有一个职位叫语言服务经理，大体就是指翻译或者双语工作人员，航空公司能够直接点明其岗位属性，为语言服务进行职业正名，这倒可以给我们一些启示。雅典奥组委还专门设有一个语言服务部，同样在凸显语言服务功能。随着现代社会的发展和行业分工的进一步细化，一些以语言作为服务内容或者以语言作为提供相关服务的主要依托的职业或者职务角色逐渐产生或者清晰化，例如语言服务经理、翻译、短信写手、文秘、文案创作人员、播音人员、节目主持人、心理咨询师、推销人员等。其实，语言服务这种事实对我们来说并不陌生，比如旧时代里有讼师帮人家打官司，除了出主意之外，还要代写状纸(当然这种服务是要收费的)；现在在我国农村很多地区，春节之前在集市街头有一些专门撰写春联并收取一定服务费用的人，用我们的话说，这也是一种语言服务或语言服务从业人员。

以上述的相关事实为基础，所谓语言服务的职业角色类型可以从两个角度来进行归纳与观察。

1. 专职型

专职型的语言服务具有两个基本特征：第一，将语言——包括语言系统的各种要素或者支持运作的相关条件以及文字——作为服务的主体内容；第二，这类职业的终端成品是以语言及相关要素（包括文字）来进行体现的，翻译、语言训练师、语言障碍矫治师、语言康复教师、短信写手、广告语言（文案）设计人员、品牌设计与命名行业的从业人员、司法语言学家等，都是语言服务方面的一些专职型的角色。比如一些发达国家的品牌命名已经成为一种语言新产业，也诞生了相应专项从业人员（贺川生，2003）。再如在司法领域进行语言争议案件的调查审理，需要提供语言证据如语音、语体、话语结构与意义等进行鉴定与解释，都需要特定的专家提供服务（胡志清，2002）。再举一个更浅近的例子，短信写手也是一个比较热门的新职业，搜狐有专门的短信服务栏目，共11个，如"情传佳节""寿比南山""整蛊专家""鼓励致歉""南腔北调"等，你只要从那里下载短信发送，每条就要缴费0.2元，集腋成裘，对于服务商和短信写手来说，订购短信的人多了，职业角色的地位也就稳固了。有的短信写手是与公司签约了的职业写手，当然也有的只是客串，但不管怎样，这都构成了一种新的职业或者职业角色，质量高的短信写手曾因每条短信收费50元而被人称为"抢钱一族"。

2. 依托型

依托型的语言服务具有三个基本特征：第一，这种语言服务所依托的行业大都是我们所说的第三产业或者服务行业。在《现代汉语词典》（第5版）中，所谓"第三产业"是指商业、餐饮业、修理业、旅游业、市内客运、货运、金融、保险、通信、信息、咨询、法律事务、文化教育、科学研究事业等。根据我们的观察，并非所有的第三产业都具有比较鲜明的语言服务特征，比如货运、科学研究事业等，就不太具有语言服务的典型属性。当然，如果宽泛一点说，只要你处在某个为人服务的位置，并且你在执行服务项目时面对服务对象使用了语言，那么就已经和语言服务挂上了钩。同时，并非第三产业之外的行业就不具有语言服务特征的可能，比如政府行政机关、公益机构等在现代社会中同样也具有相应的语言服务特征的可能。第二，语言在第三产业等所涉及的行业提供的服务是完成服务项目的一种工具和手段，而非一种终端产品。举个例子，医疗用语是一种语言服务，医学服务过程中医务人员所使用的口头语言，包括礼貌性语言、解释性语言、安慰性语言和保护性语言，广义的还包括处方、病历记录以及现代医院的电子屏幕显示与电子叫号等，凡此种种，都是医务工作者完成治疗任务的一种手段和工具，但医疗服务的终端产品不是这些，而是各种检查化验、处方药品、手术治疗等。医生、推销员、售货员、服务员、教师等都不是专职型的语言服务人员，但他们都在依托语言进行服务。第三，随着社会的发展和人们生活质量需求的增加，这种依托型职业或角色也正处在一个不断清晰和得到确认的过程中，也就是说，语言服务的作用与功能正在一些行业领域与项目中不断得到强化。现在不断出现的一些"导＋×"的职业角色，如导游、导购、导食、导医、导学、导视等，都是一些具有较鲜明的语言服务特征的行当与角色，需要我们在研究中加以注意。

不管是职业型的还是依托型的，两者在提供相关服务之后通常是要收取服务费用的，不然，它们也就不成其为一种产业了。当然，也有政府公务型、公益型、志愿者型的语言服务行业与岗位，这些职业与岗位并不直接向服务对象收取费用。但不管怎样，语言服务的经济效益测算也应该是语言服务研究要注意的一个问题，专职型的语言服务还涉及知识产权的评估与保护的问题。

五、余论：几个相关的问题

就概念而言，语言服务或许是一个产生不久的说法，就对此所进行的专项研究而言，或许也只能说是刚刚开始，但语言服务作为一种事实，却是我们不太陌生的。比如我国历代属于语文娱乐范畴中的灯谜制作与字谜制作，就具有语言服务的特性。平心而论，过去我们对于诸如语言服务这样的事实缺少一种概念性的提炼也是可以理解的。一是因为我国历来具有重文轻语传统，人们对于"口头上"的功夫常常抱有一种不太信任的态度，所谓巧言令色、巧舌如簧、花言巧语、口是心非、口蜜腹剑、信口雌黄、口说无凭等说法，大都是这种不信任心态的反映。二是因为语言服务作为一种整合性概念出现，应该是市场经济条件下才会出现的一种必然，如果市场经济不发达，产业规模不明显，概念整合便无从说起。

除了上述所罗列出的语言服务研究应该涉及的内容之外，我们认为至少还有如下几个问题需要在进行语言服务研究的时候作出思考。

1. 语言服务项目的设计

比较成熟的语言服务项目应该有一套设计程序与评价标准，有的项目还有比较复杂的下位类型。例如语言游戏这个项目在相当程度上也是一种语言服务项目，它的下位类型比较多，针对娱乐、母语教育、外语教学的谜语、绕口令、词语接龙及其他若干具体的语言游戏项目，都有一些比较成熟的设计程序、过程控制及相关的评价标准，这个只要稍微留心一下母语教育或者外语教学中各类语言游戏的制作与利用就会明白。我们这里提出语言服务项目设计的问题，是基于三种考虑：一是有的语言服务项目随着人们的反复使用会逐渐老化，需要有新的项目内容来填充；二是有的语言服务项目的设计不规范，需要有一套设计评价程序来进行规范估值；三是随着社会的发展，会不断出现一些新的语言服务项目，项目的执行与完善需要我们进行及时的设计，而不能放任自流，任其自然成熟。语言服务项目设计应该成为整合语言服务效率的一种有效手段。前文提到的国外的新兴语言产业品牌命名的过程，就有一个完善的设计评价体系，包括品牌名称定位、候选品牌命名、语言特征分析、商标域名检测、消费者测试等不同的环节（贺川生，2003）。广告语言作为一个具体的服务项目，其内部的设计以及评价角度也有人进行过专门的研究（屈哨兵，1997）。当然，由于具体的语言服务项目的不同，各自的设计要求与规范是不一样的，有的刚性一些，有的柔性一些，需要我们分门别类地对待。我们有理由相信，在适当的时候可能出现类似语言服务项目设计与规范之类的较大规模的汇总集成。

2. 语言服务效能的测评

语言服务效能实际上包含两个方面的内容，一个是语言服务的能力，另一个是语言服务的效果。可以想见，语言服务的效能测评可能是今后语言服务研究的一个重点，也可能是一个难点。由于涉及面广，任何一个语言服务项目、任何一次语言服务都可能涉及效能问题，其中能力是潜在的，效果是外显的。效果虽然即时可见，但我们又不太可能每一次都去进行现场评估，回头还是要从语言服务能力入手进行预先干预。而要提高语言服务能力，就又涉及语言服务能力的训练问题，所以效能测评的一个关键点其实应该是语言服务能力的训练（一个相关的职业或许也会产生，即语言能力与语言服务能力培训师），接着是语言服务能力的测评等级规划，语言服务效果的测评也会因为语言服务项目的不同而制定出相应的测评标准。说语言服务效能的测评是一个难点还有一个原因，那就是我们关于语言能力的本体研究还有许多工作要做。同时，我们虽然说语言服务的基本属性是服务性、规约性和主导性，但归根结底，大多数情况下它还是表现为人与人之间的一种言语交流，语用学中的会话研究、言语行为理论，应用语言学中的言语交际研究等，还不足以提供一种完备的分析框架指导我们对语言服务效能进行科学透彻的测评分析。当然，我们也不能就此将这个问题束之高阁，或许从语言服务效能入手，还能为语言本体研究提供一些有益的借鉴或支持。

3. 反语言服务的表现及其应对

从言语行为的角度，我们还可以进行反向思考，即是否存在着与语言服务相对立的言语行为事实。回答当然是肯定的，并且可以想见，这种反语言服务的行为表现也一定会是多种多样的，难以一一尽述，这里我们想以语言暴力作为一个反语言服务的样本进行观察与分析。这方面的观察分析至少可以涉及以下几个方面：①存在领域。关于语言暴力可能会在哪些地方存在，现在通常谈论得比较多的是诸如校园内的语言暴力、家庭中的语言暴力，其他领域中的语言暴力是否存在似乎没有引起多少关注，例如在各种服务行业之中、族群之中、社团之间、国家之间，其实我们都可以看到语言暴力的影子。当然，它们其中有的未必仅仅是语言服务的对立体。②表现形式。通常认为的语言暴力表现形式被我们称为粗言秽语、冷言冷语、恶言恶语、冷嘲热讽、指桑骂槐等，有的直露，有的暗含，有的通过话语内容来体现，有的通过话语形式来体现。凡此种种，不一而足。我们对语言暴力的表现特征、类型划分等似乎缺少一种语言学意义上的全面研究，也缺少系统深刻的个案分析。③使因辨察。是哪些原因导致语言暴力的出现与存在？有的是发话者所处的话语霸权地位使然；有的则可能是文化观念使然，有的是情感态度使然，有的是修养欠缺使然，有的是急不择言使然；有的是有意为之，有的是无意而致。我们过去在这方面的研究及个案分析同样也是比较欠缺的。④效应分析。对于出现语言暴力后会产生什么样的效应，我们关注得比较多的是那些现场出现极端后果的语言暴力事件，实际上，语言暴力对于承受者心理长期的隐性的影响同样值得我们关注。针对语言暴力也有一些现场的语言反应，由于没有引起极端后果，也容易为我们的研究所忽略。⑤预防与应对。预防是语言暴力发生之前的干预，应对是语言暴力发生之后的干预，这方面也应该成为语言服务研究中不可缺少的一个内容。语言服务的理想状态当然是在提供各种语言服务项目的时候不会出现反语言服务的种种表现，包括语言暴力，那就需要在进行语言服务能力训练、语言服务项目设计、语言服务制度制定的时候有一种有效的预防措施。语言暴力发生之后的应对包含两层含义：一层含义是承受语言暴力的一方该如何制定与实施应对策略，我们在这方面可以有更进一步的研究；另一层含义是制造语言暴力的一方如果认识到自己制造了语言暴力并且想进行纠错，使既往的言语行为获得某种补救，那么他同样需要拿出有效的方案与策略。语言暴力的应对实际上涉及语言行为危机的处理，现代社会已经离析出了一种新的职业角色，叫作危机处理专家，在他们所处理的各种危机之中，相当一部分和言语行为有关，这一点也需要我们在进行语言服务研究的时候给予足够的重视。

语言服务研究可以涉及的范围及问题有许多，本文所论或许只是语言服务研究领域中很少的一部分内容。对这个问题进行研究并非仅仅是学术研究的需要，市场经济催生语言服务市场，和谐社会的建设也需要语言服务的支持。因此，我们认为，进行语言服务研究大有可为。

参考文献

［1］陈章太、于根元：《应用语言学系列教材总序》，《语言文字应用》2003 年第 3 期。

［2］贺川生：《美国语言新产业调查报告：品牌命名》，《当代语言学》2003 年第 1 期。

［3］胡志清：《司法语言学及司法语言学家的四大专家领域》，《当代语言学》2002 年第 2 期。

［4］李宇明：《规范语言文字，推进信息化进程》，《中国教育报》，2001 年 5 月 7 日第 1 版。

［5］屈哨兵：《广告语言方略》，北京：科学普及出版社，1997 年。

［6］叶蜚声、徐通锵：《语言学纲要》，北京：北京大学出版社，1981 年。

［7］于根元主编：《应用语言学概论》，北京：商务印书馆，2003 年。

语言服务研究问题再思考[*]

——关于语言服务的产业、职业、行业、基业

一、引言

近年以来，学界逐渐对语言服务的研究产生了兴趣，语言服务作为一种事实实际上早已存在，但对其进行宏观层面的整合与微观层面的观察却是往年做得不多的一件事情，李宇明在谈到国家宏观语言战略研究时曾将语言服务放在整个国家语言生活正在快速发生变化的这个大背景下进行观察，认为"社会需要提供语言服务的类型与方式与日俱增"。2008年，李宇明在以"当今人类三大语言话题"为题进行讨论时还进一步明确提出"当今时代，一些新的语言职业和语言产业逐渐形成，语言已经进入经济和高新科技领域，成为经济发展的重要资源"，并对一些重要的语言服务产业及职业类型进行了初步的梳理。[①] 这些无疑为我们进一步更好地进行语言服务的观察与研究提供了一个非常重要的观察与思考问题的起点，我们近年来曾尝试对中国语言服务研究的相关问题进行初步的梳理，内容涉及语言服务的研究现状、语言服务的基本属性及相关类型，并尝试就一些具体个案进行观察分析。[②] 本文试图以既有探究为基础，对我国语言服务的现状及语言服务研究的基本路径再进行描写与思考。

从单个字源看"服"与"务"，在汉语中都有"从事、担任、致力于"这一类的意思，但"服务"作为一个词使用，表示"为一定的对象工作"这个意思，应该是源自日语的"服務"[③]，在汉语中已经使用很长一段时间了，即使是保守估计，说它将近一个世纪大概也不为过。与其发生各

---

[*] 本文曾在"两岸四地"语言学论坛（中国澳门，2008年12月5—7日）上宣读，同年12月其主要内容曾在中国语言资源开发与应用中心进行过发言，要点收录在《语言资源动态》（北京：商务印书馆，2009年）中，其中部分内容曾在《中国社会科学报》（2011年4月12日）上发表。

① 李宇明：《当今人类三大语言话题》（2008年度语言文字工作会议上的专题报告），《云南师范大学学报》（哲学社会科学版）2008年第4期。

② 屈哨兵：《语言服务研究论纲》（在上海世博会语言环境建设国际论坛上宣读），《江汉大学学报》（人文科学版）2007年第6期；《语言服务现状的个案分析及相关建议与思考：以产品说明书语言服务状况为例》，《绍兴文理学院学报》（哲学社会科学版）2007年第3期。

③ 刘正埮等编：《汉语外来词词典》，上海：上海辞书出版社，1984年。

种组合关系的语词也堪称繁多，但其组合成"语言服务"这个语词并作为一个概念提出来却是近年的事情。这个概念最典型的解读是指不同语言之间的翻译服务，就我国情况而言，借北京奥运会之势，语言服务几乎是一个尽人皆知的语词组合，随机使用谷歌或者百度进行搜索，排在搜索前位的都是大量的与奥运有关的语言服务的信息，如"多语言服务""44 种语言服务"等。从更大范围来看，语言服务也应该是主要和语言之间的翻译有关的一个概念。《21 世纪英语教育周刊》2008 年第 141 期 3 版的一则报道中说，根据美国语言公司协会（Association of Language Companies，简称 ALC）官方网站发布的消息，该协会公布的针对 ALC 所有成员共百余家公司进行的 2008 年语言服务行业产业调查报告显示，全球语言服务行业平均总产值比去年提高 20%，每个 ALC 成员平均收入比去年提升 35%。[①] 这里的语言服务主要是指笔译与口译。所以我们可以有理由推断，语言服务是随着现代服务业范围的不断扩大，通过类推与泛化的途径衍生出来的，应该是先有成规模的服务事实，然后才有相应的语词组合，它的英文表述是"language services"。

实际上，从语言的工具性特征这个角度出发，拿语言来做事是它的一种"天生"的功能，从这个意义上讲，拿语言做事就是用语言来服务。或者可以这样说，自有人类以来，语言就一直在为人类的生存发展（传承文化）和交流交往（信息传递）服务，如果从这个角度考察语言服务，我们几乎可以说，一部语言发展史，也就是一部语言服务史。不过，这应该不是现在人们提出语言服务这个概念并对它进行观察研究的初衷，我们所要研究的是在当下社会里，语言作为一种交际工具，它的服务性特点在哪些方面得以凸显。也就是说，虽然拿语言做事（服务）是语言的交际工具特性的自然体现，这种体现可以说是"与生俱来"的，但其"服务性"特征得以凸显，却应该是拜现代商业社会使这种"（交际）工具"逐渐变成了可以适当进行价值交换的"商品"之所赐。

二、语言服务产业

屈哨兵曾经根据当下人们关于语言服务的理解提出至少应该从四个角度来观察语言服务，即语言翻译服务、语言教育服务、语言支持服务、特定行业领域的语言服务。[②]

---

① 《报告显示全球语言服务行业总产值涨两成》，《21 世纪英语教育周刊》，http：//www.21stcentury.com.cn/elt.shtml？tid=3675，2008 年 11 月 4 日。

② 屈哨兵：《语言服务研究论纲》，《江汉大学学报》（人文科学版）2007 年第 6 期。

大量发展态势表明，这四类语言服务在现代社会会逐渐形成语言服务产业。

（一）关于语言翻译服务

现在恐怕谁也说不清语言翻译服务这个市场到底有多大多广。随着世界交流的不断加强，我国的翻译市场逐年扩大。2007 年，据有关专家介绍，我国翻译行业产值在 2003 年达到 127 亿元。到 2007 年，行业年产值达到 300 亿元，全国各类翻译企业超过 3 000 家。① 另据 2010 年中国国际语言服务行业大会暨大型国际活动语言服务研讨会报道，截至 2009 年 12 月，我国处于营业状态的语言翻译服务企业为 15 039 家，所消化的翻译和本地化业务年产值约 120 亿元人民币，约占全球外包语言服务市场产值的 7%。② 以北京奥运会的语言翻译服务为例，其间语言翻译服务动用了我国大量的人力物力资源，我们固然没有完全从经济的角度去核算其作为一个产业所可能带动的经济效应，仅从动用的人力资源上看也是不可小觑的。北京奥运会接待了来自 200 多个国家和地区的运动员、教练员和官员，此中大量基础性的语言服务工作是由志愿者完成的，其间的语言服务到底动用了多少人力物力（包括相关语言翻译科技系统的开发与服务），我们恐怕难以作出一个精确的估计。至于专业性很强的高水平语言服务，在奥运会期间更是可以凸显语言服务质量与语言服务效能的重要性，其中也蕴藏着巨大的服务产业需求。据保守估计，北京奥运会期间，体育翻译产值超过 7 000 万元人民币，需求覆盖数十个语种，涵盖笔译、同声传译、交替传译等多种形式。③ 至于基于更大国际背景下的语言翻译服务，则更是一个巨大的市场，值得我们重视与研究。

（二）关于语言教育服务

语言教育，尤其是作为第二语言的语言教育服务更是在全球范围内拥有着巨大的产业市场。以我国的英语学习市场为例，有关统计显示，市场年产值已超过 100 亿元人民币④；也有资料介绍，中国现在已经有 2.55 亿的英语学习者，并且以每年约 2 000 万人的速度增长。有专家预计，中国

---

① 吴月辉：《中国翻译产业迎来黄金发展期 市场产值达 300 亿》，中国新闻网，ht:p：//www. chinanews. com. cn/cj/cyzh/news/2008/08 – 06/1337249. shtml.

② 应妮：《中国语言服务行业进快速发展期 2009 年产值 120 亿》，中国新闻网，http：//www. chinanews. com. cn/cul/2010/09 – 27/2558954. shtml，2010 年 9 月 27 日。

③ 辛明：《北京奥运会体育专业翻译缺口巨大》，《中国青年报》，2007 年 7 月 17 日。

④ 《英语学习市场：谁来突破百亿蛋糕下的迷失》，搜狐网，http：//it. sohu. com/20070615/n250599725. shtml，2007 年 6 月 15 日。

英语的潜在市场价值为 500 亿～600 亿元，作为一种服务形态的语言教育是一个巨大的蛋糕，吸引着国内外的相关业者积极进行市场开发。① 随着中国国际影响力的不断扩大，汉语热在国际上不断升温，随之而来的语言教育服务研究也已经成为我们日益关注的重要课题。国家对外汉语教学领导小组办公室 2007 年公布的数据表明，目前全球主要有来自 30 多个国家的 3 000 多万人学习汉语，2 500 所大学和上万所中小学开设了汉语课程，而到 2010 年将达到 1 亿人。以该项语言服务所需的教材与教师为例，目前国内有 90 多家出版社出版对外汉语教材，每年都有 40 余万件、200 吨左右的汉语教材通过邮政系统从北京寄往世界各地。② 教师方面的一个保守估计是，目前全世界每年约需要 1 万名对外汉语教师，而我国仅能派出 2 000 人。预计到 2010 年，全球学习汉语的人数将达 1 亿人，至少需要 400 万名汉语教师，而我们目前的汉语国际教育的教师储备远远达不到这个水平，以致媒体评价汉语外教已经成为"白金"职业。③ 孔子学院提供的语言服务在汉语的语言教育服务方面起到了越来越重要的作用，据国家汉办有关领导介绍，截至 2008 年 7 月 30 日，全球已启动孔子学院（含孔子课堂）262 所，分布在 75 个国家和地区。④ 据国家汉办负责人介绍，到 2010 年，全球学习汉语的人数将超过 4 000 万人，将有 94 个国家和地区开设 300 多所孔子学院和 300 多所孔子课堂。⑤

（三）关于语言支持服务

对于语言支持服务，我们曾经给出的一个定义是"种种依托互联网技术平台建立起来的一种网络语言服务"，如果按照李宇明（2008）的提示，它至少应该包含两个方面的内容，即计算机字库提供商和语言文字信息处理软件产业。以中文信息处理为例，这中间就存在着巨大的语言服务产业市场，许嘉璐曾撰文指出："在全世界科学技术高速发展的今天，中文信息处理自动化水平的提高，将决定着信息产业发展的前景，也意味着巨大的经济利益。"⑥ 近年来，我国在这方面参与国际竞争，利用汉语的本土优

① 李雪：《金山与外研社战略联手抢滩 500 亿英语学习市场》，《市场报》，2003 年 8 月 11 日。

② 《汉语热升温 中国每年约两百吨汉语教材外销》，搜狐网，http：//cul. sohu. com/20070711/n251007834. shtml，2007 年 7 月 11 日。

③ 徐慧：《汉语外教成"白金"职业》，《北京商报》，2007 年 6 月 20 日。

④ 刘瑞常：《奥运后世界汉语热升温 "加油"一词广泛流传》，新华网，http：//news. xinhuanet. com/world/2008 - 10/07/content_10158627. htm，2008 年 10 月 7 日。

⑤ 秦逸：《国家汉办主任许琳：全球学习汉语人数逾 4 000 万》，新华网，http：//news. xinhuanet. com/edu/2010 - 08/20/c_12465427. htm，2010 年 8 月 20 日。

⑥ 许嘉璐：《现状和设想：试论中文信息处理与现代汉语研究》，《中国语文》2000 年第 6 期。

势，在中文信息处理的某些环节也掌握了一定的主动权，形成了一定的语言服务的基础。关于这方面的具体情况，詹卫东（2006）曾从"基础资源""核心技术""应用系统""服务平台"不同的层级进行过分析，认为我国对于符号形式层的处理已经取得很大成功，并且在社会生活中得到广泛应用。而对于符号意义层的处理，一些相对浅层的分析技术已经有很大发展并进入应用，比如中文词语切分技术已经被应用于互联网信息检索系统，语音识别技术已经被应用于语音电信增值服务等。而一些需要对自然语言进行深层分析的技术，比如句法分析、机器翻译等，仍然没有取得突破性进展，离真正走向大规模实际应用还有较大距离。[①] 这中间语言服务的价值前景到底有多大，就算笼统而言，恐怕也是一个天文数字，仅就处于符号形式层的一项语音处理技术而论，也有十分庞大的市场。举一个例子，科大讯飞公司领头人刘庆峰 2003 年曾作出一个判断，说是在未来 5 年，在社会信息服务、嵌入式系统、PC 等市场领域，由语音技术引发的产业将会有 104 亿元的市场空间。[②] 当然，这只是一种预测，实际上提供语言服务所能带来的社会与经济效益到底会是怎样也需要市场进行检验。作为我国最大的智能语音技术提供商，科大讯飞总裁刘庆峰 2008 年 5 月曾经表示"科大讯飞的爆发要在 2～3 年之后"。在刘庆峰看来，现在语音市场还处在规模化的产业导入期，比尔·盖茨的梦想是每个人都拥有一台 PC，而刘庆峰希望语音技术能够渗透到社会生活的每个角落。[③] 例如，2008 年网易公司曾经采用科大讯飞提供的语音合成技术，打造"新闻有声版"，使得网易用户可以更加轻松地了解网易新闻信息。科大讯飞语音合成技术能实时将任意文本自动转为标准流畅的语音播报出来，效果清晰、流畅、接近普通人的说话水平。[④] 据赛迪顾问预测，2008—2010 年全球语音技术市场增长率年复合增长率将达到 25% 以上，中国中文语音技术市场增长率将超过 40%。[⑤] 可以想见，作为占有 60% 以上中文语音技术市场份额和 70% 以上语音合成产品市场份额的科大讯飞将会从相应的语言服务技术中得到多大的市场回报。到了 2010 年，科大讯飞占有中文语音技术市场

---

①　詹卫东：《汉语言文字信息处理状况》，"中国语言生活状况报告"课题组编：《中国语言生活状况报告（2005）》（上编），北京：商务印书馆，2006 年。

②　唐海燕：《刘庆峰：领跑中文语音合成技术市场》，《电子设计技术》2003 年第 10 期。

③　孙琎：《科大讯飞：期待语音市场高成长还要熬两三年》，《第一财经日报》，2008 年 5 月 12 日。

④　《网易公司采用科大讯飞语音合成技术打造"新闻有声版"》，voip 中国，http：//www. voipchina. cn/Article/2008 – 05 – 13/68974. shtml，2008 年 5 月 13 日。

⑤　孙琎：《科大讯飞：期待语音市场高成长还要熬两三年》，《第一财经日报》，2008 年 5 月 12 日。

60% 以上的份额，有报道指出，该公司以语音服务核心技术为基础，成功拓展市场空间，其营业收入从 2007 年的 20 亿元增长到 2008 年的 25 亿元再增长到 2009 年的 30 多亿元人民币，净利润也从 2006 年的超 50% 增长到 2009 年的 80%。这充分说明语言支持服务拥有广阔的产业发展前景。

2007 年 4 月 27 日，北大方正电子有限公司在北京发布了我国第一款个人书法计算机字库——方正静蕾简体。这款字体的原型是演员徐静蕾的手写字体，大众可以通过徐静蕾的博客链接以及在方正电子的字库网站上购买并下载使用"方正静蕾简体"。① 有专家认为，这意味着计算机字库作为一种消费产品，将进入个性化时代。② 目前日本有 1 000 多款汉字字库，而我国目前只有 100 多款，只要字体相对规范，每个人都可以拥有自己的书法字库。撇开市场经济价值上的意义不说，这样的个性化字库的推出，还在以汉字艺术弘扬中国文化这一方面有着不可低估的作用。

（四）关于特定行业领域的语言服务

至于我们所谓"特定行业领域的语言服务"，是指在社会的各种行业场景中，为了提高交际效率、达到行业运作的目的而实施的一种语言服务，百行百业，只要用语言做事，就会涉及语言服务问题，比如广告语言服务、导游语言服务、销售语言服务、医疗语言服务、法律语言服务等。我们通常所说的"导游""导购""导食""导诊""导学""导视"等，都是一些具有较鲜明的语言服务特征的角色。笔者曾进行过比较详细的讨论（参见屈哨兵，2006），此不细论。

三、语言服务的职业、行业与基业

根据初步观察与思考，我们主张对语言服务的外延范围进行分层处理，分层的主要依据是"语言"作为一种服务工具在相应的服务场景内获得凸显的程度及其被商品化的程度及其自立性的程度。据此，我们可以将语言服务分成职业、行业、基业几个层次来进行观察分析。"职业"是指"个人所从事的服务于社会并作为主要生活来源的工作"③，"行业"是指

---

① 《方正电子携手徐静蕾推出第一款个性化字体》，新浪网，http：//tech. sina. com. cn/i/2007 – 04 – 27/23491488357. shtml，2007 年 4 月 27 日。

② 《方正电子推出第一款个性化字体字库产品"方正静蕾简体"》，教育部门户网站，http://www. moe. gov. cn/s78/A19/s8358/moe_815/tnull_21882. html，2007 年 4 月 30 日。

③ 中国社会科学院语言研究所词典编辑室编：《现代汉语词典》（2002 年增补本），北京：商务印书馆，2002 年。"职业""行业""基业"的释义均出此。

"工商业中的类别"，"基业"是指"事业发展的基础"。语言服务职业、语言服务行业、语言服务基业与语言的服务性、自立性及商品性的组配关系不是均质的，它们在语言服务的客观序列中占有不同的位置，具有不同的表现，需要我们分别加以观察研究。其彼此之间的关系可以用表 1 来表示。

表 1　语言服务职业、语言服务行业和语言服务基业之间的关系

类别	服务性	自立性	商品性
语言服务职业	＋	＋	＋
语言服务行业	＋	±	＋
语言服务基业	＋	＋	－

（一）语言服务职业

有语言服务产业，就会带来语言服务职业。语言服务职业层的服务性、自立性和商品性都体现得非常充分，并且基本上可以坐实到一个人在社会上可以拥有的具体的职业身份上，例如语言教师、翻译、语言广告文案策划师等，这几种都是在语言服务职业领域中存在的一些比较传统的职业角色。目前值得注意的还有基于网络与手机消费而出现的各种层次类型的网络推手，像短信写手或段子写手这些人群，也逐渐表现出相应的职业群体特征。大量的段子网站和"网络水军"就是一个证明，虽然他们有的行为还需要引导与规范，但无可否认，其职业形象确实也处在一个迅速形成的过程中。另外，随着现代文明的发展和人类整体生存质量的提高，一些原来处于潜在状态或者边缘位置的语言需求会逐渐作为社会文明发展程度的标志被凸显出来，其中最突出的就是在语言理解和语言表达方面患有各种疾病、存在各种障碍的人群，他们应当回归或者加入主流社会，这就需要人们提供相应的语言服务，产生一些新的语言服务的职业。我国患有听力语言残疾的人数以千万计，如此庞大的群体需要有相对稳定、专业的从业队伍为其服务。近年来，我国在聋哑儿童的语言康复方面已经做了很多工作，语言康复教师、言语矫治师等职业也在逐渐形成。通常我们是将这些职业群体的培养培训放在特殊教育专业中进行，这固然是一种正确的选择，但此中基于语言角度能够提供的专业支持显然比较匮乏，不足以使得相应的语言服务职业变得更加稳定和具备可持续发展的特性。在这一点上，我国与发达国家之间也存在较大的差距。根据有关资料介绍，在美国有 7 万余名言语病理学家和 3 万余名听力学家为听觉、言语、语言障碍患

者提供服务，他们都是具有相关专业硕士学位并取得执业许可的专业人员。我国有近3 000万聋哑人，34个省级行政单位中，省、市（地）两级康复机构的专业技术人员仅有3 011名；发达国家聋哑儿童的康复率都在80%以上，而我国公布的官方数字则为24.9%[①]，两者之间的悬殊显而易见。目前我国开展这方面专业训练的学科并不多，其专业训练以心理学与教育类学科、数理工程类学科、生理与病理类学科作为基础的比较多，语言学在这方面似乎还没有占有其应有的分量与位置。李宇明提出设立"语言治疗师"这一新职业适逢其时，但如何能够依托我们现有的学科与技术力量并与国际接轨是一个需要大家进一步努力才能解决的问题。这个职业的设立应该获得规模、质量、结构、效益等多方面的设计与关注。即使是那些比较传统的语言服务职业，也面临着需要改造升级、创新发展的问题。以广告语言服务为例，现在的广告语言与广告文案的设计来自市场营销学方面的支持比较直接，来自传统语言学相关门类的支持似乎已经处在边缘化的境地，语言学家们也难以自得其乐，对广告语言的研究（包括共时的和历时的）都停留在一种泛而难精的尴尬局面，缺少基本的专题语料库的建设（当然遑论对广告语料进行深度加工了），更缺少有特色的广告语言设计理论，那么相应的语言服务质量及人才培养质量不高就不足为怪了。

另外，语言工程师也是随着人机对话的需要而产生的一种新的语言服务职业，他们掌握相应的脚本语言编程技术，能从语言专家的角度来指引基于网络的软件技术开发，时下大量的所谓的C语言工程师就属于语言服务职业，在此不一一论列。

（二）语言服务行业

服务职业聚集发展就会成为语言服务行业。对语言服务行业层的观察可以从两个角度进行：一个角度是语言服务职业的从业群体，如果它的职业角色形象足够清晰，且这个群体的成员足够形成相对稳定的规模，进而他们所从事的职业能够成为他们赖以生存的有保障的工作基础，那么他们的所在与所为就可以构成一个行业。关于这一点，我们需要做的是对较为传统的语言服务职业进行改造升级及对新兴的语言服务职业进行培育引导，这在上文已有涉及。另一个角度是在一些已有的行业中存在的语言服务。《现代汉语词典》（2002年增补本）将"行业"解释为"工商业中的

---

① 郭天翼：《未受或少受扩招影响：物以稀为贵的十大专业》，新浪网，http：//edu. sina. com. cn/gaokao/2008－03－04/1959125737. shtml，2008年3月4日。

类别，泛指职业的类别"，虽难说全面，但也可以助我们观其大概。我国工商行业的企业数以万计，由于行业的不同，在这些企业之中，涉及语言服务，或者说语言可以发挥其服务功能的程度是有所不同的。大体说来，能够比较容易和语言服务挂钩的通常是我们所说的第三产业中的相关行业，例如交通、电信、商业、饮食、金融、保险、旅游、咨询、医疗卫生、修理服务等。第三产业的特点就是不直接从事物质产品的生产，而主要以劳务形式向社会提供各种服务，现在我们通常将其行业所涉及的范围都统称为现代服务业。应该这样说，第三产业或者现代服务业的各个具体门类都离不开语言服务，都是和语言服务有关的行业，前述"导购""导食""导诊"之类都是一些具有比较鲜明的语言服务色彩的角色，但它们大都还不具有一种职业功能上的稳定性，通常都依附在其所在的上位行业之中，但是我们有理由相信，随着现代社会分工的日益精细化，从各种"导×"序列中分化出新的语言服务职业并最终形成行业也是未尝不可的事情。我们现在除了需要作出这样的预测之外，更应该做的工作是对一些呼之欲出的职业与行业进行实践上的探究与学理上的准备，实践层面上涉及相关行业标准的规划与制定，学理层面上涉及学科力量上的依托，任何职业与行业的成立，其背后都应该有一个成熟或者比较成熟的学科来支撑它。可以这样讲，目前我们在这方面的研究还没有形成规模，有的方面只能说是才刚刚起步，要想达到所谓的各类语言服务研究相对比较成熟的水平，我们还有很多工作要做。另外需要补充说明的是，在工商业之外还有国家政府机关及事业单位，实际上它们也都存在着这样或者那样的语言服务的表现，由于其离"商业性"这个特点又更远一些，我们就不再一一论及。

（三）语言服务基业

语言服务产业、职业、行业需要一个资源与规划基础，这个基础就是语言服务基业，它是语言服务事业发展的基础性事业。语言服务基业层的基本特点是服务性强和自立性强，但是商业性相对较弱。语言服务基业由两部分构成：一是语言资源，二是语言规划。近年来，语言资源本身的文化价值、经济价值逐渐获得社会与学界的广泛认同，语言资源的利用水平与国家软实力具有高度的相关性。语言规划行为是随着国家统一尤其是现代国家出现之后才出现的一种关乎语言的政策与态度，自 20 世纪 50 年代以来较长的一段时间内，语言规划更多考虑的是宏观层面上的规划统一问题，较少突出其服务的特性。后来，尤其是进入 21 世纪后，语言规划与社会服务的关系逐渐得以凸显。陈章太（2005）曾经这样定义语言规划的功能："政府或社会团体为了解决语言在社会交际中出现的问题，有目的、有计划、有组织地对语言文字及其使用进行干预与管理，使语言文字更好地为社会服务。"① Cooper（1989）在 20 世纪 80 年代末曾提过一个语言规划行为的分析模式，认为可以从八个方面去分析语言规划活动：谁是规划的制订者？针对什么行为？针对哪些人？要达到什么目的（或出于什么动机）？在什么条件下？用什么方式？通过什么决策过程？效果如何？② 这里面的好几种要素，如"针对什么行为""针对哪些人""要达到什么目的""在什么条件下""用什么方式""效果如何"等，都具有显著的服务性指向。从本质意义上看，语言规划由于涉及语言本体与语言应用之间的"调节"与"设计"，从来就是与社会服务紧密联系在一起的。我们现在所做的国家语言生活的观察描述与建议引导工作、语言资源的整合与开发工作、语言协调的各种工作、语言规范标准的研制与发布实施工作等，无疑都是语言服务基业的具体表现。在此基础上我们还想补充说明的一点就是，语言规划现在之所以可以从语言服务这个角度得以凸显，一个很重要的原因就是现代社会人们对语言权力有更加清醒的认识与要求。这种语言权力包括语言信息知情权、语言能力共享权、语言资源利用权、语言行为选择权等，这些权力需求要求我们首先做好相应的语言服务基业层的准备工作。例如从语言知情权出发，要求我们做好商贸语言的服务标准的研制工作；从语言能力共享权出发，要求我们做好语言残障等特殊人群的语言康复治疗规范标准的研制工作；从语言资源利用权出发，要求我们做好各种语言资源（包括网络资源）的普查保护、标准研制及分配利用的工作；从语言行为选择权出发，要求我们做好网络语言、社会用语用字的引导与规范工作。这些都是语言服务赖以生存的基础。

四、余论

语言服务作为一种事实，其存在的历史不可谓短，但我们关于语言服务的研究却只能说是才刚刚起步。在国家语言规划的层面上对语言服务进行专门的研究与引导在当下社会显得尤为必要，在近些年国家语委等有关部门进行的关于《中国语言生活状况报告》的调研发布中，语言服务作为一个概念逐渐变得清晰起来。但从严格意义上讲，我们现在仍然对国家语言服务的现状难以有全面的把握，事实性的描述不够充分，基础性的建设

---

① 陈章太：《语言规划研究》，北京：商务印书馆，2005 年。
② 转引自刘海涛：《语言规划和语言政策：从定义变迁看学科发展》，教育部语用所社会语言学与媒体语言研究室编：《语言规划的理论与实践》，北京：语文出版社，2006 年。

尚有缺陷，前瞻性的设计还有许多工作需要加强。本文所列语言服务的产业、职业、行业、基业，充其量也只是关于语言服务研究某些侧面或层面的一种粗略的扫描与初步的思考。其中任何一个方面深入下去都将有非常复杂的事实与表现，其中有的问题已经得到关注与解决，有的可能正在规划与解决之中。我们尤其感兴趣的是在社会发展过程中，语言服务产业应该如何进一步进行科学规划、做大做强，有哪些新的语言服务职业需要培育引导，有哪些新的语言服务行业需要培植催生，有哪些新的语言服务基业需要及时跟进。不管是实践层面还是研究层面，上述诸端也非区区一人或数人之力所能完成，从国家语言规划这个角度看，我们需要对规划领域中的这些问题加大关注与引导的力度。

参考文献

［1］陈章太：《语言规划研究》，北京：商务印书馆，2005 年。

［2］教育部语用所社会语言学与媒体语言研究室编：《语言规划的理论与实践》，北京：语文出版社，2006 年。

［3］李宇明：《当今人类三大语言话题》，《云南师范大学学报》（哲学社会科学版）2008 年第 4 期。

［4］刘正埮等编：《汉语外来词词典》，上海：上海辞书出版社，1984 年。

［5］屈哨兵：《语言服务现状的个案分析及相关建议与思考：以产品说明书语言服务状况为例》，《绍兴文理学院学报》（哲学社会科学版）2007 年第 3 期。

［6］屈哨兵：《语言服务研究论纲》，《江汉大学学报》（人文科学版）2007 年第 6 期。

［7］中国社会科学院语言研究所词典编辑室编：《现代汉语词典》（2002 年增补本），北京：商务印书馆，2002 年。

［8］"中国语言生活状况报告"课题组编：《中国语言生活状况报告（2005）》（上编），北京：商务印书馆，2006 年。

语言服务的五个概念系统*

　　"语言服务"是正在形成的中国语言生活派经常使用的一个概念，例如在 2010 年教育部举行的第 8 次新闻发布会上，李宇明（2010）对《中国语言生活状况报告（2009）》进行评价时指出：2009 年中国语言文字工作扎实深入、全面拓展，"构建和谐语言生活""语言资源""语言服务"这些理念逐渐受到社会重视。在 2011 年教育部举行的第 1 次新闻发布会上，李宇明（2011）又一次指出：我们发布中国语言生活状况的主要目标就是信息公开，提倡语言服务理念，构建和谐的语言生活。"语言服务"已经成为中国语言生活非常重要的一个内容。在 2010 年 10 月举行的中国语言生活学术研讨会上，屈哨兵（2010）也对语言服务问题进行了一些梳理与思考。

　　国家对于语言生活的重视可以说是卓然有获，各种语言文字规范标准的制定颁行、相关机构组织的建立与建设，还有正在蓬勃发展、与时俱进的各种语言服务实践，可以说是为语言服务研究奠定了一个很好的基础。目前国内学界对语言服务问题开始进行比较深入的研究，也取得了一定的成果，但有几个问题一直没有得到比较完整的解决：作为一个新的学科探究的领域，语言服务的研究边界在哪里？它本身应该拥有哪些关键概念，是否有可能构成一个概念系统？本文试图在前期相关研究的基础上回答这个问题，提出用五个概念系统来刻画语言服务研究与语言服务实践可能涉及的范围与界面。

一、语言服务资源系统

　　语言服务资源系统是基于语言本体要素角度作出的一种类型划分，可以分成文字、语音、词汇、语法等不同板块，每一个板块都可以独立地与语言服务发生关联，这种关联可以发生在语言服务从规划到实践的各种层面与环节。文字服务是指以文字作为载体的服务，就汉字而论，如语言规划层面的繁体字和简体字的转换设计、相关字符交换集的建设、汉字输入

---

　　* 本文原载于《语言文字应用》2012 年第 1 期，曾在语言经济与语言服务学术讨论会（北京，2011 年 5 月 21 日）上宣读。

法的设计推广、汉字字体的选择设计、汉字字符集的建设与利用等，都属于文字服务的范围。语音服务是指以语音作为主要形式的服务，这里面包括语音规范标准的选择与论证、各种正音字表与词表的研制、普通话教育中的正音教育、各类企业客服人员的语音（嗓音）培训与设计、公众人物及各类有需要人士的语音面貌分析与规划设计等。词汇服务是指以词汇作为主要形式的服务，这里面包括各种规范词表的研制与推广、各种专题词表的研制与推广、不同语种之间的词汇比对与选择确认、普通话与汉语各方言之间的词汇比对与选择等，语言生活层面同样涉及社会共有词汇的遴选、鉴别及推荐引导，例如搜狗不断更新的网络新词就是一种词汇服务。具体到市场执行层面，还会涉及一些主题概念词的设计与推广。语法服务是指以各种语法形式作为主要载体的服务，就汉语而论，在规划层面它应该体现为汉语语法长编的研制、各类语法信息词典的研制、不同语种之间语法形式（句型、句式、句类、各种构式等）的对应与交换、人机对话中各种语法问题的解决方案的设计与实施；在语言生活层面则表现为各种语法现象的引导、推荐与规范，具体到应用领域中，还存在着不同的优势格式的选择引导，有的不乏相当的经济价值。不同的要素都可以构成相应的语言服务市场。

　　语言对人类社会的形成与发展具有不可替代的作用，其对人类活动的组织作用与服务作用在相关学术研究旨趣发生"语言学转向"之前并没有凸显出来，实际上语言资源本身具有相当优化的结构与功能，一直在高效地为社会运行与发展服务，这一点在语言经济学研究方面表现得特别明显。语言经济学家鲁宾斯坦非常明确地指出语言经济学的一个主要目标，就是"解释自然语言的特性是如何与某种'理性'目标函数的最优化相一致的"。当然，鲁宾斯坦是站在经济学研究的角度来看待自然语言的，认为"经济学试图将社会制度解释为从某些函数最优化的过程中所衍生出的常规性，这一点可能对语言也是适用的"。[①] 他的落脚点是经济学，语言的这种"函数的最优化"看重的是语言资源本身的服务潜能。

二、语言服务业态系统

　　语言服务的业态是指语言服务事业的表现形态。根据我们的初步整理，语言服务的业态大体上可以分成四种：语言服务产业、语言服务职

---

① 鲁宾斯坦著，钱勇、周翼译，韦森审订：《经济学与语言》，上海：上海财经大学出版社，2004 年。

业、语言服务行业、语言服务基业（屈哨兵，2011）。语言服务产业是指以语言服务作为生产和经营手段的事业，也可以称为语言产业。有语言服务产业就有语言服务职业，语言服务职业是指以语言服务作为主要手段并获取相应收益与报酬的工作，个体性与商品性是其重要的内在属性，有的还具有衔接性和渗入性。语言服务行业是指语言服务的工商业意义上的类别，它与语言服务职业的区别在于职业强调的是个体属性，而行业侧重的是职业集合，若干个从事同一职业的人的聚合就形成行业。语言服务基业是指语言服务的基础性事业，语言服务基业主要涉及对语言资源的科学开发与利用，重点是做好语言规划的设计与实施，同时还需要坚实的学科研究支撑。

从整体情况看，我国目前语言服务的业态表现内部情况互有参差，有的表现还不是十分稳定，能否成为稳定的业态构成部分还需要经过市场的检验，当然也需要在国家层面上加以规划引导。如果从国家规划引导这个角度出发，语言服务业态的展现顺序应该是：基业—产业/行业—职业。客观地说，我们目前对语言服务的四种业态表现的真实情况并不是掌握得十分清楚，相关的研究与规划也还不能完全跟得上语言生活发展变化的步伐。比如语言服务职业，目前到底有多少种？范围与认定标准应该如何制定？语言服务职业内部的构成层次如何？它们彼此的发展态势与完善情况如何？它们与语言服务行业彼此之间的关系有哪些表现？语言服务职业的标准有哪些？还有哪些需要建设引导？如此种种，事实上我们都不甚了了。

三、语言服务领域系统

语言服务所能覆盖的领域到底有多宽，目前并没有一个统一的标准，狭义的语言服务通常是指语言翻译服务，广义的语言服务是指所有以语言作为工具或项目内容而开展的服务，具体可以分成语言翻译服务、语言教育服务、语言支持服务、特定行业领域的语言服务四大类型（屈哨兵，2007）。

语言服务领域的表现具有市场与公益双重属性。具体表现途径有两种：一是不同的领域对市场与公益两种属性有不同的选择倾向；二是同一领域中，由于具体服务产品与服务阶段的不同，有时偏重于公益，有时则偏重于市场。本文讨论的语言服务领域主要从市场这一端来进行定义。具体领域的语言服务是一个分层开放的系统，它应该是语言服务最具生命活力的组成部分。百行百业，只要拿语言来做事，那就有可能涉及各种各样的语言服务，有语言服务就会有经济价值。仅就《中国语言生活状况报告》近几年涉及的相关项目而言，就包括广告语言服务、说明书语言服务、医疗语言服务、网络语言服务、旅游语言服务、民航语言服务等，此外还有会展语言服务（如上海世博会）与赛事语言服务（如北京奥运会与广州亚运会）（"中国语言生活状况报告" 课题组，2006—2011）。此外，像电信交通领域、立法司法领域，以及海峡两岸与香港的社区领域，都存在着大量的语言服务问题。

各个领域的语言服务的构成内容与表现不是均质的。以职业清晰度而论，至少有三种情况：一是有的已经形成相对清晰的职业类型；二是有的职业类型还不是十分清晰稳定，可能需要随着社会发展与社会分工的进一步细化之后才会确立；三是有的语言服务性质具有相当的依附性，可能难以存在职业独立的前景。就语言服务的阶段性而论，至少存在着两种情况：有的表现为语言服务规划（相关语言服务的标准规范）比较到位，语言服务的实施也比较成功，如奥运会、世博会和亚运会语言环境的服务建设；有的则表现为社会行业现实提出了语言服务的要求，但我们在语言服务规划与设计方面还存在着这样或那样的不足，如广告语言服务、医疗语言服务、说明书语言服务、特殊人群的语言服务、城市社区移民的语言服务等，这里面一部分还只是被《中国语言生活状况报告》关注的一些个案，那些还没有被我们注意的需要提供语言服务的规范标准、进行语言服务项目建设、提升语言服务质量的行业和领域还有很多，为我们进行语言服务的观察、研究与建设提供了广阔的空间。

四、语言服务层次系统

国家与语言之间的关系十分密切，正因为如此，在国家框架内需要对官方语言作出选择，需要对民族语言及各种方言与官方语言之间的关系进行协调，需要对语言在国家发展中的地位与作用作出判断。对于这些问题，我们可以从语言规划的角度作出各种选择，同时也可以从语言服务的角度作出分层处理。

语言服务大体说来可以分成四个层次：国家层面的语言服务、族际层面的语言服务、方言社区层面的语言服务、个体层面的语言服务。

第一个是国家层面，这个层面的语言服务要解决的主要问题是语言与国家统一、国家安全、国家发展的关系问题，涉及国家软实力的增强问题，具有基础性、时代性、公益性三个重要特征。国家现代化和国际化程度越高，这方面的意识越不能缺失。国家层面的语言服务的主要形式是语言文字规范标准和信息化建设，这是国家各种语言工程得以实施的基础，也是前述语言服务业态表现中语言服务基业的主要内容。2011 年 1 月，时任国家语委主任李卫红同志在国家语委年度工作会议上强调，我们的语言文字事业要"服务于党和国家事业发展大局"（柴葳，2011），这从国家层面说明了语言文字工作的服务特性。

第二个是族际层面，这个层面的语言服务要解决的主要问题是国家通用语言使用与各个少数民族语言的使用选择之间的关系问题，在这个方面进行语言服务的主要形式是提供双语教育服务，同时还涉及少数民族语言文字的保护与开发服务。目前，我国在这个方面的情况比较复杂，我国有五十六个民族，使用着一百二十多种语言，有些具体的语言服务项目的开发可能是我们原来很少规划考虑的。例如 2010 年玉树地震之后提出的语言救援的要求，就非常需要切实可行的族际语言服务。李宇明（2011）结合自然灾害与人道主义救援这个主题，指出："在语言障碍和语言援助方面问题凸显，在发生自然灾害时和国际人道主义救援当中，如何能够得到合适的语言救援，已经成为中国应该思考的问题。""我们国家是个地震和其他自然灾害多发的地方，在灾难到来的时候怎么样提供合适的语言服务，这需要方言人才，需要民族语言人才。"在这方面，我们尤其需要通晓双语双方言的人才。玉树震后，如果那个叫才人旦舟的藏族小孩只会说藏语，不会说普通话，那么他就不能完成那样的语言救援的志愿服务。另外一个与之相关的问题是，由于具体族群的不同，他们对国家通用语言与本民族语言所抱有的语言态度以及进行的取舍都会有程度不等的差别，也需要我们选取不同的语言服务策略。不是说那些濒危语言的族群式微，我们就可以对与其相关的民族语言服务放任自流、任其消亡，在相当程度上，我们应该主张提供相应的语言教育服务及其他各种形式的语言服务，使其作为一种文化生态得以保留与传承。

第三个是方言（此处重点指汉语方言）社区层面，这个层面的语言服务要解决的主要问题是国家通用语言的推广使用与汉语方言的选择使用之间的关系问题。汉语方言主要分成两大块，即北方方言与南方方言。北方方言与国家通用语言的匹配度整体较高，在语言服务方面的一致性比较强；南方方言彼此之间各有差异，其与国家通用语言之间的差异整体上比较大。中华人民共和国成立以来，由于国家工业化进程的需要，国家在推广普通话方面做了很多工作，成就巨大。应该说，国家通用语言在各方言社区间的语言服务工作已经有了比较好的基础，但也不能排除某些地区与社群在需要通用语言服务的同时，还存在着方言服务的需求。对于这个问题，我们原来关注的不是很多，里面的具体情况也比较复杂，我们应该采取什么样的语言服务引导，值得进行深入的研究。2010 年广州"撑粤语"事件给我们留下了很大的思考空间，对此，詹伯慧（2011）、屈哨兵（2011）等进行过专门的思考。

第四个是个体层面，前述三个层次的语言服务最终都会在个体层面得以体现和落实，这里需要补充的是针对一些特殊个体与群体的语言服务，比如法律诉讼中针对具体当事人的法庭语言翻译服务、针对某些可能给当事人带来危害性后果的环境或事物的语言提醒服务、针对聋人与盲人的各种语言支持服务等。支持各个层次的语言服务得以成立的一个共有基础是语言权利，语言权利是人权的一种构成要素，这种权利可以通过语言服务的方式得以保全。

如果跳出国家这个框架，还可以有国际层面的语言服务，这个层面的语言服务的主要表现是语言翻译服务，这种服务也是语言服务的经典含义，这里不再展开叙说。

五、语言服务效能系统

语言服务效能可以分成两方面来进行描述分析，一方面是语言服务的工具效能，另一方面是语言服务的经济效能。语言服务的工具效能是语言服务得以成立的基础，换句话说，语言作为人类的交际工具，使语言服务成为一种与生俱来的属性，只不过在既往的语言生活中，我们没有从服务这个角度对它进行观察梳理与分析整合，现在提出，是一种从自发到自觉的提升。如果我们看重语言的这种工具属性，那么很多因为语言问题引起的纷争就可以化解，至少这种工具效能的凸显不会激化某些场合的语言冲突。这种服务功能有时是不以人们的意志为转移的。举个例子，清军入关之后，是非常想保留满语作为"国语"的地位并加以传习的，历代皇帝对于这个问题都有明确的要求，比如康熙说"一入汉习，即大背祖父明训，朕誓不为此"①，乾隆说带头率八旗子弟"时时以学习国语、熟练骑射、操演技勇"②，道光要求对满洲官兵"教以清语骑射，俾各精熟，毋得沾染汉人习气，废弛满洲旧业"③。这些要求在当时当然都是皇言昭昭的，问题是

---

① 《康熙起居录》（第 2 册），北京：中华书局，1984 年，转引自市川勘、小松岚：《百年华语》，上海：上海教育出版社，2008 年。

② 《清高宗实录》（卷 411），《清实录》（第 14 册），北京：中华书局，1986 年，转引自市川勘、小松岚：《百年华语》，上海：上海教育出版社，2008 年。

③ 《清宣宗实录》（卷 127），《清实录》（第 34 册），北京：中华书局，1986 年，转引自市川勘、小松岚：《百年华语》，上海：上海教育出版社，2008 年。

如何才能上情下达呢？贵为一国之尊同样也要选择交际工具来为他的这个下达目标服务，没有其他办法，还是要选择汉语，也就是说，他们要用汉语下达"不说汉语"的谕示，何以如此？他们选择的是汉语的语言服务的工具效能。如果从汉语的文化效能来考虑，他们是断难作出这样的选择的。从这个意义上讲，语言服务的工具效能与语言本身的文化效能是分得十分清楚的。语言服务的工具效能还有两个具体表现，一是具有规约性，二是具有主导性（屈哨兵，2008）。

语言服务的经济效能是指语言服务的市场价值功能，从某种意义上讲，这种功能与语言经济学框架中对语言功能的解释有一定的相关性，但两者之间并不能画等号。据相关学者介绍，语言经济学的学术主线大体分为三条：一是人力资本理论下的语言与经济关系研究，例如语言与收入关系的研究；二是经济学语言的修辞分析，也就是说，经济研究中经济学语言的运用本身也是一个经济学问题；三是用经济学的理论、方法来分析语言的结构、现象及相关的语言问题（张卫国，2009）。所谓语言服务的经济效能大体上与上述的第三条学术主线有一定的关联，语言服务的经济效能想要回答的是语言的各种要素通过语言服务这个环节能够产生何种经济收益。1965 年，马尔沙克就指出语言也具有与其他资源一样的经济特性：价值（value）、效用（utility）、费用（cost）、收益（benefit）（陈柳钦，2011），这可能是一个可以借鉴的对语言服务的经济效能进行观察的理论框架，关于这方面的探究或许还有很多工作要做。

不管是语言服务的工具效能，还是语言服务的经济效能，我们都需要进行相应的语言服务效能测评系统的建设。目前，我们在这方面的工作还做得很少，不管是语言服务效能的测评原则与测评框架，还是语言服务效能的测评指标与测评细则，目前都少见系统的思考与成熟的设计，李现乐（2011）在这方面作出了比较有价值的观察与探索。如何进行语言服务效能的测评，一个可能的方法是，选择具体的语言服务项目，对其进行语言服务效能的过程观察与结果测评。这种观察与测评是一项系统性很强的工作。如果具体的语言服务项目的效能测评不能完成，那么整个语言服务效能测评系统的建设也难以进行。这些需要我们进行更多的思考与探索。

六、前推与后望

中华人民共和国成立伊始，毛泽东同志多次就文字改革问题作出指示，其中一个重要的原则就是要解决好语言文字科学化、国际化、大众化的问题，不难看出此中语言文字的服务性指向。20 世纪 50 年代开始的简化汉字和推广普通话可以看成语言文字工作服务大局、服务社会发展的重大行动，成就巨大。六十多年来，国家的语言文字工作服务社会发展大局的主题一直非常鲜明，随着 21 世纪的到来，国家语言文字工作的具体内容当然会与时俱进，规范化、标准化成为语言文字工作的重要内容，服务作为语言文字工作的一个重要功能越发得到重视与凸显。比如，2006 年，在纪念国务院《关于公布〈汉字简化方案〉的决议》和《关于推广普通话的指示》发布 50 周年座谈会上，时任教育部部长周济同志的讲话标题就叫作"做好语言文字工作，为经济社会发展服务"，可见语言文字与服务之间关系的紧密程度。2011 年，刘延东在纪念《国家通用语言文字法》颁布 10 周年座谈会上强调："注重语言文字规范标准和信息化建设，加强对社会语言生活的监测与服务，促进语言文字健康发展。"时任教育部副部长、国家语委主任李卫红对语言文字工作的服务主题强调得更具体，指出要"处理好科学研究与管理服务的关系，语言文字科研工作应紧扣社会应用，密切关注、研究社会语言生活中的新问题、新动向，研究解决群众广泛关注、对民生影响大的事项，面向基层，服务于管理，要善于将科研成果及时转化、推广、应用，不断提高管理和服务的水平和质量"（柴葳，2011）。

我国老一辈语言学家，如王力、吕叔湘、朱德熙等先生都非常重视语言文字为社会服务的事情，大致翻一翻他们的一些论著，很多都是涉及这方面的。20 世纪 90 年代，吕叔湘先生还提出过建立"语文事务所"的设想，他说："我们能不能培养一批语文专家，可以供人家聘用，或者组织咨询处。懂法律的人称律师，可以组成律师事务所，通语文的人为什么不能称语文师，组成语文事务所呢？"（吕叔湘，1994）吕先生这里所言确实很有先见之明。1995 年创刊的《咬文嚼字》所做的工作也应该属于语言服务的范畴，这和我们今日所言的语言服务的理念是十分吻合的。

语言服务作为国家语言文字事业的一个重要命题，在当下语境中将会占据更加重要的位置。因此，整合语言服务概念，加强语言服务研究，必要时建立语言服务研究机构，或许应该成为国家语言文字事业格局中的一个新的工作抓手。很显然，本文所提出的语言服务概念系统，从研究层面或者可以进行相对集中的研究，从实践层面却与国家庞大的语言生活实体发生着各种各样的关联，非任何一家学术研究机构或者语言服务机构所能独任，而是需要社会各界及更多的语言文字工作者为此作出不断的努力。

参考文献

［1］柴葳：《2011 年度语言文字工作会议召开》，教育部门户网站，http：//
www. moe. edu. cn/publicfiles/business/htmlfiles/moe/moe_1485/201101/114663. html，2011 年 1
月 22 日。

［2］陈柳钦：《用规则来解释规则，用语言来解释语言：西方语言经济学的缘起
和发展》，《中国社会科学报》，2011 年 4 月 19 日第 13 版。

［3］《教育部 2010 年第 8 次新闻发布会》，中国语言文字网，http：//www. china-
language. gov. cn/14/201011_25/1_144748_0_1290672250230. html，2010 年 11 月 25 日。

［4］《教育部 2011 年第 1 次新闻发布会》，教育部门户网站，http：//
www. moe. gov. cn/sofprogecslive/webcontrollerdo? titleSeq = 2486&gecsmessage = 1，2011 年 5
月 12 日。

［5］《刘延东强调：开创语言文字事业科学发展新局面》，中国政府网，http：//
www. gov. cn/1dhd/2011 – 01/20/content_1789523. htm，2011 年 1 月 20 日。

［6］李现乐：《语言服务与服务语言：语言经济视角下的语言应用研究》，南京大
学博士学位论文，2011 年。

［7］鲁宾斯坦著，钱勇、周翼译，韦森审订：《经济学与语言》，上海：上海财经
大学出版社，2004 年。

［8］吕叔湘：《第三届现代汉语语法研讨会致辞（代序）》，邵敬敏主编：《语法研
究与语法应用》，北京：北京语言学院出版社，1994 年。

［9］屈哨兵：《语言服务研究论纲》，《江汉大学学报》（人文科学版）2007 年第
6 期。

［10］屈哨兵：《语言服务研究问题再思考》（在"两岸四地"语言学论坛上的发
言），中国澳门，2008 年 12 月 5—7 日。

［11］屈哨兵：《关于〈中国语言生活状况报告〉中语言服务问题的观察与思考》，
《云南师范大学学报》（哲学社会科学版）2010 年第 5 期。

［12］屈哨兵：《广州"撑粤语"事件引发的思考》，《云南师范大学学报》（哲学
社会科学版）2011 年第 1 期。

［13］屈哨兵：《产业、职业、行业、基业：语言服务"四业"并论》，《中国社会
科学报》，2011 年 4 月 12 日第 3 版。

［14］市川勘、小松岚：《百年华语》，上海：上海教育出版社，2008 年。

［15］詹伯慧：《粤语是绝对不会沦陷的：对出现"废粤推普"风波的一些思考》，
《学术研究》2011 年第 3 期。

［16］张卫国：《语言经济学研究存在三个主要维度》，《光明日报》，2009 年 11 月
24 日第 10 版。

［17］"中国语言生活状况报告"课题组：《中国语言生活状况报告（2005—2010
年各卷）》（上编），北京：商务印书馆，2006—2011 年。

［18］周济：《做好语言文字工作，为经济社会发展服务》，中国教育新闻网，
http：//www. jyb. cn/cm/jycm/beijing/jybgb/zh/t20060815_29537. htm，2006 年 8 月 15 日。

加强语言服务研究，注重语言服务实践*

十七届六中全会作出《中共中央关于深化文化体制改革推动社会主义文化大发展大繁荣若干重大问题的决定》（以下简称《决定》），对我国下一个历史时期的文化大发展与文化大繁荣进行了非常重要的战略部署，可以这样说，这是今后一个相当长的历史时期内进行社会主义文化建设的纲领性文件。从大的范畴来讲，语言文字工作是文化发展和文化建设中不可或缺的重要组成部分，所以《决定》中明确提出我们要"大力推广和规范使用国家通用语言文字，科学保护各民族语言文字"。这里想从语言服务的角度，就如何大力推广和规范使用国家通用语言文字、科学保护各民族语言文字谈两点看法。

看法之一：要加强语言服务研究。语言服务是近些年来学界与业界比较关注的一个话题。从研究这个层面看，我们对于语言服务所要研究的对象、范围，以及构建一个什么样的学术框架和门类体系、要达到一个什么样的学术目的，都还缺少明确的认识。如果说此前的语言服务研究因为语言本身的工具性特征而进行过不同角度的审视与思考的话，那么这种审视和思考所呈现出的更多的是一种自发的"散装"分布，现在有必要回应社会发展的需求，在语言服务这个新的框架中对既往的各种审视与思考进行"集装"整合。这个研究体系的建立至少应该符合三个学术建设上的标准。

第一，它具有一种回应性。也就是说，语言服务作为一个专门的研究门类，其产生和形成是回应了社会发展的一种需求，这种需求大概包含三个方面：一是全球化发展语境对语言服务的范围与质量标准提出了更多更迫切的要求；二是信息化虚拟世界对我们现实生活的全方位介入，以及社会发展的全方位推动对语言服务的门类与技术提出了新的任务与挑战；三是和谐社会要求构建和谐语言生活在语言服务的对象、领域、层次等方面表现出更加复杂的特性，需要更加精细的语言服务研究以提供具体实践的指引。

第二，它具有一种生发性。新的学术研究领域的形成通常有两种表现：一种是具有完全创新特征的，从研究对象到研究路径以及研究方法等方面都具有一种别开生面的表现；另一种是在既往研究的基础上进行延展

---

* 本文原载于《语言文字应用》2012年第2期笔谈。

生发，具有一定的创新特征，语言服务研究应该属于第二种情况。语言服务研究要从既往语言及语言应用研究的相关成果中充分吸取学术营养，然后根据语言服务研究的任务进行重新分析，使其成为语言应用研究或者应用语言学研究领域中一个新的分支。

第三，它具有一种开放性。由于语言应用领域本身的广延性以及语言生活本身所具有的复杂性，语言服务的研究对象与研究任务不可能在这个研究门类创立之初就能被一网打尽。一门学科的发展之所以具有生命力，就在于它能不断地给研究者提出新的问题，语言服务研究同样也要面对这个检验。当然，作为一个新的研究门类，其基本的研究内容与研究框架也应该初具规模才行。根据我们的初步论证，语言服务研究的内容框架大体上可以从资源系统、业态系统、领域系统、层次系统、效能评价系统等方面来进行构拟与建设。这里面的每一个子系统都具有开放性，尤其是领域系统，其研究任务具有非常强的开放特征。

看法之二：要注重语言服务实践。从语言服务的角度看，推广和规范使用国家通用语言文字以及科学保护各民族语言文字，更多的是要求我们在语言服务实践这个层面有所作为，这种作为要在科学正确的语言文字方针以及比较坚实的语言服务研究的理论基础上来进行。就目前我国语言服务的情况来看，大都还是围绕上述语言服务研究要回应全球化语境、信息化推进及和谐社会语言生活的建设来进行，这里不拟全部展开来谈论。笔墨想集中在一点，即从中国城市化进程中应该如何科学保护各民族语言文字来谈几点个人的意见。

众所周知，城市化是人类社会生存发展模式的一种不可阻止的趋势，由于各个国家发展速度的不同，城市化进程与速率也彼此不同。对于中国而言，我们现在的城市化可以说是进入了中华人民共和国成立后又一次大的跃升。有人估计，这一次城市化的时间长度不会低于 50 年，照此推算，这次城市化进程大约要延展到 21 世纪中叶，也就是中华人民共和国成立 100 周年那个时候。在这个进程中，如何推广和规范使用国家通用语言文字、各民族语言文字如何能够得到科学的保护、我们应该提供一些什么样的语言服务就是必须面对的问题。这个问题主要体现在两个方面：

第一，新入城人口的语言服务问题。有预测表明，未来 30 年中国社会格局将成为典型的"三元社会"，城市人口、农村人口和流动人口各占 5 亿。很明显，流动人口不会是在农村之间流动的，他们实际上是汇入了城市化进程之中，这就带来两个问题：一是随着这个庞大的人群离开乡土进入城市，尤其是跨省流动进入城市，我们应该给他们提供什么样的语言服务，如何处理好使用国家通用语言文字与使用本土的民族语言文字（包括方言）的关系？二是这些人口流入城市之后所产生的流动儿童的语言规划和语言教育问题。一方面，城市化进程中大力推广和规范使用国家通用语言文字，这些流动儿童能否顺利有效接受国家通用语言文字的教育；另一方面，随着他们跟随父母离开乡土，对于他们故乡的语言包括方言，他们能否有机会或者条件加以习得掌握，我们能否进行相应的语言规划服务，包括引导家庭进行语言规划，通过语言服务帮助他们做好与故乡语言文字方面的续接浸淫。

第二，城市语言与城市方言的保护问题。随着城市化进程的推进，一方面对推行和规范使用国家通用语言文字提出了更为普遍的要求，需要我们做好相应的语言服务工作；另一方面，在这个过程中，很多城市原有的语言包括方言在使用人群、使用空间与使用范围等诸多方面面临诸多压力。在这种情况下，我们应该进行相应的语言规划，提供科学的语言服务，使得原有的城市语言与城市方言能够拥有相应的成长空间与发展路径，使其成为中华文化的有机组成部分。从实践层面上讲，在家庭、学校、社区、媒体、网络、各类语言文字传播载体与资源留存等方面，我们要进行语言服务的科学统筹协调，进行全面的设计与实践推动，只有这样，十七届六中全会中所说的"科学保护各民族语言文字"才有可能在城市化进程中得到真正的落实。

语言生活和语言服务的关系[*]

"语言生活"和"语言服务"是中国语言生活系列皮书和相关研究经常提及的两个概念，它们彼此之间有些时候会发生这样或那样的纠结。本文从三个角度对语言生活和语言服务的关系进行梳理：一是两者的关系背景，二是两者的关系纠结，三是两者的关系样态。本文采取一种分分合合的方式从上述三个角度来进行讨论，基于分离状态来看它们彼此之间的区别，基于融合看彼此之间的联系，希望能够把两者之间的纠结梳理清楚，把两者之间的区别解释清楚。

一、语言生活和语言服务的关系背景

本文讨论的语言生活和语言服务主要是指《中国语言生活状况报告》皮书以及与之相关的系列皮书中所反映的语言生活和语言服务。以此为基础，我们可以作出两个判断。

第一个判断：凡有语言生活的地方都可以有语言服务。

以《中国语言生活状况报告》为例，第一部《中国语言生活状况报告》出版的时候，李宇明在题为"构建健康和谐的语言生活"的序言中说："《中国语言生活状况报告（2005）》，是国家语委首次向社会发布年度语言生活状况报告，也是国家语委'中国语言生活绿皮书'的第一部。发布的目的，在于引起人们对语言国情的重视，积极引导语言生活向着健康和谐的方向发展，并为政策制定和学术研究提供参考。"[①] 这里的"引导"和"提供参考"云云，实际上就是一种语言服务。报告语言国情是语言服务的基础，推动语言服务是语言国情报告的重要目的。随着政学两界及社会各界对国家语言生活的重视程度和认识深度进一步增加，语言生活皮书逐渐形成了一个"家族"，分为五个系列，即《中国语言文字事业发展报告》（白皮书）、《中国语言生活状况报告》（绿皮书）、《中国语言政策研究报告》（蓝皮书）、《世界语言生活状况报告》（黄皮书）和语言文字规

---

* 本文原载于屈哨兵主编：《粤港澳大湾区语言服务发展报告（2022）》，北京：商务印书馆，2022 年。

① 李宇明：《构建健康和谐的语言生活：序〈中国语言生活状况报告（2005）〉》，"中国语言生活状况报告"课题组编：《中国语言生活状况报告（2005）》，北京：商务印书馆，2006 年。

范草案（"规范类"）。国家语委 2020 年对"语言生活皮书"有一个说明，述及绿皮书时同样点明，其"主要反映我国语言生活的重大事件、热点问题及各种调查报告和实态数据，为语言研究和语言决策提供参考和服务"①。显然，这里的语言决策层面的指向与十五年前提出的"引导语言生活向着健康和谐的方向发展"一脉相承。我们考察十五年来每一本《中国语言生活状况报告》，绝大部分单篇报告的表述框架都是在报告完相关语言状况之后提出"问题与建议""思考与建议"，或者是"启示与建议""对策与建议"等，这里的"建议"之类就是进一步进行语言服务的重要基础。我们也梳理了十五年来《中国语言生活状况报告》各册各篇的各类"建议"，共计 470 余条。② 随着时间的延伸，一些问题与建议也会在陆续推出的相关报告中得到或多或少的回应，有的可能整合成为国家语委科研规划课题的立项基础，有的也会直接转化为国家语言文字事业的重要组成部分。受《中国语言生活状况报告》影响而陆续推出的北京、广州、上海的语言生活状况报告，基本上都是按照这种"报告 + 建议"的框架来研制的。我们有理由相信，这种基于语言国情的服务建议指向大都具有较为坚实的学理基础和比较明确的实践需求，从不同角度印证着凡有语言生活的地方都会有语言服务这个事实。系列报告实践实际上也正在形成一种带有中国语言生活派印记的学术研究范式，坚持下去，必将对国家及区域语言生活和语言服务产生更加积极的影响。

第二个判断：凡有语言服务的行为都源于对语言生活的需求。

近些年以中国语言生活派为圆心，学界陆续推出了相关报告和学术研究成果，聚焦语言服务研究逐渐成为大家的一种共识，从某种意义上讲，这也证明现实语言生活中的语言服务越来越成为一种时代需求。举一组例子，《中国语言文字事业发展报告（2018）》将"语言服务能力提升"列为一章（第四章），下设"'一带一路'语言服务""外语服务""特殊人群语言文字服务"三节③；《中国语言政策研究报告（2019）》的专题综述部分将"语言服务"作为十大专题之一，从"语言服务理论话题""语言

---

① 《"语言生活皮书"说明》，国家语言文字工作委员会组编：《中国语言生活状况报告（2020）》，北京：商务印书馆，2020 年。

② 《中国语言生活状况报告》各册各篇"建议"类条目由广州大学 2020 级语言学及应用语言学研究生邓坤宁同学收集整理，该同学相关观察报告在广州大学第五届语言服务高级论坛的"研究生分论坛"上进行过交流发言。

③ 国家语言文字工作委员会组编：《中国语言文字事业发展报告（2018）》，北京：商务印书馆，2018 年。

服务发展方略""领域语言服务""语言服务人才培养"四个方面加以考察①；《中国语言文字事业发展报告（2020）》同样也列出"语言文字服务能力提升"专题，作为年度重点之一介绍②；2020 年，语言生活皮书系列还增添了家族新成员——《中国语言服务发展报告》，除特稿外，该报告分"公共语言服务""语言教学服务""语言文化资源传承传播服务""语言技术服务""语言翻译服务"五大部分，共计 21 份专题报告。③ 从这些专题列出的相关内容不难看出，我们对语言服务所涉及的范围和层次类型的认识正处在"活跃期"，而且从目前的情况来看，可能会在相当长一段时间内一直处于这种活跃期，这是当代中国发展尤其是中国语言生活发展所带来的必然现象。

我们可以这样认为，作为一种相对独立的客观事实，语言服务在我们的周边存在，并正在得到越来越多的关注。诚如李宇明所言，"语言服务"需要通过深入的学术研究来定义，但更需要以语言服务的实践来定义，因为语言服务是学问，更是社会实践活动。④ 同时因为语言服务与语言生活的复杂关系，对于它们彼此之间的纠结，我们也要给予充分的重视。

二、语言生活和语言服务的关系纠结

从大的方面来说，近年来语言服务概念的高频度使用是和中国语言生活的报告研究紧密联系在一起的。众所周知，随着《中国语言生活状况报告》以及与之相关的系列皮书的研制出版，我国语言学研究中逐渐形成了一个有着共同研究旨趣的"中国语言生活派"。这个学派以系列皮书研制为主要手段，创建并完善了一批与语言生活研究密切相关的概念，形成了相对稳定的研究队伍和研究机构。在这个不断发展的学术行动中，以李宇明等为代表的相关学人对"何为语言生活"以及"何为中国语言生活"都给出了相对明确的定义。"如果将与语言相关的各种活动称为'语言生活'的话，语言的学习与教育、语言在各种场合各个领域的运用、语言研究及

---

① 国家语言文字工作委员会组编：《中国语言政策研究报告（2019）》，北京：商务印书馆，2019 年。

② 国家语言文字工作委员会组编：《中国语言文字事业发展报告（2020）》，北京：商务印书馆，2020 年。

③ 屈哨兵主编：《中国语言服务发展报告（2021）》，北京：商务印书馆，2021 年。

④ 李宇明：《语言服务的实践品格：序〈中国语言服务发展报告（2020）〉》，屈哨兵主编：《中国语言服务发展报告（2020）》，北京：商务印书馆，2020 年。

其成果的开发应用等，便都可以归入语言生活的范畴。"① 相关定义与解释使得"语言生活"从一个日常话语活动中的自由组合逐渐凝固为一个具有学术意味的专门概念。从某种意义上讲，本文讨论的"语言服务"是"语言生活"的伴生概念。与早期的只将语言服务等同于语言翻译不同，伴随中国语言生活派的学术建设，对"何为语言服务"，大家也渐次给出了相应的定义，例如赵世举认为"语言服务是指行为主体以语言文字为内容或手段为他人或社会提供帮助的行为和活动"②。笔者也曾就语言服务进行过一些思考③，在此基础上给出的定义是"语言服务是国家或者其他团体与个人以语言文字作为资源手段为社会团体各种单元及个体提供帮助与支持的各种活动"④。

但从近年来人们观察语言生活或者报告语言服务的相关著述来看，我们也不难发现，人们对如何理解和应用这两个概念还存在着一些纠结。即使是国家语委编制的"十四五"科研规划的相关研究领域，也把这两个概念并列提出。这种并列一方面固然是两者在科学研究领域中关键核心地位的一种表现，另一方面也可能是两个密切关联的概念难以完全切分开来。从学术发生史的角度看，我们可以认为"语言生活"和"语言服务"两个概念有着先和后的关系，即"语言生活"产生在先，"语言服务"产生在后；但从外延来看，我们也不妨认为这一对概念存在着大和小的关系，即"语言生活"的所指要大于"语言服务"。当然，也可以认为这两个概念并没有实质意义上的不同，之所以使用两个不同的指称，主要还是因为观察问题的角度有所不同。

不管基于先后还是大小抑或不同角度，这些解释似乎都还不足以厘清"语言生活"和"语言服务"彼此之间的各种纠结，我们还缺少对这两个概念及其背后关系性质更为系统的整理定性。不管从哪个层面看，语言生活和语言服务都是国家语言文字事业中的重要组成部分，从学理上进行梳理区别显得十分重要。我们注意到，《国家"十三五"语言文字事业发展规划》中提及"服务"或者"语言服务"50 余次；《国家语委"十三五"科研规划》中提及"服务"和"语言服务"30 余次，其中专门提及"语言服务"超过 10 次，七个重大研究领域中有五个提到了语言服务问题。

① 李宇明：《构建健康和谐的语言生活：序〈中国语言生活状况报告（2005）〉》，"中国语言生活状况报告"课题组编：《中国语言生活状况报告（2005）》，北京：商务印书馆，2006 年。

② 赵世举：《从服务内容看语言服务的界定和类型》，《北华大学学报》（社会科学版）2012年第 3 期。

③ 屈哨兵：《语言服务研究论纲》，《江汉大学学报》（人文科学版）2007 年第 6 期；《语言服务的概念系统》，《语言文字应用》2012 年第 1 期。

④ 屈哨兵：《我国语言活力和语言服务的观察与思考》，《学术研究》2018 年第 3 期。

这意味着语言服务研究作为国家语委语言文字事业和科研规划重要组成部分的地位十分突出。《国家语言文字事业"十四五"发展规划》在这方面的表现同样如此，"服务"和"语言服务"也占有十分显著的位置。

言实和周祥的《新时代语言文字事业的新使命》一文从国家语言文字工作治理能力的角度将相关的能力分成五个部分，分别是"国家通用语言文字能力""语言文字基础能力""语言文字服务能力""语言文化传承发展能力"和"中文国际发展能力"。① "语言文字服务能力"在国家语言文字工作治理能力体系中五居其一，由此也可见其地位之重要。《国家语言文字事业"十四五"发展规划》正在行进落实之中，我们应当一以贯之地关注国家语言生活，做好国家语言服务，而要做这些工作，就有必要进一步梳理相关研究任务和研究领域。

语言服务的范围非常广泛。我们曾经从"语言服务资源""语言服务业态""语言服务领域""语言服务层次""语言服务效能"几个不同的角度进行过较为系统的分析②，现在看来，这个观察系统基本能把语言服务研究所涉及的重要内容涵括进来。但如果从其与语言生活的关系来辨识语言服务，梳理彼此之间的关系，则它们可能各自有着不同的辖域边界。这方面的问题，尤其是语言服务的辖域边界如何确定，值得我们进一步辨察思考。

把两者之间的纠结控制在一定范围之内，尽量离析出两者之间的某些不同，这样或许有利于学术讨论的深入。故此，我们有必要进一步讨论两者之间的关系样态。

三、语言生活和语言服务的关系样态

整体看来，语言生活和语言服务的关系从性质上可以归纳出三种样态。区分这三种不同的样态，依据不同的样态特征判定其辖域边界，能在一定程度上帮助我们厘清它们之间的一些区别。

第一种样态：语言生活和语言服务交替迭代螺旋上升。

大量事实证明，语言服务和语言生活在学术生态链上存在着一种交替迭代螺旋上升的关系。这种交替迭代螺旋上升在不同系列的语言服务类型中几乎可以看作一种通例。

举一个例子，《现代汉语词典》的编辑出版与再版增补修订的历程就

① 言实、周祥：《新时代语言文字事业的新使命》，《语言战略研究》2020 年第 6 期。
② 屈哨兵主编：《语言服务引论》，北京：商务印书馆，2016 年。

体现出这种语言生活和语言服务学术生态链上的交替迭代螺旋上升。1956年2月6日，国务院在《关于推广普通话的指示》中提出要中国科学院语言研究所编写一部以确定词汇规范为目的的中型现代汉语词典。这种国家语言生活中的词典缺位就是语言服务的起点，为了填补词汇规范方面的语言生活之缺，就有了编纂相应的中型现代汉语词典的语言服务实践。随着时代的变化，国家的语言生活也一定会发生变化，这种变化自然会引发语言服务端的响应，在《现代汉语词典》这里就体现为它的历次增补修订。第一次修订（1980—1983年）着重从思想内容方面消除"文化大革命"的影响；第二次修订（1993—1996年）着力增收改革开放后出现的新词新义，附录中增加了字母词；第三次修订（2002年）增补本在1996年修订本的基础上增补新词新义1 200余条，例如"邓小平理论"（政治）、"纳米技术"（科技）、"空气质量"（生活）等；第四次修订（1999—2005年），从港台地区传入内地的"搞笑""面膜""作秀"等许多词语被收入词典；第五次修订（2008—2012年）增收新词语和其他词语3 000多条，增补新义400多条。作为我国语言服务的经典例证，《现代汉语词典》历次修订所反映出的这种从生活到服务的生态链非常生动。这种生态链得以完成，中间还离不开相应的服务规范的支撑。历次修订中，《现代汉语词典》遵循促进现代汉语规范化的宗旨，全面贯彻国家相关的规范和标准，从而保证了这条生态链发展方向的正确科学。例如，第二次修订贯彻了新的普通话异读词审音规范；第四次修订贯彻了《第一批异形词整理表》在区分词与非词的基础上全面标注词类；第五次修订依照规范标准审慎确定了字形字音，并对字头的简繁正异关系进行了梳理。[①] 凡此种种，都是迭代上升的不同表现。如果针对不同类别的语言服务进行这种学术生态链上的迭代上升观察分析研究，一定会进一步提高我们对语言生活和语言服务之间关系的认识。事实上，在不同行业、不同领域、不同层次的语言服务中，这种迭代上升会有不同的表现。

要考虑语言服务类型所处的发展阶段，首要问题就是要明确其在"生命周期"中的位置。我们不妨假定：任何一类语言服务都有它的生命周期，当我们观察一种语言服务现象的时候，有必要对其前世今生有一个大致的了解，对其所处的发展阶段有一个大致的判断。以《现代汉语词典》为例，就是要弄清楚它是处在"试印本""使用本"阶段还是"修订本"阶段，或者修订本中的第几次修订阶段。既然语言服务具有生命周期，那

---

① 关于《现代汉语词典》编辑再版增补修订的资料主要来源于百度百科"现代汉语词典（中国第一部规范性语文词典）"，https：//baike.baidu.com/item/% E7% 8E% B0% E4% BB% A3% E6% B1% 89% E8% AF% AD% E8% AF% 8D% E5% 85% B8/1438？fr = aladdin。

么我们就得对不同生命周期的各个阶段的语言服务表现与特征进行研究，探究其生命周期不同阶段形成的条件及促成其演化的原因。目前对各种语言服务还缺少系统研究，更深入的研究大有可为。语言服务的形成条件和演化原因的研究可以帮助我们更加自觉地推动语言服务手段的更新。当然，既然语言服务具有生命周期的特征，那么针对某种具体的语言服务类型或者形式而言，也就有可能存在语言服务能力逐渐衰减乃至最终退出语言服务序列的情况，对于导致服务能力衰减的原因，我们也应该加以关注和研究。就学科学术研究的一般规律建设而言，这些都是不可缺少的要件。对语言服务生命周期进行研究，还有一个重要目的，那就是发现并培育那些具有更强大生命力的语言服务类型，及时提出建议，及时进行规划，及时进行建设，使之及时融入国家语言文字事业发展大局中去。

第二种样态：相对单一的语言生活"惰性"和多样语言服务需求之间矛盾永在。

语言生活的事实证明，语言生活和语言服务生态链中还始终存在着相对单一的语言生活"惰性"和多样语言服务需求之间的矛盾关系。"惰性"只是一个比喻性的说法，这里是想表达这么一种现象：无论是从个体角度还是从群体角度，我们的语言习得通常只是各自的母语，多学一种语言，不管怎么说都需要有一种付出，若非必要，我们一般不会对其他语言"积极好学"。我们姑且把这种现象称为语言生活的"惰性"。但是，无论是个体还是群体，一旦进入更大的语言生活场景——这在当今世界更是一种通例，就会发现在很多情况下一定会产生各种各样的语言服务需求，而我们所依存的世界通常并没为我们准备好各类语言服务。当然很多时候，这种语言服务的需求还没有强化到一般人随时都能感知到的程度，但这并不意味着需求不存在。有矛盾，并不断解决矛盾，就构成了一种样态。

我们拥有比较及时的语言服务的动员能力，值得充分肯定，同时我们也应该深刻地认识到，城市语言服务能力应该成为我国国家语言能力的一种重要战略资源。这种资源准备越充分，我们对相关矛盾的解决就会越及时，整个社会的语言生活品质也就会越高。最近几年，广州的外国人出入境数量和常住外国人数量已经达到百万量级，在住常态人口也有近十万人。针对他们的语言服务该如何进行，如何在非常状态下做好应急语言服务和在常态化环境下做好语言服务，可能需要我们作出更多的努力。《粤港澳大湾区发展规划纲要》中对广州的城市定位是"全面增强国际商贸中心、综合交通枢纽功能，培育提升科技教育文化中心功能，着力建设国际大都市"，这里面的每一个定位目标都涉及语言生活和语言服务的矛盾处理问题。

第三种样态：语言生活和语言服务因果相连、果因相继。

语言生活和语言服务在学术生态链上是由果变因的关系。语言服务本来是语言生活的回应，是结果；但是它一旦产生，就有极大可能成为催生新的语言生活之因，彼此之间形成一种因果相连、果因相继的情形。这方面我们可以举出很多例证。语言和文字的关系就是一种典型的因果相连的关系，前者是因，后者是果。从我们今天讨论的角度看，文字的产生就是语言服务，语言是服务之因，文字是服务之果。但我们同时也看到，当文字出现之后，便也就此踏进人的语言生活，本身也就成了语言生活的一个组成部分。针对这样的生活，我们又会产生新的语言服务，历史上各种文字书写系统的规范整理就是这种语言服务的体现。就汉字而论，这就渐次体现为从篆书、隶书到楷书、行书的果因相继的样态，到现代则体现为规范汉字再次承因为果的格局。定形之外，还涉及定音、定序、定量等，所有这些都带有浓厚的语言服务特征。但当它们以一种稳定的服务方式进入我们的语言生活之后，它们也会自然而然成为语言生活的一部分，有的又会成为催生新的语言服务的"因"。这里面需要关注的内容还有很多。

承上文汉字语言服务发展的思路，我们再举一个相关的例子。柔宇科技有限公司是深圳的一家高科技企业，通过自主研发的核心柔性技术，生产全柔性显示屏和全柔性传感器，以及包括折叠屏手机和其他智能设备在内的全系列新一代人机互动产品，其系列产品中有一种产品是智能手写本"柔记"。[①] 人们在传统纸张上用普通笔芯书写和绘画的内容，可以在手机、平板电脑等智能终端和云端实时精确保存和动态同步呈现，在保留传统纸笔手写感的同时实现所写即所记，这应该是一种语言服务，是"果"。但在与该企业接触并对这款产品进行了解的过程中，我们发现，如果从语言服务的角度再向前行进，在智能手写本"柔记"的基础上似乎还可以做更多的工作，包括基于国家规范汉字书写能力标准的测试与建立问题，面向港澳及海外地区学龄儿童的汉字习写推广与文化传承问题，面向不同学习者建立书写习惯、防止笔画书写脱落的问题，建立汉字书写语料库并进行后期分析开发（例如基于个人风格的字体库的建立）的问题等，相对这些问题而言，前面我们认为是"果"的东西，似乎又变身为"因"了。这些看上去是一个个的"点"，延展连缀开来就构成了一个"面"，诸般现象，都可以放入因果相连、果因相继的分析框架中来考察，归入语言服务实践及语言服务研究的范畴。一种语言服务如果为大家所习用，通常就会

---

① 深圳市柔宇科技股份有限公司，百度百科，https：//baike. baidu. com/item/深圳市柔宇科技股份有限公司 /52696126？ fr = aladdin。

悄然化身为语言生活的一个组成部分，作为新的语言生活，它又会产生新的语言服务的需求。这种因果相连、果因相继的语言样态真是有趣极了。

四、结语

本文从语言生活和语言服务两者关系的背景说起，继而摆出两者之间存在的纠结，主张从两者的性质入手，辨析彼此的差异，提出从三个不同的样态来进行观察。明确不同的样态特征，有助于厘清语言生活和语言服务各自的辖域和边界。不管是基于语言生活和语言服务的迭代上升，还是基于两者的矛盾永在或者果因相继，从任何一个角度都可以梳理出很多内容。这些大体上能构成我们判定语言服务的参照，并在一定范围内列出语言服务研究的内容。面对特定区域、特定行业、特定领域、特定层次的语言服务，有哪些语言服务的情况值得我们观察报告呢？基于语言服务的迭代上升，我们在观察相关的语言服务现象时是否要首先明了其在相关生命周期中的位置呢？基于始终存在的相对单一的语言生活"惰性"和多样语言服务需求之间的矛盾问题，我们在观察相关的语言服务的时候，是否可以对其出现的相关条件进行比较全面的审视、对其操作实现的路径进行更加全面的规划呢？基于因果相连、果因相继的规律，我们在观察相关的语言服务的时候，是否要对何以有此的原因进行分析、对其何以如此的过程进行梳理、对其走向何处的前景进行更加科学的评估呢？这一切都是语言服务研究应该回答的问题。如果能更好地回答这些问题，我们或许能为构建新时代更加和谐的语言生活作出更多的贡献。

参考文献

［1］国家语言文字工作委员会组编：《中国语言文字事业发展报告（2018）》，北京：商务印书馆，2018 年。

［2］国家语言文字工作委员会组编：《中国语言政策研究报告（2019）》，北京：商务印书馆，2019 年。

［3］国家语言文字工作委员会组编：《中国语言文字事业发展报告（2020）》，北京：商务印书馆，2020 年。

［4］国家语言文字工作委员会组编：《中国语言生活状况报告（2020）》，北京：商务印书馆，2020 年。

［5］屈哨兵主编：《语言服务引论》，北京：商务印书馆，2016 年。

［6］屈哨兵主编：《中国语言服务发展报告（2020）》，北京：商务印书馆，2020 年。

［7］屈哨兵主编：《中国语言服务发展报告（2021）》，北京：商务印书馆，2021 年。

［8］屈哨兵：《语言服务研究论纲》，《江汉大学学报》（人文科学版）2007 年第 6 期。

［9］屈哨兵：《语言服务的概念系统》，《语言文字应用》2012 年第 1 期。

［10］屈哨兵：《我国语言活力和语言服务的观察与思考》，《学术研究》2018 年第 3 期。

［11］言实、周祥：《新时代语言文字事业的新使命》，《语言战略研究》2020 年第 6 期。

［12］赵世举：《从服务内容看语言服务的界定和类型》，《北华大学学报》（社会科学版）2012 年第 3 期。

［13］"中国语言生活状况报告"课题组编：《中国语言生活状况报告（2005）》，北京：商务印书馆，2006 年。

"五位一体" 总体布局中的语言服务*

中国共产党十八大后，经济建设、政治建设、文化建设、社会建设、生态文明建设"五位一体"成为推动我们各项事业发展的重要方针。对于建设中国特色社会主义事业的总体布局来说，经济建设是根本，政治建设是保障，文化建设是灵魂，社会建设是条件，生态文明建设是基础。语言作为国民生活和国家发展须臾不可或缺的"公器"，从语言服务的角度来观察其在"五位一体"总体布局中的功能，探究其在"五位一体"总体布局中的表现，辨析其在"五位一体"总体布局中的学理，是一件具有学术建设意义的事情。根据语言服务在经济建设、政治建设、文化建设、社会建设、生态文明建设中不同的功能与表现，我们认为语言服务在"五位一体"总体布局中具有经济资援功能、政治统领功能、文化增强功能、社会促推功能、生态养护功能。

一、经济资援

经济建设在"五位一体"总体布局中被摆在首位，建设中国特色社会主义必须坚持以经济建设为中心，因为没有坚实的物质技术基础，就不可能全面建成社会主义现代化强国。在新时代，我们进行经济建设的重点是构建高水平社会主义市场经济体制、建设现代化产业体系、全面推进乡村振兴、促进区域协调发展和推进高水平对外开放。从语言服务的角度来看，发挥好语言文字的经济资源优势以支援经济建设，进行语言服务上的加持（或者可以合称为经济资援），是我们应该重视的一件事情。

语言作为一种资源，可以从不同的角度进行解读。语言作为一种国家资源，和国土资源、海洋资源、矿产资源、森林资源等具有很多相似的地方，但我们建立语言资源观却比建立如国土资源等自然资源观要晚。较早进行这方面论述的是李宇明（2008），他指出，"语言问题、语言权力、语言资源"是从语言规划考察语言的三个角度，但我们的语言资源意识相对薄弱。所谓语言资源意识，也可以从不同的角度进行观察，魏晖（2021）

＊ 本文曾先后在南疆国家通用语言文字使用及学习资源建设研讨会（喀什，2023 年 11 月 4—5 日）和第八届语言服务高级论坛暨粤港澳语言生活与语言服务建设论坛（广州，2023 年 11 月 22 日）上宣读，是笔者所在团队研制的《语言服务新论》中的一节。

曾提出可以从信息价值、经济价值、文化价值、教育价值、政治价值等不同角度来考察语言资源的价值。其中，语言资源的经济价值在语言服务方面有比较多的体现。我们可以从二十大报告第四部分"加快构建新发展格局，着力推动高质量发展"中摘取几个片段来进行语言服务经济资援的观察。

（一）构建全国统一大市场需要语言服务的加持

"构建全国统一大市场"是"构建高水平社会主义市场经济体制"中提出的一个目标，提出要深化要素市场改革，建立高标准市场体系。要素市场包括土地要素市场、劳动力要素市场、资本要素市场、技术要素市场、数据要素市场，其中数据要素市场和语言服务有着密切关联。语言数据是数据要素市场的重要组成部分，推动行业数据采集标准化、推动符合条件的数据流通应用、建立健全高效的公共数据共享机制①等各个方面都离不开语言数据的服务。李宇明（2020）也专门进行过相关讨论，提出数据时代的标志是把数据看作生产要素的观点。"十四五"期间，国家通用语言文字的推广度将进一步加大，2025 年全国范围内的普通话普及率要达到 85%；基础较薄弱的民族地区的普通话普及率要在现有基础上提高 6%~10%，接近或达到 80%，这些都是构建全国统一大市场的需要。普通话的普及本身就是国家通过教育或教育培训提供的语言服务，同样可以从语言服务的经济资源功能方面作出解释。"构建高水平社会主义市场经济体制"中还提出要"加快建设世界一流企业"，势必也需要来自语言服务的加持，此处不再申论。

（二）构建优质高效的服务业新体系需要语言服务的加持

"构建优质高效的服务业新体系"是"建设现代化产业体系"中提出的一个目标。这一部分还提出了加快发展物联网、建设高效顺畅的流通体系、降低物流成本、加快发展数字经济、促进数字经济和实体经济深度融合、打造具有国际竞争力的数字产业集群等一系列的目标任务。我们在 2022 年第七届语言服务高级论坛上发布了"语言服务助力数字中国倡议"，提出以高质量的语言服务助推数字经济发展。语言文字是重要的经济资源，要增强语言经济意识，大力发展语言产业，提升语言标准化、资源化、多元化和智能化服务水平，促进数字产业化和产业数字化发展，以此助力数字经济与实体经济的深度融合。语言产业是语言服务的典型形态，

---

① 彭森：《推进要素市场化配置综合改革试点》，《经济日报》，2022 年 1 月 8 日第 3 版。

李艳（2020）曾从产业经济学的角度提出过相关问题，认为"语言产业是一个以新技术为重要特征、以高端服务经济为主要内容的产业"，这从一个角度证明了语言服务应是优质高效服务业新体系的有机组成部分。

（三）扎实推动乡村产业、人才、文化、生态、组织振兴需要语言服务的加持

"扎实推动乡村产业、人才、文化、生态、组织振兴"是"全面推进乡村振兴"中提出的目标，语言服务的经济资源属性在乡村振兴的五大行动中都有不同程度的体现。以产业振兴为例，在培育新产业、发展特色农产品、建立健全农业知识产权系统方面需要树立语言服务意识，让语言经济资源功能得以体现（参见张晓苏、屈哨兵：《数字经济时代农村语言生活和语言服务的五个观察视角》，待刊）。例如进行农产品地理标志命名，像"恩施玉露"（绿茶）、"增城挂绿"（荔枝）之类，背后都具有很大的经济价值。农业农村部发布的《农产品地理标志管理办法》对农产品地理标志（AGI）的保护进行了规定，如何从语言服务的角度及时进行跟进就是我们要着力考虑的事情。

（四）深入实施区域协调发展战略、区域重大战略、主体功能区战略、新型城镇化战略需要语言服务的加持

"区域协调发展战略、区域重大战略、主体功能区战略、新型城镇化战略"是"促进区域协调发展"中提出的四大战略板块，每一个板块的实施都离不开语言服务，语言服务的经济资源功能在很多方面都有所体现。举个例子，区域协调发展战略、区域重大战略包括京津冀、长三角、粤港澳大湾区、长江经济带和黄河流域五个方面的组合，长三角区域一体化是这个战略组合中的重要内容之一，"服务长三角一体化发展的区域语言规划研究"是国家语委"十四五"科研规划 2022 年度重大项目①，这个项目的一个子项目是"区域语言服务体系构建与能力提升研究"，课题组在开题时针对这个子项目作出了如下论证：长三角地区数字经济活跃、现代服务业高度发达，开展语言服务的条件优渥。过去，长三角区域内由于各地语言格局与发展定位存在差异，在语言服务供给和相关资源建设方面还存在不平衡问题。随着长三角一体化的推进，区域内人口流动更加频繁，语言需求的流动性与复杂性也随之增强。这就需要通过对长三角各地公共领

---

① 杨振峰、张日培等的项目"服务长三角一体化发展的区域语言规划研究"为国家语委"十四五"科研规划 2022 年度重大项目，编号为 ZDA145 - 10，研究时间为 2023 年 1 月至 2026 年 1 月。

域语言服务等的现状开展调查,在此基础上,针对区域内的薄弱环节,探究区域语言服务资源共建共享、协同联动的机制与策略。很显然,这是从语言服务在促进区域协调发展中的经济资源功能的角度来切入的。笔者(屈哨兵,2022)也曾经就《中华人民共和国国民经济和社会发展第十四个五年规划和2035年远景目标纲要》中的相关区域战略问题发表过类似的观点,认为这种优化区域经济布局、促进区域协调发展的规划布局,势必对语言文字工作的同步跟进提出相应的要求,及时做好各个区域的语言服务,并对各个区域的语言服务能力在国家层面上进行科学布局和评估引导势在必行,也理所当然。笔者也注意到了语言服务的经济资源功能表现问题。

(五)稳步扩大规则、规制、管理、标准等制度型开放需要语言服务的加持

"稳步扩大规则、规制、管理、标准等制度型开放"是"推进高水平对外开放"中的一个目标任务,这里面还涉及贸易强国建设,营造市场化、法治化、国际化一流营商环境,推动共建"一带一路"高质量发展,深度参与全球产业分工和合作等具体内容,所有涉及的制度性开放都离不开语言服务的介入,离不开对其进行经济资源功能上的"打量"。国家语委"十四五"科研规划中提出"加强海南自由贸易港建设的语言服务研究""研究'一带一路'建设中语言服务的成效、经验和问题"等,和二十大报告的内容形成了呼应。很显然,这些方面的研究离不开对语言服务的经济资源属性和经济支援功能进行审视和评估,为我们系统的学术研究提供了更加宽厚的土壤。

二、政治统领

我国新时代政治建设最突出的表现是坚持党的领导、人民当家做主和依法治国的有机统一。语言服务要注重政治统领是语言政治属性的必然反映。约翰·约瑟夫在其《语言与政治》一书开篇讨论的第一个问题就是"为什么说语言具有政治属性",引用了亚里士多德《政治学》中的一段经典论述来证明他的观点,并进一步申论:"一切动物都具有政治性,但在有些动物身上表现得更为强烈,而人类表现得最明显,其原因正是语言……研究语言与政治的关系,旨在探讨说话和书写在人际互动中起到的作用。这涉及人们如何用语言组织从家庭到国家各个层面的社会生活,以

及在这个过程中如何构建我们对语言本身的认识。"①

政治和语言的关系虽不是我们讨论的主题，但基于语言的服务一定具有政治属性可以说是不刊之论。我们这里论述的重点是我们所处时代的政治建设和语言服务之间的关系。约瑟夫所说的"人们如何用语言组织从家庭到国家各个层面的社会生活"，在某种意义上就和我们今天所要讨论的语言服务之于政治建设的范围高度契合。这个范围内具体的政治建设和语言服务可以有不同的表现。政治统领是我们进行观察讨论的主视角，这种统领涉及政治建设的各个方面。

坚持党的领导离不开语言服务。这种服务首先体现在翻译出版方面。我国是一个多民族国家，每个民族都有自己的语言文字，如何能够把党的声音尽快地传递到各民族群众中去，相应的使用少数民族语言文字翻译汉语文本的工作就显得特别重要。我们党的各项方针政策的宣传离不开语言服务，进行社会主义建设的实践组织也离不开语言服务。举一个比较典型的例子，2022 年 10 月 16 日习近平总书记在中国共产党第二十次全国代表大会上所作的报告《高举中国特色社会主义伟大旗帜　为全面建设社会主义现代化国家而团结奋斗》，由人民出版社出版国家通用语言文字单行本并在全国新华书店发行。② 与此同步，由中国民族语文翻译局翻译，蒙古文、藏文、维吾尔文、哈萨克文、朝鲜文、彝文、壮文共 7 种民族文字版单行本也紧接着由民族出版社出版并在全国发行。③ 媒体在报道上述新闻的同时，还报道了"《中国共产党第二十次全国代表大会文件汇编》《党的二十大报告辅导读本》《党的二十大报告学习辅导百问》民族文字版也将于近期出版发行"，这都是具有鲜明的坚持党的领导的政治统领上的表现。我国作为多民族国家，通过多语翻译服务来进行政治方向的引领是一种十分重要的语言服务行为。除了上述 7 种民族文字之外，其他少数民族同样也需要这样的语言服务，例如云南民族出版社也在二十大报告发行后不久就推出国家通用语言文字与傣文等多种民族文字翻译对照的报告单行本。"该书的翻译出版，方便了边疆少数民族干部群众深入学习贯彻党的二十大精神，推动党的二十大精神在边疆落地生根，鼓舞边疆各族人民建设好

---

① 亚里士多德论述的内容为：因此很显然，国家是自然的产物，而人生来就是政治性动物……总结起来，比起蜜蜂或其他群居动物，人类是更具有政治性的动物，这应该很好理解了。正如我们常说的，自然造物自有其用，而语言正是她给人类单独的恩典。转引自约翰·约瑟夫著，林元彪译，潘文国审订：《语言与政治》，北京：外语教学与研究出版社，2017 年。

② 《党的二十大报告单行本出版》，新华网，http://politics.people.com.cn/n1/2022/1025/c1001-32551553.html，2022 年 10 月 25 日。

③ 《党的二十大文件民族文字版出版发行》，央视网，http://news.cctv.com/2022/11/01/ARTI1ZFEy0tcxoLdwXiUQN4m221101.shtml，2022 年 11 月 1 日。

美丽家园、维护好民族团结、守护好神圣国土。"① 这是政治统领框架下语言服务的鲜明表现。展开来讲，不只是针对少数民族的翻译出版体现出坚持党的领导，整个出版业就是语言服务领域的重要组成部分，我们党对出版业的领导体现在行业发展建设的各个方面，如果从语言服务的角度细加考察分析，可能还会有更多新的发现。

保障人民当家做主离不开语言服务。人民当家做主要体现在人民主体地位方面，人民意志要能够充分体现、人民权益要能够得到保障、人民创造活力要能够得到激发，要做到这一切，语言服务，尤其是语言教育服务是十分重要的保障手段。语言教育是语言服务的重要载体，双语教育是语言教育服务的有机组成部分，我们在这方面的政治统领作用也有生动的表现。习近平总书记指出，在一些有关民族地区推行双语教育，既要求少数民族学习国家通用语言，也要鼓励在民族地区生活的汉族群众学习少数民族语言。② 有学习就需要提供学习所需，这里提供的就是语言服务。在民族地区推行双语教育，让少数民族学习国家通用语言，目的是保障少数民族作为国家公民的权利，能够拥有更好地表达其意志、迸发其创造活力的能力，这就需要我们为其提供相应的语言教育服务。同样的道理，让更多方言区的人能够说国家通用语言，也是我们在这方面政治统领的一种表现。党的二十大报告中所说的"加大国家通用语言文字推广力度"，也同样可以从政治统领这个角度来进行解读，共产党的初心使命可以促使我们在这方面做得更好。当然，说好国家通用语言与使用民族语言以及方言并不矛盾，所以习近平总书记同时还强调"鼓励在民族地区生活的汉族群众学习少数民族语言"③。在长沙举办的首届世界语言资源保护大会上，知名媒体人汪涵在接受专访时说道："普通话让你走得更远，但方言是为了不让我们忘记从哪里出发。"不管从哪个角度看，语言服务都有着广阔的存在空间。

依法治国同样离不开语言服务。为所有人的"语言权利"提供语言服务的法律支援是其中的一个显著表现，这是现代文明社会的一个政治共识，我国的相关法律在这方面的要求同样清晰而全面。我国宪法规定"各民族都有使用和发展自己的语言文字的自由，都有保持或者改革自己的风

---

① 云南省民宗委：《云南翻译出版民族文字版党的二十大报告》，新浪网，https://finance. sina. com. cn/jjxw/2023 - 03 - 10/doc - imykkqpt2946880. shtml，2023 年 3 月 10 日。
② 2014 年 9 月习近平总书记在中央民族工作会议暨国务院第六次全国民族团结进步表彰大会上的讲话。
③ 2014 年 9 月习近平总书记在中央民族工作会议暨国务院第六次全国民族团结进步表彰大会上的讲话。

俗习惯的自由"（第四条），"国家推广全国通用的普通话"（第十九条），"民族自治地方的自治机关在执行职务的时候，依照本民族自治地方自治条例的规定，使用当地通用的一种或者几种语言文字"（第一百二十一条），"各民族公民都有用本民族语言文字进行诉讼的权利。人民法院和人民检察院对于不通晓当地通用的语言文字的诉讼参与人，应当为他们翻译。在少数民族聚居或者多民族共同居住的地区，应当用当地通用的语言进行审理；起诉书、判决书、布告和其他文书应当根据实际需要使用当地通用的一种或者几种文字"（第一百三十九条）。上述诸条，尤其是第一百二十一条、第一百三十九条关于语言文字的法律条文，是我国在依法治国层面为各民族公民提供语言服务的最好证明。在中国共产党的领导下，人民在语言文字的选择、学习、使用等各个环节和场景都有来自法律规定的保障，要实现这些保障，都离不开语言服务。

从政治统领的角度来看语言服务，可以列举的观察角度还会有很多。像各类语言文字政策的供给、各种语言文字规划的研制、各类国民通用语文字典词典编撰过程中的词条选择机制，甚至像现在渐成大势的各类网络词典百科知识相关词条词目的编撰与补订行动等，很多时候都需要引领侧集群的服务指引，以及供给侧或者需求侧的服务支持。毫无疑问，这些都可以归入语言服务的范畴，从政治统领角度对它们作出分析是值得我们做的一件事情。

三、文化增强

语言服务与文化建设的关系也十分密切，我们可以从文化增强这个角度切入来讨论语言服务对文化建设的贡献。增强文化自信，建设社会主义文化强国，语言服务同样大有可为。

意识形态领域的引领需要来自语言服务的文化增强。有学者认为，语言本身与意识形态密不可分，"语言意识形态是对语言本质、结构及其在社会生活中的运用作出的具有道德和政治意义的表述"（田海龙，2023）。我们在这里讨论的意识形态是指用马克思主义引领的社会主义意识形态。从语言服务的角度看，其文化增强可以一展身手的范围大体上包括如何创新语言服务的手段，对全媒体传播体系建设、塑造主流舆论新格局进行新的文化增强。举一个例子，我们党历来重视通过标语、口号等方式宣传发动组织群众，那么如何在全媒体环境中继续做好这方面的语言服务工作？这就需要进行更加系统的思考。再如，如何通过语言服务的手段推动形成良好的网络生态，健全网络综合治理体系？国内有学者就互联网时代如何更好地进行语言服务进行过思考，提出语言服务应与"互联网＋"深度融合，语言服务的模式也需要创新（王宇波、李向农，2016）。随着人工智能、大数据的迅猛发展，尤其是ChatGPT时代的来临，要建设良好的网络生态，更需要我们从服务的角度多做文章、做好文章。另外，如何在构建中国特色哲学社会科学学科体系、学术体系、话语体系的行动中搭建起语言服务的平台，也是我们要思考的一大问题。

核心价值观的践行维护需要来自语言服务的文化增强。"富强、民主、文明、和谐"是从国家层面对社会主义核心价值观基本理念的凝练，"自由、平等、公正、法治"是从社会层面对社会主义核心价值观基本理念的凝练，"爱国、敬业、诚信、友善"是从个人行为层面对社会主义核心价值观基本理念的凝练。这里面的每一个层面、每一个概念后面都会有语言服务的用武之地，用语言服务赋能核心价值观可以说是全方位的。举个例子，由国家语委指导，国家语言资源监测与研究中心和商务印书馆发起的连续多年开展的汉语盘点活动就是一种语言服务活动，这个活动具有鲜明的文化增强功能，具体体现为一种文化整合。十余年来，汉语盘点从各种不同角度进行盘点整合，宗旨是让网民用一个字、一个词描述过去一年的中国和世界，借以彰显汉语的魅力、记录社会的变迁，让人们在关心中国和世界的同时，体会汉语丰富的文化内涵，很多年度字词（国内）及十大流行语、十大新词语、十大网络用语都从文化整合的角度记录时代。我们留心了一下十八大以来汉语盘点的国内字首字情况，依次是"梦（2012）""房（2013）""法（2014）""廉（2015）""规（2016）""享（2017）""奋（2018）""稳（2019）""民（2020）""治（2021）""稳（2022）"，鲜明体现出从不同侧面推动形成社会共识的努力，这种努力的方向在价值选择上都和社会主义核心价值观的建设与维护有关。坚持做好汉语盘点这样的语言服务，并对汉语盘点的各个序列进行跟进研究，当然还会有其他不同的角度，有的可能需要我们进行更加全面的学术审视。文化增强作为语言服务的一种实现方式，在践行维护社会主义核心价值观方面也会有种种不同的表现，也值得我们进行更加系统的审视探究。

提高全社会文明程度需要来自语言服务的文化增强。这方面的实现路径也会有种种不同的表现。从近些年来国家语言文字事业服务实践的角度看，像谋划相关服务机制、组织搭建相关服务平台，积极推动"诵写讲"活动，举办诗词大会、汉字听写大会等，都具有显著的文化增强功能，对提高全社会文明程度起到了十分积极的作用。以教育部、国家语委连续举办的五届中华经典诵写讲大赛为例，从一开始就提出"雅言传承文明，经典浸润人生"的主张，举办这个活动的宗旨是"提升社会大众特别是广大青少年的语言文字应用能力和语言文化素养，激发其对中华经典的热爱，营造爱读书、读好书、善读书的浓厚氛围，助力建设全民终身学习的学习型社会、学习型大国"（教语用厅函〔2023〕2 号），具体的比赛项目包括"诵读中国"经典诵读大赛、"诗教中国"诗词讲解大赛、"笔墨中国"汉字书写大赛、"印记中国"师生篆刻大赛等，与之配套的还有《中华经典诵写讲大赛管理办法（试行）》和大赛官网（www. jingdiansxj. cn），以及微信公众号"中华经典诵读工程"（微信号：zhjdsdgc）、抖音号、视频号、微信小程序和中国语言文字学习强国号等，形成了一个完整的语言服务体系。我们有理由相信这样的活动对于深化全民阅读活动，推动文明培育、文明实践、文明创建，提高文明素养能够起到十分重要的作用。或许这并不是我国特有的一种文化自觉。爱尔兰学者菲利普·佩迪特曾谈到语言的发明使得人类获得了三项重要的能力，其中第三项能力是联合为共同体的能力，通过一个集体的代言人（可以是一个个人或一个集体）的语词将分散的个体联合起来，并缔约按照这个代言人的话语行事，说的大抵也是同样的道理。①

　　历史文化保护传承、文旅融合需要来自语言服务的文化增强。我们要健全现代公共文化服务体系，习近平总书记强调"要系统梳理传统文化资源，让收藏在禁宫里的文物、陈列在广阔大地上的遗产、书写在古籍里的文字都活起来"②，提出"使中华民族最基本的文化基因与当代文化相适应、与现代社会相协调，以人们喜闻乐见、具有广泛参与性的方式推广开来"③。要达到这种"活起来""推广开来"的目标，很多地方都需要语言服务来进行文化增强。国家语委"十四五"科研规划八大专题之一是"语言文字与中华文明传承发展研究"，其中涉及的古文字与中华文明传承工程就与此高度相关，要传承就需要用现代方式进行创造性转化，这就需要做好语言服务，以甲骨文为例，近些年先后推出的类似于《甲骨春秋》④这样的著作或者纪录片，就可以看到语言服务的一系列实践。文旅融合方面，语言服务的文化增强，其内里乾坤更是十分宽广，大到针对不同人群、不同区域、不同主题的各类语言服务项目的规划实施，包括方言保护和"地方彩色普通话"的使用；小到具体位置的语言景观的字符选择和设

---

① 菲利普·佩迪特著，于明译：《语词的创造：霍布斯论语言、心智与政治》，北京：北京大学出版社，2010 年。
② 2013 年 12 月 30 日习近平总书记在中共中央政治局第十二次集体学习时的讲话。
③ 2013 年 12 月 30 日习近平总书记在中共中央政治局第十二次集体学习时的讲话。
④ 汉字文明传承传播与教育研究中心编：《甲骨春秋：纪念甲骨文发现一百二十周年》，北京：商务印书馆，2019 年。同名纪录片《甲骨春秋》于 2019 年 11 月在中央电视台纪录频道播出。

计呈现，包括语码和顺序先后、字体大小等，都会有文化增强方面的考量。其中有的可能涉及文化融入，有的则可能涉及文化传播，这些都值得我们关注与研究。

讲好中国故事、传播好中国声音同样需要来自语言服务的文化增强。这方面既包括如何通过翻译等语言服务的手段使得更多的中国故事、中国声音传播出去，又包括如何通过国际中文教育使得更多人能学会中文。十八大以来，我们在世界文明交流互鉴、"一带一路"国家重大战略逐步展开的大背景下，讲好中国故事，传播好中国声音，让全世界了解真实的中国，更是呈现出鲜明的体系化、规模化、国际化趋势，设立了十几项图书外译类工程，其中包括持续开展的中华学术外译项目申报、持续推动的《大中华文库》工程之"一带一路"沿线国家语种翻译出版计划等。截至2021年底，我国在全世界158个国家和地区建成孔子学院、孔子课堂1300余所，全球孔子学院、孔子课堂注册人数超过105万人，国际中文教育已经成为中文与中国文化走向世界、世界了解中国的重要通道（参见屈哨兵、张迎宝，2023）。这些都是重要的语言服务表现。

四、社会促推

语言服务对社会建设有着极其重要的作用，通过不同的语言服务路径和形式，可以从不同的角度来促进社会建设、促使社会进步、推动社会发展。

规范标准促进社会建设。我们在国家语文现代化建设过程中不断进行的规范化、标准化建设具有鲜明的语言服务特征，应该属于社会管理和社会治理的范畴，服务于国家建设和社会发展的全局，当然本身也是一种社会建设。从长远来看，这也是形成共建共治共享的社会治理的重要基础。中华人民共和国成立以来，因应国家现代化进程的需要，我国先后推出《第一批异体字整理表》（1955）、《汉语拼音方案》（1967）、《简化字总表》（1986）、《信息处理用现代汉语词类标记规范》（2006）、《标点符号用法》（2011）、《中国人名汉语拼音字母拼写规则》（2011）、《出版物上数字用法》（2011）等一系列和语文生活有关的规范标准，无不可以归入社会建设的范畴。随着时代的发展，这种建设行为会不断跟进，并提出新的规范标准用以引导社会生活。国家语言资源服务平台的"语言规范服务"板块推出的重要项目有60余个，其中绝大部分都可以具有社会建设的功能。十八大以来，由国家标准委、国家语委主导推出的各类规范标准就超过 50 种/批①，例如《通用规范汉字表》（2013）、《公共服务领域英文译写规范》（2013—2017）10 种、《藏文拉丁字母转写方案（草案）》、（2015）、《中华通韵（试行）》（2019）、《通用规范汉字笔顺规范》（2021）、《古籍印刷通用字规范字形表》（2021）、《国际中文教育中文水平等级标准》（2021）、《汉字部首表》（2022 修订），此外还有《国家通用盲文方案》（2018）、《国家通用手语常用词表》（2018）、《中国少年先锋队队歌、呼号、入队誓词和中国共产主义青年团团歌、入团誓词国家通用手语方案》（2023）等。

上述这些规范标准在社会建设的方方面面发挥着十分重要的作用，在不同的领域范围内对社会建设起着积极的推动作用。举个例子，残障人士的语言权利是文明社会人的语言人权的重要组成部分，当然也是社会建设应该关注的重要内容。我们出台《国家通用盲文方案》和《国家通用手语常用词表》，本身就是国家为残障人士提供的一种语言服务，是国家通用语言文字的重要补充，当然也是中国式现代化的题中应有之义。该词表和方案的发布使听障人士有了自己的"普通话"，视障人士有了自己的"规范字"（顾定倩、钟经华，2019）。再如，《公共服务领域英文译写规范》也具有社会建设的价值，该规范在其"通则"的译写原则中首先强调合法性、规范性、服务性、文明性，无不是社会建设的要求使然。

约瑟夫认为"语言的这一独特功能，即充当正误之争的焦点，正是其社会功能的核心"，并且进一步论证："语言的正确性所带来的问题要深刻得多。这些问题被用作判断说话人的才智、勤奋、社会价值，以及受部族长者的关注度的标准。在现代社会，部族长者的关注度逐渐制度化成'教育'系统，但其中的基本原理始终未变，在最早的人类群体以及现在的灵长类动物群体中都是一个道理。"② 语言的这种独特的功能被认定是一种社会功能，在我国历史上，这类似于"雅言"所求，放到现在，就是我们的各种标准。国家提出相应的各种标准规范并纳入教育系统，这是理所当然的，也是语言服务的一种必然体现。

语言行动实践促使社会进步。提高防灾减灾救灾和重大突发公共事件处置保障能力、加强国家应急力量建设、加强个人信息保护从而提高公共安全治理水平等是社会建设的重要内容，我们在这些方面要做的和语言服务有关的工作还有很多，有的时候可能缺少某些触发机制来催生相应的语

---

① 这个数据及相关规范标准的细目情况是由北京语言大学中国语言文字规范标准研究中心徐欣路博士提供的，谨致谢忱。

② 约翰·约瑟夫著，林元彪译，潘文国审订：《语言与政治》，北京：外语教学与研究出版社，2017 年。

言服务行为。应急语言服务就是语言行动实践助力社会进步的典型表现。

规划设计推动社会发展。于根元先生有一句名言：规划就是服务。数十年来，在每一个与国家社会发展规划相应的时间区域中，我们都会有相应的语言文字事业发展规划或者属于语言文字事业的专项规划。这些规划在价值上的共同追求就是服务国家和社会发展大局。以国家语委"十四五"科研规划为例，该规划提出了"十四五"期间的8个主要研究方向和8个重大研究专题，8个主要研究方向依次为语言文字与国家治理、国家通用语言文字推广普及、语言文字规范标准建设和应用、语言文字信息处理、语言教育和语言能力、语言生活和语言服务、中华优秀传统文化传承传播与发展、语言文字基础理论和新兴交叉领域。8个重大研究专题基本上也是从主要研究方向中进一步聚焦抽取出来，依次为语言文字治理体系和治理能力现代化研究、国家通用语言文字推广普及水平和质量提升研究、新时代语言文字规范标准提质增效研究、人机共生背景下的语言智能与语言生活研究、聚焦立德树人根本任务和语言教育创新研究、面向国家区域协调发展的语言服务研究、语言文字与中华文明传承发展研究、人类命运共同体构建中的语言文化交流互鉴研究。除了人类命运共同体构建中的语言文化交流互鉴研究，其他研究专题都具有很强的社会内指性。不只是规划序列，更高层位的党和国家关于语言文字工作的指导意见也无不具有推动社会发展的强烈指向。《国务院办公厅关于全面加强新时代语言文字工作的意见》（国办发〔2020〕30号）第一段话就是"语言文字是人类社会最重要的交际工具和信息载体，是文化的基础要素和鲜明标志。语言文字事业具有基础性、全局性、社会性和全民性特点，事关国民素质提高和人的全面发展，事关历史文化传承和经济社会发展，事关国家统一和民族团结"，其中的"社会性""事关历史文化传承和经济社会发展"更是直接点出语言文字与社会发展的关系。语言服务推动社会发展昭然在列。

关乎社会建设范畴的语言服务，很多方面我们可能还没有认真进行过系统思考。以二十大报告为例，健全国家安全体系也属于社会建设的重要组成部分，这里面的重要内容包括重大基础设施、金融、网络、数据、生物、资源、核、太空、海洋等安全保障体系的建设问题，我们是否也可以从语言文字工作服务国家大局的角度来进行较为系统的对位思考？再如二十大报告中提到的增强维护国家安全能力方面，其具体内容涉及维护海洋权益，坚定捍卫国家主权、安全、发展利益等方面，从语言服务的角度又有哪些事情是可以思考、谋划和实践的呢？这里面有很多问题值得我们进行探究。

五、生态养护

很显然，我们在这里讨论"五位一体"总体布局中的语言服务，其生态概念和我们通常所说的语言生态学中的生态概念有所不同。传统意义上的语言生态是一个隐喻性的存在。豪根（Haugen，1972）在谈到"任何语言与他所处环境的相互关系"时，将这种关系比作特定动植物与其生存环境之间的生态关系，此后语言生态学的隐喻用法就被广泛使用。[①] 国内也有学者尝试从生态文明的角度来讨论语言问题，例如冯广艺（2012）提出构建良好的语言生态环境是生态文明建设的重要组成部分，主张应该采取切实可行的语言生态对策，即维护语言多样性、坚持语言平等性、强调语言统一性、主张语言开放性、贯彻语言规范性、捍卫语言法律性。虽然其将"语言生态"纳入"生态文明"的范畴来讨论，但其"生态文明"的概念和我们今天所要讨论的生态文明的概念还是有着显著不同。"五位一体"总体布局中的生态文明是指绿色生态文明，也就是以"绿水青山就是金山银山"为核心理念的生态文明。我们不是仅仅从语言本体存在的角度，而是从语言服务实践的角度来讨论彼此之间的关系。我们认为，从非隐喻意义上的生态文明建设角度来看语言服务，通过语言服务来养护生态文明，至少要注意两个方面的意识养护：

一是如何呈现语言的绿色消费意识养护。对呈现语言的方式及产品与活动进行绿色消费观察或者是一件值得梳理的事情。用我们今天的眼光来看，语言呈现方式的选择在一定程度上具有语言服务的特征。从人类语言文字产生的历史来说，文字的产生，从结绳记事、刻符记事到后来文字符号的产生，从甲骨记事、铸文记事到后来竹简帛书的出现，每一次呈现上的进步都提升了传播效能和阅读可及性，同时也都带有一种简省资源的结果。用我们今天的话语来说，简省即节能，从这种语言服务的演变方式来看，也可以说是越来越"环保"，越来越"绿色"。当然，我们也得承认，我们使用文字作为记录信息、传承文明的手段，使用人数与范围都在不断增长与扩大，对相关资源的需求在总量上同样是后胜于前的。在呈现服务方式上，我们对绿色环保的要求也随之更加强烈。尤其是随着现在知识爆炸的时代来临，全世界的知识总量没几年就会翻一番，在这个时代，要参与知识创造和知识传承，语言服务起着十分重要的作用，如何降低对自然资源的依赖，更是题中应有之义，人类在这方面的努力自然也是大有作

[①] 转引自吴文：《〈语言生态学〉述介》，《中国外语教育》2009 年第 3 期。

为。这中间最为显著的体现就是依托新一代信息技术，尤其是电子显示技术，使得原来需要依托文本印刷才能进行阅读的行为转变成一种"无纸化"行为，这种行为就可以看成一种语言服务行为。我们原本需要通过纸本才能传递的交际行为，现在通过网络与电子显示技术就能完成。如果能够将这种文字显示服务所能覆盖的范围拓展得更加深广，我们的绿色消费水平就会越高。这种绿色消费意识应该成为语言服务所要倡导的一种意识。相关的统计研究也支持我们的这个观点："资源节约方面：根据一项研究，使用数字化文档和电子邮件等电子通信方式，可以将纸张使用量减少 20%~30%。此外，数字化文档的存储和传输不需要印刷、邮寄和储存的物理空间，也减少了对纸张等资源的需求。能源节省方面：使用电子显示技术可以减少印刷、复印和传真等设备的能源消耗。据估计，全球每年印刷机的能源消耗量达到数百万吨油当量，而使用电子显示技术可以将这些能源消耗减少 50%~70%。研究结果方面：一项研究发现，在美国，使用数字化文档和电子邮件等电子通信方式，可以每年节约 2.1 亿吨纸张和 2.9 亿吨二氧化碳排放。此外，另一项研究指出，使用电子书籍可以将碳排放减少 80%~90%。"[1] 据统计，2019 年我国电子发票开具量达到 100.5 亿份[2]，电子发票代替纸质版发票估算可节约 1 608 吨纸张，减少 103 吨二氧化碳排放。如果我们将电子产品对语言文字的显示技术看成一种语言服务的话，那么倡导这种绿色消费正是大势所趋，也是推动形成绿色低碳的生产方式和生活方式的一种表现。

二是如何利用语言的绿色资源意识养护。语言是交际和思维的工具，利用语言进行交际和思维本身就是一种服务。我们应该看到，人类语言本身具有一种"绿色"属性，其相应的语言服务行为也必然具有一种"绿色"属性，我们还要倡导一种基于语言服务的绿色资源意识。语言服务具有绿色属性，是指它作为交际工具和思维工具可以反复使用，且在使用的过程中极少耗费自然界其他的绿色资源。人类通过语言（大脑）所耗费的能量比计算机通过运算得出同样结论所要耗费的能量要小得多。欧盟在其推出的《人类大脑计划》（Human Brain Project）报告中指出，在处理等量任务时，目前没有任何人工系统能够与人脑的低能耗媲美。人类大脑的能耗功率一般在 20 瓦左右，而一台常用笔记本电脑的耗能功率约为 100 瓦。

---

① 这是笔者向 ChatGPT 询问得来的信息（2023 年 6 月 29 日）。笔者询问的问题是：电子显示技术的产生减少了大量纸本印刷的耗费，目前在资源节约与能源节省方面有没有具体的统计数据及相关研究？

② 艾媒产业升级研究中心：《艾媒报告｜2019 中国电子发票行业研究报告》，艾媒网，https://www.iimedia.cn/c400/66459.html，2019 年 10 月 22 日。

这种差距在基于人工神经网络的人工智能上表现得更为显著。① 即使是现在似乎具有强大语言能力的 ChatGPT 的出现，可以说是人类基于大数据的预训练模型的巨大成功，我们也应该看到这种语言服务背后所耗费的能源可能也是惊人的。有关报告指出，ChatGPT 热度不减的背后，是人工智能内容自动生成技术所需要的算力需求的水涨船高。数据显示，ChatGPT 的总算力消耗约为 3 640PF – days（即假如每秒计算一千万亿次，需要计算 3 640 天），需要 7 ~ 8 个 30 亿的投资规模、500P 算力的数据中心才能支撑运行。② 在这样的背景下，我们如何对待我们的语言能做的事情？加强基于人类语言能力（相当意义上也就是语言服务能力）的绿色资源意识的教育倡导或者是一件值得继续做好的事情，人类大脑及其所拥有的语言能力的使用是天赐人类的"绿色产品"，我们必须倍加珍惜，好好利用。ChatGPT语言能力的获得所耗费的能源与人脑语言使用的相关情况相比各自有什么特征？"ChatGPT 语言能力的获得所耗费的能源主要来自训练模型的计算机运算，而自然语言使用在大脑中的能耗则与语言的复杂性、表达方式等有关。因此，从能源消耗的角度来看，ChatGPT 语言能力的获得可能需要更多的能源。"③ 也许我们从此离不开 ChatGPT 了，实际上我们也无法预料我们的能源能够支持我们走到何处、走到多远、走得多好。从长远来看，或许我们这种基于语言能力及语言服务能力的"绿色"清醒还是要具备的。

至于基于隐喻意义上的语言生态，或者可能派生的语言服务生态，和上文讨论的非隐喻意义的生态与语言服务之间未必绝对没有关系。我们或者可以这样认为，基于绿色生态养护的语言服务实践可以为语言生态提供最重要的现实条件和行动可能，我们甚至可以提出这样的观点：基于隐喻意义上的语言生态建设，包括中国语言生活派倡导的和谐语言生活，是绿色生态基础上语言生活的理想体现，这种体现离不开语言服务的养护和支持。

参考文献

[1] 菲利普·佩迪特著，于明译：《语词的创造：霍布斯论语言、心智与政治》，北京：北京大学出版社，2010 年。

---

① 于紫月：《类脑机：像人脑那样工作思考》，《科技日报》，2018 年 12 月 5 日第 8 版。

② 金叶子：《ChatGPT 火爆带动算力需求，我国算力规模能否支撑？》，第一财经网，https://www.yical.com/news/101674874.html，2023 年 2 月 14 日。

③ 这是笔者向 ChatGPT 询问得来的信息（2023 年 6 月 29 日）。笔者询问的问题是：ChatGPT语言能力的获得所耗费的能源和自然语言使用在大脑中的能耗哪一个更节省一些？ChatGPT 答道：ChatGPT 语言能力的获得所耗费的能源主要来自训练模型的计算机运算。训练一个大型的 ChatGPT模型需要大量的计算资源，包括 CPU、GPU、内存等，这些资源的能源消耗是非常高的。据一些研究估计，训练一个大型的 ChatGPT 模型可能需要数百万到数千万千瓦时的能源。

［2］冯广艺：《生态文明建设中的语言生态对策》，《贵州社会科学》2012 年第 6 期。

［3］顾定倩、钟经华：《手语"普通话"和盲文"规范字"》，国家语言文字工作委员会组编：《中国语言生活状况报告（2019）》，北京：商务印书馆，2019 年。

［4］李艳：《语言产业经济学：学科构建与发展趋向》，《山东师范大学学报》（社会科学版）2020 年第 5 期。

［5］李宇明：《语言资源观及中国语言普查》，《郑州大学学报》（哲学社会科学版）2008 年第 1 期。

［6］李宇明：《数据时代与语言产业》，《山东师范大学学报》（社会科学版）2020 年第 5 期。

［7］屈哨兵：《要进行城市和区域语言服务能力的评估》，屈哨兵主编：《粤港澳大湾区语言服务发展报告（2022）》，北京：商务印书馆，2022 年。

［8］屈哨兵、张迎宝：《语言服务：建设国际传播"立交桥"》，杨丹主编：《大国语言战略》，北京：外语教学与研究出版社，2023 年。

［9］田海龙：《基于符号学的语言意识形态研究：从"指向性"到"呈符化"的进展》，《当代语言学》2023 年第 2 期。

［10］王宇波、李向农：《语言服务与"互联网＋"的深度融合》，《华中师范大学学报》（人文社会科学版）2016 年第 5 期。

［11］魏晖：《再论语言资源、语言资源观及语言资源管理》，《江汉学术》2021 年第 4 期。

［12］约翰·约瑟夫著，林元彪译，潘文国审订：《语言与政治》，北京：外语教学与研究出版社，2017 年。

第二编 国家视角下的语言服务

关于《中国语言生活状况报告》中
语言服务问题的观察与思考[*]

进入 21 世纪以来，语言服务逐渐在我们的语言生活中成为一个越来越清晰的概念，以《中国语言生活状况报告》（上编）（下称《报告》）所附术语索引为例，2005 年的《报告》中关于"语言服务"的索引记录是 3 条，2006 年是 9 条，2007 年是 29 条，到 2008 年则是 10 条，这还不包括"语言服务产品""语言服务能力""语言服务市场""语言服务产业"等衍生概念，概念引用整体趋势是由少到多，相差几近十倍之多，这说明"语言服务"在我国语言生活中的地位快速提升。本文试图依托 2005—2008 年的《中国语言生活状况报告》（上编）所反映的事实来对我国的语言服务进行一些观察与思考，基本观察方法就是根据《报告》（主要是上编）附录中的"术语索引"来进行一种回溯式的搜索，凡是索引"语言服务"条目所涉及的事件与现象就是本文观察分析的对象，涉及语言服务状况扫描、分析与思考两个不同的角度。

一、语言服务状况扫描

语言服务这个概念的外延应该如何界定，到目前为止还没有一个整齐划一的结论，我们曾经提出可以从产业、职业、行业、基业几个不同的角度来进行观察（屈哨兵，2008）。查阅 2005 年开始研制的《中国语言生活状况报告》，其中关于语言服务的状况，大抵也可以从这几个角度来进行扫描。这种扫描或许不能反映出近年来我国语言服务状况的全貌，但在相当程度上可以看成语言服务状况的一种风向标。

（一）语言服务产业

从《报告》反映出来的情况看，语言服务产业近年来获得了长足的进步，究其原因，一个重要的推手就是 2008 年北京奥运会以及 2010 年上海世博会。北京奥运会接待了来自全球 204 个国家和地区的代表队，上海世

---

* 本文原载于《云南师范大学学报》（哲学社会科学版）2010 年第 5 期，曾在首届中国语言生活学术研讨会（北京，2010 年 10 月 18 日）上宣读。

博会有 240 多个国家和地区或国际组织参加，因而对我们的语言服务提出了很高的要求，同时也为语言服务产业的发展提供了一次机遇。根据屈哨兵（2008）提出的框架，语言服务产业应该有语言翻译服务、语言教育服务和语言支持服务几个不同的分支，几个不同的分支在《报告》中作为产业形态都有着比较充分的展示。

关于语言翻译服务和语言教育服务。2006 年的《报告》（"中国语言生活状况报告"课题组，2007）在介绍北京奥运会语言环境建设状况时提及"一些专业人士和专业公司也积极投身语言培训和语言服务工作中来"，实际情况也是如此。2007 年的《报告》（"中国语言生活状况报告"课题组，2008）显示，北京奥运会上以服务供应商身份出现的相关专业公司提供了相关产业服务，"元培翻译"为北京奥运会提供了笔译与口译服务，"英孚教育"主要为国内裁判、翻译人员及北京奥组委工作人员提供了语言应用、翻译技能等外语培训任务，"爱国者理想飞扬"为奥运志愿者提供了语言测试及培训。语言服务供应商首次作为一种语言服务产业的形象在奥运会历史上出现。

关于语言支持服务。所谓语言支持服务是指依托互联网技术平台建立起来的一种网络语言服务。2005 年上海世博会语言环境建设国际论坛上，专家就讨论提出"要兼顾不同的语言服务产品形态"（"中国语言生活状况报告"课题组，2008）。2007 年的《报告》在介绍上海世博会语言环境建设状况时也提出要实施相关的世博会语言服务工程，其中涉及基于汉英语音识别及合成技术的汉语和英语声讯电话咨询智能服务系统、开发语言服务相关电子产品等内容（"中国语言生活状况报告"课题组，2009）。实际情况也可以证明，在北京奥运会上，语言服务供应商首次在奥运会历史上正式出现，首都信息发展股份有限公司开发研制了北京奥运多语言服务系统中心，提供 11 种语言服务。人们可通过移动终端、互联网网站、呼叫中心等平台，采用多种无线、在线、热线方式获取信息，相信 2010 年上海世博会上具有语言服务产业背景的活动也会有出色的表现。

（二）语言服务职业

典型的语言服务职业应该具有三个特征：服务性、自立性、商品性（屈哨兵，2008），从这个意义上讲，语言服务职业在 2005—2008 年的相关状况报告中表现还不够充分，这也与我国语言服务职业目前的实际情况大体相符，在相当意义上，我们在这方面的职业队伍还不够强大。但我们可以从《报告》中看到与语言服务职业有关的一些表现形式，有的就具有发展成职业的基础。

从逻辑上说，具有产业基础的从业人员就应该将其在该产业中从事的工作看成他所拥有的职业，如果是这样的话，上述各个相关语言服务产业所涉及的职业应该是比较确定的。比如，从事语言翻译服务的职业、从事语言培训服务的职业、从事语言测试服务的职业、从事语言支持服务的职业等，它们在《报告》所涉及的语言服务事实中都有所体现。另从这几年《报告》所涉及的语言服务的实际来看，奥运会和世博会的语言服务志愿者队伍也是一个和语言服务职业有关的群体，奥运会总共提供了55种语言服务，其中大部分是通过语言服务志愿者来完成的。国家体育馆配备4种语言同声传译，残奥会配备手语解说，场馆内及主新闻中心有专门提供语言服务的志愿者，涉及550个站点及3 000多个岗位（"中国语言生活状况报告"课题组，2009）。上海世博会前期参与筹办工作，从事翻译、文字处理等语言服务工作的也有约500人次（"中国语言生活状况报告"课题组，2008）。志愿者本身不可以职业化，尤其是针对奥运会、世博会这样的国际性大事件而言，但志愿者所从事的岗位，其中相当一部分是有职业化前景的。

（三）语言服务行业

这里所说的语言服务行业，是指具有语言服务项目和语言服务需求的行业。《报告》中关于语言服务行业的记录在各个年份都有所表现，其所选取的行业类别，通常在语言服务的质量表现、项目开发、现象类聚或者社会关注等方面比较具有代表性。

2005年的《报告》专门在领域篇列出"服务行业和公共设施等领域语言状况"进行报告，所指的服务行业包括商业、邮电、文化、铁路、交通、民航、旅游、银行、保险、医院等，公共设施等领域则涉及城乡、道路、建筑物的名称，以及标志和标牌、各种媒介的广告、工商企业商标、招牌、商品包装、产品说明书等（"中国语言生活状况报告"课题组，2006）。公共服务行业涉及的语言服务主要是指语言服务多样化现象，是指在邮电、旅游、交通等行业实行双语（多语）服务，保险、邮电等行业也有民族语言服务及相应的产品（"中国语言生活状况报告"课题组，2006）。一些重要旅游城市和风景点用双语（多语）公示标志的越来越多，双语报站服务已在不少大中城市的公交系统推行。有些城市为了提高服务质量、突出地方特色，在某些公共服务行业中推出了方言服务（杭州出租车行业、北京某些特色老店）（"中国语言生活状况报告"课题组，2006），另外还有北京、上海等大城市的"110""119"等重要报警台不同程度的双语服务。2005年是发布《报告》的第一年，我们还可以前溯到2003年深圳的"双语电话"。

2006 年的语言服务行业专题关注的是旅游服务语言问题，其在基本情况介绍方面首先界定了旅游服务语言的范围，重点是导游服务语言，内里又有广义、狭义之分，又从不同角度对旅游服务语言形式进行了分类，并对旅游服务语言运用的基本状况进行了初步的描述，提出了完善旅游服务语言培训机制、考评机制及质量检测机制的建议，建议加强旅游服务语言状况的调研及导游辞语料库的建设等（"中国语言生活状况报告"课题组，2007）。同年的语言服务行业专题还涉及来自产品说明书、医疗文书及药品包装等行业领域方面的语言服务问题。

2007 年的语言服务行业专题关注的是民航系统的语言服务。民航业规范语言服务，实行双语服务，或提供多语服务，为构建和谐语言环境作出各种努力，多种方言服务成为空中语言服务新趋势，成为特色服务的重要内容。多家航空公司在西藏、新疆等航线上，招收少数民族空乘人员并使用藏语、维吾尔语等多语服务，成为空中语言服务的新亮点。一些机场还推出了《旅客乘机指南》《机场交通指南》等双语服务手册，比较全面地展示了民航业语言服务多样性、人性化方面的追求（"中国语言生活状况报告"课题组，2008）。

2008 年的《报告》没有列出语言服务行业专题加以关注记录，但由于2008 年是奥运年，所以在关于奥运会语言服务的报告中也不乏涉及行业语言服务的记录。例如为提高奥运会期间的语言服务水平，针对北京市饭店业、餐饮业菜单的英文译法进行了规范，确定了中国的 2 425 个菜品、主食小吃、甜点、酒类名称的英文译法。对具有中国餐饮特色的传统食品，以汉语拼音命名（"中国语言生活状况报告"课题组，2009）。航空业方面，以残奥会为例，首都国际机场提供咨询服务，机器人可掌握简单的手语，触摸屏可提示复杂的手语信息服务，电梯内也配有盲文及语音提示；定点医院进行了一系列无障碍改造和手语培训，增添了很多无障碍标志；气象台也增加了手语播报的内容。不一而足。

（四）语言服务基业

语言服务基业是指为语言服务的开展实施进行的一些基础性建设，各种有关的政策、法规、规范、标准等，都应该看成语言服务基业的重要构成部分。2005—2008 年的《报告》所显示的各种关涉语言服务基业的项目大致可以梳理出如下的轨迹。

2005 年的《报告》在介绍服务行业的语言服务个案时，提到杭州相关职能部门出台了《杭州市客运出租车汽车驾驶员服务资格管理办法》，里面有岗前培训必须通过"杭州话考试"的规定（"中国语言生活状况报告"课题组，2006）。2006 年的《报告》针对奥运语言服务和语言环境建设工程的事实，提出要进行中国运动员人名拼写规范，体育术语的汉语规范，国外体育组织、运动员的译名规范，北京市路名罗马字母转写系统的规范等方面的研制工作（"中国语言生活状况报告"课题组，2007）。2008 年的《报告》显示，教育部语言文字信息管理司与全国科学技术名词审定委员会联合编译、发布《奥运会体育项目名词》（中、英、法、西），涵盖了 35 个体育项目，共有 9 000 余个词条（"中国语言生活状况报告"课题组，2009）；北京市人民政府外事办和北京市旅游局共同推出《中文菜单英文译法》；国家标准化管理委员会联合民政部发布 GB 17733—2008《地名标志》（"中国语言生活状况报告"课题组，2009）。这些文件为北京奥运会相关语言服务即时提供了具体的行业标准，使得此前（2006）关于奥运会相关规范工作的研制建议得到了落实，同时也为上海世博会及广州亚运会的举行在语言服务方面提供了一定的基业保障。

当然，近些年关于语言服务基业建设的具体成就实际上远不止如此，教育部语言文字信息管理司及全国语言文字标准化技术委员会、全国科学技术名词审定委员会、国家标准化管理委员会、民政部门、外事部门等近年来研制或出台的各种规范标准，很多都可以从提高语言服务质量这个角度来进行解读，此不赘述。

二、分析与思考

基于近年来《报告》所涉及的各类语言服务的事实，可以看出我国语言服务方面的一个基本格局，我们就此可以作出一些分析与思考。

（一）语言服务与国家

语言服务与国家之间的关系可以从不同的角度来进行审视观察。

一是国家规划层面对语言服务要具有科学发展的态度。2007 年的《报告》曾指出，做好各领域的语言规划和语言服务，绝非一蹴而就之事（"中国语言生活状况报告"课题组，2008）。这表明我们在语言服务建设问题的国家宏观层面上有一个比较清醒的认识。至少从操作层面上看，我们并不认为这是一件可以毕其功于一役的事情，实际情况也确实如此。语言服务所能涉及的深度与广度与社会发展水平有着比较密切的关系。中国语言服务领域的不断扩大和语言服务质量的不断提高，是国家现代化进程中的一个必然表现。当我们认识到这个规律，就应该有意识地去进行引导并进行适时的规划，使其反过来对社会文明发展和和谐社会建设起到一种推动与促进的作用。这里面似乎还有一个否定之否定规律在起作用，随着工业文明与商业文明的蓬勃发展，人们明确提出了语言规划，强调民族共同语的作用，随着社会文明的进一步发展，人们又提出要注意文化的继承与多元，提出多语多方言的服务。当然这不是一种简单的恢复与回归。以多语多方言语言服务为标志，很多服务领域都在作出合乎社会发展要求的语言服务策略与服务项目上的调整，涉及民航业、大型体育赛事、商业服务环境（广告语言等）、医疗服务等，这就比较充分地说明了这种态势。

二是语言服务需要国家投入成本。人们通常将语言服务单纯理解成一个市场概念，这是失之偏颇的。从基本格局上看，我们不能简单地以市场成本的高低来简单决定语言服务项目的弃留。实际上语言服务也不可能完全被市场化。在相当意义上，语言服务是一项公共领域（甚至是公益领域）中的命题，语言服务工程是一项国民工程。国家应该承担提供语言服务的成本，奥运会相关语言服务项目的建设可以说是已经提供了一个示范。确定并提供 55 种语言的服务、在开幕式和闭幕式上进行多语种翻译、研制相应语言服务的规范标准、各处设立多语种标牌、建立多语呼叫中心、设置图文并茂的奥运场馆设施标志、残奥会期间提供盲文和哑语服务等语言服务，都不能简单地依靠市场行为来解决。

三是国家应充分利用关涉全民的大事件来推进语言服务的事业发展与质量提升。应充分评价这样的举国体制下进行的国际性活动为我们进行语言规划（包括进行语言服务）提供了一个巨大的平台，凭借这个平台，我国语言服务事业进行了一次成功的推进。2008 年北京奥运会为我国语言服务概念的传播起到了非常重要的作用。大事件与语言发展、语言规划、语言战略、语言地位凸显及功用展示之间的关系值得我们进行深入的总结与研究。至少我们可以从四个不同的层面进行思考：从国家语言战略层面如何进行引导与规划，从民众语言生活层面如何助其了解、认同与参与，从学术发展与学科建设层面如何进行总结和提升，从市场可持续发展层面如何进行经营和推广。

四是要在全球化的视野中置放和推进我们的语言服务事业。关于具有中国特色的语言服务应当对全球化时代的语言服务提供哪些实际支持，标准制定及其利用在奥运会上已经有了比较成功的展示，如体育项目名词审定、利用汉字笔画顺序确定运动员入场顺序等，但这仅仅是一个样板。还有国家汉办暨孔子学院总部配合奥运会进行的相关主题的"汉语桥"大学生中文比赛，以及从《奥运汉语 100 句》中选出最常用的 30 句，译成 7 种语言的版本，在机场向来华外籍人士赠送等语言服务行动都是可取的，但从长远发展来看，这些还不够。无独有偶，2006 年的《报告》提到美国国家安全语言计划有一个将民间语言学家储备团作为范围更广的国家语言服务团的有机组成部分的项目（"中国语言生活状况报告"课题组，2007），这也提醒我们注意，在国际格局中，语言服务某些时候还会涉及对国家利益的保护。

（二）语言服务与市场

产业—职业—行业—基业是我们针对语言服务的实际划分出来的四种类型。它们彼此之间既有区别也有联系，市场是我们分析它们彼此之间相互联系的一个角度。

语言服务产业方面。以《报告》中所显示的语言服务供应商为例，它们的出现首先是因为奥运会赛事给其提供了一个很大的市场，它们依托这个市场得以登台亮相，但如果要继续发展的话，还需要后奥运时代继续进行市场跟进与市场开发。2008 年的《报告》也进行了后奥运时代语言文化建设的思考，强调要建立推动中国发展的文化创意产业、语言工程产业，形成大国文化经济，使中国成为语言强国（"中国语言生活状况报告"课题组，2009）。我们有理由相信，语言工程产业发展今后将成为一个重要的语言经济的成长方向。语言服务产业的壮大首先要有国家标准的制定与支持，其次要有市场的引导与培育。语言服务催生语言服务产业和语言服务经济，需要满足的首先是消费者市场存在这个条件，这样的市场有的已经形成，有的需要唤醒。消费者基数的大小是催生语言服务市场最为重要的保障。《报告》曾经在论及如何应对互联网上的语言多样性时作出过类似的判断，认为一个语言群体上网的人数越多，使用母语的动力也就越大，而广告商和文本提供商提供本地语言服务的机会也就越多（"中国语言生活状况报告"课题组，2008）。这样的市场需要培育，同时也充满竞争，从低层次向高层次，会有市场细分，需要形成规模等。这些都是语言服务产业市场发展所要考虑的问题。

语言服务职业方面。各种语言服务职业的形成应该与市场有着非常密切的关系。平心而论，语言服务所涉及的各种职业显著性形态在服务市场中的表现是有差别的，比较成熟的是语言翻译，其次是语言培训师，或者是语言教师，这几种职业拥有一个特征，就是通常都具有比较大的从业人员规模，且比较稳定。至于类似从事语言测试的工作（语言测试师）是否能成为一份职业，目前看来恐怕还难以确定，更多时候它是与语言教师的功能捆绑在一起的，是否能剥离出来，可能要等市场分工精细程度有了新的发展之后才有可能确定。至于从事语言支持服务的职业，通常应该叫作语言工程师，就语言服务的需求而言，不管是服务性、自立性、商品性角度，还是规模性、稳定性角度，它都基本具备了成为一份职业的条件，目前比较欠缺的是其在社会公共领域及相关市场领域中的职业显著性形态方面的认同。

语言服务行业方面。对于语言服务所能涵括的范围应该有一个逐渐扩展的过程，《报告》最初提及的语言服务（"中国语言生活状况报告"课题组，2005）主要是指双语或多语服务，也包括方言服务。从行业这个角度来看，连续几年也都只是专题例说性质的，如果全面铺开，服务行业的语言服务状况观察及其研究还有很多工作要做，更重要的是通过市场引导等方式改善语言服务行业的运行质量，扩大语言服务的覆盖范围。这里面有些虽然看似是老问题，实际上蕴含着不少语言服务的新空间，值得拓展，也应该拓展，从某种意义上讲，还可以说工程浩大。如果没有市场驱动，来自国家的相关语言服务规划就难以落到实处，惠及各行各业。

语言服务基业方面。基业所涉及的多是一些基础性工作，它和市场的关系可以从两个角度来看：一是从国家语言服务规划这个角度看，它是各种语言服务行动（工程）的第一个环节，如果没有标准，相应的语言资源没有得到有效利用，就难以培育优质市场；二是从某些行业产业标准的产生动因这个角度看，这是为了更好地应对市场，掌握市场竞争的主动权，虽然这种基业行为还未上升到国家规划的层面，但同样值得重视。至于属于语言服务基业性质的一些具体项目本身是否直接与市场行为接轨，要具体问题具体分析，整体情况应该是彼此之间各有所重为好。

三、余论：关于语言服务研究的两个问题

（一）关于"语言服务"这个概念

从现有文献资料来看，我国学者对语言服务进行比较系统的学术思考的时间并不太长，大概是在 2005 年上海世博会语言环境建设国际论坛上。2007 年的《报告》中也提到了这个事实，说在这个会议上有关专家建议，将"语言服务"作为语言学的一个独立分支予以理性分析和研究，使"语言服务"从经验的层面上升为理论的层面，建立完善相关学科体系……明确了"语言服务"几个方面的内涵（"中国语言生活状况报告"课题组，2008）。此后这个问题逐渐引起学者的关注，2007 年国家语言资源与应用语言学高峰论坛（北京语言大学）收到的论文中就有关于国家语言资源与语言服务方面的研讨。王铁琨（2008）、屈哨兵（2007，2008）、李宇明（2008）等对这个问题先后有过专门的论述。

作为一个学术概念，"语言服务"存在一个提出并被不断赋值的过程，最初可能不太被人注意，后来才被更多的人认可，滴滴露珠聚成细流，至于是否能成小河汇入大江，还需要进一步观察。这里面最为重要的保障来自两个方面：一是相关学科建设本身能够提供必要的学理支持，以及一个合适的学术发展的框架；二是社会发展需要这样的概念来进行引领，并对可能存在的各种（社会）资源进行重组，使之变得更加科学、更加经济，并拥有一种可持续发展的潜力。"语言服务"作为一个近些年来产生的学术概念，事实证明它可能拥有相应的学理支持、学术发展的框架，以及引导资源重组并能可持续发展的潜力。

（二）关于语言服务的左邻右舍

作为一种事实，语言服务已经存在了很长的时间，但作为一个专业概念，它在相应的学科体系中的位置、与其他专业概念彼此之间的关系应该如何调整等问题，目前来说还缺少专门的思考。例如语言服务与语言规划的关系、语言服务与语言资源开发和应用的关系、语言服务与领域语言研究的关系、语言服务研究与语言本体研究的关系、语言服务与语言应用的关系、语言服务与语言经济的关系、语言服务与其各种下位概念（语言服务产品、语言服务能力、语言服务系统、语言服务市场等）彼此之间的关系等，都需要我们分门别类地作出更加细致的思考与探究。

当然，国家对于这类问题也并非没有考虑与判断，例如 2006 年国家语委领导在国家语委"十一五"科研工作会议上提出，要加强对国家语言政策和语言文字规范标准的宣传，重视语言科学成果的普及工作，主动向社会提供高质量的语言服务，帮助社会各领域和广大民众解决他们遇到的语言方面的问题，引导语言生活朝着和谐的方向发展（赵沁平，2006）。从语言服务这个角度看，这里面就涉及语言服务相关标准的推广成果普及、语言服务的社会公众指向、语言服务的实施目标等相关问题，值得引起我们的注意。

参考文献

［1］李宇明：《当今人类三大语言话题》（在 2008 年度语言文字工作会议上的专题报告），《云南师范大学学报》（哲学社会科学版）2008 年第 4 期。

［2］屈哨兵：《语言服务研究论纲》（在上海世博会语言环境建设国际论坛上宣读），《江汉大学学报》（人文科学版）2007 年第 6 期。

［3］屈哨兵：《语言服务现状的个案分析及相关建议与思考：以产品说明书语言服务状况为例》，《绍兴文理学院学报》（哲学社会科学版）2007 年第 5 期。

［4］屈哨兵：《语言服务研究问题再思考》（在"两岸四地"语言学论坛上的发言），中国澳门，2008 年 12 月 5—7 日。

［5］屈哨兵：《以语言资源的利用为出发点，以语言产业领域为重点，构建国家语言服务》（在中国语言资源开发应用中心的揭牌仪式上的发言），北京，2008 年 12 月 29 日。

［6］王铁琨：《在中国语言资源开发与应用中心揭牌仪式上的发言》，新浪网，http：//edu. sina. com. cn/chinese/hyks2008/ – 12 – 29/1503162572. shtml，2008 年 12 月 29 日。

［7］赵沁平：《加强语言文字应用研究，构建和谐的语言生活》（在国家语委"十一五"科研工作会议上的讲话），教育部门户网站，http：//www. moe. gov. cn/srcsite/A19/s7067/200611/t20061128_76009. html，2006 年 11 月 28 日。

［8］"中国语言生活状况报告"课题组编：《中国语言生活状况报告（2005）》（上编），北京：商务印书馆，2006 年。

［9］"中国语言生活状况报告"课题组编：《中国语言生活状况报告（2006）》（上编），北京：商务印书馆，2007 年。

［10］"中国语言生活状况报告"课题组编：《中国语言生活状况报告（2007）》（上编），北京：商务印书馆，2008 年。

［11］"中国语言生活状况报告"课题组编：《中国语言生活状况报告（2008）》（上编），北京：商务印书馆，2009 年。

语言服务视角下的中国语言生活研究*

一、"语言服务"的提出背景与研究现状

崔：近些年，您多次在学术论文与学术活动中提及"语言服务"这一概念，您是出于什么考虑提出这一概念的呢？

屈：近些年来我确实非常关注"语言服务"这一概念的论述、建设以及实践表现。2005 年在上海举行的世博会语言环境建设国际论坛上，我提交了论文《语言服务研究论纲》。以语言服务为主题写作这篇论文是基于当代中国语言生活与语言规划的大背景。国家语委曾多次提出有关语言服务的理念，引起学界讨论和思考。比如，国家语委副主任、语言文字信息管理司司长李宇明在"国家语委'十一五'科研工作会议"上提出："我们要以科学发展观为指导，处理好国家在快速发展中遇到的各种语言问题，全力保护、科学利用、积极开发中华语言资源，尽力为社会提供各种语言服务，努力促进语言生活的和谐，为建构和谐社会作出语言文字工作者的贡献。"[①]

语言服务概念提出的最直接动因来源于构建和谐语言生活的时代需求。于根元较早提出"规范也是服务"[②] 这一理念，将语言服务观引入语言规范化工作中。李宇明还说："语言文字的规范化，首先有赖于一系列语言文字及其在方方面面运用的规范和标准。这些规范和标准的制定与推行，是信息化时代语言文字工作的中心任务。"[③] 所谓"规范和标准的制定与推行"，实际上也是利用语言手段为社会提供的一种服务。这种服务之于国家现代化信息化的建设尤其重要，这也是我们试图专门厘定"语言服务"这个概念的一个重要原因。这个时代需要我们建立一个比较全面的语言服务体系，也需要我们建立一个与之相适应的语言服务研究框架。前者

---

　　* 本文根据电子杂志《中国语言生活》采访整理，采访者为崔乐同志。后载于《北华大学学报》（社会科学版）2011 年第 5 期。

　　① 李宇明：《总结经验　开拓创新　努力促进"十一五"语言文字应用研究：在"国家语委'十一五'科研工作会议"上的报告》，《语言文字应用》2007 年第 1 期。

　　② 于根元主编：《应用语言学概论》，北京：商务印书馆，2003 年。

　　③ 李宇明：《规范语言文字，推进信息化进程》，《中国教育报》，2001 年 5 月 7 日第 1 版。

重应用，后者重理论，两者发展不可偏废，观察重点则可以允许不同。

崔：对比国外语言服务产业的发展状况，国内的语言服务产业可以学习和借鉴哪些经验呢？

屈：首先说明一点，我们近些年讨论的语言服务产业的概念与国外是有大小之分的。国外所谓的语言服务有一个比较恒定的指向，主要指语言翻译服务。语言翻译服务在欧美都得到了较多关注，其产值对国家 GDP 的推动很大。我们讨论的语言服务产业的涵盖面比国外的语言服务产业范围更广，主要包括四方面：语言翻译产业、语言教育产业、语言知识性产品的开发、特定领域的语言服务，如工商领域、医疗领域、体育领域、司法领域等。另外还有不同层次的语言服务。从某种意义上讲，我国的语言服务概念系统所涉及的内容比国外一般意义上的语言服务之所指要丰富完善得多。

仅就语言翻译产业而言，国内语言翻译产业的规模和市场效益还存在较大缺陷，在翻译产业的质量、组织方式、市场化程度上都还有较大的发展空间，国外可供借鉴的经验很多。可喜的是，语言翻译产业近些年来得到了较大的关注和提升。2010 年，中国国际语言服务行业大会暨大型国际活动语言服务研讨会在北京召开，会议上，一些翻译出版公司和企业对翻译服务行业的优秀人员进行了嘉奖，值得关注。

崔：语言服务产业的发展与完善需要学界的积极引导。请问语言服务研究在语言学的学科体系中占据怎样的位置？目前的研究现状如何？哪些方面需要深入研究？

屈：我认为语言服务属于应用语言学的范畴，应当在应用语言学的框架下进行研究，同时也和语用学、社会语言学关系密切，条件成熟时，语言服务研究完全有可能成为一个独立的学科分支。语言服务从应用上看可以覆盖应用语言学的各个领域，不同之处在于以服务作为一个独立的观察点，可以更加清晰地观察、审视和分析语言的工具属性与经济属性。当代社会语言服务功能的开发、研究与应用的重要性，较之以往任何一个时代都有过之而无不及。对语言的工具属性与经济属性的强调和凸显是时代发展所需，这也是我们将语言服务放在一个比较突出的位置上来观察和分析的重要原因，表明我们的语言服务从自发到自觉的一种发展趋势。

作为一个新的研究分支或领域，语言服务研究尚处于起步阶段。以往学界侧重从实践应用的层面审视语言服务，较少进行语言服务的共性推敲和理论追问，诸如服务属性、服务类型、服务功能、服务项目设计、服务效能测评等，有待我们进行比较系统的思考与研究。目前急需为语言服务建立概念系统，我认为语言服务至少有五个概念系统需要构建和梳理，即资源系统、业态系统、领域系统、层次系统、效能系统。每一个系统下都有相应的支撑性分支。比如，梳理语言服务的业态系统，就需要厘清语言服务在产业、职业、行业、基业上分别有哪些表现。构建语言服务的概念系统有很多工作需要做，我们正组织力量撰写一部具有导论性质的书，希望能够给出一个较为系统的回答。

二、语言服务与汉语国际推广

崔：语言教育是语言服务的重要组成部分，请问语言服务的理念可以为汉语国际推广带来哪些启示？汉语国际推广工作需要在哪些方面、以哪些形式加强语言服务？

屈：从语言服务的视角审视汉语国际推广，我曾经写过一篇文章，进行了一些判断和思考①，下面分别从教师、教材、教法三方面予以说明。

首先看教师。在汉语国际推广工作中，教师的市场需求、来源构成、培养发展都应当有较为清晰的描述与规划。比如，从五六年前开始，人们就对海外学习汉语的人数陆陆续续进行了一些推测，有的说保守估计是两千万，有的说达到一个亿。也就是说，如果按每20人需要一位汉语教师来计算的话，那么对外汉语教师的市场需求至少是数以百万计。我们目前培养出来和正在培养的可从事汉语国际教育职业的人数只是预测中应该达到的数额的零头。这无疑在催生一个巨大的教师培养培训与教师选择市场。在这个市场前提之下，教师培养应该从市场角度出发提供哪些服务呢？国家汉办、各个高校、相关社会机构都该做些什么呢？海外华人社区在教师培养与教学资源提供上能做些什么呢？只有从语言服务的角度对教师的市场需求作出比较明确的应对，才能够回答上述问题。

再来看教材。陆俭明对近30年来的教材编写情况进行了客观评价："数量增加了；品种、层次增多了；积累了不少编写经验；出版了一些好教材。但是，教材尚不成系列，中高级教材少，自学用的教材还相当缺乏；能称得上精品教材的汉语教材为数不多；能推向世界的汉语教材就更少了。"同时他还指出，原因在于"教材编写缺乏科研引航，缺乏编前的

---

① 屈哨兵：《语言服务角度下汉语国际推广的几点思考》，《广州大学学报》（社会科学版）2010 年第 7 期。

深入研究，缺乏教材编写的必要的科学数据"。① 从某种意义上说，学术引导也是一种支持教材开发的服务，在这方面我们还有很多工作要做。此外，还应重视汉语教材的市场转化问题。根据有关机构的统计，现在汉语国际教育中已经出版使用的教材有一万五千多册（重复不计）②，规模不可谓小。在孔子学院全球形成规模的当下，我们现在编订的教材多半出自国内，它们在海外市场如何占位，各个目的国已有的汉语教材的出版与使用现状如何，新的教材应该如何切入？只有形成一个可以良性循环的教材市场，才有可能提供良好的语言服务环境。从目前的汉语国际推广形势来看，国内开发的很多教材与国外实际需求并不对接，孔子学院、孔子课堂在教材建设、教材开发、教材服务方面所能发挥的作用尚未充分彰显，汉语教材的市场转化任重道远。在搭建语言服务与教材开发的平台方面，我们还有待加强。

最后看教法。从语言服务的视角看教学方法，有两点需要特别注意：一是要做好教学方法的总结与学科指导服务工作，二是在教学方法验证与市场推广方面要重视相关的服务建设工作。针对不同的教学对象、教学任务、教学环境、教学项目，应采取不同的教学理念与方法，要充分利用汉语国际推广的有利态势，做好各种教学方法的比对验证工作。教学方法的高下常常要在比较之中才能得出结论，有意识地做好各种教学方法的比对验证服务就显得特别重要。我们不希望这种比对与实践在无序的状况下进行，而是应该在有序的安排与引导下对教学工作的理念、目标、方法、效果等进行审视、判断。市场是筛选优质方法的途径，要想使好的教学方法产生更大的效果，市场推广不可缺少。如何更加有效地整合市场资源、提供更加优质的语言服务，可能仍然是今后相当长一段时期内应该着力处理的事情。

三、方言区的语言服务问题

崔：粤语是我国除国家通用语普通话之外最具影响力的强势方言之一，广东人对粤语一直怀有深厚的感情。近些年，"普粤之争"引发关注，并一度成为媒体热议的焦点，普通话推广与方言保护的关系再次成为社会

---

① 陆俭明：《当前的汉语教学更需冷静思考与科研引航》，《云南师范大学学报》（对外汉语教学与研究版）2010年第2期。

② 这个数据是中山大学周小兵教授提供的，周小兵教授正领衔进行一个汉语国际教育教材库建设方面的项目，这是他们实际统计所得。谨致谢忱。

关注的热点问题。您多年来在广州居住生活，就您的亲身经历来看，2010年发生在广州的"撑粤语"事件可以为方言区的推普工作带来哪些启示？在方言区构建和谐的语言生活需要注意哪些问题？

屈：我在广州生活了将近 20 年。广东地区有粤语、客家话、潮汕话三种主要方言，其中粤语不仅在广东是强势方言，在全球的华语体系中也是使用人口最多的方言之一，有统计说全球有将近一亿人在使用粤语。粤语不仅有显著的人口优势，也有悠久历史文化的依托。因此，广东人，尤其是广府人，对粤语有深厚感情是很自然的，也是值得肯定和珍惜的。

"普粤之争"是由广州市政协在网上发布的一份调查问卷引起，使民众产生政府要"推普废粤"的猜想，从而引发热议与风波，最终在政府的辟谣与干预下告终。整个过程称得上是以一个"伪命题"发端，由于各界的广泛关注甚至参与，最终酿成一个"真事件"。我对 2010 年广州地方政府在处理"普粤之争"时的表现持肯定态度，他们在第一时间准确及时地表明了政府的观点、态度，避免了事态恶化。

这一事件涉及的因素比较复杂，包括普通话与方言的关系、文化与方言的关系、城市与方言的关系、媒体与方言的关系、学校教育与方言的关系、城市新移民与方言的关系、城市新生代与方言的关系、毗邻地区与方言的关系、海外侨民与方言的关系。这些关系都是方言区构建语言生活应该注意的问题，尤其要妥善处理普通话与方言的关系。在广东地区，应保持汉民族共同语与粤方言和谐共生的语言生态。一旦打破这个语言生态，则可能形成两边不讨好的局面。一方面，过于强调普通话可能会让本地人感到方言传承受到威胁；另一方面，过于强调地区方言又难以满足庞大外来人口的交际需要。

实际上，近些年广州地区的普通话与粤语的使用，无论是在政府层面还是在族群层面，基本上是处在和谐共生的状况下，各安其位。但在目前城市化、工业化、现代化的大背景下，对语言统一的要求、后现代主义以及城市新生代的文化原教旨主义之间的冲突是我们需要面对的。一方面，建设现代化国家要求有统一的语言；另一方面，发展多元文化要求我们保护和弘扬地域文化。在现代城市中，尤其是像广州这样外来人口与本地人口接近 1∶1 的情况下，如何处理好普通话和方言的语码选择问题，值得政府、媒体、教育界以及每一位市民深思。广州只是中国方言区若干城市中的一个，类似的语言矛盾会不会在其他地区出现，现在也很难说。我们应当对"普粤之争"的案例加以思考与总结，以便为今后其他地区处理语言问题、化解语言矛盾提供一个良好的处理模式。

崔：在 2010 年举行的广州亚运会上，开幕式歌曲是在岭南很流行、用粤语演唱的童谣《落雨大》。有学者质疑说，在国际赛事上，广州首先代表的是国家形象，其次才是区域形象，因而选择用国家通用语演唱的歌曲更合适。请问您如何看待这个问题？在方言区举办的国际公共事务的语言服务需要注意哪些问题？

屈：我现场观看了亚运会开幕式的预演，也观察过开幕式上曲目的选择。粤语歌曲《落雨大》代表了岭南文化，从整体的文化价值取向来看，在亚运会上点缀、突出区域文化无可厚非，毕竟粤语也是汉语，岭南文化也是博大的中华文化的一部分。况且整个亚运会期间，不管是针对赛事的语言服务还是城市平时的语言服务，整体上仍然主要使用普通话，从实际效果来看也是比较成功的。

除了开幕式的《落雨大》之外，闭幕式的开场歌曲也是广东人耳熟能详的童谣《月光光》，由粤语和普通话交替演唱，表现出一种灵活自由的语言选择与和谐生动的语言生态。从文化表现的角度来看，这种演绎歌曲的方式是颇费匠心的。

整个亚运会期间的语言服务主要是普通话和英语服务，当然还有小语种服务。广州亚运会多语言服务中心提供英语、俄语、阿拉伯语、日语、朝（韩）语、泰语、柬埔寨语、印尼语、越南语九个语种与汉语之间的电话口译服务。[①] 语言服务人员的选择较为严格，有些服务人员既能说外语，又能说普通话，同时还会说粤语。由于广州地理位置特殊，毗邻港澳，面向东南亚，粤语又在全球使用人口众多，因而要求粤语在语言服务中占有一席之地，这是一种正常的、不可回避的语言服务需求。

广州亚运会在语言服务方面提供了一个比较令人满意的赛事语言环境与城市语言环境，得到了运动会期间到广州来观赛、旅行和进行其他商务或文化交流活动的各方的好评。当然，其他地区或城市举办大型国际赛事活动不能机械照搬广州亚运会的语言服务模式，应当因城而论、因事而论。语言服务存在的前提是要针对服务面向的人群，以及来自这个人群的需求。

四、语言服务与语言生活研究

崔：语言服务的开展离不开国家层面的规划与支持，您认为政府在语言服务工作中可以发挥怎样的作用？

---

① 杨明：《打个电话就有免费人工翻译：广州亚运会提供九种外语 24 小时翻译服务》，《广州日报》，2010 年 5 月 27 日第 A4 版。

屈：政府在语言服务工作中的作用可以分为四个层面。第一是国家层面的语言服务，主要解决语言与国家统一、国家安全、国家发展的关系问题，涉及语言文字的规范标准、信息化建设、语言工程的实施，以及各种语言服务业态中的基业建设。第二是族际层面的语言服务，主要解决汉语与少数民族语言使用之间的关系问题，包括共同语的选择及双语教育的服务问题。第三是方言社区层面的语言服务，主要解决国家通用语言的推广使用和汉语方言选择使用的关系问题。第四是个体层面的语言服务，是针对某些特殊个体或特殊人群的语言服务，比如法律诉讼中针对具体当事人的法庭语言翻译服务、针对可能给当事人带来危害性后果的环境或者事物的语言提醒服务、针对聋人或盲人的语言支持服务等。这四个层面的语言服务都需要政府提出对策、采取措施，从而为国家语言生活的提升与发展提供良好的保障。

崔：2005 年以来，国家语委每年都推出《中国语言生活状况报告》。您多次参与了报告的研制与撰写工作。您能结合《中国语言生活状况报告》谈谈当前语言服务在中国语言生活中的地位和发展态势吗？

屈：《中国语言生活状况报告》及其相关研究的价值至少体现在以下三点：第一，以《中国语言生活状况报告》的形式客观呈现中国语言生活的面貌具有创造性，这种做法在全球的语言生活报告格局中独树一帜，实现了政府、学界与社会的良性互动，我希望这一态势能够长久维持并发扬光大。第二，围绕《中国语言生活状况报告》的研制工作，形成了一支颇具研究潜力与凝聚力的研究团队，学界不少人认为正在初步形成一个"中国语言生活派"。只要我们坚持下去，这种态势是会变成现实的。中国已经成为全球第二大经济实体，中国的学术界也应该随着国家发展的良好态势树立学派自信，在全球学术格局中亮出自己的旗帜。第三，语言服务作为语言生活研究的一个重要分支，并不是"舶来品"，而是依托中国本土的语言生活而不断丰富与发展。在《中国语言生活状况报告》这个大的平台上，学界对语言生活的观察与研究能够不断推动国家语言生活的建设、改善国民语言生活质量，这就是一种语言服务，为国家发展作出我们积极的贡献。

从 2005 年以来，围绕语言服务这一主题，我为《中国语言生活状况报告》撰写了几篇报告，也对报告中语言服务的相关内容进行了一些梳理①，试图探寻语言服务在中国语言生活中的线索与脉络。以《中国语言生活状况报告（上编）》所附术语索引为例，2005 年关于"语言服务"的索引记录是 3 条，2006 年是 9 条，2007 年是 29 条，2008 年也有 10 条，这还不包括"语言服务产品""语言服务能力""语言服务市场""语言服务产业"等衍生概念。从整体态势来看，进入 21 世纪以来，"语言服务"在中国语言生活中成为一个越来越清晰的概念，概念引用逐渐趋多。这反映出"语言服务"的受关注度越来越高，在语言生活中的地位快速提升，政府语言文字工作在语言服务建设上投入的比重越来越大。从下一步发展来看，语言服务研究形成应用语言学的一个新的分支学科也不是没有可能。

崔：为了跟中国语言生活的调查与研究相配合，进一步引起社会各界对语言生活的关注和讨论，中国语言资源开发应用中心与商务印书馆于 2010 年 5 月推出了《中国语言生活》电子杂志。这是我国第一份以中国语言生活为主题的普及型小型双月刊，由于根元教授担任主编。请您谈谈对这一杂志的观感与评价。

屈：《中国语言生活》杂志生动活泼，赏心悦目，可读性很强，我也推荐给研究生们看。首先，从内容上说，《中国语言生活》杂志一直关注语言生活的重要领域，跟进热点问题，呈现的内容与语言生活面貌的匹配性很高。其次，从形式上说，电子杂志符合新媒体时代人类阅读和获取信息的发展趋势，甚至在某种意义上说，电子杂志的开发与发展应当是未来学术刊物的发展方向。据我所知，国际上很多学术杂志，尤其是一些自然科学类杂志，都不是以纸媒作为主要的传阅方式，而是以电子杂志作为媒介方式。《中国语言生活》在这方面极具开创性，既得风气之先，又得资源之先，相信一定能够在今后的办刊道路上得到学术回报与社会回报。这归功于我们的老前辈于根元先生，他对语言生活的学术敏锐性值得我们学习和模仿。我们也愿意在《中国语言生活》杂志的平台上收获更多营养，得到更多启示。从这个意义上说，《中国语言生活》为中国语言生活提供了很好的语言服务。

参考文献

[1] 李宇明：《规范语言文字，推进信息化进程》，《中国教育报》，2001 年 5 月 7 日第 1 版。

---

① 屈哨兵：《关于〈中国语言生活状况报告〉中语言服务问题的观察与思考》，《云南师范大学学报》（哲学社会科学版）2010 年第 5 期。

［2］李宇明：《总结经验　开拓创新　努力促进"十一五"语言文字应用研究：在"国家语委'十一五'科研工作会议"上的报告》，《语言文字应用》2007年第1期。

［3］陆俭明：《当前的汉语教学更需冷静思考与科研引航》，《云南师范大学学报》（对外汉语教学与研究版）2010年第2期。

［4］屈哨兵：《关于〈中国语言生活状况报告〉中语言服务问题的观察与思考》，《云南师范大学学报》（哲学社会科学版）2010年第5期。

［5］屈哨兵：《语言服务角度下汉语国际推广的几点思考》，《广州大学学报》（社会科学版）2010年第7期。

［6］杨明：《打个电话就有免费人工翻译：广州亚运会提供九种外语24小时翻译服务》，《广州日报》，2010年5月27日第A4版。

［7］于根元主编：《应用语言学概论》，北京：商务印书馆，2003年。

我国语言生活中语言知情权的
表现形态及相关问题略论[*]

一、关于知情权与语言知情权

（一）关于语言权利

语言权利的另一种说法就是语言人权，国际社会对语言权利的关注主要是伴随着对少数民族语言人权的关注而存在的，这是我们讨论语言权利的主要视角。最早涉及语言权利的国际文献是奥地利 1867 年宪法，其第 19 条指出："本国所有少数民族均享有与其他民族同等的权利，尤其享有保持和发展本民族和本民族语言的绝对权利。"（中国社会科学院民族研究所等，2001）此后关于语言权利的讨论在国际社会中逐渐得到更多的关注，其间虽有波动，但整体情况是包含语言权利在内的少数民族权利在国家层面、双边层面、地区或多边层面、国际层面得到了不同程度的重视（中国社会科学院民族研究所等，2001）。我国对上述语言权利的关注从立法保障的角度具有很好的基础，《中华人民共和国宪法》规定："各民族都有使用和发展自己语言文字的自由。"应该说，我国较好地实现了语言人权的维护与保障。我们认为，除了少数民族语言人权这个角度，还可以从更开阔的视野对语言权利进行观察与研究，比如从我国目前国民语言生活这个层面上看，关于语言权利的表现与实现还有一些问题值得我们加以关注与探讨。语言知情权就是其中的一个方面。

（二）关于知情权

知情权是指当事人在法律允许的范围内知道真实情况的权利（李行健，2004）。知道事件内情作为"知道"的一种方式当然早已存在，但将其作为当事人的一种基本权利提出来，则应该是社会法治建设发展到一定阶段才出现的。1766 年，瑞典在其颁布的《出版自由法》中规定市民为出版可以自由地阅览公文书，这应该是从法律意义上较早对公民知情权加以规定和保障的一个例证。据宋小卫介绍，"知情权"一词作为特指一种权

＊ 本文曾在第六届全国语言文字应用学术研讨会（连云港，2009 年 8 月 24 日）上宣读。

利主张的法学概念，是由美国的一位叫肯特·库珀（Kent Copper）的编辑在 1945 年 1 月的一次讲演中首先提出来的，他建议将知情权推升为一项宪法权利。二十世纪五六十年代，西方国家还兴起过一场"知情权运动"，此后，"知情权"一词被广泛地援用并很快成为一个具有国际影响力的权利概念（宋小卫，1994）。2008 年 2 月 27—29 日，来自全球 40 个国家和地区的信息公开团体的 125 位成员，代表政府、公民社会组织、国际机构和金融机构、捐赠机构和基金会、私营公司、媒体和学者，聚于美国，在佐治亚州亚特兰大市卡特中心的主持下发布了《关于推进知情权的亚特兰大宣言与行动计划》，简称"亚特兰大宣言"，其中特别指出"知情权应为所有文化与政府体制所共有，知情权应为所有文化与政府体制所共有""知情权是人类尊严、平等和公正的和平之基础"，可见知情权在当代社会仍是一项需要从国家政府乃至国际社会层面加以维护与推进的人的基本权利。

（三）关于语言知情权

毋庸讳言，知情权作为人的一种基本权利，要得到更加全面的维护与保障，还有许多工作要做，语言知情权就是知情权保障中非常重要的一个组成部分，值得我们加以关注。国内较早从语言文字角度提出知情权问题的是李宇明，2007 年他谈到年度新词语问题时特别指出："向社会发布包括新词语在内的语言生活状况，是政府与社会共享信息、满足人民语言知情权的一种尝试。"（李宇明，2007）《中国语言生活状况报告（2006）》（"中国语言生活状况报告"课题组，2007）中"产品说明书语言文字使用状况"及"医疗文书及药品包装用语用字状况"两个专题中就相关语言文字知情权的状况多有说明并提出了一些建议，主张制定进口商品说明书语言文字准入制度，中文文种优先，明确树立使用产品行销地的语言进行说明的原则，保护消费者的知情权（屈哨兵，2007）。

实际上，上述产品说明书、医疗文书及药品包装用语用字等所涉语言知情权只占我国语言生活各个专题领域的小部分，很多领域如法律语言、新闻语言、政府公文与公告、广告语言及其他各种商业文书等，都与语言知情权的维护与保障有着密切的关系。

二、语言知情权表现的三个层面

如果稍作观察，我们可以看出语言知情权所涉情形很难以某个统一的标准进行一律的划分，就其表现形态而言，大体上可以分成三个层面：语符与文种选择，语符与文种表现，规范词、常用词与新词新语的审定、整理与发布。

（一）语符与文种选择

这是第一个层面。语符与文种选择是多语多文以及多方言背景下特定的当事人语言权利的一种要求。前述《中国语言生活状况报告》所涉相关产品说明书的表现就涉及对这个权利的违背，其主要表现就是在中国销售的产品没有中文说明书（"中国语言生活状况报告"课题组，2007）。在经济全球化背景下，商贸语言语符与文种选择日益成为国民在语言生活中需要面对的问题，比如品牌名称与商业牌匾的表现问题，我们曾就此进行了一些跟踪研究，值得进一步加以关注（屈哨兵、刘惠琼，2009）。除了商贸活动中针对特定当事人群要注意语符与文种选择之外，公共事务实施、司法过程中也需要注意语符与文种选择。我国是一个多民族的国家，同时也是一个多方言的国家。我国的民族政策不管从历史还是从现实的角度都取得了巨大的成就，民族团结，社会和谐，但同时我们也要注意一些细节，在语言文字政策的执行上要更加主动地从语言知情权的角度考虑一些少数民族聚居区的语符与文种选择问题，为各个地区的人民提供更加优良的公共服务。另外还有司法过程中涉及的语言与方言选择问题，这方面最为明显的就是法庭翻译问题，就我们看到的部分资料来看，至少在法律语言研究领域已经有专家注意到这方面的问题。例如吴伟平（2002）、杜金榜（2004）都有对法庭翻译、法律翻译、法律平等的语言体现等方面的研讨，但从其涉及的语料情况来看，较多的是国外（少量涉及中国香港）的一些律例分析，关于我国本土法律语言生活中语符与文种选择方面的观察比较少。但是我们有理由相信，随着各民族之间的交往及各个领域的国际交往的日益频繁，法律翻译尤其是法庭翻译或者司法人员的语符与文种选择肯定会成为我们必须关注的一个问题。笔者所在城市的公安机关在涉外活动中的人手不够，只能以聘请大学生志愿者的方式来救急。至于方言在相关语言生活中的选择（包括司法过程）也是一个必须加以统筹考虑的问题。实际上，我国幅员辽阔，仅就汉语方言而言，有时就不可避免地要在司法过程中得到承认。可以设想，如果律师（或其他司法人员）全部都选择普通话，可能会在一定程度上造成对当事人语言权利的不尊重，反之亦然。这个问题需要引起我们的重视，尤其是在多民族多方言地区，实际上，来自司法一线的报告也能旁证这一点。例如云南蒙自县境内有汉、彝、苗、壮、回等19个民族，相当长时间内，该县人民法院一直没有要求法官使用普通话进行庭审，但随着外来人口的急剧增加，出现了对个案使用普通话进行公开审判的要求。从整体情况看，由于缺乏语言环境，普通话审判也会影响庭审效果。① 如何处理好彼此之间的关系，维护当事人的知情权，实际上也是一个不容回避的问题。诉讼语言选择权的冲突与保障问题已经引起相关业界人士的关注（王洁等，2006）。行政过程中有时也会出现类似的情况，有关报道称一个来自辽宁的女大学生被招录到重庆万州区龙沙镇龙安村当村干部，在掌握了一口当地方言之后，她的行政行为才逐渐为当地百姓所接纳。② 这样的情况并非个案。当然，学习方言土语对当事人而言是一种自发行为，是因为另一方作为当事群体的"不合作"而作出的一种能够保证知情沟通的选择。目前大学生村干部作为国家引导大学生就业发展的一个方向，一种基于即将面对的语言知情权方面的规划与教育储备似乎是我们应该加以考虑的事情，使大学生村干部成为更有质量的双语双方言能力拥有者也是我们应该努力的方向。当然，其他面向基层尤其是农村基层的各个行业领域的岗位也面临着同样的一些问题，需要我们审慎对待。

（二）语符与文种表现

这是第二个层面。语符与文种表现指的是一些情况下，作为语符与文种选择的主体已经进行了基于不同语言的语符与文种的选择，但是出于某种考虑，不同语言文种在同一媒质上呈现出显著差异，以致影响到对当事人知情权的维护与保障。不管是基于利益意义还是基于美学意义的考虑，作出语符与文种选择的主题使不同语符与文种在表现形式上有所区别是理所当然的事情，但是这在充分考虑知情权的基础上才能进行。这里面不管是字位、字号还是字体，以至语符与文种的色彩及其相关图表等，都应该加以充分的关注。我们当下缺少对这方面加以规范引导的实施细则，虽然《中华人民共和国国家通用语言文字法》规定"因公共服务需要，招牌、广告、告示、标志牌等使用外国文字并同时使用中文的，应当使用规范汉字"，但在具体使用细则上仍然有加以细化的需要。我国有些地方性法规出台了一些实施细则，例如"公共服务行业的名称牌、标志牌、指示牌、公文、印章、执照、票据、报表、说明书、电子屏幕、商品名称、宣传材料等应当使用规范汉字。确需使用外国文字的，应当在显著位置用规范汉字注释""不得单独使用外国语言文字，如因特殊需要使用外国语言文字

① 李翁坚：《浅谈普通话庭审》，云南法院网司法论坛，http：//www. gy. yn. gov. cn/article/sflt/fglt/200906/14766. html，2009 年 6 月。
② 《女大学生村官狂背土语　输了爱情赢得乡亲》，中国新闻网，http：//www. chinanews. com. cn/edu－qzcy/news/2009/06－19/1741319. shtml，2009 年 6 月 19 日。

的，应当采用以国家通用语言文字为主、外国语言文字为辅的形式"等。①
但整体情况仍然不容乐观。这种情况在《中国语言生活状况报告（2006）》
中也曾被提及。目前国民语言生活中这方面的情况可以有所进步，但如果
从语言知情权的角度来说，恐怕难以令人满意。以香烟包装为例，虽然近
年来国内一些知名品牌的卷烟外壳上的健康警语已经从包装侧面移到了正
面，"吸烟有害健康，戒烟可减少对健康的危害"的字样以及相对应的英
文占据烟盒正面下方 1/3 的面积，但仍然有调查指出，绝大多数烟民没有
发现包装发生的变化。80% 以上的受访者认为新的健康警告标签对劝诫青
少年不吸烟缺乏有效性。② 另外还有一种现象值得特别注意，现在大量农
民工进城进厂务工，由于他们的文化水平普遍偏低，他们所从事的工作很
多与脏累危险有关，因此就职业病风险对其进行语言知情权方面的保护尤
其重要。2001 年我国就颁布了《中华人民共和国职业病防治法》，其中明
确规定"产生职业病危害的用人单位，应当在醒目位置设置公告栏，公布
有关职业病防治的规章制度、操作规程、职业病危害事故应急救援措施和
工作场所职业病危害因素检测结果。对产生严重职业病危害的作业岗位，
应当在其醒目位置，设置警示标识和中文警示说明。警示说明应当载明产
生职业病危害的种类、后果、预防以及应急救治措施等内容"。此举无疑
使得很多人因为知情而得到保障，但也有相当一部分人可能因为忽略（或
者被忽略）而受到损害。2009 年，为了证明自己患有尘肺职业病的农民工
张海超引发的"开胸验肺"的风波，可以从一个角度反映出法律的执行离
我们理想的目标还有很大的差距，有评论称："根据法律规定，申请职业
病鉴定者，必须出具由用人单位提供的职业史、工作场所、健康档案等。
但是，让一个污染企业出于良心，自证其罪，为打工者提供有关材料，无
异于痴人说梦。"③ 我们无法知道张海超们是否真正得到了他们应该得到的
相关"醒目"的告知，但实际情况告诉我们他们确实是遭遇了极大的不公
平对待。他们是弱者，用张海超自己的话来说："农民工决定维权的成本
太高了，作为企业来说，他们那个违法成本太低了。"④

（三）规范词、常用词与新词新语的审定、整理与发布

这是第三个层面。从本质意义上讲，语言作为一种"公器"，其所使

---

① 《湖北省实施〈中华人民共和国国家通用语言文字法〉办法》，湖北语言文字网，http://hbyw. e21. cn/content. php？id = 342，2006 年 4 月 19 日。

② 张文凌：《中国烟盒包装侵害消费者知情权》，《中国青年报》，2009 年 3 月 16 日第 7 版。

③ 白剑峰：《"开胸验肺"暴露了什么》，人民网，http：//news. xinhuanet. com/politics/2009 - 07/27/content_11777832. htm，2009 年 7 月 27 日。

④ 中央电视台《新闻会客厅》张海超答记者李小萌语，2009 年 7 月 29 日。

用的各种交际元素在一定的符号系统中，交际各方的理解是一致的，但我们也同样清楚，由于语言符号系统本身始终处于发展变化之中，人们对某些具体语例、具体语符的理解可能会存在不一致之处。从语言信息知情权这个角度看，对于相关领域中规范词、常用词与新词新语的审定、整理与发布就显得特别重要。我们这里对其重要性的关注除了词形方面外，还有定义与用法方面。平心而论，这方面我们已经做了很多工作。例如规范词方面，以全国科学技术名词审定委员会（简称"名词委"）所做的工作为例，名词委所属 61 个分委员会目前公布了 66 个相关学科的规范名词，还有 5 种海峡两岸科技名词对照本和 8 个学科的繁体字本①，在科技名词的规范化、传承中华文化、维护民族团结和国家统一、保障国民的语言知情权等方面已经发挥了不可替代的作用。我们相信，随着各类学科的发展，不断会有新的科技名词项目需要进行审定规范，这是维护语言知情权的需要。在常用词的整理方面，我们也做了很多工作，如《现代汉语常用词表（草案）》，由于语言生活本身的发展变化与丰富多彩，似乎光有词表或者光有《现代汉语词典》还不能解决问题，有的问题的研判如果从语言知情权的角度来看会显得特别重要。例如 2009 年南方一高校在招生过程中就发生过这样一件事，对教育部文件中"患有（恶性肿瘤）"一词是否包含"曾患（曾经患有）"的意思，学校与考生有不同的理解，并由此引起了招录纠纷和社会关注。② 某些语词格式的使用也会带来类似的困惑，其中屡受关注的商家促销广告"买一送一"的说法就是这样，其中当然不少是诚实有信的承诺，但确实也有相当一部分商家利用语词格式的简省特征，在"一"的具体所指上玩"猫腻"，有时甚至是"买手机送手机"这样的表述都有可能对当事人的知情权造成损害，2009 年五一前夕《成都商报》就有过这方面的个案报道。③ 对诸如此类的情况应该如何处理，在处理原则上比较好表述，相关的法律规定都可以加以限定，例如《零售商促销行为管理办法》中为了保护消费者的知情权，就规定零售商不得使用含糊、易引起误解的语言文字。但规定是一回事，具体语例的发布研判又是一回事。从某种意义上讲，日常语言生活中关涉知情权的情况较之各个具体学科的名词审定规范更为复杂。不管是具体个案的收集与研判处理，还是常用词整体的整理与认定，都是一项旷日持久的工作，需要的是与时俱进的努力。对新词新语的整理与发布，近几年来逐渐成为我国国民语言生活比

---

① 全国科技名词委简介，百度百科，http：//baike. baidu. com/view/1490464. htm#1#1。

② 刘黎霞：《考生曾患骨肉瘤 5 年未复发　二次补录均被拒绝》，《南方都市报》，2009 年 7 月 17 日。

③ 《投诉事件不断　听到"买一送一"要小心》，《成都商报》，2009 年 4 月 29 日第 45 版。

较受关注的事情，通过适当方式和平台整理与发布新词新语是尊重国民语言知情权的一种表现。关于这方面，李宇明（2007）已经有过相关的论述，此不赘论。但有一种现象可能也与语言知情权有关，就是在某些场合出现的（尤其是在某些广告营销活动中）"疑似新词"的情况，也就是通常所谓"玩概念"，如何甄别处理需要我们的智慧。我们随机在谷歌上键入"玩概念"这个词（搜索时间：2009 年 7 月 30 日），首页出现与"玩概念"有关的主题有"开发商玩概念忽悠人赔了 3 万多""部分药妆只是商家玩概念　实际不具备药用功能""'精装修'变'装精修'　　开发商玩概念游戏""低调消费这只是玩概念""泰国火锅又玩概念"等。其中，开发商"玩概念"指的是"销售概念"，房屋买卖契约中提出的负一层"家庭室"为"半地下室"，在实际收楼的时候却变成了"全地下室"，忽悠了消费者。① 所谓"药妆"虽是欧美市场已有概念，但国内相关商品却并不与之对应，市面上的部分"药妆"实际上并不具备药用功能，其生产和销售也未经相关部门检测和批准，只是商家的宣传噱头。② 关于"玩概念"的报道基本都是负面的，是对当事人语言知情权的一种损害。当然也有个案所涉"玩概念"是一些正面报道，如"泰式概念火锅"。语言表述需要出新，这是语言发展的必然要求，但如何在语言健康发展与语言知情权之间形成一种趋于和谐的关系，却是一件需要我们认真对待的事情。

三、几个相关问题

（一）语言服务的支持

语言知情权的保障与落实需要从语言服务的角度得到充分的支持，国家语言发展战略的设计及语言生活的规划引导应该通过语言服务的方式，使得国民语言知情权的获得更加容易、更加普遍，努力减少语言知情权维护的社会成本与经济成本。目前这方面的问题有三种表现：一是滥用，二是乱用，三是缺用。不管是哪一种，一旦这种情况出现，进而影响到语言知情权的获得，我们就要动用更多的社会资源与经济资源对其进行修复补充，这是需要成本的。如果我们在各个方面的语言服务越能做好支持，语言知情权的获得也就越有保障。目前语言服务的基本状况是，进行语言服

---

① 陆研双江：《开发商玩概念忽悠人赔了 3 万多》，新华报业网，http：//www. xhby. net，2009 年 7 月 13 日。

② 高家龙、陶磊、朱文成：《部分药妆只是商家玩概念　实际不具备药用功能》，《楚天都市报》，2009 年 7 月 22 日。

务的法律基础基本具备，但在司法执行层面的缺位比较常见；语言应用研究专业领域关注比较多，但社会普罗大众对语言知情权的常态关注比较少；我们的语言资源非常丰富，语言资源的整理规划也初具规模，但利用语言资源进行语言知情权服务的领域与成效还有待进一步扩展；科技界的语言知情权保障基础比较好，但社会日常语言生活的语言知情权保障基础比较薄弱，如何处理两者之间的关系应该引起我们的重视，不能因为某些语词的专门化而影响到当事人的语言知情权。前述关于香烟包装的个案，很多香烟标明低焦油、低尼古丁或低一氧化碳就有利用消费者的知识缺陷进行误导之嫌，使他们以为这就是低危险度香烟甚至是安全香烟，殊不知卷烟成分复杂，除了尼古丁、焦油、一氧化碳外，还有亚硝胺、钋等 4 000 多种化学物质，其中包括 400 多种有毒物质。国内曾有人从语言接受权方面对此类问题进行过比较深入的思考（蒋可心、杨华，2005）。

（二）权利与义务

我们还需要从权利与义务两个不同的角度观察语言知情权。语言知情权是一种权利，每一个自然人都应该拥有，它是社会公正的必然要求，但社会公正有一个重要原则，那就是权利与义务平等分配。从这个角度看，任何单位与个人在享有语言知情权保障的同时，也负有一种语言达情的建设义务。语言达情就是要讲求语言表达准确。语言达情义务至少可以从三个角度来进行观察：一是那些可能有语言知情权要求的各种社会组织，它们必须在相关法律法规的制约下履行语言达情的义务；二是各种语言知情权的当事者，他们在享有这种语言权利的时候，也应该负有自觉参与语言达情建设的义务，为语言的和谐健康发展作出自己的努力；三是国家语言规划及国民语言教育要重视对语言达情义务的引导。翻译讲究信、达、雅，"信"字当头；全国普通高考语文考试大纲规定"语言表达准确、鲜明、生动"，"准确"排在第一；国家职业汉语能力测试标准中，"准确"也占有绝对重要的地位。国家语委有关部门正在组织力量研究、制定汉语能力国家标准，这必将为国民语言生活与语言建设质量的提高发挥十分重要的作用。[①] 从目前国民语言生活的质量来看，我们在语言达情义务方面的情况也不容乐观，尤其是随着网络语言空间的开放，人们的语言达情义务约束受到极大的挑战。语言需要创新，但不需要谎言与粗制滥造。

（三）保密权与隐私权的切割

与语言知情权相对的是保密权与隐私权，彼此之间的界限应该如何切

---

① 焦新：《汉语能力测试与评价研讨会召开》，《中国教育报》，2009 年 5 月 23 日第 1 版。

割也是国民语言生活中必然会遇到的问题，2008 年"亚特兰大宣言"也在其相关原则的表述上注意到这一点，特地说明"信息公开应成为准则，保密应被视为例外"。隐私权是指涉及个人秘密并与公众利益无关的公民不愿公开的私人资料、私人生活不受他人侵犯及受到侵害时可求助于法律得以保护的权利，有时候它也可能会与语言知情权发生冲突，尤其是当某些人成为公众人物时，其行为涉及社会公共利益，就需要在语言知情权的维护上作出选择。比如有关杭州飙车案的当事人胡某是否被顶包的质疑，涉及的另一个当事人（疑似）张某是否为替身，其姓名属于隐私权的范围，但此时隐私权就要给知情权让步，大众有权知道张某所指是谁。当然事后有关方面在"是谁"和"是否有一个替身"上作出了澄清，可以看成一次与语言知情权有关的回应。

苏金智（2003）介绍过国际法律与语言法学界公认的语言权的九项基本内容，并为中国的语言权拟定了六个方面的研究内容，除了本体论与语言权立法之外，还涉及少数民族语言、通用语言、方言、特殊人群（盲聋哑）语言，这些都非常重要。丁延龄（2009）也曾进行过相关的综述回顾，李宇明（2003）、曹志耘（2006）等也就上述相关问题进行过非常深入的探究，但从国民语言生活中涉及的语言权利问题这个角度看，语言知情权问题还有一些工作需要梳理、细化和深究，我们应该将其摆在相对突出的位置并给予重视。

参考文献

［1］曹志耘：《汉语方言：一体化还是多样性?》，《语言教学与研究》2006 年第 1 期。

［2］丁延龄：《新世纪中国语言权研究：现状分析与前景展望》，《政法论丛》2010 年第 1 期。

［3］杜金榜：《法律语言学》，上海：上海外语教育出版社，2004 年。

［4］蒋可心、杨华：《关于语言接受权问题》，《社会科学战线》2005 年第 4 期。

［5］李行健主编：《现代汉语规范词典》，北京：外语教学与研究出版社、语文出版社，2004 年。

［6］李宇明：《论母语》，《世界汉语教学》2003 年第 1 期。

［7］李宇明：《发布年度新词语的思考》，《光明日报》，2007 年 8 月 24 日第 10 版。

［8］屈哨兵：《语言服务现状的个案分析及相关建议与思考：以产品说明书语言服务状况为例》，《绍兴文理学院学报》（哲学社会科学版）2007 年第 3 期。

［9］屈哨兵、刘惠琼：《广告语言跟踪研究》，广州：暨南大学出版社，2009 年。

［10］宋小卫：《略论我国公民的知情权》，《法律科学》1994 年第 5 期。

［11］苏金智：《论语言权》，周庆生、王洁、苏金智主编：《语言与法律研究的新视野》，北京：法律出版社，2003 年。

［12］王洁、苏金智、约瑟夫 – G. 图里编：《法律·语言·语言的多样性：第九届国际法律与语言学术研讨会论文集》，北京：法律出版社，2006 年。

［13］吴伟平：《语言与法律：司法领域的语言学研究》，上海：上海外语教育出版社，2002 年。

［14］《现代汉语常用词表》课题组：《现代汉语常用词表（草案）》，北京：商务印书馆，2008 年。

［15］中国社会科学院民族研究所等编：《国外语言政策与语言规划进程》，北京：语文出版社，2001 年。

［16］"中国语言生活状况报告"课题组编：《中国语言生活状况报告（2006）》，北京：商务印书馆，2007 年。

国家多元文化背景下语言服务的三点思考

一、思考的起点

国家多元文化背景下的语言服务问题其实也不算是一个新问题，很多事实在历史或现实中都普遍存在，这里先从我国汉民族和汉语的情况说起。我国作为一个多民族的国家，汉民族本身也处在一个不断融合发展的过程中，在历史长河中和多元文化背景下，语言问题经常以这样或那样的方式存在着。这里的多元文化既包括族际文化也包括民族内部的多元文化，语言问题也有着内外交织的一面。如果从语言服务的角度来观察，大致可以分成下面几种不同的类型：

（一）政府主导型

多元文化在同一个时空中发生交集，势必会产生这样或那样的语言问题，如果统治者（政府）在这个时候能够及时主动地拿出相关的语言政策，进行语言规划，便可以形成由政府主导的语言服务格局。从客观效果上看，规划的目的是进行语言规范，所谓规范就是一种服务，这个观点国内学者较早就提出来了。[①] 我国历史上几次大的语言政策建设都可以从这个角度进行观察。

例证一：秦王朝的"书同文"政策。当然这也是在前期相当长的历史时期内语文实践的一个结果，因为在秦国一统天下之前，春秋时期就有"今天下，书同文、车同轨、行同伦"（《礼记·中庸》）的追求。

例证二：南北朝时期的同化政策。北朝孝文帝推行汉服、汉语，宣布以汉语为"正音"，称鲜卑语为"北语"，要求朝臣"断诸北语，一从正音"（《魏书·咸阳王禧传》）。当然，所谓"正音"是指当时的中原之音，这里所谓服务实际上有些霸道，实际上是要求一种语言遵从。

例证三：当代中国的语言政策。国家推行规范汉字和推广普通话，最新的措施就是《通用规范汉字表》的公布（2013 年 6 月 5 日）。国务院指出："制定和实施《通用规范汉字表》，对提升国家通用语言文字的规范

---

① 于根元主编：《应用语言学概论》，北京：商务印书馆，2003 年。

化、标准化、信息化水平，促进国家经济社会和文化教育事业发展具有重要意义。"并要求"《通用规范汉字表》公布后，社会一般应用领域的汉字使用应以《通用规范汉字表》为准，原有相关字表停止使用"。

（二）专家倡导型

很多时候，对语言问题的观察、思考并进行相关的学术建设并不是通过顶层设计来实现的，而是基于一种专家群体上的学术自觉，其成果能够为国民的语言生活提供相应的语言服务。

例证一：西汉扬雄的《輶轩使者绝代语释别国方言》。扬雄一辈子没有当多大的官，是一个辞赋家和语言学家，在天禄阁校书，写出了《方言》。刘歆评其为"属闻子云独采集先代绝言、异国殊语"（刘歆《遗扬雄书》），郭璞为《方言》作注，赞其为"考九服之逸语，标六代之绝语"。很显然，这项采集前代绝言和十方异国殊语并进行同义标注的工作就是一种语言服务。扬雄所谓方言与现在方言的含义有所不同，所谓异国殊语包含外族语言。

例证二：南宋刘渊的《平水韵》。中国诗词创作讲究用韵，如何用韵需要一个标准，隋朝陆法言的《切韵》分为206韵，过于细化，唐代规定相近的韵可以合用，所以唐朝《切韵》实际简化为193韵。山西平水人刘渊的《壬子新刊礼部韵略》将同用的韵合并，成107韵，同期平水人王文郁的《平水新刊韵略》并为106韵，清代康熙年间编的《佩文韵府》也把《平水韵》并为106韵。这可以看成一种比较典型的由专家推动的语言服务。

我国汉语学术史上的"小学"成果如汗牛充栋，为解释古代典籍服务，从整体看，都可以归入专家倡导型这一类之中。当然，专家的背后有时也少不了统治者（国家与政府）的认可与支持。

1904年，王照在保定创办"拼音官话书报社"，大体上也可以划归到这个范围之内。

（三）民间推动型

有些语言服务项目的出现及发展，不是来自国家行政层面或者专家群体，而是源于民间甚至草根阶层对语言生活的需要，也可以表现为一种语言服务的力量。

例证一："双喜"和"招财进宝"的字符合体。我们的字符体系中并没有将两个"喜"字缀在一起的一个字并用某一个音节来称呼它，但在我们的语言生活中却大量存在着将两个"喜"字连在一起的情况，通常写成

"囍"，称之为"双喜"，从而为我们的语言生活服务。"招财进宝"也一样，将几个字符拼接到同一个平面空间里，也没有给出专门的读音，但它确实在我们的语言生活中大量存在着。

文字的创制，包括语言本身都不是权威专家规划出来为大家服务的，就其源头而言，多在民间。

例证二：卢戆章的《一目了然初阶》。《一目了然初阶》是我国国语运动最早阶段——切音字阶段最重要的成果（1892 年）。卢氏后来几乎终身都在为国语统一而努力，可以算是一个专家型的人才，但在最初写出这部切音新字的著作时，他充其量是个教习英文的老师，"十八岁应试不售；二十一岁便往新加坡专习英文；廿五岁回厦门，帮着英国教士马约翰翻译《英华字典》"[①]。他受当时漳州、泉州一带传教人士的"话音字"的启发，专心增改，制成一套罗马字式的字母，被称为"中国第一快切音新字"，从而开启了我国语文现代化的大门。

如果从当下的情况来看，所谓多元文化背景下的语言服务，需要思考的大抵有以下三个问题：

二、国际化进程中的语言服务问题

国际化进程中语言服务所涉及的问题大致上可以从以下两个方面来看：

（一）国际活动参与需求与语言服务的关系

虽然从整体看，一个国家在发展过程中总是会和其他国家发生关联，如果国家彼此之间使用的不是同一种语言，为了信息交流的需要，就一定会有相应的语言翻译和语言教育，这就是语言服务的表现。但是这种状态大概不能算是进入国际化阶段，所谓国际化进程应该是在经济文化、教育体育、军事国防等国家生活各个重要板块以及国民生活的各个层面都通过这样或那样的方式与其他国家发生大面积的交流交集，这个时候，国家多元文化背景下的语言服务需求问题就出现了。举个例子，国家之间的军事活动，如联合军演，就需要进行语言服务方面的准备，有关媒体报道："日本自卫队在美联合军演，语言障碍为最大课题……尽管结果相似，过程却不同。自卫队对军事用语的掌握还很不足。"[②] 我国和有关国家的联合

---

① 黎锦熙：《国语运动史纲》，北京：商务印书馆，2011 年。

② 《日本自卫队在美联合军演　语言障碍为最大课题》，中国新闻网，http：//www.chinanews.com.cn/mil/2013/02－13/4562600.shtml，2013 年 2 月 13 日。

军演同样也存在着这方面的语言服务需求，例如上合组织框架内的联合军演，"训练阶段可以互换指挥员进行指挥，对对方的训练方式和理念进行了解、取长补短。部分指挥员还可以用对方语言下达命令、表述战役思想"①。在相当意义上，这种参与国际活动的语言服务需求是刚性的，如果不能提供，就会带来极大的不便，前些年有媒体报道，如果中印举行联合空军军演，语言障碍问题就是一个非常严重的问题。

至于现在的国际大型体育赛事、各种会展与文化交流，如我国近些年举办的奥运会、世博会、亚运会，以及各种国际组织在我国举办的各种国际会议，无不涉及语言服务的需求问题，有的方面我们已经进行了比较充分的应对，相关论著已经有所记录和评析。②

（二）国家语言能力与语言服务的关系

从理论上讲，世界上有多少种语言，就应该有多少种语言服务才对，但事实上，多元文化背景下各种语言的应用范围、人口使用数量规模是有大小之分的，从国家这个层面来讲，能够拥有多少种语言处理的能力，就是国家语言能力的一种重要体现。李宇明将国家语言能力定义成"国家处理海内外各种事务所需要的语言能力"③，有多强的语言处理能力，就有多强的语言服务能力。根据有关报道，美国有处理 500 多个语种的能力，可以为公民开设 200 种语言课程。法国的巴黎东方语言文化学院（INALCO）能教学 90 个左右的语种，基本能覆盖超过 100 个国家的语言和文化。俄罗斯能处理的语言超过 100 种。中国在这方面的语言能力相对来说还不够强，据介绍，我国了解的世界语言顶多有 100 种，能够较好使用的有 20 种左右，能够开设的外语课程连 50 种都不到。④

在国家语言能力这个方面，我们能够赢得世界关注与尊重的实力并不强大，不管是东方语言还是西方语言，我们的研究水平和处理范围都有很大的不足。事实上，我国的学人在这方面也有做得非常出色的，比如陈寅恪、季羡林这样的大家，也有很多当代学人在作出这方面的努力，只是从世界学术与应用这个视域来看，中国像陈寅恪那样能在世界语言文化舞台

---

① 闫欣雨：《上合强化禁毒防"毒恐勾结"》，《新京报》，2013 年 9 月 14 日第 4 版。

② "中国语言生活状况报告"课题组编：《中国语言生活状况报告》（上编），北京：商务印书馆，2007—2011 年。

③ 李宇明：《国家的语言能力问题》，《中国科学报》，2013 年 2 月 25 日第 7 版。

④ 李宇明：《国家的语言能力问题》，《中国科学报》，2013 年 2 月 25 日第 7 版。

上受到高度礼遇的人还太少。① 国家语言能力的形成与国家经济文化甚至军事实力有着密切的关系，两者之间的关系至少可以从两个角度来进行审视：

一是语言经济利益角度。语言能力的拥有与否常常和目标语言能否给当事者带来经济利益直接相关，世界上很多国家之所以都具有英语这种语言的处理能力，是因为掌握这种语言意味着能够较快地进入经济发达的国家及地区。虽然这种判断在某种意义上有相当的误导与偏颇，例如中国外语学习者中有99%都在学英语，实际上并不给学习者本身及这个国家带来直接的经济上的利益，有的英语国家或地区也并非经济发达，但从总体来看，世界上能处理英语、法语、西班牙语等大语种者众，还是和国家利益的求取有着直接关系的。

二是国家安全角度。国家安全既包括军事安全，也包括文化安全，这方面拥有的语言能力的强弱就不好直接以经济利益的多少来判定了。实际情况是，一个国家处理不同语种的能力越强，其对整个世界的参与和把握的能力也就越强，其国家自身的安全也就越有保障。这方面我们可以举出的例证有很多，这也是我们提倡加强国家语言能力建设的原因。全球一体化的程度越高，国际化的要求也就越高，通过增加语种处理各种问题以保证国家安全的服务诉求也就越高。这一点，发达国家的一些做法值得我们深思。举美国的例子，"二战"结束后，为了遏制苏联和东欧国家、维持美国在欧洲的军事存在，美国国防语言学院及时开始教授俄语和中东欧的各种语言。越战时期，该院对数以万计的美国军人进行越南语的培训，海湾战争及"9·11"事件之后，阿拉伯语、波斯语、普什图语又成为一个重点。2006年，美国又发起"国家安全语言倡议"，主张加强对阿拉伯语、汉语、俄语、印地语、波斯语等"关键"外语能力的培养，并拨款资助"国家旗舰语言项目"，旨在确保美国的国家安全和持久强盛。②

另外还有一个参与世界事务角度。为某些有需要的国家、地区与组织提供尽量多的语言服务，也是国家语言能力建设的重要表现。

---

① 1988年，季羡林先生撰文谈及陈寅恪残存的早年留学德国期间64本学习笔记的情况，其中大部分涉及各种语言：藏文（13本）、蒙文（6本）、突厥回鹘文一类（14本）、吐货罗文（吐火罗文）（1本）、西夏文（2本）、满文（1本）、朝鲜文（1本）、佉卢文（2本）、梵文巴利文耆那教（10本）、印地文（2本）、俄文伊朗（1本）、希伯来文（1本）、柏拉图（实为东土耳其文）（1本）。转引自陆健东：《陈寅恪的最后20年》（修订本），北京：生活·读书·新知三联书店，2013年。

② 李宏涛：《军人外语能力：军事软实力的重要构件》，《海军工程大学学报》（综合版）2010年第2期。

三、城市化进程中的语言服务问题

城市化是世界工业化规模不断扩大的一个必然结果。1800 年，工业革命早期，世界城镇人口只占总人口的 3%。1950 年，世界工业社会大步发展之后，世界城市化水平达到 29.2%。"二战"之后，世界城市化的进程又进一步加快。在城市化进程中，语言服务问题是一个不能回避的问题。我国目前正处于城镇化进程中的一个重要历史时期，2012 年 8 月 17 日国家统计局发布的报告显示，我国的城镇化率达 51.27%。① 在多元文化背景下看城市化进程中的语言服务问题，至少有两点可以讨论。

（一）国家官方语言的标准选择问题

伴随着工业化和城市化，大量农业人口会涌向城市，人口流动和人口聚集成为一种必然表现，他们原来处于相对封闭稳定的语言环境中，方言在流动与聚集的过程中必然会产生碰撞，更大范围的人员交流，更大市场的信息交换，都需要大家选择一个沟通"公器"。虽然在封建割据时代，国家官方语言这样的"公器"也存在，但只有在工业化与城市化成大气候之后，国家官方语言作为一种调节多元文化种群的"公器"才显得格外重要，其运用的范围和带来的各种"红利"远非各自封闭时代的有限交流所能比拟。英国是世界上第一个实现城市化的国家，1900 年，它的城镇人口的比例就达到了国家总人口的 75%，伦敦作为当时英国工业化进程的中心，其所在地的方言（伦敦方言）也就逐渐成为英国官方语言的标准。这种官方语言的选择是大量人口从四面八方涌入伦敦之后的一种选择，不管这种选择是国家引导还是民众自觉，当然，这种选择是一种动态调整的过程。有研究表明，在当时的语境下，工业革命的聚集力使得成千上万的农场工人到伦敦东区去寻找工作，乡村移民将他们的讲话习惯注入了"伦敦语言"之中，并最终促成了英语的标准化。② 这种语言标准化实际上又反过来促进了工业化与城镇化，为这个国家带来了更大的利益。历史表明，英国工业革命加强了世界各地经济的联系，加速了世界市场的形成，英国首先成为世界头号工业强国。当然，随着历史的发展，英语在全球多元文化背景下的所谓标准也不是始终定于一尊的，事实同样表明，"在现代的美加澳新等国，很少有人要将英式英语作为标准来衡量自己的语言，即使

---

① 《国家统计局：2011 年城镇化率达 51.27%》，央视网，http：//jingji.cntv.cn/2012/08/17/ARTI1345186274750550.shtml，2012 年 8 月 17 日。

② 陈淑梅：《英国工业革命与英语语言的发展》，《宁夏社会科学》2003 年第 1 期。

在一国内部，美国的纽约和休斯敦，也没有人用一个城市的语言标准来要求和规范另一个城市的语言"①。这是徐杰教授在第五届海峡两岸现代汉语问题学术研讨会论文报告中的一个观点，很有道理。

从社会进程的形态上看，我国目前仍然处在工业化、城市化进程的积极发展时期，如何处理好官方语言的标准问题就是语言服务的一个重要内容。我国的国家官方语言问题或者可以简称为"国语"问题，这个问题从"国语"运动一开始就已经显出端倪了。虽然 121 年前，卢戆章的《一目了然初阶》出版时我们还没有看到多少国家工业化、城市化的前兆，但他当时也确实是受到舶来文明的启发，已经开始从国家角度来考虑如何处理"国语统一"问题了，认为"基于切音为字，则字母与切法习完，凡字无师能自读"②，很显然带有一种提供语言学习服务的性质。从此以后，为了在全国南北音腔差异巨大的情况下能够有一个一致的标准为国人遵习，不知耗费了多少国人的智慧和心血，整个"国语"运动、白话文运动及普通话推广活动，无不是为了这个目标而立出相应的标准、作出种种努力。关于这个问题，我们曾经从"国语统一办法案"的角度进行了三个方面的观察：一是"国语"与国家的关系，二是"国语"与方言及官话的关系，三是"国语"推广策略与推广机构的建设③，此不赘述。

（二）多语多方言的和谐共生问题

在城市化进程中，与所谓官方标准语言建立过程相伴随的还有另外一个问题，就是对待原有各种语言和方言的态度问题。随着城市化的程度加深，相当多的人口离开自己的祖居地进入城市，或者是不离开城市就地城镇化。人们越来越多地使用统一的交际工具来满足个体或者群体的利益需求，原有的语言或者方言逐渐被放弃，这种放弃有时可能是一种自觉，但在更深层的意识中，可能更多的是一种无奈。如何在多元文化背景下使得多语多方言能够和谐共生越发显得重要。究其原因，大体有两端：

第一，从文化传承层面看，语言多元是文化多元的天然构成要素，事关人类的生存条件与生存质量。一种语言包括方言中到底包含着哪些文化密码？它们曾在历史上起到什么样的文化涵养功效，能够为未来的文化发

---

① 广州市语言文字网记者：《承认普通话内部有限的区域多元标准对推动汉语国际化进程极为有利：徐杰教授采访稿》，转引自百度文库，http://wenku.baidu.com/view/4d9d874cfe4733687e21aa83.html。

② 卢戆章：《切音新字序》，转引自黎锦熙：《国语运动史纲》，北京：商务印书馆，2011 年。

③ 屈哨兵：《"统一国语办法案"所涉问题三论》，《云南师范大学学报》（哲学社会科学版）2011 年第 6 期。

展起到哪些难以替代的作用？它们的消失是否可能造成某些无法避免的文化缺失？很多问题我们难以给予非常清晰的回答，但大量事实证明，人类文化的多样性如同生物多样性一样，对于我们所赖以生存的这个世界（自然的世界和人文的世界）都是非常重要的支撑元素。我们有理由相信，如同生物圈被破坏可能会对我们的生存造成毁灭性的影响一样，某些文化元素的缺失同样会对我们的生存造成难以估计的损失。语言（包括方言）既然是文化的一个重要构成要素，那么它的去留就不能不引起我们的高度关注，多语多方言和谐共生就是我们要努力达成的目的。

第二，从语言经济层面看，语言的选择背后是有着经济利益上的原因的，有人将语言的选择看成一种投资，"一种语言越有价值，它的寿命就越长，它的使用者就越多……由于语言是高度集体化商品，所以有可能会出现这样的蜂拥现象：有些人为了获取这些商品要挤进去，有些人为了摆脱这些商品要冲出来。当一门语言到了最后的消亡阶段时，其使用者会越来越少，这导致其他人也不再使用这门语言"[1]。面对这种情况，我们至少要回答两个问题：第一个问题是所谓有价值的大家都想挤进去的语言是否成本就绝对低？第二个问题是大家都想冲出去脱离的语言是否真的就那么"不值钱"？其实，在我们看来，对这两个问题都不能贸然作出肯定的回答，原因有二：其一，我们有理由相信所谓高附加值的语言在推广形成的过程中如果要达到绝对的标准化和一统天下，就一定要付出极大的经济代价，这在语言（包括方言）的使用上是不经济的，英语在世界各地有各种不同的变体与标准也能充分说明这一点。其二，我们也有理由相信，所谓要被脱离的低附加值的语言（包括方言）对于文化传承和社会发展也不是毫无用处的；相反，在相当程度上，它可能有着不可替代的文化弥合作用和社会维护功效，从而大大降低社会城市化进程中文化冲突的成本。从语言服务的角度看，我们应该考虑为多语多方言的和谐共生提供相应的条件和环境，这就是一种服务，能够最大限度地避免文化元素的流失和文化冲突的出现。事实证明，城市化进程中这方面的问题处理得不好，要么体现为移入城市的人群原有语言文化的丢失，要么体现为城市对移入的某些语言文化的抗拒，这些都不是多语多方言和谐共生的语言生活所具有的特点。

几年前广州发生的所谓"推普废粤"的风波就可以在多语多方言和谐

---

① 博纳德·斯波斯基著，张治国译，赵守辉审订：《语言政策：社会语言学中的重要论题》，北京：商务印书馆，2011年。

共生方面给我们提供很多有益的启示①，如果从国家发展这个角度看，还涉及语言地位、语言族群、语言系阶、方言衰落、语言权利等各个方面的考量。②

四、多民族国家建设过程中的语言服务问题

我们知道国家概念和民族概念彼此之间存在着非常密切的关系，但有一个事实我们一定不能忽视，那就是当今世界中，绝大多数国家都不是那种非常纯粹的单一民族、单一语种的国家。就我国而论，虽然我们选择了主体民族的语言作为国家的通用语言，但作为一个多民族的国家，不同民族之间的沟通和交流仍然要有语言服务方面的设计和实践。这里面主要涉及三个方面的问题。

（一）作为国家通用语言如何为多民族服务的问题

国家通用语言是一个民族国家不同民族间通行使用的语言，从国家这个层面上讲，为这些民族的成员提供通用语言的学习机会和学习条件是一种不可推卸的义务，民族成员既有学习和使用本民族语言的权利，也有接受国家通用语言服务的权利，这种语言服务包括国家通用语言标准的规范、国家通用语言资源的提供、国家通用语言能力的培养等。当然，也有一些国家因为受到多民族种群构成因素的影响，其通用语言或官方语言不止一种。每一种通用语言或者官方语言都在承担着相应的语言服务的任务，国家在相应的标准规范、资源提供和能力培养方面同样要提供语言服务。

（二）各个民族的语言如何为所在区域文化与社会发展服务的问题

通观世界历史，一个国家内部如何处理不同民族之间的语言关系，在不同的历史环境中会导致出现不同的语言信仰和语言态度，作出不同的语言服务方面的选择。从语言权利这个角度看，有研究指出，从早期基于社会公平和机会均等的角度提出保护语言多样性的必要性，到后来逐渐意识到对少数民族的保护（包括语言保护），再到第一次世界大战之后更加明确提出保护少数民族语言是立国之本的思想，语言权包括人们有权通过自

---

① 屈哨兵：《广州"撑粤语"事件引发的思考》，《云南师范大学学报》（哲学社会科学版）2011年第1期。
② 屈哨兵：《汉语方言问题与国家发展关系五切》（在语言与国家的安全和发展论坛上的发言），扬州，2011年4月8—9日。

已掌握的语言获得国家机关提供的服务信息，例如在法庭诉讼中，如果有必要，法庭应该为当事者提供适当的口译和笔译服务。① 欧洲委员会（欧洲整合进程中最早成立的机构）制定的两个条约——《关于保护少数民族的公约框架》和《欧洲地区语言或少数民族语言宪章》提出，政府机构的窗口部门有责任提供少数民族语言的服务，提供这种语言服务的依据是该语言使用人口的数量和聚居程度。一般来讲，一个地区使用该语言的人口比例应达到20%以上。② 从国家层面上看，这种民族之间语言服务的取舍以及语言服务提供的程度如何选择确定，在相当程度上对国家的建设发展过程会产生不同影响。苏联的语言政策从早期的"各民族都享有民族自决权"到后来的俄罗斯族人反对"积极平权措施"计划，分别产生了不同的社会后果，很多方面也值得我们思考。整体看来，在一个"正常"的社会，根据不同民族的规模与聚居程度创设相应的机制、提供相关的语言服务是现代文明社会的题中应有之义。

（三）多民族跨境语言服务的问题

跨境语言问题是近年来逐渐获得学术界及其他相关界别关注的一个问题。就我国情况而论，与周边国家的跨境语言总数超过了100种，其语言地位在跨境状态下有着不同的表现，有的低于周边国家的语言，有的高于周边国家的语言，有的在境内外均属于弱势少数民族语言。③ 从语言服务的角度看，跨境语言至少有以下几方面需要注意：第一，文字规范与选择使用。跨境语言多是少数民族语言，有的有文字，有的没有文字，有文字的语言存在如何在跨境背景下规范与选择使用文字的问题，例如我国的景颇族与缅甸的景颇族的文字统一问题、泰国的阿卡族与我国的哈尼族的文字统一问题（还涉及老挝、越南、缅甸）。④ 第二，语言教育的扶持和推广。一种语言的生命力通常和它的使用人口能否有效延续有着密切关系，对于很多跨境语言，我们要特别注意通过家庭、族群以及学校教育使其得以传习，其中的学校教育就是一种服务，要适时跟进、培养相应的双语、多语人。第三，在社会及网络世界的新闻出版、信息传播及文化建设方面，与跨境语言相关的需要得到特别的关注与维护传承。在相当程度上，

① 博纳德·斯波斯基著，张治国译，赵守辉审订：《语言政策：社会语言学中的重要论题》，北京：商务印书馆，2011年。
② 博纳德·斯波斯基著，张治国译，赵守辉审订：《语言政策：社会语言学中的重要论题》，北京：商务印书馆，2011年。
③ 黄行、许峰：《我国与周边国家跨境语言的基本情况与问题》，《中国语情》2013年第3期。
④ 戴庆厦、乔翔、邓凤民：《论跨境语言研究的理论与方法》，《云南师范大学学报》（哲学社会科学版）2009年第3期。

国家对跨境语言这方面提供的服务与支持越多，边境地区的社会向心力和文化安全就越有保障。跨境语言对一个国家来说是一种非常重要的资源，建立各种良好的服务机制与服务平台，对国家政治、经济、文化、外交、国防将起到不可替代的作用。

五、余论

在多元文化背景下审视一个国家的语言服务，强调的是以一种平视的眼光来看待语言推动社会发展这一事实，语言服务是国家语言规划和语言战略的一个重要组成部分。在国际化进程、城市化进程及多民族国家建设过程中，语言服务相关思考的角度有所不同，其实彼此之间有着这样或那样的联系。总体来看，如何在相应的进程中提供相应的语言服务是一个理论性和实践性都非常强的问题，这里面涉及语言服务路径的选择、语言服务板块的构成、语言服务功能的区分、语言服务机制的建设、语言服务范围的取舍、语言服务标准的认定、语言服务效果的测评等一系列的事情，每一个方面如要细加罗列，我想都会有很多内容值得我们认真加以研究。比如语言服务的路径，本文开头提出的政府主导、专家倡导、民间推动等就是语言服务路径的不同选择。换一个角度，我们还可以对语言服务的路径作出别样的设计与描述，比如基于经济力量推动的语言服务、基于文化力量推动的语言服务、基于政治力量推动的语言服务、基于强势语言立场的语言服务、基于弱势语言立场的语言服务等。打开不同的审视窗口，我们就可以发现不同的语言服务的路径。语言服务的板块构成、功能区分等其他问题也同样如此，留待我们下一步进行更加全面的观察与分析。

参考文献

［1］博纳德·斯波斯基著，张治国译，赵守辉审订：《语言政策：社会语言学中的重要论题》，北京：商务印书馆，2011 年。

［2］陈淑梅：《英国工业革命与英语语言的发展》，《宁夏社会科学》2003 年第 1 期。

［3］戴庆厦、乔翔、邓凤民：《论跨境语言研究的理论与方法》，《云南师范大学学报》（哲学社会科学版）2009 年第 3 期。

［4］黄行、许峰：《我国与周边国家跨境语言的基本情况与问题》，《中国语情》2013 年第 3 期。

［5］李宏涛：《军人外语能力：军事软实力的重要构件》，《海军工程大学学报》（综合版）2010 年第 2 期。

［6］黎锦熙：《国语运动史纲》，北京：商务印书馆，2011 年。

［7］李宇明：《国家的语言能力问题》，《中国科学报》，2013 年 2 月 25 日第 7 版。

［8］陆健东：《陈寅恪的最后 20 年》（修订本），北京：生活·读书·新知三联书店，2013 年。

［9］屈哨兵：《广州"撑粤语"事件引发的思考》，《云南师范大学学报》（哲学社会科学版）2011 年第 1 期。

［10］屈哨兵：《"统一国语办法案"所涉问题三论》，《云南师范大学学报》（哲学社会科学版）2011 年第 6 期。

［11］屈哨兵：《汉语方言问题与国家发展关系五切》（在语言与国家的安全和发展论坛上的发言），扬州，2011 年 4 月 8—9 日。

［12］于根元主编：《应用语言学概论》，北京：商务印书馆，2003 年。

［13］"中国语言生活状况报告"课题组编：《中国语言生活状况报告》（上编），北京：商务印书馆，2007—2011 年。

我国语言活力和语言服务的观察与思考 *

系统科学的语言服务、自然理性的语言活力、健康和谐的语言生活都会在经济建设、政治建设、文化建设、社会建设、生态文明建设五位一体总体布局中发挥不可替代的作用。其中，语言活力本来主要是针对濒危语言现象如何判定而使用的概念，据联合国教科文组织文件《语言活力与语言濒危》（*Language Vitality and Endangerment*）的相关描述①，对语言活力进行观察评价有六个不同角度。语言活力的经典含义是针对具体语言（濒危语言）具有能够传承的力量而提出的，联合国教科文组织的文件写道："尽管目前世界仍有大约 6 000 种语言，但其中许多语言面临灭绝的危险。因此，对这些语言进行记录，制定新的主动型政策，采取新的措施增强这些语言的活力，已是当务之急。"本文基于此概念进行了背景扩展，主要是讨论国际化进程中和城市化背景下汉语（及其方言和相关语种）的语言活力问题。

语言服务是我们介入语言活力建设的一种路径，所谓语言服务是指国家或者其他团体与个人以语言文字作为资源手段为社会团体各种单元及个体提供帮助与支持的各种活动。针对不同活力程度的语言，我们需要有不同形式的语言服务。在联合国教科文组织相关文件评估指标中居于较高层级的语言，例如"代际语言的传承"和"语言使用者的绝对人数"中的安全级别，"现存语言使用域的走向"中的通用级别，"对新领域和媒体的反应"中的充满活力级别，都是基于语言活力概念作出的判断，这些不同级别的语言所需要的语言服务是不一样的。我们认为，当下我国语言生活在区域或领域中的语言活力表现应该成为国家语文建设中不可或缺的内容。从语言服务这个角度进行观察，或许能对引导好国家与国民的语言生活有所发现，这对于国家的国际化进程、城市化进程都有积极的意义。

---

* 本文原载于《学术研究》2018 年第 3 期。
① 联合国教科文组织濒危语言问题特别专家组，范俊军、宫齐、胡鸿雁译：《语言活力与语言濒危》，《民族语文》2006 年第 3 期。

一、国际化进程中的语言活力和语言服务

（一）全球背景下的语言活力和语言服务

"华语""大华语""全球华语"等概念的提出，可以激活汉语活力，使之在全球释放。郭熙对"华语"的概念及其功用进行过梳理，认为"华语不只是中国的国家资源，也是其所在国家或地区的重要资源"[①]。既然是资源，就有活力。关于"大华语"概念及其应用，陆俭明认为，"进入 21世纪以来，不断有学者提出'大华语'这一概念：以普通话为基础而在语音、词汇、语法、语用上可以有一定的弹性、可以有一定宽容度的全球华人共同语"[②]，这方面有学人集体编纂的《全球华语大词典》（李宇明，2016）为证。

从语言服务的角度看，汉语的多元变体及其教材通用型与国别化都是需要关注的问题，李泉认为国际汉语教材编写应体现汉语汉字的特点及其教学规律，汉语母语国应更多地研究和编写有创新示范意义的各类通用型教材，国别化教材主要应由有关国家自己去编写。[③] 我们认为这种思路比较符合语言活力引导下汉语在国际上传播与传承的实际。通用讲规范标准，此为活力表现之源；国别追求因地制宜，此为活力表现之流。从这两点出发所编写的教材都属于语言服务，并且都是有助于激发语言活力的语言服务。在汉语国际传播的当下，国家有关部门就国际汉语水平能力如何评价已经发布一些标准，如《国际汉语能力标准》（国家汉办，2007）和《汉语口语水平测试》（HKC）（国家语委，2009），这些标准会对通用性教材编写起到直接的标准规范作用，但对国别化教材能产生多大影响还难以一概而论。李明对北京语言大学到各国孔子学院进行汉语教学的教材情况进行过问卷调查，95% 的受访者反映，使用国内版汉语教材需要根据不同国家的实际需求进行补充和改编[④]，这说明国别化服务非常重要。

语言活力大小与语言服务多元标准的多少有一定关系。就汉语而论，普通话和规范汉字在国内为法定标准，是否能延伸到其他国家和地区则要因地制宜，所以李泉建议采取多元标准，认为多元标准有助于满足多元化汉语教学的需要，有助于加快汉语国际化进程。赵金铭也从教学环境与汉

[①] 郭熙：《华语规划论略》，《语言文字应用》2009 年第 3 期。
[②] 陆俭明：《"华语"的标准：弹性和宽容》，《语言战略研究》2017 年第 1 期。
[③] 李泉：《汉语教材的"国别化"问题探讨》，《世界汉语教学》2015 年第 4 期。
[④] 李明：《海外教学环境下汉语教材的取舍调整》，北京语言大学对外汉语研究中心编：《汉语应用语言学研究》（第 1 辑），北京：商务印书馆，2012 年。

语教材的角度提出过相关建议，认为为了适应海外教学环境，汉语教材首先应该区域化、类型化，其次应该多样化、多元化，在此基础上还应该本土化、个性化。① 这就是一种非常重要的语言服务。如果以赵先生的观点来观察现在的汉语国际传播，在提高语言服务能力以及推动在地汉语的语言活力方面都还有很多事情要做。

（二）"一带一路"倡议背景下的语言活力和语言服务

语言活力一定是要依托特定人群掌握习用才有可能存在、发展的，其中情况千差万别，因为一些历史机遇使得某些语言的传播更有活力。"一带一路"倡议之于汉语便是这样的机遇。根据杨亦鸣、赵晓群的统计观察，64 个沿线国家所用官方语言共 78 种，推动沿线各国操母语者懂得汉语，是"一带一路"事业的语言服务人才的重要组成部分。② 只有做好相应的教材编写尤其是在地汉语教材的编写，做好在地汉语人才的培养，汉语的语言活力才会在当地有所应接。具体的实现路径应该因时因地因事而有所不同，既可以有沿线国家的孔子学院，也可以有各国学校的汉语学习；既可以有各国社群机构（包括华人）的基础汉语教学，也可以有行业的职业汉语支撑。随着中国企业大规模"走出去"，在"一带一路"沿线国家与当地经济社会发展的融合一定需要大量本土化的基础汉语人才，这需要我们采取切实可行的办法提供精准的语言服务，这样汉语才能在人心相通、文化相通进程中展示出相应活力。杨亦鸣、赵晓群提出，开展我国现有沿线国家语言国情人才现状调查及应对方案研究，建立相应的人才数据库；进行沿线国家汉语人才培养与储备现状调查，为"一带一路"倡议提供语言服务便利；建立语言文化多方协调机制和语言服务人才新型培养机制，以满足当前"一带一路"事业的人才需求。③ 这些都是颇切实的建议。

（三）海峡两岸的语言活力和语言服务

海峡两岸语言活力和语言服务的关系也在发生变化。刁晏斌的研究表明，近年来，大陆普通话对台湾"国语"的影响持续加大，后者与前者趋同倾向明显，这在台湾地区的语言规划、工具书编纂、科技术语翻译以及

---

① 赵金铭：《教学环境与汉语教材》，《世界汉语教学》2009 年第 2 期。

② 杨亦鸣、赵晓群主编：《"一带一路"沿线国家语言国情手册》，北京：商务印书馆，2016 年。

③ 杨亦鸣、赵晓群主编：《"一带一路"沿线国家语言国情手册》，北京：商务印书馆，2016 年。

日常语言使用中都有充分体现。① 比如 2012 年十大网络用语（实为 12 个），在对岸媒体中超过一半都被使用，如"中国好声音""高富帅""逆袭""你幸福吗""白富美""躺着也中枪"等。2016 年奥运会上我国运动员傅园慧的一句"洪荒之力"，一时也成了台湾媒体热词，这种活力影响可见一斑。屈哨兵等对海峡两岸语言服务的基本内容和下一步发展方向有比较全面系统的总结阐述。② 从语言服务的角度来阐述海峡两岸语言活力的发展情况，是进一步探讨两岸语言活力的重要内容，需要持续关注。其中涉及的不仅仅是语言问题，政治、经济、文化等具体领域的互动，甚至某些特定事件的发生，都有可能对语言活力的表现产生直接或间接影响。

二、城市化进程中的语言活力和语言服务

对于城市化进程中的语言活力，我们有三个观察角度。第一个是外来人口对城市语言活力的影响，第二个是原住人口在城镇化过程中的语言选择和语言表现对该城市语言活力的影响，第三个是城市化过程中和经济全球化背景下都无法避免的多语种应对，这种应对同样会对城市语言活力产生影响。不同城市的表现会有起伏隐现的不同，需要具体分析考量。

（一）流入人口视角下的语言活力和语言服务

某些方言进入某个城市后的活力可能会有下降趋势，但也可能伴随着其他方言（包括以北方方言为基础的普通话）获得认同，其相应的语言活力会获得巩固和提升，这里面此消彼长的关系值得关注。有时候也需要更具有针对性的语言服务。徐晖明、周喆调查发现，广州的青少年语言使用表现为普通话和粤方言并重，原本有不少使用者的其他方言则趋于边缘化。③ 这里面还涉及另一个问题：城市化进程中，当操某种方言的人进入某城市后，所在城市具体区域及领域可能会对其相应的语言活力的表现产生影响。就广州市而论，近年来，有广州户籍的人口和来自省内市外乃至省外各地的人口总数在 1 600 万左右，大体上达到了 1∶1 的比例。据目前我们大体观察到的语言活力表现，很难说老城区的本土方言占绝对优势，因为老城区往往也是经济文化发达区，如越秀、荔湾、海珠，本土方言与普通话彼此交融的程度及活跃程度比较高；新城区由于导入大量外来人

① 刁晏斌：《台湾"国语"词汇与大陆普通话趋同现象调查》，《中国语文》2015 年第 3 期。
② 屈哨兵主编：《语言服务引论》，北京：商务印书馆，2016 年。
③ 徐晖明、周喆：《广州青少年语言使用与语言态度调查与分析》，《语言文字应用》2016 年第 3 期。

口，本土方言与普通话的使用活力表现也呈现出交融活跃的形势，如天河、白云、南沙，其相应的语言活力表现整体上也处在活跃变化期；至于离中心城区较远的花都、增城、从化，近些年来也有较多非广州户籍人口导入，其本土方言和普通话的使用大体还处在本土方言较为占优的情况，但从活力趋势看，彼此交融可能会加速。要想进一步了解语言活力的表现样式及语言服务的跟进方式，我们还需要进行更彻底的观察与研究。

这种流入人口的视角还可以从人口的不同性质构成类型进一步细分。农民工背景的人口和大专以上学历的人口进入城市，彼此对语言生态的影响和在相关语言活力上的表现是不一样的。具有较高学历背景的非本土人士通常可能在疏离或放弃他们各自的方言方面更早更快些，而那些初次离开故土来到城市的人群，他们选择普通话或者流入地的方言在速率上或在优先次序上会有所不同。根据我们的初步观察，这种活力差异是可能存在的，在此基础上的语言服务需求也就不一样。

（二）本土人口视角下的语言活力和语言服务

一个地区某种语言活力的获得，从学理上讲，变量可能有很多种，需要我们细致观察。以广州地区为例，几种方言彼此之间很难说没有影响，仅就粤方言而论，就有来自北方方言词汇语音元素对其语言活力表现所产生的影响，学界有不少研究成果，此不赘述。但是如果从语言活力这个角度进行观察，还需要做更多梳理工作，因为如果从更细层面上看，我们可以提出这样的问题：语言元素的稳定或者变化哪一端才是语言活力的表现？或者两端都是语言活力的呈现方式，如果要提供语言服务，我们应该从哪一端用力呢？史濛辉以拉波夫提出的"快速隐身调查法"为手段专就上海市区方言中"端"的读音进行过调查，发现年龄因素对"端"的读音有影响，年纪越大的越倾向于使用苏州变式（上海话所自的权威语），年纪轻的则用受普通话影响的变式，表现出语言接触中对上海话产生影响的权威语从苏州话到普通话的迁移，这种迁移也有可能引领"语言创新"。[①]对于这类语言创新，我们从语言服务的角度应该有什么样的态度？这里面涉及不同语言使用者如何看待某些语言要素变化可能产生的影响的问题。

不同语言彼此之间的关系，还会受到不同居住类型的影响，这种影响从语言活力产生的动力这个角度看也较有意思。邬美丽在调查内蒙古城镇化进程中蒙古语社区的语言状况时发现，蒙古族聚居社区对蒙汉双语的认

---

① 史濛辉：《上海市区方言（Ø）变项的分布：兼论权威语的迁移现象》，《中国语文》2016年第4期。

同度都高于散居区，数据表明聚居社区的受访者选择"蒙古语为主，汉语为辅"的多于散居社区的受访者。① 如果把双语状态表现好作为语言活力的一种表现方式的话，就有必要分析这种语言活力产生的原因。就邬美丽调查的情况看，这种活力的成因，一种是工具性动机，一种是融合性动机。

如果我们将其双语选择框架调换至城镇化进程中本土方言与普通话以及流入人口本身所持方言的表现来进行观察，就会发现因为聚居类型不同而有语言生态及语言活力不同的表现。以广州市为例，这种在本土人口基础上逐渐加入外来人口的社区聚居类型，可以从城中村进行观察。据统计，广州共有 138 个城中村，分布在越秀、天河、荔湾、海珠、白云、黄埔等不同区。城中村的类型大体上有三种，以天河区为例，一是经典意义上的城中村，一般集中在一些近年发展起来的中心城区，如林和村、石牌村、猎德村；二是在城乡接合部基本上和城市连成一体的城中村，如元岗村、龙洞村；三是和城市主体稍有偏离但也呈现出较快发展态势的城中村，如珠村、吉山村。在城市化进程中，这些城中村本土方言的活力表现随着流入人口的变化而有着种种不同的表现。即使对同一个城中村而言，因其本身人口构成的历时变化，本土方言的活力表现也呈现出前后不同的样态。不管是基于工具性动机还是基于融合性动机，在其新的语言活力格局形成过程中都会感受到某些压力。比如越秀区的杨箕村，20 世纪 90 年代杨箕村一带的语言生态是这样的："当时的不安全感无处不在，彼此语言和习俗完全不同的陌生人是骤然被抛入同一个高压锅的……如今广州到处都在说'撑粤语'乃至'保护粤语'，抗议'歧视粤语'，但这本身就反映了广州的进步，在九十年代，明明是粤语歧视普通话更甚。"② 笔者也是一个体验者，这种基于语言生态和语言活力的感受应该有其真实的一面。

如何应对城市化进程中必然出现的这些状况，及时有效的语言服务十分必要。对于这个问题，我们此前做过一些工作，但有的定位还不准确，服务系统性也有不足。李现乐从语言经济学角度讨论语言服务的经济贡献度，主张关注多语种、多形态的语言服务，综合评估其多重价值表现。③ 这个观点应扩展到方言融合层面，起减压作用。

---

① 邬美丽：《基于不同居住类型的双语态度实证研究》，《语言文字应用》2015 年第 4 期。

② 张晓舟：《南方报业与杨箕村：一个时代的盛宴》，腾讯文化，http://cul.qq.com/a/20161011/038411.htm，2016 年 10 月 11 日。

③ 李现乐：《语言服务的显性价值与隐性价值：兼及语言经济贡献度研究的思考》，《语言文学应用》2016 年第 3 期。

（三）经济全球化视角下的语言活力和语言服务

　　语言景观是观察城市化进程中体现的经济全球化水平的一个角度，语言景观本身就是语言活力的一种表现。近年尚国文、赵守辉撰文介绍了语言景观研究的视角、理论与方法。[1] 邱莹则按照自下而上的语言景观（商店标牌）和自上而下的语言景观（景区标牌、路标等）对上饶市的语言景观进行了观察描写，分析了所观察区域内社会语言状况的特征。[2] 而俞玮奇等调查显示其观察地（北京望京和上海古北）作为韩侨聚居区，双语和多语标牌中以中文为优势语言的标牌占多数，但两地仍各有 37.7%（北京望京）和 41.6%（上海古北）的语言标牌出现韩文，政府与民间设置的标牌语言有明显差异。[3]《语言战略研究》2017 年第 2 期刊发尚国文、刘楚群等专家的系列成果，专题讨论语言景观问题，这是我国学界在这方面研究水平的集中体现。[4] 屈哨兵[5]、刘惠琼[6]曾经对广州地区某些街道的语言景观进行过跟踪调查，也得出过相关结论，在商店名称的语符选择上表现出外文崇拜、语符自诩、"我是，我新，故我需"和基本认同汉字规范的态度。从发展的眼光看，城市中这种语言景观的存在和增加是一个趋势。如果继续对广州市北京路店铺的双语双符现象进行跟踪观察，可以发现数量、形式上都会有新变化。

　　这里提出几个问题：区域的语言活力表现和经济全球化程度之间是一种什么关系？是否国际化程度越高，语言活力的表现就越强？或者相反，是否一个地区的单一语言使用越普遍，其语言活力表现就越不彰显呢？恐怕没这么简单。多语环境下语言活力的表现和单语环境下语言活力的表现应该分开来进行分析和对待。张媛媛、张斌华报告澳门语言景观中的多语样本超过 50%，其中不同的语种在多语环境中的选择也呈现不一样的情况，以中英、中葡、中英葡为主，在官方与非官方、本地居民与涉外商业区间存在语符选择上的差异，少数族群语言在澳门语言景观中的表现不明

---

[1]　尚国文、赵守辉：《语言景观研究的视角、理论与方法》，《外语教学与研究》2014 年第 2 期。

[2]　邱莹：《上饶市语言景观调查研究》，《语言文字应用》2016 年第 3 期。

[3]　俞玮奇、王婷婷、孙亚楠：《国际化大都市外侨聚居区的多语景观实态：以北京望京和上海古北为例》，《语言文字应用》2016 年第 1 期。

[4]　尚国文：《语言景观与语言教学：从资源到工具》，《语言战略研究》2017 年第 2 期；刘楚群：《语言景观之城市映像研究》，《语言战略研究》2017 年第 2 期。

[5]　屈哨兵：《广告语言中的双语双符现象：以两条街道的店名为例》，邢福义主编：《汉语学报》（第 5 期·2002 年上卷），武汉：湖北教育出版社，2003 年。

[6]　刘惠琼：《城市商店名称演变的跟踪研究：以广州市北京路为例》，《华南农业大学学报》（社会科学版）2009 年第 2 期。

显（仅占 1.2%）。① 如果我们讨论的是多语环境下的语言活力，其相关参照与评价标准应该重新设立，这对当下各类社会语言生活的引导具有更重要的意义。什么样的表现才是语言最有活力的表现呢？通常答案是，规范引导下的和谐语言生活才是最有活力的表现。但是语言生活的变动不居和语言规范的滞后性使我们难以对先其产生的各类带有语言活力走向的性质进行判断。还有，被称为活力要素的东西在什么样的条件下才可能出现、彼此之间到底存在什么关系，也需要我们细加考量。

三、相关思考与建议

（一）语言活力层级与语言服务层级要大体匹配、区别对待

构建和谐语言生活，是针对不同语言活力的语言现实而提供语言服务的一个目标。李宇明曾以"构建和谐的语言生活"为题发文，提出三个观点：一是构建和谐的语言生活，意味着政府管理的不是语言，而是语言生活；二是构建和谐的语言生活，重要的是做好国家的语言规划，包括本体规划和功能规划；三是构建和谐语言生活，必须关注各个社会领域的语言生活，其中包括具体领域所需的语言服务。② 这几个观点都很重要，但如果从语言活力这个角度出发还可以进行一些延展思考。

语言活力和语言服务之间的关系是错综复杂的。有的活力高的语言可能在语言服务提供方面会因具体场景或阶段不同而呈现出不同程度、不同类别的语言服务，其中也不排除在一些场景或阶段中语言服务的缺失，至于这种缺失有多大有多久，在不同情形下会有不同表现。

语言服务是随着工业社会时代的来临与人们交流的愈发频繁才提出的，这里面既包含同一语言系统区域内的各种语言服务，也包含不同语言系统之间的语言服务。语际语言服务从时序上会经历语言翻译、语言教育、语言融合等不同阶段；同一语言（或方言）系统内的语言服务大体会经历语言自发调整、语言规划、语言活力外溢等不同阶段。至于有些活力低的语言，其和语言服务之间的关系同样会有某些差异。从时序上看，有的可能是起于语言教育而最终盛于语言使用与传播，如犹太民族的希伯来语；有的则可能是起于语言教育、继于或归于语言保存，我国目前正在实施语言资源保护工程，其中很多语言或者方言正行进在这样的路上。凡此

---

① 张媛媛、张斌华：《语言景观中的澳门多语状况》，《语言文字应用》2016 年第 1 期。
② 李宇明：《构建和谐的语言生活》，"中国语言生活状况报告" 课题组编：《中国语言生活状况报告（2006）》（上编），北京：商务印书馆，2007 年。

种种，采用什么样的语言服务方式不能一概而论。2015 年由教育部和国家
语委推动的语保工程有显著的语言服务性质，意义重大，"在确立的目标
和实施内容上都有别于以往的语言方言普查和语言文字使用情况调查，是
由国家统一规划、以先进理念为指导、以现代化技术为手段的高标准和具
有时代性的语言文化工程"①。

（二）区域语言活力与区域语言能力都应该建立相应的评价指标体系

从语言服务的角度看语言活力，目前我国学界关注及由政府推动的语
言文字工作对于两端的关注与服务路径比较清晰，顶层一端注重语言规
划，推广普通话和规范汉字，多语环境下的国家语言文字政策及法律相对
比较健全。推广普通话作为国家语言文字方针和语言文字法的要求坚持几
十年，效果良好。下一步的目标也比较明确，教育部、国家语委《国家语
言文字事业"十三五"发展规划》明确了"十三五"时期语言文字的发
展目标是，到 2020 年在全国范围内基本普及普通话。近年来，底层一端的
语言传承通过语保工程开始引起重视，思路也比较清晰。对中观层面的语
言生活及其语言活力应该如何评估并进行什么样的引导，目前各区域（包
括领域）语言服务的现状和思路还很参差，有的还很不清晰，值得我们多
加关注。比如，区域发展不平衡使得各类城市对语言服务的具体要求有所
不同。有的体现在国际化程度有别，有的体现在属地语言或方言的选择取
舍不一，有的体现在具体领域的语言文字规范要求有程度高低之别，其语
言活力的表现也就不一样。

进行城市语言能力评估或者是一个可以考虑的建议，鼓励有条件的城
市或地区分年度研制语言生活状况报告。此前国家语委分一类、二类、三
类城市进行语言文字工作水平评估，取得了不小的成绩，值得充分肯定，
也照顾到了不同层次城市所形成的具体差异，但由于其目的主要是贯彻国
家的语言文字方针政策，指标设定更偏重于政府的行政推动。如果我们换
一种思路，建设一个重在观察实际语言生活和语言活力的指标体系，或许
是有意义的事情。评估一个城市的实际语言能力与活力，会涉及不同的观
察角度，既包括其参与国际化进程的表现及其所处的层次，也包括区域内
不同方言或不同语言彼此融合交往的成本，"自然理性"或许是我们考察
评价语言活力的一个价值指向。这里面还包括所在区域不同人群对待不同
方言的情感态度，包括所在区域针对不同任务场景能够提供语言服务的能
力和水平。具体的语言能力评估系统如何设计才能更加科学完善，还需要

① 田立新：《中国语言资源保护工程的缘起及意义》，《语言文字应用》2015 年第 4 期。

进一步研究。

领域语言活力和领域语言能力也应该成为我们考察区域语言活力和区域语言能力的一个重要指标。如果要在语言服务理念的基础上建立起一种更加及时有效的应对机制，平衡好来自政府、学界、社会等不同方面的力量就显得特别重要。基于不同领域的语言生活在活力表现上是不一样的，我们要评价一个地区的语言活力，首先要对该地区的领域语言活力进行评估，建立起与领域活力相对应的语言活力表现对应机制。不同地区的领域活力表现不一样，其相应的语言活力表现也不同，国家在这方面的语言服务引导应该采取分层分类的方式进行，提供规范和标准。规范和标准可以是一个常模，根据国家与国民语言生活的变化，这个常模可以进行修订；而区域所要做的事情是根据领域活力的不同进行选择。我们可以根据不同区域的类型对领域语言活力设定不同层级、范围的阈值，这要建立在较大规模调查和科学论证的基础上。对照常模，我们可以根据不同类型区域语言活力的表现提出地区语言活力指数。至于区域语言活力指数涉及哪些下位指标，应该根据上位常模所涉的领域而定，不同区域进行语言活力评估时，其指数表现应该在适当加权赋值的基础上进行。当然，要把这方面的工作做好，还需要下大功夫进行研究。不同区域语言生活状况的系统报告是一个基础，值得我们花大力气去做。

参考文献

［1］刁晏斌：《台湾"国语"词汇与大陆普通话趋同现象调查》，《中国语文》2015 年第 3 期。

［2］郭熙：《华语规划论略》，《语言文字应用》2009 年第 3 期。

［3］李明：《海外教学环境下汉语教材的取舍调整》，北京语言大学对外汉语研究中心编：《汉语应用语言学研究》（第 1 辑），北京：商务印书馆，2012 年。

［4］李泉：《汉语教材的"国别化"问题探讨》，《世界汉语教学》2015 年第 4 期。

［5］李宇明：《构建和谐的语言生活》，"中国语言生活状况报告"课题组编：《中国语言生活状况报告（2006）》（上编），北京：商务印书馆，2007 年。

［6］李现乐：《语言服务的显性价值与隐性价值：兼及语言经济贡献度研究的思考》，《语言文学应用》2016 年第 3 期。

［7］联合国教科文组织濒危语言问题特别专家组，范俊军、宫齐、胡鸿雁译：《语言活力与语言濒危》，《民族语文》2006 年第 3 期。

［8］刘楚群：《语言景观之城市映像研究》，《语言战略研究》2017 年第 2 期。

［9］刘惠琼：《城市商店名称演变的跟踪研究：以广州市北京路为例》，《华南农业大学学报》（社会科学版）2009 年第 2 期。

［10］陆俭明：《"华语"的标准：弹性和宽容》，《语言战略研究》2017 年第 1 期。

［11］邱莹：《上饶市语言景观调查研究》，《语言文字应用》2016 年第 3 期。

［12］屈哨兵：《广告语言中的双语双符现象：以两条街道的店名为例》，邢福义主编：《汉语学报》（第 5 期·2002 年上卷），武汉：湖北教育出版社，2003 年。

［13］屈哨兵主编：《语言服务引论》，北京：商务印书馆，2016 年。

［14］尚国文：《语言景观与语言教学：从资源到工具》，《语言战略研究》2017 年第 2 期；

［15］尚国文、赵守辉：《语言景观研究的视角、理论与方法》，《外语教学与研究》2014 年第 2 期。

［16］史濛辉：《上海市区方言（Ø）变项的分布：兼论权威语的迁移现象》，《中国语文》2016 年第 4 期。

［17］田立新：《中国语言资源保护工程的缘起及意义》，《语言文字应用》2015 年第 4 期。

［18］邬美丽：《基于不同居住类型的双语态度实证研究》，《语言文字应用》2015 年第 4 期。

［19］徐晖明、周喆：《广州青少年语言使用与语言态度调查与分析》，《语言文字应用》2016 年第 3 期。

［20］杨亦鸣、赵晓群主编：《"一带一路"沿线国家语言国情手册》，北京：商务印书馆，2016 年。

［21］俞玮奇、王婷婷、孙亚楠：《国际化大都市外侨聚居区的多语景观实态：以北京望京和上海古北为例》，《语言文字应用》2016 年第 1 期。

［22］张媛媛、张斌华：《语言景观中的澳门多语状况》，《语言文字应用》2016 年第 1 期。

［23］赵金铭：《教学环境与汉语教材》，《世界汉语教学》2009 年第 2 期。

建设社会主义现代化需要更好的语言服务[*]

中国共产党十九大报告提出实现"两个一百年"奋斗目标的"新三步走"战略，到 2020 年要全面建成小康社会，实现第一个百年奋斗目标，到 2035 年基本实现社会主义现代化，到本世纪中叶，把我国建设成为富强民主文明和谐美丽的社会主义现代化强国。语言作为人类最重要的交际工具和思维工具，毫无疑问在推动国家物质文明、政治文明、精神文明、社会文明、生态文明的全面提升中发挥着不可替代的作用。从语言的本质属性出发，立足于服务，着力于强国，更好的语言服务势在必行。

通观十九大报告全文，提到"服务"近三十次，彰显了我党为人民服务的价值取向，大量的服务路径和措施都离不开语言的服务支撑。例说数端如下：

建设人民满意的服务型政府需要更好的语言服务。十九大报告提出要转变政府职能，增强政府的公信力和执行力，建设人民满意的服务型政府，要达到这样的目标，完善及时的语言服务不可缺少。这既涉及政府行政资讯能否及时送达民众的语言配送能力，也涉及需要特殊语言帮助的人群能否得到来自政府直接组织或者推动提供的语言支援问题。比如在边远地区遭受自然灾害救援现场的语言沟通、在司法领域进行法律救助时的语言支持、在医疗领域医患诊疗过程中的语言抚慰等，都离不开语言服务。服务型政府在语言服务能力方面的表现可以说覆盖政府推动社会文明发展的各个方面，只有提供更好的语言服务，政府的公信力和执行力才能落到实处。

完善公共服务体系需要更好的语言服务。十九大报告中多处提到完善公共服务体系，保障群众基本生活，不断满足人民日益增长的美好生活需要，不断促进公平正义。这里面的平台抓手有很多种，比如报告中提出"健全农村留守儿童和妇女、老年人关爱服务体系"，就不能让语言服务缺位，这里面既包括为他们提供国家通用语言文字普及方面的服务，同时可能还包括给他们提供本民族语言或者地方方言方面的语言服务。只有采取切实有效的语言服务措施，才能使得共和国大地上没有被文化相连、民心

* 本文原载于国家语言文字工作委员会组编：《中国语言生活状况报告（2018）》，北京：商务印书馆，2018 年。

相通、经济社会发展成果共享的追求遗忘的角落。再比如加强社会心理服务体系建设，同样也需要相应的语言服务能力的支撑。我国汉代的扬雄在其《法言》中说"言，心声也"，现代科学研究也表明，语言能力与心理能力之间存在着非常密切的关系。很多情况下，人的心理问题都是通过语言问题表现出来的，要培育自尊自信、理性平和、积极向上的社会心态，必定离不开用语言的手段来观察相关问题并推动相关问题的解决，这就需要更好的语言服务。

加快发展现代服务业、扩大服务业对外开放需要更好的语言服务。十九大报告提出要瞄准国际标准提高水平，实行高水平的贸易和投资自由化便利化政策，全面实行准入前国民待遇加负面清单管理制度，大幅度放宽市场准入，保护外商投资合法权益，这表明我国进一步坚持和扩大开放的态度。要达到这个目的，如果没有相应的语言服务手段和措施的跟进是很难完成的。这里面既包括围绕高水平贸易和投资自由化相配套的"语言请进来"的语言服务，也包括准入前国民待遇加负面清单"语言走出去"的语言服务，其中可能涉及的具体项目与任务有很多种，需要我们认真梳理并推动践行。围绕社会主义强国的建设，我们需要在语言服务上更加着力。十九大报告中"社会主义现代化强国"凡五见，在 2020 年要建设或者加快建设或者推进建设的具体强国目标凡十二见，是为科技强国、质量强国、航天强国、网络强国、交通强国，还有制造强国、海洋强国、贸易强国、文化强国、体育强国、教育强国、人才强国。我们有理由相信，这里面任何一个强国目标的实现都不能离开语言服务方面的支持。从共性角度来看，至少以下几个方面的语言服务是必不可少的：

必须在国家语言能力方面有更加充分的语言服务。我国要加快建设创新型国家，实现前瞻性基础研究、引领性原创成果重大突破，拓展实施国家重大科技项目，突出关键共性技术、前沿引领技术、现代工程技术、颠覆性技术创新，不管是成果演绎还是成果表达都离不开语言。这方面的语言服务如果要达到充分展示水平，至少有两个指标：一是我们能够用当今世界普遍接受的国际语言表达中国的创新；二是我们应该建立起扎根于中国大地上的语言自信，努力建设好中国的话语体系，使中国标准与创新术语也能为世界文明的发展提供中国智慧和中国方案，这里面就得有语言服务上的规划布局。可以肯定的是，从国家层面强调语言服务的重要性并非我们一时心血来潮的强作之辞。举个例子，2016 年教育部和国家语委印发的《国家语言文字事业"十三五"发展规划》就是一个服务价值指向明确的规划，全文九千余字，四十四次提到"服务"，其指导思想中就明确提到"以服务国家发展需求为核心"。

必须在文化建设方面有更加适切的语言服务。十九大报告中提出建设文化强国，这里面至少有两个方面需要加强语言服务工作。一方面是中华优秀传统文化的传承需要更加系统有效的语言服务，习近平总书记说要让收藏在博物馆里的文物、陈列在广阔大地上的遗产、书写在古籍里的文字都活起来，这里面的"书写在古籍里的文字都活起来"尤其需要各种语言服务手段的配合。① 这中间既包括传统手段如工具书与读本的编辑推送，更应包括现代传媒背景下各种语言服务载体形式的选择推广。另一方面是中华文化"走出去"，推进国际传播能力建设，展现真实、立体、全面的中国，提高国家文化软实力，更是离不开语言服务的跟进。这里面既包括汉语国际教育和国际传播工作，也包括筹办好北京冬奥会、冬残奥会等以加快推进体育强国建设。新时代中国的各种大型国际活动都是我们讲好中国故事、传播中国文化、推动人类命运共同体建设的重要平台，各种适切的语言环境的建设、更具可接受性的语言服务技术的使用等都将是语言服务得以实现的生动表现。

必须在民生短板方面有更加周全的语言服务。以建设教育强国为例，十九大报告提出要推动城乡义务教育一体化发展，高度重视农村义务教育，努力让每个孩子都享有公平而有质量的教育。建设教育强国是中华民族伟大复兴的基础工程，在这个基础工程中最大的民生短板至少有两个，一个是农村义务教育，另外一个就是特殊教育，要使这两个短板上的孩子享受公平而有质量的教育就离不开语言服务。对农村义务教育而言，要达到这个目的，在全国范围内基本普及国家通用语言文字就是重要的语言服务，只有共和国大地上任何一个地方的孩子都拥有走向祖国大地四面八方的语言能力，他们才能在国家通用语言文字使用权利上获得一种最基本的公平。有研究表明，个人语言能力的高低和他们可能从社会经济发展中获得的经济回报存在着直接关系。另一个短板，对应该接受特殊教育的孩子而言，使他们尽早学得国家通用手语和通用盲文，为他们提供更加便捷先进的信息技术支持，帮助他们更加有效地交流交际、更好地融入主流社会，也需要我们来自语言服务方面的更为系统周全的支持。目前我们在这方面的规划标准与技术支持都还有很多工作要做，或者我们可以这样想象，当共和国土地上的残障人士们都能够借助国家提供的各种语言服务和这个世界无障碍沟通的时候，我们建设的社会主义现代化强国在文明和谐上会展示得更加完美。

---

① 2014 年 3 月 27 日习近平总书记在联合国教科文组织总部的演讲。

迈向新时代的中国语言服务[*]

十九大报告中说，经过长期努力，中国特色社会主义建设进入了新时代，这是我国发展新的历史方位。新时代的内涵非常丰富，其中的一个重要表述就是"这个新时代，是承前启后、继往开来、在新的历史条件下继续夺取中国特色社会主义伟大胜利的时代，是决胜全面建成小康社会、进而全面建设社会主义现代化强国的时代"[①]。本文以全面建成社会主义现代化强国为背景，抽取与"强国"有关的若干论断，从语言服务这个角度进行一些梳理，讨论一下迈向新时代的历史进程中我们需要一些什么样的语言服务。

十九大报告给世人展示的是一个非常鲜明的强国图谱。"强国"作为中心词在报告中总共出现了 18 次，其中"社会主义现代化强国"5 次，主要集中在报告的第一、三、四部分，强调分两步走在本世纪中叶建成富强民主文明和谐美丽的社会主义现代化强国的奋斗目标；"人才强国"2 次，分别出现在第四部分"决胜全面建成小康社会，开启全面建设社会主义现代化国家新征程"和第十三部分"坚定不移全面从严治党，不断提高党的执政能力和领导水平"中；"制造强国"等 11 个具体的强国目标次第出现，其中"制造强国、科技强国、质量强国、航天强国、网络强国、交通强国、海洋强国、贸易强国"集中出现在第五部分"贯彻新发展理念，建设现代化经济体系"中，"文化强国、体育强国"是第七部分"坚定文化自信，推动社会主义文化繁荣兴盛"提出的，第八部分"提高保障和改善民生水平，加强和创新社会治理"提出了"教育强国"。

我们认为，每一个具体的强国目标的实现都离不开语言服务的支撑。本文试图选择一些具体的强国目标，对它们可能需要的语言服务进行一些例说分析。

一、人才强国的语言服务

十九大报告第一次出现"人才强国"是在第四部分"决胜全面建成小

---

[*] 本文原载于屈哨兵主编：《中国语言服务发展报告（2020）》，北京：商务印书馆，2020 年。

[①] 习近平《决胜全面建成小康社会，夺取新时代中国特色社会主义伟大胜利——在中国共产党第十九次全国代表大会上的报告》，本书所引十九大报告全部指此报告。

康社会，开启全面建设社会主义现代化国家新征程"中，提出要统筹推进"五位一体"的战略布局，坚定实施科教兴国等七个战略，"人才强国"作为其中之一提出来；第二次出现是在第十三部分"坚定不移全面从严治党，不断提高党的执政能力和领导水平"中，强调"要坚持党管人才原则，聚天下英才而用之，加快建设人才强国"。

从语言服务的角度看，至少可以从两个方面为人才强国目标的实现作出努力：一个是国民语言能力建设需要语言服务，另一个是干部英才队伍建设需要加强语言服务。教育部、国家语委 2012 年颁布的《国家中长期语言文字事业改革与发展规划纲要（2012—2020）》提出到 2020 年达到"国民语言能力显著提高"的目的，国民语言能力的核心就是使用国家通用语言文字的能力。经过近十年的努力，我们有理由相信，到 2020 年，国民语言能力显著提高这个目标会基本实现，全国范围内会基本普及国家通用语言文字，全国普通话普及率平均会达到 80% 以上。但是，如果要实现人才强国的目标，我们的语言教育服务目标则应该远远高于 80% 这个指标。根据 2017 年国家语委的报告，我国东西部之间、城乡之间的普通话普及程度很不平衡：西部与东部有 20% 的差距；大城市的普及率超过 90%，但很多农村地区只有 40% 左右。即使经过这两年的不断努力，特殊困难县域的普及率达到不得低于 50% 的预定目标，全国不同地区之间的国民语言能力差异仍然会存在。这就需要我们有继续持久攻坚的准备，规划好 2020—2035 年进一步提升国民语言能力的目标并切实推进实施。这种规划推进就是语言服务。

"人才强国"在报告中第二次出现，是在"党管人才、聚天下英才而用之"这个背景之下提出来的。这个层面上语言服务要做的工作肯定要比一般意义上的提高国民语言能力更多、目标更高，要通过语言服务使得干部英才队伍的能力素质得到提升。这方面的具体内容十分丰富，包括干部英才语言表达的沟通能力、语言逻辑的组织能力、语言文化的吸收能力，当然也包括现代语言技术的处理能力。我们可以举一个旁证，美国哈佛大学向来注重他们的人才培养质量，用他们自己的话来说是"要培养未来世界的领导人"。曾经担任过 20 年哈佛大学校长的德雷克·博克在总结大学教育的若干目标时将表达能力排在第一位："其中最广为人知的，是精确而优美的书面表达能力，其次是清晰而有说服力的口头表达能力。"① 我们或许也可以从中受到启发。当然，人家谈的只是对本科生的一般要求，而

---

① 德雷克·博克著，侯定凯、梁爽、陈琼琼译：《回归大学之道：对美国大学本科教育的反思与展望》（第二版），上海：华东师范大学出版社，2012 年。

我们所要追求的是现代化强国建设过程中干部英才的表达能力，要求应该更高更实际一些。客观而论，我们的大学教育对这方面的重视是不够的。现在已经进入干部英才序列或者有可能成为干部英才的人，虽然其中相当一部分在这方面的能力已经十分出色，并在工作实践中不断成长，但不排除仍有一部分人不能尽如人意，与"人才强国"所应该达到的标准还有差距。在这方面应该加大语言教育培训服务的力度，从目前的情况来看，我们似乎还缺少这方面的顶层设计，尤其是在大学教育目标中，针对这一环节需要下更大的功夫。

二、制造强国的语言服务

"制造强国"出现在报告第五部分"贯彻新发展理念，建设现代化经济体系"之"深化供给侧结构性改革"内容中，原文是："加快建设制造强国，加快发展先进制造业，推动互联网、大数据、人工智能和实体经济深度融合，在中高端消费、创新引领、绿色低碳、共享经济、现代供应链、人力资本服务等领域培育新增长点、形成新动能。"

"互联网、大数据、人工智能和实体经济深度融合"离不开语言服务：这三者的本质都和语言有着密不可分的关系，可以这样说，如果语言这方面的问题没有解决好，它们就不可能在真正意义上完全实现与实体经济的完美融合。举个例子，不论是德国工业 4.0 还是中国制造 2025，核心问题都包括对海量数据的占有和利用，这些海量数据到底是属于机器、软件还是终端用户，决定着谁能成为这个"未来产业链"的最高端[①]，其中的互联网技术、大数据挖掘和人工智能发展都离不开来自语言的科技力量的支撑。但这里面也有一个困境，现代语言处理大师贾里尼克曾经说过一句话："我每开除一名语言学家，我的语音识别系统识别率就会提高一点。"[②]这句话虽然过于极端，但也可能在相当程度上反映出语言学家们说起理论头头是道、干起活来却高不成低不就的一种实情。语言学家在这方面是否真的能起到促进作用，有时也要我们作出反思：应该如何进一步为互联网技术、大数据挖掘和人工智能发展作出我们的贡献。

"在中高端消费、创新引领、绿色低碳、共享经济、现代供应链、人力资本服务等领域培育新增长点、形成新动能"同样离不开语言服务的支撑。以"人力资本"领域为例，拥有更强语言能力的人通常会拥有更强的

---

① 《未来的战争：德国工业 4.0 与中国制造 2025》，百度文库，https：//wenku_baidu.com/view/608b8c5c7f1922791788e813_html。

② 吴军：《数学之美》（第二版），北京：人民邮电出版社，2014 年。

价值创造能力，这方面有时体现为对全球通用型语言的掌握使用程度，有时体现为对特定区域内通用型语言的掌握使用程度，有时则体现为对某些处于共同市场范围内不同语言的掌握使用程度。除传统的语言教育之外，基于现代信息技术的语言翻译应该就是培育人力资本的一个新的增长点。

三、科技强国、质量强国、航天强国、网络强国、交通强国的语言服务

"科技强国、质量强国、航天强国、网络强国、交通强国"这组概念出现在报告第五部分"贯彻新发展理念，建设现代化经济体系"之"加快建设创新型国家"内容中。从语言服务的角度看，每一个强国目标的建设都需要语言服务的强力支持，例说如下：

质量强国的各类标准建设表述要过好语言关。建设质量强国是我国进入新时代后发出的一种愈来愈强的呼声，2017 年出台的《中共中央　国务院关于开展质量提升行动的指导意见》就是明证。习近平总书记 2014 年提出"推动中国制造向中国创造转变、中国速度向中国质量转变、中国产品向中国品牌转变"①，在此前后我国陆续颁布实施《装备制造业标准化和质量提升规划》《消费品标准和质量提升规划（2016—2020 年)》《关于建立统一的绿色产品标准、认证、标识体系的意见》，没有哪一种意见与标准离得开语言服务的支撑。至于如何使某些标准成为国际标准，抢占国际竞争的制高点，就更离不开来自语言的支撑服务。中国企业华为技术有限公司主导推出的下一代超高速无线网络 5G 标准有望成为全球电信行业标准。现在描述标准的语言主要是英语，但是我们也要有这样的准备，随着更多的中国标准走向世界，我们也要为不同目标国提供包括汉语在内的各个语种的语言服务。至于国内市场中各种质量标准的制定与执行，语言服务更是不可须臾或缺。

航天强国的推进也需要语言力量的介入。航天强国意味着我们要将中国的视野投向更远的外太空，这里面既关系到中国在地球村中的利益，更关系到代表地球文明的语言表达问题。虽然现在我们这个星球对外星文明发出的所有信号都没有得到验证，但这并不意味着我们对此就可以漠不关心，从某种意义上说，这是一种人类责任。至于更加具体的载人航天、卫星导航等领域，则更要注重语言服务。我们不知道是否有这样一种可能，就是在航天强国的国际竞争中，有更多的中国概念、中国语言服务手段在

---

① 2014 年 5 月 10 日习近平总书记视察中国中铁装备集团时作出的重要指示。

航天领域中立足，成为航天强国彼此之间交流的内容甚至交流的工具。

交通强国的建设需要加强语言服务基础设施的建设，这是十分明显的需求。这里面大到铁路、公路、水运、航空、管道、物流等基础设施中信号识别系统的建设，小到具体公共交通系统中的站牌显示与播报指引，以及人们出行时手机终端或者车载终端的线路指引，包括智能交通中能有效解决城市停车难导致的交通拥堵的停车指引，都离不开语言服务。目前语言学的力量在这方面作出的服务贡献很少。我们还不知道是否可能存在这么一种情况：随着语言服务力量的加入，我国的交通强国语言服务基础设施建设会更有质量、更有水平。

科技强国和网络强国与语言服务的关系则更是密切。语言的工具性特征决定了其在任何领域都无法缺席，我们要做的，是从服务这个角度为具体强国目标的实现助力提速。限于篇幅，这里不再一一列论。

四、海洋强国的语言服务

海洋强国出现在报告第五部分"贯彻新发展理念，建设现代化经济体系"之"实施区域协调发展战略"内容中。报告提出要"坚持陆海统筹，加快建设海洋强国"。

海洋强国的建设必然面临更多目标任务，习近平总书记在中共中央政治局第八次集体学习时强调："21世纪，人类进入了大规模开发利用海洋的时期。海洋在国家经济发展格局和对外开放中的作用更加重要，在维护国家主权、安全、发展利益中的地位更加突出，在国家生态文明建设中的角色更加显著，在国际政治、经济、军事、科技竞争中的战略地位也明显上升。"[1] 这里面有的任务可能就直接与语言服务有关。以海洋权益的维护为例，在岛礁主权、海域划界和通道安全等方面，就需要来自语言服务方面的力量。我国拥有960万平方千米的土地和473万平方千米的海域，其中相当一部分海域被周边其他国家觊觎甚至侵占。对此，我国的态度历来十分明确：我国领土神圣不可侵犯！在这一点上，语言服务必须发挥作用。以南海为例，我国对九段线内的南海海域拥有主权，这片海域面积达210万平方千米，共有岛、礁、沙、滩200多个，对岛礁的命名与正名就是语言服务。十九大报告提及的"南海岛礁建设积极推进"中同样也有语言服务的身影，我们目前在这方面还缺少及时的总结与跟进，在某种意义上，语言学界的力量在这方面不应该缺席。

---

① 2013年7月30日习近平总书记在中共中央政治局第八次集体学习时的讲话。

五、贸易强国的语言服务

贸易强国出现在报告第五部分"贯彻新发展理念，建设现代化经济体系"之"推动形成全面开放新格局"内容中。报告提出要"拓展对外贸易，培育贸易新业态新模式，推进贸易强国建设"。

贸易强国的拓展推进同样离不开语言服务方面的拓展推进。这里面包括"一带一路"走出去、引进来中的语言服务问题，以及"赋予自由贸易试验区更大改革自主权，探索建设自由贸易港"行动中的语言服务问题。我国"一带一路"倡议得到了"丝绸之路经济带"和"21世纪海上丝绸之路"沿线国家和地区的积极响应，沿线涉及的国家和地区超过了70个。我们主张"中国将同各方一道，秉持共商、共建、共享原则，推进政策沟通、道路联通、贸易畅通、货币流通、民心相通"[1]，"倡导不同民族、不同文化要'交而通'，而不是'交而恶'，彼此要多拆墙、少筑墙，把对话当作'黄金法则'用起来，大家一起做有来有往的邻居"[2]。不管是包括"贸易畅通"在内的"五通"，还是作为"黄金原则"的对话，都需要语言服务。据杨亦鸣、赵晓群（2017）初步统计，"一带一路"沿线国家民族语言多达2 400余种，实际使用的官方语言和通用语言共56种。[3] 这56种语言中，有的我国尚未开设相关的语言教育专业，难以提供相关的语言服务；更亟待解决的是，随着"一带一路"共商共建共享获得相应推展，语言服务所需要的层次类型与规模远非一般的语言教育所能满足。这两年我国相关机构企业通过各种平台为此做了不少工作，但从国家战略这个层面来看，我们要做的和能做的仍然有很多。2018年在上海举办的中国国际进出口博览会是世界上第一个以进口为主题的国家级展会，170多个国家和地区及国际组织参会，3 600多家企业参展，40多万名境内外采购商对接洽谈。举办方为这次进博会的成功举办在语言服务方面也做了大量的准备，例如上海联通提供的英语、日语、韩/朝鲜语、法语、德语、西班牙语、俄语、马来语、阿拉伯语、世界语10种常用外国语言的"10010热线"呼入及呼出服务，服务时间为一周7天、每天14小时[4]；进博会语言

---

① 2016年11月19日习近平总书记在秘鲁利马出席亚太经合组织工商领导人峰会时发表的主旨演讲。

② 2016年1月21日习近平总书记在阿拉伯国家联盟总部的主旨演讲。

③ 杨亦鸣、赵晓群主编：《"一带一路"沿线国家语言国情手册》，北京：商务印书馆，2016年。

④ 李淑平：《上海联通进博会系列报道之四：通十国语言的智慧客服集结完毕》，澎湃新闻，https：//www.thepaper.cn/newsDatail_forward_2566665，2018年10月26日。

服务商传神语联网提供同传、交传、陪同翻译等多种形式的现场翻译服务，相关的智能翻译机在进博会上也进行了展示，其中一种传神 T1 翻译机目前能够支持 39 种语言，并会持续迭代更多语种，保证人机随身翻译的最佳效果。① 这些都是我们为贸易强国建设从语言服务这个角度作出的努力。拓展对外贸易必然伴随着各种语言服务，我们还有更多的事情需要做好。

六、文化强国的语言服务

文化强国出现在报告第七部分"坚定文化自信，推动社会主义文化繁荣兴盛"的第一段，特别强调"要坚持中国特色社会主义文化发展道路，激发全民族文化创新创造活力，建设社会主义文化强国"。

从语言服务角度来看建设社会主义文化强国，同样有很多工作需要下大力气来做，这里面包括当代中国故事的世界表达问题、中华传统文化的世界表达问题、中国语言的世界传播问题等。十九大报告中说，中国特色社会主义道路、理论、制度、文化不断发展，拓展了发展中国家走向现代化的途径，给世界上那些既希望加快发展又希望保持自身独立性的国家和民族提供了全新选择，为解决人类问题贡献了中国智慧和中国方案。如何使这种中国智慧和中国方案成为解决人类问题的新选择？这就需要语言服务，这里面大到哲学社会科学体系的建构，小到一个个概念细节的译介表达，都是如此。鉴于不同语言之间的文化差异，要建设文化强国，如何在语言服务这个层面上更加系统准确地表达中国特色社会主义道路、理论、制度、文化，需要我们进行更加系统的谋划与建设推动。举个例子，商务印书馆有一套"汉译世界学术名著丛书"，有 700 多种书，蔚为壮观，这表明我们在"引进来"方面做了大量工作，但是与此相对应的中国文化、中国方案、中国智慧的外译工作，可能是一个更大的工程。当然，我们在这方面已经作出了积极的努力并取得了很好的效果，例如，《习近平谈治国理政》第一卷已经出版了 24 个语种 27 个版本，创造了改革开放以来党和国家领导人著作发行量的新纪录②；《习近平谈治国理政》第二卷中英文版全球发行量已突破 1 300 万册，2017 年 11 月 27 日，国家外文局与 16 个国家的知名出版机构签署《习近平谈治国理政》第二卷国际合作翻译出版

---

① 《进博会指定传神提供智能翻译硬件　多举措保障语言服务全覆盖》，凤凰网，http://finance.ifeng.com/c/7hbslgnJmTy，2018 年 11 月 6 日。

② 《〈习近平谈治国理政〉第二卷出版座谈会发言摘编》，人民网，http://media.people.com.cn/n1/2017/1125/c40606-29667208.html，2017 年 11 月 25 日。

备忘录，正式启动《习近平谈治国理政》第二卷国际合作翻译出版工作。①这些都是语言服务必须做的事情。2010 年国家社科基金开始设立中华学术外译项目，当年资助立项 13 项，此后规模不断扩大，2018 年达到 185 项，这表明我们在建设文化强国方面正在走出坚实的步伐。但是毋庸讳言，这方面也存在着短板，像中华学术外译项目这样的国家级项目，所涉及的外语主要是英文、法文、俄文、阿拉伯文、西班牙文、德文等几种，其他文版的虽然可以接受，但显然还没有进行顶层设计，这也从另一个角度反映出我们在这方面进行翻译服务的力量储备还不够，底气不足。

另外，做好世界知识的中文表达也自然是语言服务的题中应有之义，这个方面李宇明（2018）的观点值得特别重视，他说："国家和知识界须有危机意识，除了提高全民的外语能力之外，要努力发展以中文为轴心的多语种自动翻译技术，完善信息获取与推送的现代知识工程，让中文成为国人获取知识的路径依赖语言，更要通过政策支持建立'中文自信'的学术评价体系，提升中文文本的国际声望，这是更为根本的打破语言藩篱之策。"②

七、体育强国的语言服务

体育强国出现在报告第七部分"坚定文化自信，推动社会主义文化繁荣兴盛"之"推动文化事业和文化产业发展"内容中，提出要"广泛开展全民健身活动，加快推进体育强国建设，筹办好北京冬奥会、冬残奥会"。

加快推进体育强国建设肯定离不开语言服务，这里面仅筹办好北京冬奥会、冬残奥会这一条就需要一种新时代的语言服务支撑。2022 年北京冬奥会和冬残奥会令人瞩目，教育部、国家语委与北京冬奥组委联合实施的"北京冬奥会语言服务行动计划"就是助力体育强国建设的有力证明。这个服务行动计划的重点项目包括"开展语言技术集成及服务""提供语言翻译和培训服务""优化奥运语言环境""开展外语志愿者培训工作""合作开展冬奥会语言文化展示体验项目"等，只有把这些语言服务项目做好，我们才可以说在语言文字方面为达到习近平总书记提出的"着眼于办

---

① 马桂花：《〈习近平谈治国理政〉第二卷全球发行突破 1 300 万册》，人民网，http://cpc. people. com. cn/n1/2018/0204/c64387-29804441. html，2018 年 2 月 4 日。

② 李宇明：《关于"世界知识的中文表达"问题》（在 2018 年海内外中国语言学者联谊会暨第九届学术论坛上的致辞与解题），北京，2018 年 7 月 29 日，转引自微信公众号"商务印书馆汉语中心"，2018 年 8 月 2 日。

成一届精彩、非凡、卓越的奥运盛会"① 的目标作出了我们的努力。近些年来，我国在这方面也做了不少工作，例如2017年国家质量监督检验检疫总局和国家标准化委员会联合发布的《公共服务领域英文译写规范》（第2～10部分）中的"第5部分：体育"就是如此，这一部分规定了体育领域英文翻译和书写的相关术语和定义、翻译方法和要求、书写要求等，其本身既是一种语言服务，还是下一步更多关于体育领域服务译写规范标准的基础。其附录只是列出了体育场馆、体育服务信息、体育运动项目和体育比赛名称等方面的示例，还应该有更为详备的译写服务跟进才行。

八、教育强国的语言服务

教育强国出现在报告第八部分"提高保障和改善民生水平，加强和创新社会治理"之"优先发展教育事业"内容中，这部分的第一句就是："建设教育强国是中华民族伟大复兴的基础工程，必须把教育事业放在优先位置，深化教育改革，加快教育现代化，办好人民满意的教育。"

教育强国建设过程中的语言服务须臾不可或缺，体现在方方面面。例如教材语言服务问题、教学语言选择问题、国家通用语言的使用和各民族语言（包括方言）文字科学传承保护问题、语言教育的科学规划问题、语言能力获得与摆脱贫困问题等，都离不开语言服务。《中国语言服务发展报告（2020）》中的新疆维吾尔自治区语言服务报告和云南毛南族语言教育服务报告都是从语言能力获得与摆脱贫困的关系角度进行的，我们要全面建成小康社会进而达到建成社会主义现代化强国的奋斗目标，就必须为教育领域的各个环节、各类人群、各个阶段提供更加全面而有质量的语言服务。再举个教材语言服务方面的例子。我们要在基础教育阶段为中华优秀传统文化的传承打下坚实的基础，就会涉及国家教材、地方教材以及校本教材对各种文化样态的语言组织问题。很显然，现有的教育部统编教材作为国家教材，在这方面的质量得到了比较充分的保障，但相对浩如烟海的中华文化样态而言，这毕竟还只是一小部分。比如，国家公布的非物质文化遗产就有1 700多种，再加上省市县各级的非物质文化遗产，那就更是一个庞大的数字，如何指导各级各类教育编辑出版者为基础教育教材读物提供有品质的语言服务，这就是一个很值得重视的问题。

---

① 2017年1月23日习近平总书记在张家口考察北京冬奥会筹办工作时的讲话。

九、结语

总体看来，语言服务在我们迈向新时代建设社会主义现代化强国的伟大征程上不可或缺。因具体强国目标的不同，语言服务有的时候体现为基础性工作，有的时候体现为组成性工作，有的时候体现为主体性工作，有的时候体现为嵌入性工作，有的时候体现为补足性工作。不管其体现方式是哪一种，我们都应该立足于中国特色社会主义进入新时代这个新的历史方位，就如何融入国家发展大局对其进行系统的梳理，做好顶层设计，进行系统布局，积极推动实践，为建设富强民主文明和谐美丽的社会主义现代化强国作出语言学工作者与语言文字事业的特殊贡献。

参考文献

[1] 德雷克·博克著，侯定凯、梁爽、陈琼琼译：《回归大学之道：对美国大学本科教育的反思与展望》（第二版），上海：华东师范大学出版社，2012 年。

[2] 吴军：《数学之美》（第二版），北京：人民邮电出版社，2014 年。

[3] 杨亦鸣、赵晓群主编：《"一带一路"沿线国家语言国情手册》，北京：商务印书馆，2016 年。

《中国语言服务发展报告》编写相关问题的前瞻与回应[*]

本文基于中国语言生活派的相关学术旨趣，讨论《中国语言服务发展报告》研制编写的相关问题，以期能推动该项工作的开展。主要讨论思考的问题有四个，最后有个小结余思。

一、研制基础与原因

以"语言服务"为题研制《中国语言服务发展报告》现在应该提上议事日程了，从某种意义上说，它可以成为以《中国语言生活状况报告》为代表的语言皮书系列的一个组成部分。原因归纳起来，大体有三个方面：

一是《中国语言生活状况报告》面世十多年来，我国逐渐形成了一个有着自己的学术旨趣和学术追求、有着特定的观察研究对象和相对稳定的研究方法的学术群体，这个学术群体就是中国语言生活派。在这个学术群体的共同努力下已经积累了一批新理念和新概念，这些理念和概念包括"构建和谐语言生活、虚拟语言生活、国家语言能力、个人语言能力、多语主义、大华语、领域语言学、语言资源、语言产业、语言红利、语言服务、语言消费、语言福利等"[①]，"语言服务"这个概念就是其中之一，我们有必要基于语言服务这个角度推动中国语言生活得到更好的观察。

二是围绕这些核心概念和相关理念，近年来学界陆续有相关研究成果问世，形成了一个交相辉映、彼此支撑的学术格局。以皮书系列而论，除了《中国语言生活状况报告》（绿皮书），陆续又有了《中国语言文字事业发展报告》（白皮书）、《世界语言生活状况报告》（黄皮书）、《中国语言文字政策研究发展报告》（蓝皮书）；围绕这个学派的研究成果也渐成一时之盛，其中以李宇明《中国语言规划论》[②]《中国语言规划续论》[③]《中国语言规划三论》[④] 中的相关论述最为集中，其他针对相关概念的论著有

---

[*] 本文原载于《云南师范大学学报》（哲学社会科学版）2018 年第 2 期。

① 李宇明：《语言生活与语言生活研究》，《语言战略研究》2016 年第 3 期。

② 李宇明：《中国语言规划论》，长春：东北师范大学出版社，2005 年。

③ 李宇明：《中国语言规划续论》，北京：商务印书馆，2010 年。

④ 李宇明：《中国语言规划三论》，北京：商务印书馆，2015 年。

贺宏志《语言产业引论》①、王世凯《汉语资源及其管理与开发》②；基于语言服务概念的讨论也多有发表，如屈哨兵③、赵世举④、李德鹏⑤、李现乐⑥等人的讨论。近年来国内相关学术期刊也屡有以语言服务为主进行的专门集中的讨论，其中包括《语言文字应用》《云南师范大学学报》这样较有影响的刊物。对语言服务研究进行较为全面梳理的著述也适时出现，如屈哨兵主编《语言服务引论》。⑦ 这些在一定程度上为《国家语言服务发展报告》的研制准备了一定的学术基础。

三是随着中国特色社会主义建设进入新时代，语言服务愈发成为国家现代化进程中一种重要的语言生活现象，在相当程度上不只是见证国家的发展，而是在更广范围内和更深程度上参与推动着国家现代化进程，以更高水平的服务助力国家发展。因此，较之以往，我们更有必要把基于语言服务的种种情况以专门的方式记录下来、展示出来，并为国家的进一步发展提出不可或缺的语言服务方面的意见和建议。

上述三点就是我们倡议研制《中国语言服务发展报告》的原因。

二、研制的基本原则

《中国语言服务发展报告》研制编写的基本原则大抵有 4 个，即以业态为纲、以领域为目、以国家为面、以城市为点。

以业态为纲。这里的业态可以分成三类：产业、行业、职业，我们曾在《语言服务引论》中对这几种业态进行过分析描述，产业和行业有时候可能有些交叉。语言服务产业是指以语言服务作为生产和经营手段的事业；语言服务行业主要是指依托语言作为服务的重要手段或者主要手段的

---

① 贺宏志：《语言产业引论》，北京：语文出版社，2013 年。

② 王世凯：《汉语资源及其管理与开发》，北京：中国社会科学出版社，2014 年。

③ 屈哨兵：《语言服务研究论纲》，《江汉大学学报》（人文科学版）2007 年第 6 期；屈哨兵：《关于〈中国语言生活状况报告〉中语言服务问题的观察与思考》，《云南师范大学学报》（哲学社会科学版）2010 年第 5 期；屈哨兵：《语言服务视角下的中国语言生活研究》，《北华大学学报》（社会科学版）2011 年第 5 期；屈哨兵：《语言服务的概念系统》，《语言文字应用》2012 年第 1 期。

④ 赵世举：《从服务内容看语言服务的界定和类型》，《北华大学学报》（社会科学版）2012 年第 3 期。

⑤ 李德鹏、窦建民：《当前我国语言服务面临的困境及对策》，《云南师范大学学报》（对外汉语教学与研究版）2015 年第 2 期。

⑥ 李现乐：《语言资源和语言问题视角下的语言服务研究》，《云南师范大学学报》（哲学社会科学版）2010 年第 5 期。

⑦ 屈哨兵主编：《语言服务引论》，北京：商务印书馆，2016 年。

各类服务性行业的集成。① 一般而言，服务性行业都伴随着语言服务的需求。② 相较而言，语言服务产业的概念可能更清晰、更"现代"、更"市场"一些，而语言服务行业的概念可能语义所指更宽泛、更"传统"一些。"职业"这个概念是对从事语言服务的不同工种人群的分类，个体性和商品性是其重要的内在属性，相对来说更为单纯一些。整体看来，这几种业态基本上可以涵盖我们通常所能接触的语言服务的各种类型，以它们为纲，可以使发展报告的覆盖较为全面。

以领域为目。这里的领域当然是指语言服务的领域，这些领域有多少种，随着划分标准的不同会有不同的答案，并且正处在不断延展的过程中。李宇明曾从规划的角度指出过这种趋势，"依托教育领域开始的，接着逐渐向行政、文化、社会服务行业等领域延伸"③。相对业态而言，领域具有更加开放的特征，编写语言服务发展报告，或者在不同的年段会有不同的选择，我们应该根据特定年段语言服务领域表现的急缓隐现的不同而有所取舍，纲举目张，不同的年段可能会张不同的目。

以国家为面。这里想要表达的是，语言服务发展报告的编写一定要站在国家的视角来进行观察，报告的立足点是国家，国家的语言文字政策法规是语言服务发展报告的事业基础，报告也是为了国家，观察记录不是唯一的目的，更重要的是助力语言文字事业，更好地服务于国家现代化。这里面既包括要比较全面地反映出国家不同年段中语言服务的基本面貌，也要反映出语言服务在国家发展中的使命追求与大势方向。

以城市为点。这里想表达的是，随着国家城市化进程的不断推进，语言服务发展的集中体现区域通常可以聚焦于某些城镇，尤其是城市，对城市一个个点的语言服务发展状况的描写可以在一定程度上反映出国家语言服务发展的基本态势和城市语言生活状况。城市语言活力的观察与城市语言服务能力的评估都是值得大力推动的课题。

三、研制项目要素

针对一个具体的语言服务项目发展状况的描写，从要素上讲，大体上有以下几个方面的内容：

一是相关政策法规规划的梳理，如果是首次出现的选题，涉及的梳理内容可能会多一些、系统一些，一般情况下只针对当年国家及地方新出现

---

① 屈哨兵：《语言服务的概念系统》，《语言文字应用》2012 年第 1 期。
② 屈哨兵主编：《语言服务引论》，北京：商务印书馆，2016 年。
③ 李宇明：《领域语言规划试论》，《华中师范大学学报》（人文社会科学版）2013 年第 3 期。

的相关语言文字政策措施进行梳理，这是我们进行语言服务的"基业"。绝大部分语言服务尤其是新出现的语言服务可能先有一个自发性的生长期，当这些属于语言生活范畴的活动发展到一定阶段，国家通常都会通过适当的方式予以介入，或者规划指引，或者总结提炼，或者推广提倡，这个时候我们就应该有意识地将其纳入语言服务发展报告的视野。举个例子，假如我们要研制科大讯飞这个以语音服务作为其核心竞争力的企业语言服务个案报告，我们可能首先要梳理的是国家层面的相关政策背景，假设我们当下要报告这个个案，那么至少2016年、2017年两个年段的相关政策不能缺位，比如《国家语言文字事业"十三五"发展规划（2016）》"发展目标"中的"语言文字信息化水平大幅提升。语言文字信息化关键技术研发取得重要成果，基本适应国家和社会信息化发展需求"① 就应该列出，还有国务院公布的《新一代人工智能发展规划》在"战略态势"中指出的"语音识别、视觉识别技术世界领先"② 作为个案成立背景也不可或缺。

二是要注意讲清楚所报告的语言服务项目的资源基础及与周边领域的关系，基于语言服务很多时候拥有共同的语言资源，这时着重要讲清楚的应该是其更深层次的对语言资源加以利用的学理分析，又或者是资源深度发掘后新形成的资源组合与资源聚集等。有的时候不同的语言服务领域彼此之间的界限不是特别清楚，比如语言文字信息处理和语言培训、语言翻译之间的关系，有时候可能不太清楚，需要我们在具体报告的时候尽量加以厘清。

三是语言服务的内容，这是每一个具体的发展报告的支撑主体。不是连年报告的项目应该对报告所处年段前一定时期内的发展状况作出综述回顾，但重点应该放在对报告所处年段的语言服务状况内容的梳理描写。还是以科大讯飞个案报告为例，当下状态下，这个企业语言服务的主要内容大体就包括"语音引擎""手机应用""教育产品""互动音乐""行业应用"等几个部分，这个可以在该企业的官网介绍中显示出来。③ 当然，这是比较好收集到的个案内容，即使这样，我们在进行具体的语言服务项目观察时也会有所比较取舍。对于其他一些需要报告的项目，我们可能要进

---

① 《教育部　国家语委关于印发〈国家语言文字事业"十三五"发展规划〉的通知》，教育部门户网站，http：//www. moe. edu. cn/srcsite/A18/s3127/s7072/201609/t20160913_281022. html，2016年9月13日。

② 《国务院关于印发新一代人工智能发展规划的通知》，中国政府网，http：//www. gov. cn/zhengce/content/2017 - 07/20/content_5211996. htm，2017年7月20日。

③ 见科大讯飞股份有限公司网站，http：//www. iflytek. com。

行更多事实材料上的收集准备。想要发展报告有质量，就要坚持"内容为王"这样的信条。

四是在上述报告的基础上进行分析思考，并对下一步发展提出建议。这个方面是报告研制队伍对语言服务发展大势进行判断引导的使命。

四、基本结构板块

《中国语言服务发展报告》的基本结构初步考虑由 7 个板块组成。

第一个板块是总报告。对报告年段语言服务发展的总体情况及分报告主要内容数据进行先导式归拢扫描，使读者在阅读分报告之前能够有一个整体的了解和把握。其中，还可以考虑就特定的行业、领域、城市等进行语言服务能力（包括语言活力）的报告，如果有需要，也可以将此单列出来。

第二个板块可以称为事业发展报告。主要从国家层面报告有关语言服务的发展情况，这里面既包括相关的语言文字政策制度的报告，也包括与语言服务有关的学术研究动态和学术研究成果的报告；既包括与语言服务有关的规范、活动讲话的报告，也包括与语言服务相关的学科专业人才（包括职业人才）培养的报告。

第三个板块可以称为行业与产业发展报告。包括语言培训、语言翻译、语言出版、语言会展、语言康复、语言艺术、语言创意、语言文字信息处理、语言评估等。这个板块的报告，有的在业界已经比较成熟，如语言翻译，但大部分还没有成系统地从语言服务的角度进行过跟进报告，如语言出版、语言创意、语言会展、语言康复等。即使是语言翻译的报告，下一步可能也还需加强对中国政治、经济、文化、社会发展等方面翻译服务的引导与报告。

第四个板块可以称为领域发展报告。与语言服务有关的领域很多，大致包括政务、交通、会展、旅游、文化、娱乐、体育、教育、医疗卫生、邮政、电信、餐饮、住宿、商业、金融等。这是一个相对开放的系统，除了上述提及的各个领域外，语言作为最重要的交际工具，在人类交往活动中无处不在。语言服务因为特定事务的需要可能会在某些特定领域显现出来，需要我们进行及时的跟进报告，比如法律灾异领域、族际与家庭领域、移民与社区领域等，都有我们开展语言服务工作并进行语言服务报告的需要。

第五个板块可以称为区域发展报告。这里的区域重点放在城市来进行，兼及城市所在省域或市域。当下我们可以考虑先从一组国家中心城市入手①，也可以考虑从15个副省级城市入手②，当然也可以考虑选择省会城市作为报告的重点，国家语委进行国家语言文字工作水平评估，将城市分为一类城市、二类城市也是一个比较适合的标准。如果要进行全国范围内特定层级的语言服务发展状况的比较，国家语委近些年创立的机制应该成为语言服务发展状况报告最重要的依靠与基础。如何进行城市区域的语言服务发展状况的评价描写，我们可以考虑先设计一个指标体系框架，初步考虑这个体系框架的设计要注意4个原则：语言服务环境项目分类、语言服务范围分区、语言服务指标分级、语言服务基础（语言活力、规划与人才等）。

第六个板块可以称为个案发展报告。主要针对特定年段在语言服务方面表现特别突出的个案进行专门的报告，这个板块的报告较之其他板块而言可能观察更全面、描写更细致、探究更深入、建议更具体更有针对性。从理论上讲，上述的事业、行业、产业、领域及区域等都可以因其特别的表现而选择其中的某个点作为个案发展报告的对象，这个点可以聚焦到更精准的层次。比如事业报告层面可以聚焦到一个具体的规范编制或者一项语言服务成果的研制推广，行业产业报告层面可以聚焦到一个具体从事语言服务的企业的发展运营，领域层面可以聚焦到某一个领域对其具体的运行单元的语言服务行动的各个环节措施进行全面细致的刻画，区域发展报告可以聚焦到一个特定城市或地区语言服务实现的方方面面。

第七个板块可以称为专题发展报告。主要针对国家或区域一些关乎国家政治、经济、社会、文化重大发展进程中涉及语言服务的地方进行专题报告。当下我国已经进入中国特色社会主义建设的新时代，2020年全面建成小康社会，2035年基本实现现代化，在本世纪中叶要成为富强民主文明和谐美丽的社会主义现代化强国。十九大报告中关于"强国"的组合概念凡十二见，即科技强国、质量强国、航天强国、网络强国、交通强国，还有制造强国、海洋强国、贸易强国、文化强国、体育强国、教育强国、人才强国。大致想来，任何一个"强国"方面的建设都必定会有若干重大的语言服务事业需要建设、需要报告。2016年教育部和国家语委印发的《国家语言文字事业"十三五"发展规划》就是一个服务价值指向明确的规划，全文9 000余字，44次提到"服务"，其指导思想中就明确提到"以

---

① 根据《全国城镇体系规划》中提出计划构建"十百千万"的城市体系，国家中心城市是10个左右。

② 15个副省级城市包括成都、沈阳、长春、哈尔滨、青岛、武汉、西安、南京、济南、广州、厦门、深圳、大连、杭州、宁波。

服务国家发展需求为核心"。① 在 2018 年召开的全国语言文字工作会议上，时任教育部副部长、国家语委主任杜占元强调 2018 年重点落实的工作可以概括为"一二三四"，其中的"三"是指三大工程，里面就包括"社会语言服务工程"。② 我们已经进入了一个奋力实现中华民族伟大复兴并日益走近世界舞台中央的时代，这都需要我们去做大量的工作，例如当下大家比较关注的"一带一路"的语言服务、粤港澳大湾区的语言服务、2022 年中国冬奥会的语言服务等，都是我们身处这个大时代必然作出的事业反应和学科回响。

五、余论

事实上，我们认为现在确实到了可以系统谋划编制《中国语言服务发展报告》的时代了。上述的原因解析、原则述略、要素探讨以及板块构建等或许也都只是一些初步的想法，但推动其尽快实践的价值是显而易见的。当然我们也知道，随着报告工作的不断深入，在具体的研制实践过程中，各个项目要素一定会不断地丰富和调整，尤其是关于发展报告的板块构建，完全可以根据发展丰富程度的不同在政商学研共同协作的基础上形成年度语言服务发展专项报告，这些专项报告可能涉及《语言服务产业发展报告》《语言服务行业发展报告》《语言服务领域发展报告》《城市语言发展报告》或《区域语言发展报告》，以及其他相关的个案专题语言服务发展状况报告等。只要假以时日，语言服务发展报告就可以成为中国语言生活派这个大家庭中的新成员。我们也相信，随着工作的不断推展，这些报告本身连同它们的研制者也会成为现代化国家新征程上的见证者和行动者。

参考文献

［1］贺宏志：《语言产业引论》，北京：语文出版社，2013 年。

［2］李德鹏、窦建民：《当前我国语言服务面临的困境及对策》，《云南师范大学学报》（对外汉语教学与研究版）2015 年第 2 期。

［3］李现乐：《语言资源和语言问题视角下的语言服务研究》，《云南师范大学学

---

① 《教育部国家语委关于印发〈国家语言文字事业"十三五"发展规划〉的通知》，教育部门户网站，http：//www.moe.gov.cn/srcsite/A18/s3127/s7072/201609/t20160913_28 1022.html，2016 年 9 月 13 日。

② 《2018 年全国语言文字工作会议召开》，中国语言文字网，http：//www.china-language.gov.cn/yw/gjywxx/201801/t20180110_29767.html，2018 年 1 月 10 日。

报》（哲学社会科学版）2010年第5期。

[4] 李宇明：《中国语言规划论》，长春：东北师范大学出版社，2005年。

[5] 李宇明：《中国语言规划续论》，北京：商务印书馆，2010年。

[6] 李宇明：《领域语言规划试论》，《华中师范大学学报》（人文社会科学版）2013年第3期。

[7] 李宇明：《中国语言规划三论》，北京：商务印书馆，2015年。

[8] 李宇明：《语言生活与语言生活研究》，《语言战略研究》2016年第3期。

[9] 屈哨兵：《语言服务研究论纲》，《江汉大学学报》（人文科学版）2007年第6期。

[10] 屈哨兵：《关于〈中国语言生活状况报告〉中语言服务问题的观察与思考》，《云南师范大学学报》（哲学社会科学版）2010年第5期。

[11] 屈哨兵：《语言服务视角下的中国语言生活研究》，《北华大学学报》（社会科学版）2011年第5期。

[12] 屈哨兵：《语言服务的概念系统》，《语言文字应用》2012年第1期。

[13] 屈哨兵主编：《语言服务引论》，北京：商务印书馆，2016年。

[14] 王世凯：《汉语资源及其管理与开发》，北京：中国社会科学出版社，2014年。

[15] 赵世举：《从服务内容看语言服务的界定和类型》，《北华大学学报》（社会科学版）2012年第3期。

第三编 领域视角下的语言服务

广告语言的两种除障方略*

现代消费者经常处在各种各样广告信息的包围之中，久而久之，他们会自觉或者不自觉地在商品信息进入心智的路上设置种种障碍。广告语言的一个任务，就是要力图消除这些障碍。本文讨论广告语言的两种除障方略，即成见除障方略和归因除障方略。

一、成见除障方略

成见是消费心理中较为常见的一种固定化的具有明显倾向性的态度，是一种偏见。根据成见形成的不同途径，我们提出两种具体的语言除障方法。

（一）知觉性成见的语言除障

知觉性成见是指由于未认识到某一产品的好处所抱的成见。对此，广告语言应采取一种信息释放策略来进行心理除障，即通过选择信息点和信息发布方式来释放可靠、有力的证据，从而消除受众的心理障碍。

1. 选择信息点

一个新上市的商品，其可能具有的信息点常常不止一个，它们各自有一定的广告价值，但哪些点上的信息最能对消费者的心理构成冲击，重新构建他们在某些方面的认知框架，却是大有讲究的。

以笔者参与策划的"唐宫精饮烟酒醒"（深圳贤龙实业公司）语言设计为例，这个品牌从名称分析，至少有三个信息点：①传统宫廷饮品；②由纯中草药精炼制成；③解烟醒酒。策划时，我们选择了第三个信息点来进行重点释放。根据市场调查预测，消费者的认知框架中，对于"宫廷饮品、中草药精制"等信息可能较易接受，但对饮品解烟醒酒的功能却可能有认知上的缺陷。于是，唐宫精饮烟酒醒的广告文本就主要在"解烟醒酒"上做文章，在说明书中以较多的文字介绍了中山大学生命科学学院的鉴定，指出该饮品能迅速降解人体血液中的尼古丁和乙醇，并标出了具体数据以证明这种降解功效，从而使消费者对该种新产品的功效品质有较为

---

* 本文原载于《修辞学习》1996 年第 3 期。

彻底的了解，打开品牌进入其心智的大门。

2. 选择信息发布方式

从语言角度看，信息发布方式的选择涉及语言角色的指定、语气句式的挑选及语形位置的安排等一系列问题。语言表现不当，同样影响除障力。

仍以唐宫精饮烟酒醒的广告语言推广为例，策划人员在其制定的说明书及 POP 广告中，都以显著方式标出如下的广告语言：

（1）清除你的烟毒酒毒——唐宫精饮烟酒醒。（说明书）
（2）常饮唐宫精饮烟酒醒，不再有烟毒酒毒。（POP）

例（1）、例（2）即我们所谓之广告标题语言，两者的发话角色指向各有不同。例（1）的发话角色是广告主，表明的是一种承诺；例（2）的发话角色指向的是消费者，表明的是一种督使。说"清除"，是揭示唐宫精饮烟酒醒的洁护型饮品的特性，而不是一种保健性饮品或药品，表明其对体内烟毒酒毒有清洗消除的功效。说"常饮"，是对消费者反复发生购买与消费行为的一种暗示。从语型位置的安排上看，例（1）、例（2）都是在广告的第一位置凸显出来的，从而便于消费者在第一时间进行信息认知。

（二）地位性成见的语言除障

地位性成见是指由人们所处的地位的不同造成的一种偏执态度，包括由实际地位造成的成见和由期望性地位造成的成见两种情况。

广告语言对地位性成见的除障努力主要体现在两个方面：地位模糊化和地位专指化。

1. 地位模糊化

地位模糊化是指通过广告语言来消除某些消费者在相关地位上因敏感而形成的心理障碍，即有意模糊地位上的差别。

台湾剑桥广告公司为华美联合建设公司策划的一则房地产销售广告的语言就运用了这种除障方法，他们力图模糊消费者的经济地位，使消费者觉得去投资兴建一座风景区的大饭店是一件"芝麻"般的小事。大饭店被命名为"芝麻城"，系列广告均以"芝麻"作为核心词：

（3）·芝麻下凡·芝麻开门·华美芝麻答客问
　　　·芝麻心愿·钱与芝麻·芝麻房东的电脑界盘

・芝麻特使到台南・芝麻特使未到嘉义
・春天早到，芝麻发芽・芝麻三鞠躬

整个广告运动中，这种"芝麻"除障的战术被运用得淋漓尽致，"芝麻开门"还可以使消费者联想到《天方夜谭》中阿里巴巴获得巨大财富的故事，从而收到了十分理想的广告效果。

2. 地位专指化

地位专指化是指通过广告语言对消费者进行有关地位的专门指引或向往性指引，从而消除相关的地位性成见。

专门指引的例子：

（4）怎样使 35 岁以上的妇女看上去更年轻？（某中老年妇女化妆品）

（5）你希望在 50 岁时依然年轻吗？（太阳少女牌化妆品）

（6）不论你年龄多大，都能使你显得年轻。（菲利普化妆品公司面霜）

例（4）至例（6）是化妆品广告语言的例子，都使用了一种消费者年龄专指手段，引导她们消除年龄上的心理障碍——化妆品只是年轻女性使用的东西，使她们树立起无论多大年龄都可用化妆品使自己年轻起来的观念。

向往性指引的例子：

（7）总统用的是派克。（美国派克金笔）

美国的派克笔是一种比较名贵的金笔。尼克松曾把它送给毛泽东，里根曾把它送给戈尔巴乔夫，布什曾拿它与叶利钦签订过合作协议。一句"总统用的是派克"可以勾起消费者的地位期望，从而使他们慷慨解囊。

二、归因除障方略

归因属于社会认知中的一种心理现象，又称归属，它常常阻断人们的态度过程。广告语言要注意消费者把商品信息看成什么，防止他们将其看成什么，有效地消除他们的归因心理障碍。

根据归因方式的不同，常见的除障方略有两种：外在归因的语言除障和内在归因的语言除障。

（一）外在归因的语言除障

外在归因是指把有关广告的因果关系归因于对消费者而言的某些外在的东西。外在归因常会引发一些消费心理障碍，其具体的除障方式有三种：

1. 环境意见式的语言除障

营造一种广告语言环境，使消费者不产生诸如商品是"样子货"、广告是"骗人的"一类的心理障碍。较常见的语言样式有两类：证言式广告语言和直呼式广告语言。例如：

（8）《渴望》播出那么久了，还有人惦记着我。这不，有不少观众给我寄来了镇脑宁，说王沪生气得我头痛。不过，真的头痛，它就派上用场了。（镇脑宁）

例（8）是证言式广告语言的例子。这种证言或来自某种"意见领袖"，如例（8）中的说话者（著名演员韩影），或来自一种"大众潮流"，如例（8）中的"不少观众"，他们的选择倾向足以消除潜在消费者的某些疑虑。

（9）在美国这块土地上，你可以看到迥然不同的景色、交叠起伏的绿色田野、平坦的白沙海滩、迪士尼乐园和以黑人乐曲谱写的明快而狂热的爵士音乐，你可以一睹大湖区和大峡谷的风光……总统发出邀请，你还在等什么呢？（美国旅游广告）

例（9）是直呼式广告语言的例子。一位广告大师曾说过："记住，你正在和自己的朋友对话，千万要用'你''你的'。"这就是在提倡使用直呼式广告语言，它的优点是对消费者可能具有的不良归因心理进行硬性切入，不假他人之口而径自营造出一种直面消费者的陈述模式，"迫使"消费者在广告语言的引导下直接进入某种消费情景。它通常是用第二人称手段来实现的。

2. 价值评价式的语言除障

消费者常常会对商品作出价不抵值的归因判断，有时候也会表现出一种既不想失去享受或消费，又不想付出较多代价的未决心态。此时，即可进行价值评价式的语言除障。

（10）一年只花 9 元，请个公关顾问。（《公共关系报》）

（11）单门价格，双门享受。（中国台湾"国际"牌全自动冰箱）

例（10）、例（11）是价值评价式语言除障的例子，在文本中，它常表现为一方面提出其价值，另一方面又标出商品的功用承诺，让消费者觉得物有所值。苏联《消息报》征订广告说，一年的订报费 22 卢布 56 戈比可用来买 924 克猪肉、1 102 克牛肉、1 500 克蜂蜜，前者是全年享用，后者只是一次享用，何者更有所值，消费者心中了然。

3. 强制警戒式的语言除障

有的消费情景中，一般的解释、劝说、煽情之类的广告语言已不能穿透消费者已经筑起的拒绝接受劝诱的心理屏障，这时可以通过提示消费者在生命、名誉、健康、幸福、财富等方面可能会受到的某种威胁。我们称之为强制警戒式的语言除障。

（12）凡向鳄鱼池内投掷食物者，必须自己拣回。（肯尼亚天然动物园）

（13）烟草，或者健康，请您选择。（戒烟广告）

例（12）是一种生命警戒，到鳄鱼池内拣食物不是冒着生命危险吗？例（13）是一种健康警戒。又如，火灾保险广告说"不参加火灾保险，你可能会在大火中倾家荡产、丧失生计"，这是一种财富警戒，此类警戒式广告语言都有很强的语言除障能力。

（二）内在归因的语言除障

消费者拒绝某些广告信息，有的是外在归因的结果，有的则是内在归因的结果——由一个人的人格特性、角色能力、动机意图等方面的不同所致。内在归因的除障方式也有三种：

1. 角色提醒式的语言除障

消费者在接触太多的广告之后，常常会出现一种角色迷失。用广告语言向消费者提供进行角色内在归因的线索，使其觉得"我正是这种人，我正需要这种东西"，这就构成了角色提醒式的语言除障。

（14）香港人最爱吃的月饼，气势如虹，万饼莫敌。（新加坡双黄白莲月饼）

（15）常服华佗再造丸，老年中风可预防。（广州寿星药业有限公司）

例（14）是角色的地域提醒（香港人），例（15）是角色的年龄提醒（老年）。进行角色提醒引导内在归因的途径很多，除地域、年龄外，消费者的性别、职业、生活习惯、兴趣爱好、身体状态等都可成为内在归因语言除障的指称线索。

2. 动机显示式的语言除障

动机是一种引起行动的意识或在行动之前定下的愿望。追求时髦、生活所需、个性满足等都可能成为消费者意欲接触广告信息的动机。充分利用这些动机，用语言浚通通往心智的道路，造成消费者"成功获取"信息的结果，构成动机显示式的语言除障。

（16）睇吓!① 100 元 3 件! 转行彻底清仓。（广州起义路 215 号店头广告）

（17）要换，就换最好的。（博士伦隐形眼镜护理液）

（18）从这里看世界——绝对新感觉。（天津立达国际商场眼镜广告）

内在的动机归因有不同的层次。例（16）重在对消费者进行"物质性"归因获取的语言除障，暗示一种"量的满足"——"100 元 3 件"；例（17）重在对消费者进行"社会性"归因获取的语言除障，强调商品的品质足可炫耀——"最好的"；例（18）重在对消费者进行"个人性"归因获取的语言除障，怂恿消费者去感受"绝对新感觉"。

3. 能力认定式的语言除障

有的时候，消费者把拒绝接受广告的行为归因于自己缺少相应的经济能力。经济能力可以分为低弱型、中下型、中上型、强力型、大富豪型等不同等级，任何一个等级都会有能力认定式的语言除障。通过广告语言，暗示消费者"你肯定买得起"，从而消除可能出现的不良内在归因。

（19）慷慨地旧货换新。带来你的太太，只要几块钱，我们将给你一位新的女人。（奥尔巴克百货公司）

（20）做过一番比较之后，你肯定会买大众汽车。（大众汽车公司）

例（19）是提醒一般经济能力的消费者同样可以具有相应的支付能力，但并不意味着低廉的价格只带来廉价的服装，广告刊出后，也吸引了当时的若干名人前来光顾；例（20）是高价位商品的广告语言，通过"肯

---

① "睇吓"为粤方言，意思是"看一下"。

定会买"来促使消费者进行成功的有关能力的内在归因。

　　除了成见除障方略和归因除障方略之外，广告语言还有各类风险的除障方略，如品质/功能风险的语言除障、社会/心理风险的语言除障、身体风险的语言除障、资金风险的语言除障等，从不同的角度探讨广告语言的除障方略，此当另文专说。

音色 音量 语速 *

——对 110 则电视广告的语音评析

1995 年 8 月 15 日晚 7 时至 11 时，中央电视台共播出 110 则广告。现对它们在音色选择、音量设定及语速控制上的部分统计及相关评析略说于下。

一、音色

音色，即声音的特色。我们试着按性别及年龄段的不同统计了 110 则电视广告的音色表现，结果见表 1：

表 1　音色性别及年龄调查

分类		分计	合计①
男声	成年声	115	118
	青年声	2	
	老年声	1	
女声	成年声	19	22
	青年声	3	
童声		4	4

表 1 说明，成年男声是广告语言中的优势音色，其次是成年女声和其他年龄段的男女声。成年男声占整个音色统计总数的 79.9%，是居第二位的女性成年音色的 6 倍多。童声、青年声和老年声的统计尚未达到可资分析的程度。

出现表 1 音色分配倾斜的原因有两个：一个是具体的广告项目要求有一种音色对应，一个是消费者（语言受众）的音感评价心理对音色选择有所影响。

---

* 本文原载于《语言文字应用》1996 年第 3 期。

① 因为有的广告是由男女声交替播出的，统计时分开计算，故合计总数超过了 110 则。后同。

我们按具体广告项目的不同统计了男女成人的音色分布，结果见表 2：

表 2　男女成人音色的广告项目分布

项目		男	女
服饰		4	0
食品	酒	12	0
	饮料	4	2
	食物	1	1
耐用消费品	家用电器	16	5
	自行车、摩托车	8	1
日常消费品	化妆品	7	5
	厨房用具	2	2
医药保健品	保健营养品	16	1
	医药品	25	1
工业产品及企业	汽车	6	0
	办公自动化设备	4	1
	机械	4	0
	企业	7	0
合计		116	19

通过表 2，我们大致可以看出男女成人音色与广告项目的配对关系。

有的项目，如服饰、酒、汽车、机械、企业，无一例外是男性音色。

选择男性音色，一方面和相关商品的一般使用者为男性有关，另一方面可能受到了消费者/操作者文化习俗意义上的性别评价的影响。比如酒，本来男女都喝，但在文化习俗意义上，好像只有男人喝酒才是"正宗"。这种性别评价自然会使商品的广告音色选择向男性倾斜。

有的项目，如化妆品、家用电器、饮料等，女性音色的选择相对而言较为集中（虽然其绝对音色选择数还不及男性），这同样也遵循了商品使用者的性别应对原则，有的也受到文化习俗意义上的性别评价的影响。

（1）夏天来了，你的肌肤更需要呵护。夏之宝，清新闪亮，娇艳美丽。夏之宝，阳光下的保护神。少女之春，荣誉出品。（化妆品）

（2）新飞广告做得好，没有新飞冰箱好。（家用电器）

（3）维维豆奶，欢乐开怀。（饮料）

以上是广告语言选择女性音色的例子。女性音色的特质在例（1）中的表现是柔软，在例（2）中的表现是亮丽，在例（3）中的表现是亲切。

有的项目是男性音色和女性音色交替出现，各效其力。南京臣功制药厂的广告先由一个女性说感冒药是臣功制药出品的，她现在不再操心了，表现的是一种家庭主妇般的成熟和亲切。然后再由一个沉着肯定的男中音旁白："臣功再欣，儿童感冒不操心。"前后呼应，各得其所。

音感评价心理影响音色选择。110则广告中，男性音色语例是女性音色语例的6倍多，这并不意味着男性消费使用的商品也沿此倍率增加。男性音色倾斜是和消费者（语言受众）对男声音感的信任分不开的。举一例：

（4）新一代绿丹兰新系列上市了。卓越中华技术，清新自然品质。绘出新感觉，塑造新形象。绿丹兰，绘出青春自然美。（绿丹兰化妆品）

绿丹兰是较典型的女性化妆用品品牌，广告却选择了一个男性中偏高的音色来进行信息传播。在美国，曾经有一个卧室用品公司的广告，最初由一个年轻女性音色播出，广告效果不明显，后来改用一较低的男性音色解说，结果使得商品销量大增。为什么？就是因为男性音色更能给人以忠实、安全、可靠之感。

广告的最终目的是要说服受众，让他们信服并觉得安全、可靠。男性音色的主要特征，如稳健、饱满、坚定、厚实、沉着等，是千百年来人类慢慢积淀下来的音感评价。这种评价常常和安全、力量、成功、信任、保护等若干男性的行为特征联系在一起。我们很难相信，如果大量的医药保健营养品的广告语言都用轻柔、温和、缠绵的女性音色传播出来，还会给人坚定、安全、忠实、可靠的感觉。表2中医药保健品广告音色统计的男女之比（41∶2）充分表明了男性音色优势存在的现实。

二、音量

音量，即声音的强弱、轻重和大小，基本上相当于语音学上的音强，但有时和音高也有一定的联系。从人们的语感上看，音量强、重、大的，音高常常高一些；音量弱、轻、小的，音高常常低一点。据此，我们可以把音量分成三个级别：高强、中强、低强。

依照音量级别的不同，我们对110则电视广告男女（成年）声进行了一个大致的统计，结果见表3：

表3　男女（成年声）音量统计

性别	音量级			合计
	高强	中强	低强	
男	11	85	19	115
女	2	16	1	19

从表3可以看出，三个音量级都各有广告作品，中强音量是广告语言音量的主要体现形式。

音量级的设定会受到具体广告的创意性质及广告内容的信息地位的制约。先看创意性质制约音量设定的例子：

（5）海棠洗衣机，至诚通天。［高强音量］（海棠洗衣机）

（6）阴阳组合世界，瘙痒困扰人类。洁尔阴，洗去疼痛。难言之隐，一洗了之。［中强音量］（成都恩威集团洁尔阴）

（7）虽然那次宴饮已过去多年，董酒真情，依然难忘。古老的魅力，独特的芳香。董酒。［低强音量］（董酒）

例（5）至例（7）是三个不同音量级的语例。例（5）是一种品牌宣示，表现出一种自信和大家气派，用了高强音。例（6）是医药品推荐，讲究客观和诚实，用了中强音。大部分医药保健品都是用中强音。例（7）配合画面，用回忆的语气来表现一种因酒而成的绵长回味，用的是低强音。

广告内容信息地位的差别是制约音量设定的另一个因素。举一例：

（8）穿衣服，我喜欢舒适一些，随便一些。［音量弱］属于我自己的，当然是派。［音量渐强］派，男女时装系列，流露自我一派。［音量强］你喜欢吗？［音量渐弱］（派牌服装）

例（8）是影视演员王志文为派牌服装做广告时使用的广告语言，他说话时的音量就经历了一个"弱→渐强→强→渐弱"的变化过程。强音量突出的是信息地位最高的广告内容：品牌名称、消费者类型及品牌风格。

一头一尾是导入话题和询问提醒，信息地位低一些，就用了弱音量。

音量级的设定与创意性质、信息地位的对应当然也不是绝对的。以品牌和企业名称为例，它们的创意及其地位常常是十分重要的，多用强音量，但也有用弱音量的相反例子。

（9）利脑救心，敖东利脑心。［强音量］（吉林敖东利脑心）

（10）选择吗丁啉，因为需要胃动力。西安杨森。［弱音量］（西安杨森股份有限公司）

例（9）是强音量品牌企业宣示例，例（10）则是弱音量企业名称宣示例。在对比中表现出音量强弱的变化，诉求效果就会比较好。

三、语速

语速，即说话的速度。广告语言的语速由于受到广告内容、广告语境、广告创意等因素的影响，也表现出一些值得注意的特点。

我们在统计中共获得 3 935 个音节（含标点停顿），累计时长为 1 145.2秒。这就意味着，广告语言（电视）语速的平均值为 3.4 音节/秒，高于汉语的正常播音语速 3 音节/秒。

以语速平均值 3.4 音节/秒为节点，我们把广告语言的语速分成三个区：2.4 音节/秒以下的为慢速区、2.5～3.4 音节/秒的为中速区、3.5 音节/秒以上的为快速区。根据相关统计，我们想尝试回答广告语言对各个语速区、语速段进行选择的原因。

表4　语速区（段）、广告条数及每条平均字数统计表

语速区	语速段（每秒音节数）	广告条数	每条平均字数
慢速区	A. 1～1.9	2	6.5
	B. 2～2.4	13	13.1
中速区	A. 2.5～2.9	19	25.9
	B. 3～3.4	35	27.3
快速区	A. 3.5～3.9	28	54.7
	B. 4 个以上	13	59.6

通过表4可以看出：①中速区的广告条数最多。2.5～3.4 音节/秒的

广告共有 54 条，占整个广告语言统计条数的 49.1%。其次是快速区，3.5音节/秒以上的广告共 41 条，占总数的 37.3%。最后是慢速区，2.4 音节/秒以下的广告共 15 条，占总数的 13.6%。②语速的快慢受广告字数的制约。虽说广告语言在电视中的播出存在时间有 5 秒、15 秒、30 秒等不同的时长选择，但总的趋势是字数越多，语速就越快。

慢速区的广告在内容选择上有一个大致的标准，多集中在商品的品牌、企业名称、标题、口号、各种诉求重点等方面。中速区的 A 段也大多是这样的广告内容。

（11）景芝，景阳春酒。［商品名称］·［1.8 音节/秒］（景阳春酒）

（12）江陵汽车，江陵汽车集团。［商品名称+企业名称］·［2.4 音节/秒］（江陵汽车）

（13）英克莱自行车，新！奇！帅！［商品名称+诉求重点］·［2.8音节/秒］（英克莱自行车）

例（11）和例（12）是慢速区的例子，例（13）是中速区 A 段的例子，在广告内容上大体相同，语速慢，使人有足够的时间来听清楚，从而进行广告内容上的确认。

中速区 B 段和快速区的语速也受广告内容制约，创意和语境（字数）是决定是否选择中速区 B 段或快速区的关键。中速区 B 段的使用频率最高，可能是由于其更接近常规语速。举一例：

（14）千百年来，从女儿出生的第七天开始，维吾尔的母亲们就用奥斯曼草汁涂抹女儿的眉毛。这种传统使得每一个维吾尔的女子都有一副漂亮的眉毛。母爱一样的深情，奥斯曼植物生眉笔。中美合资，新疆奥斯曼。（新疆奥斯曼植物生眉笔）

例（14）共 92 个音节（含停顿），播出时长为 30 秒，每秒平均音节是 3.1 个，正是中速区 B 段的起点。广告是想表现出商品的成熟、不虚妄、传统深厚、经得起检验，用低稳的男中音中速播出，与电视中维吾尔母亲给女儿描眉、看女儿成长、送女儿远行等画面相配合，便具有了相当的表现力。

快速区语例通常字数较多，平均每条都在 50 个音节以上。广告创意也常常要求加快语速来进行表现。例如玉柴发动机的广告，配合快速交替的相关画面，表现"使用不满意，可以更换；服务不到位，赔偿损失；专设热线电话，快速服务”等承诺，全广告共 67 个音节，16.5 秒播完，每秒有 4.1 个音节。再如桂林西瓜霜的广告，承诺能“迅速扑灭你口腔咽喉之火”，共 70 个音节，15 秒播完，每秒音节数为 4.7 个。快语速反映出快捷、利落、高效的服务风格或优良的商品品质，十分自然贴切。当然，广告中有的内容，如品牌名称之类，还是要进行中速或慢速处理的。

广告语言中的双语双符现象 *

——以两条街道的店名为例

广告语言里的双语双符现象包含两类情况：一是在各类形式的广告中使用两种语言（或方言）；二是在各类形式的广告中使用两种符号，如汉字和汉语拼音、汉字和外文、汉语拼音和外文等。各类广告语言中均存在双语双符现象，商店名称是广告语言的一种形式，其双语双符的现象比较集中，其中有些现象值得进行调查和讨论。

近几年，我们对广州市两条比较有名的商业街（北京路和上下九路）的商店名称进行了跟踪统计，一次是 1999 年 11 月，另一次是 2001 年 6 月，其中北京路部分路段的店名在 1994 年也进行过统计。本文所指的双语双符现象以这几次的调查为基础，分为三部分，分别是基本情况、现象分析、余论。

一、基本情况

北京路位于广州市越秀区，我们统计的路段南起泰康路口，北至广卫路口，第一次统计的商店名称总数为 250 个，第二次统计的商店名称总数为 234 个。上下九路是上九路和下九路的合称，位于广州市荔湾区，我们统计的路段东起人民中路，西至第十甫，第一次统计的商店名称总数为 213 个，第二次统计的商店名称总数为 206 个。两条街的语、符分项统计的结果如下：

表 1　北京路商店名称语、符使用情况统计

时间	单用汉语	单用外文	双语双符			合计
			汉语 + 外文	汉语 + 拼音	汉语 + 拼音 + 外文	
第一次 1999 年	153 61.2%	17 6.8%	71 28.4%	6 2.4%	3 1.2%	250

---

　* 本文原载于邢福义主编：《汉语学报》（第 5 期·2002 年上卷），武汉：湖北教育出版社，2003 年。同时收入陈恩泉主编：《双语双方言》（七），香港：汉学出版社，2001 年。

（续上表）

时间	单用汉语	单用外文	双语双符			合计
			汉语＋外文	汉语＋拼音	汉语＋拼音＋外文	
第二次 2001 年	116 49.6%	20 8.5%	90 38.5%	5 2.1%	3 1.3%	234

表 2　上下九路商店名称语、符使用情况统计

时间	单用汉语	单用外文	双语双符			合计
			汉语＋外文	汉语＋拼音	汉语＋拼音＋外文	
第一次 1999 年	141 66.2%	8 3.8%	51 23.9%	10 4.7%	3 1.4%	213
第二次 2001 年	130 63.1%	6 2.9%	53 25.7%	11 5.3%	6 2.9%	206

将两条街道的商店名称语、符使用情况统计合并，即为：

表 3　北京路、上下九路商店名称语、符使用情况统计

时间	单用汉语	单用外文	双语双符			合计
			汉语＋外文	汉语＋拼音	汉语＋拼音＋外文	
第一次 1999 年	294 63.5%	25 5.4%	122 26.3%	16 3.5%	6 1.3%	463
第二次 2001 年	246 55.9%	26 5.9%	143 32.5%	16 3.6%	9 2.0%	440

几点说明：

（1）有些商店名称，如"卡佛连 CALFLAND"，汉字和外文同现时，计为汉语＋外文，单独使用"卡佛连"时，则算作单用汉语。

（2）统计中的汉语（汉字）有使用繁体字的情况，我们会在相关部分作出分析。

（3）外文既包括一般在词典中可查阅的语符，如 Apple Shop，也包括一般在词典中难以查找的字母组合，如"Geslou 吉斯路"（时装），在含外文的店名中，这种情况还比较多。

（4）拼音多是指符合普通话拼音方案的情况，如"采芝林 Cai Zhi Lin"，也包括那些带有方言背景的拼音，如"威威水果店"的"威威"拼为"Wai Wai"。

二、现象分析

（一）基本判断

在对具体现象进行分析之前，我们可以根据列表中的统计对两条街道的双语双符使用状况进行一些基本判断。

（1）单用汉语（汉字）的店名占比在 50% 以上，但整体情况呈下降趋势。其中，北京路单用汉语（汉字）的店名由 1999 年的 61.2% 降至 2001 年的 49.6%，降幅近 12%。

（2）双语双符（含多符）的现象整体呈上升趋势，其中升幅最大的为北京路"汉语 + 外文"的情况，由 1999 年的 28.4% 升至 2001 年的 38.5%，升幅超过 10%。其余的"汉语 + 拼音"和"汉语 + 拼音 + 外文"的现象基本上也呈上升趋势，但升幅不大，其中个别项目，如北京路"汉语 + 拼音"的店名还呈下降趋势。

（3）单用外文的现象虽然整体呈上升趋势，但实际情况是北京路呈上升趋势，上下九路呈下降趋势。这种现象的产生或有其因。

（二）择符态度

如果我们把两条街道的店名布置系统看成一个语言运用的集合，商店是单独选用汉语（汉字）或外文，还是在同一店名标示行为中选用双语双符（或多符），实际上是在某种语符选择心理的支配下发生的，或者说，这种语符选择也是当事者语言态度的一种折射。

1. 外文崇拜

可能确实存在着这样一种心理，认为与外文（包括难以释义的字母组合）沾边可能意味着新潮、时髦、有品位，于是店名较多使用或含有外文。

证据一：大店和小店、连锁店和单营店都用外文。有的商店光从其外文店名（包括部分"汉语 + 外文"的店名）是难以准确地推测出其经营内容甚至经营范围的，有的非要走进（或走近）商店才知其所卖商品。大店、连锁店可以通过其经营时间长、商店规模大、复现次数多而引导消费者在外文符号和商品之间建立一种直接的联系，如 GIORDANO（佐丹奴）、DARLORO（特乐路），它们都是大店、连锁店，前者卖衣，后者卖鞋，至少广州地区的一般消费者都知道。有些商店看起来近乎小本经营或只此一家，使用者也甘愿冒广告交际受阻的风险来大用特用外文，不能不说是商家外文崇拜的典型体现，如 STYLE（上下九路一鞋店）、BONE（碧韵，北京路一鞋店）。至于这种外文崇拜（尤其是小店）是否有市场回报，笔者难以回答。实际情况是，这里提到的两个小店 1999 年都在，2001 年 BONE 犹在，STYLE 就消失了。有一家颇具规模的商店店名为 U2，牌子远看也比较醒目，可只有走到商店的门前才知道是在卖服装。

上下九路有一座刚开张不久的商业大厦——荔湾广场，我们就其南塔首层的商店名称进行了统计（因是在室内，故不在前文所称上下九路统计之列）。33 家商店中，有 26 家是单用外文或含有外文的，占 78.8%，其中相当部分算不上大店，店名崇外之风可见一斑。

证据二：旧店和新店。两次统计的同一品牌的商店，一般情况是保持一致，但也有些第一次统计时是双语符的店名（旧店），第二次统计时却变成单语符（一般是另择门面开张的新店），形成同一商店在不同地点双语双符和单语符同时存在的局面。这时候，保留外文的情况比保留汉语的情况要多。例如：

1999：GIORDANO 佐丹奴	2001：GIORDANO
1999：SAMUEL & KEVIN 生活几何	2001：SAMUEL & KEVIN
1999：艾捷平方 S^2. SQUARE	2001：S^2. SQUARE

第一次统计纯为外文而第二次统计加设汉语，形成双语双符的情况也有，有两例：

1999：S. M. W	2001：S. M. W 圣玛田
1999：Joy & Pease	2001：Joy & Peace 真美诗

还有一种情况，第一次统计时全是汉语，第二次统计时增添了外文形成双语双符。例如：

1999：跨世纪服装	2001：OVER CENTURY 跨纪

至于它最终是否会演变成全外文的店名，尚难预料。

2. 语符自许

商家取店名，当然是要博取一个好意头，传达出自己的某种市场定位，这自然无可厚非。我们在进行双语双符店名的统计时发现，商家有时为了博取好意头或进行定位暗示，在语符的选择上常常表现出一种自许。

证据一：对方言方音的偏爱。广州毕竟是粤方言强势区，商家的店名常常要考虑到本地区消费者市场的认同，语符选择有时就会有对方言方音的偏爱。举三例：

Pizza Hut 必胜客

HaiKe 凯淇

Wai Wai fruit store 威威水果店

Pizza Hut 按意思可以译为"比萨饼屋"一类的名称，店家却音译为"必胜客"，其中把 Hut 译为"客"肯定是考虑到了对消费者的地域（方言）背景的利用，同时，"必胜"之言也可收取好意头之效。当然，对于只会说普通话的人或只会说其他某种方言的人来讲，理解 Pizza Hut 和"必胜客"之间的关系就会有一定的难度。HaiKe 译为"凯淇"显然是以粤译外。"威威"照普通话拼，应为 Wei Wei，这里店家拼为 Wai Wai 可能也是考虑到"威威"的方音念法，又用一个普通话拼写方案认可的形式表现出来（当然没有国际音标标注得准），这种自许显然也是有其市场背景的。

证据二：对有市场暗示作用和意头暗示作用词语的偏爱。DENFULU 是卖男装的，汉语配搭字符是"登富路"，DAPHNE 是卖女鞋的，相应汉语配搭字符是"达芙妮"。这种情况是大量出现的。有的时候为了好意头和扩大市场，店家甚至可以放弃双语符间的搭配照应关系。比如，LAWMAN 是卖男装的，汉语搭配字符是"猛龙"，不是 LAWMAN 的意译，倘是音译，英语原词应是以 M 开头，次一音节以 L 开头，商家译音似乎刚好把 LAWMAN 颠倒了一下，可以算是语符自许的一个比较极端的例子。

3. 我是，我新，故我需

北京路和上下九路是广州最繁华的两个商业街区，成行成市，寸土寸金，商家竞争十分激烈。如何吸引消费者是商家必须考虑的事情。竞争手段当然很多，在店名中使用双语双符吸引消费者是比较常用的方法。

证据一：成行成市的需要。双语双符的使用和商店的行业类别有很大的关系。我们粗略比较了一下，和北京路毗邻的惠福路主要是餐饮业和装饰工程方面的店铺，店名中双语双符的情况不多；和上下九路一街之隔的大德路，店铺以五金行业的居多，双语双符的店名也较少。北京路和上下九路的商家以经营服装、鞋业为主，店名常常使用双语双符。以 1999 年北京路的统计为例，双语双符的店铺数目从多到少的排序是：服装（57 家）＞鞋业（18 家）＞餐饮食品（5 家）＞皮包皮具（4 家）＞眼镜（3 家）＞美容（2 家）／照相器材（2 家）＞珠宝／手表／药店／摄影／琴行等（各 1 家）。显然，服装和鞋业是双语双符的主要"集结地带"。形成对比的是，1999 年北京路单以汉语（汉字）命名的服装类商店有 13 家，只占服装类店名的 18.6%；单以汉语（汉字）命名的鞋业类商店有 3 家，只占鞋业类店名的 14.3%。

证据二：求新出彩的需要。为了求新、提高注目率，使用双语双符似乎是店家经常选择的一种手段。以 2001 年北京路的统计为例，新增／变化的 100 家店铺中，有 55 家使用了双语双符的店名设计手段，占 55%。上下九路的情况也大体如此，第二次统计的 70 个双语双符的店名，有 50 个是第一次统计之后出现的。

4. 基本认同汉字规范

统计调查表明，两条街道的商家对外文的使用比较随意，值得讨论的地方颇多，这可能和我们缺少对外文进入各种汉语语境的规范有关。汉字则不同，由于有相应的规范标准，只要对商家有所要求，一般会收到相应的效果。

证据：以一般应被规范使用的繁体字为例。在北京路，1994 年我们曾统计了其中 110 家商店（西湖路口至中山路口）的店名，粗略情况是有 16 家商店的店名使用了繁体字，1999 年还有 7 家使用繁体字，2001 年剩 5 家，其中两家是同一老店的两块店牌（聚寶），一家是大店（麗都），一家似乎是新店（皇寶首饰），还有一家是毛泽东当年题书的新华书店（新華書店）。在上下九路，1999 年双语双符店名有 6 家使用了繁体字，2001 年的双语双符店名统计尚未发现繁体字。北京路和上下九路是广州市语言文字规范的样板路，有关部门通过各种途径对两条街的语言文字使用进行过干预，看来商家还是有所反应。有的商家是变繁为简，如"万佳华时装"的"万""华"原为繁体字，后来就换成了简体字；有的商家是全部改为拼音，如"聚寶饼屋"改成了"JUBAO"，照样也卖饼；也有现有的店名看不出和原有的繁体字店名有什么联系，彻底地改头换面，求新趋洋，也不用繁体字了。值得注意的是，在这两条样板路之外的一些街道的店名，使用繁体字的情况现在仍时有所见。

（三）语符配列

双语双符的店名语符之间的配列方式是一个比较复杂的问题，涉及对消费者读店心理的推测和对商品诉求重点的把握。店名毕竟不是说话，也不同于一般意义上的广告词，既没有语调语气上的支持，也没有实在的语境/句式上的支持，语符的配列可以从以下两个角度进行分析：

1. 品牌凸显

一家商店的名称如果要说全，一般涉及以下几项：①所有制性质；②商店所在的城市；③商店的区别性特征（即商店品牌）；④商店经营的项目和门类；⑤商业单位定性标记（刘宁生，1991），如"国营广州永跃眼镜商店"之类，现在是十分少见了。刘宁生的调查表明，③④⑤是店名的基本结构，出现率分别是100%、90%和96%，但在双语双符的店名中，④⑤的出现率没这么高。以上下九路的两次统计为例：134个双语双符店名当然都有各自的品牌，即③为100%；④有44例，占32.8%；⑤有11例，只占8.2%。这里所谓的品牌，就是商店名称的核心。假设一个五项俱全的店名为一个定中短语，那么⑤项才是结构中心，但在现代商业的店名中，它所占的位置似乎没这么重要。①②④⑤项的缺损和消失及其缺损/消失的速度是与市场经济的推进速度密切相关的，个中的具体俪变关系值得进行深入的考察。

采取双语双符的方式本身就有一种变化中用重复的方式来突出品牌的意味，商家在进行具体的店名命名时，对语符的处理有各种变式，大小、色彩、位序、高低等视觉、空间手段都可以拿来为品牌凸显服务，以支持这种非直接吆喝式的广告语境。

2. 诉符组合

一个理想的双语双符的店名组合，应该是汉语和外文一一对应，语符对等，但我们的调查表明实际情况比较复杂。常见的语符组合方式有以下六种：

第一，外文—汉语互照。又分音译和意译两种。

音译型：DARLORO 特乐路　　　PATTY 芭迪
　　　　CIFCA 丝佛卡　　　　SHUN PO 信步
意译型：SEED DOUBLE 双种子
　　　　OVER BRIDGE YUNNAN NOODLE HOUSE 过桥米线美食坊

两种类型之中，以音译型占绝对优势。

第二，汉字—拼音互照。

Xin Bai Hui 新百汇　　　YingDu 英都

Cai Zhi Lin 采芝林　　　　Qiao Wen Xie Wu 侨文鞋屋

第三，外文＋汉语组合。

Apple 专卖店　　　　JT 城　　　　S & K 特卖场

第四，先外文—汉语互照，再续以中文/外文字符串，表明商店所卖货品及商业单位定性标记等内容。

外文—汉语互照，续以外文组合：DISROAD 迪路 SHOES SHOP
外文—汉语互照，续以中文组合：Shaber 雪贝尔艺术蛋糕坊

第五，汉语—拼音＋外文互照/续以外文。

TIAN YI TELECOM 天一通讯
CHENG AN PROPERTY AGENCY 城安地产

第六，汉语—外文难以互照。

SAMUEL & KEVIN 生活几何
Gcollection 傲姿　　　　CAON 奇墩

这种情况很难看出语符之间的某种联系。

三、余论

以区区两条街道的店名统计来分析广告语言中的双语双符现象，很难说能窥一斑而见全豹，实际情况是典型广告语言中的双语双符使用不会有街道店名双语双符的使用那么集中。双语双符在店名中的大量出现一定有它的社会/经济生活背景，外文字母挤占汉语语境的店名将发展到何种程度，波及的范围有多大，现在恐怕难下结论。

一个现象是，1994 年统计时还存在的一些带有过去年代痕迹的店名，或一般认为仍含有积极意味的店名，在 1999 年和 2001 年的统计中已经消失了。如"永跃"（眼镜商店）、"奋强"（眼镜商店）、"红星"（仪器商店）、"红岩"（茶叶店）、"新强"（旅店）、"忠诚"（鞋店）、"兴华"

（商场）等，现在都消失了。当时统计的 110 个店名中，属于双语双符的有 19 例，还有 2 例是全用外文的，总共 21 例，占 19.1%。其余的 89 个店名全是汉语，占 80.9%。

1999 年和 2001 年的统计中，还有一种情况，同一店铺新旧店名同存，新店名一般是双语双符的，大而显眼，旧店名一般是汉语汉字的，小且常常是安排在不显眼的地方。如"芭 PATTY 迪"（康佳百货商场）、"Ve 姿彩时装"（新姿商场）、"DAPHNE 达芙妮"（利源百货商行）等。这种一店二名的择符心态及其缘由很值得玩味，应该看成单语符店名向双语双符店名转变的一个过渡阶段，这个过渡期会有多长，彻底地双语双符化会受哪些因素的制约，或许需要进一步考察。

从统计调查的情况来看，店名中双语双符的使用还存在不少问题。如何评价、预测和引导广告语言中的双语双符现象，从语言文字的规范要求这个角度看，该如何对广告语言中的双语双符进行拼音处理、外文翻译、方音译写、外文选择等，也应该进一步研究。

参考文献

[1] 李宇明：《通用语言文字的规范和标准的建设：学习〈中华人民共和国国家通用语言文字法〉的体会》，《语言文字应用》2001 年第 2 期。

[2] 刘宁生：《关于店名的综合研究：商业语言心理研究之一》，中国社会科学院语言文字应用研究所社会语言学研究室编：《语言·社会·文化》，北京：语文出版社，1991 年。

[3] 屈哨兵：《广告语言方略》，北京：科学普及出版社，1997 年。

[4] 王远新：《语言调查中的语言态度问题》，陈章太等编：《世纪之交的中国应用语言学研究》，北京：华语教学出版社，1999 年。

称名词与表征词*
——广告语言名性词种研究

一、引言

本文所说的词种是指根据相关词在具体广告语境中的语义类型、作用及地位的不同而对各类词进行的下位分类（屈哨兵，1997）。① 关于这个定义，我们有三点需要说明：第一，词种类型的分析建立在对词的语法分类基础上；第二，词种实际上是一种语义划分，所得的类型是一种语义类型；第三，词种的识别和广告语境有着密切的联系，广告语境千差万别，如果要对词种进行穷尽的描写划分，在操作上有着相当的困难，因此词种的具体类型在某种意义上具有开放性。

很显然，只对广告语言进行词类描写是没有多大价值的。对词种进行研究，至少有两个方面的问题要特别注意：一是在广告运动中，各类词所扮演的语义角色具体有哪些类别？它们在传递相关的广告信息时所承担的各种任务如何认定？二是就具体的某一种商品的广告语言设计来说，可供选择传达的隐性的语义类型有很多种，为什么在广告运动中常常选择此而放弃彼？词种选配的原则、类型及认知依据有哪些？

我们讨论的词种类型，通常会从广告语言中的标题、口号、品牌名称等内容中抽取，本文讨论的是名性词种，包括广告语言里的名词和名词性的代词。

一种商品的存在形态至少可以分成三个阶段来描述：

阶段一：形成阶段。即生产者（广告主）生产某种商品并对其进行指名的阶段。

阶段二：流通阶段。即商品进入市场传达其品质、功能、价格及其他相关服务项目的阶段。

阶段三：消费阶段。即商品和消费者结合的阶段。

三个阶段都会涉及一些名性概念，如图1所示：

---

* 本文原载于《华南农业大学学报》（社会科学版）2003年第1期，与刘惠琼合作完成。

① 屈哨兵：《广告语言方略》，北京：科学普及出版社，1997年。

阶段一 阶段二 阶段三

| 商品名、品牌名、产销者/地等 | → | 商品涉及的品质、场景、服务项目等 | → | 各种被划分/认定消费者群类 |

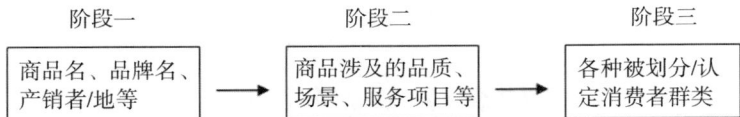

图1　商品的存在形态涉及的名性概念

从广告运动实际的语词选择设计的完整结果来看，三个阶段的名性词种一般都会抽取一定的细目进行同现，但如果只考虑广告标题或广告口号，则阶段一的某些内容（如产销者/地）常常不能被包容进去。根据各个阶段所涉及的名性概念在广告语境中担当的语义角色的不同，我们首先可以划分出广告语言名词词种涉及的三个次位类型：称名、表征与指别，相应的词语可以称为称名词、表征词和指别词。本文讨论的是前两类。

二、称名词

称名词是指在广告语言中对商品的名称、品牌、生产者/销售者的名称或地点进行指称的词。在一套完整的广告语言中，称名词常常不能缺少。当然，它们具体的抽取细目会因广告任务及广告语境的不同而有不同的表现。

（一）商品名称词

一件商品的指称符号通常是由两个方面构成的，一个是商品的品牌，另一个是商品的品类名称及相关的区别性特征。比如"摩托罗拉 V8088 手机""小天鹅全自动洗衣机""海尔小状元空调机"等，"摩托罗拉""小天鹅""海尔"是商品的品牌名称，容后讨论。"手机""洗衣机""空调机"则是商品的品类名称，我们称之为类名。"V8088""全自动""小状元"等，传达的是同类产品各自的区别性特征，可以称之为区别名。需要说明的是，区别名就其自身的语法属性而言，可能是名词性的，也可能是非名词性的。本处需要讨论的重点是类名。

类名在广告运动中的作用是为商品进行物类定位指名，所要完成的是引导消费者将广告中的商品与客观世界分类系统中的某类物质联系起来。它所涉及的情况有以下几种：

1. 同系分类

这种情况指的是在客观物质世界的分类格局中，属于同一系列的商品会因其存在状态的不同而被冠以不同的类名。比如同是中成药，其可以涉及的类名有：

丸：粒状圆形的药品。如六神丸、上清丸、人参再造丸。

片：平而薄的药品。如利胆片、护肝片、活血通脉片。

膏：糊状且稠的药品。如鹿胎膏、润肺膏、复方丹参膏。

冲剂：根据配方配置需冲服的药物。如排石冲剂、舒肝冲剂、止咳枇杷冲剂。

胶囊：以胶质材料做成袋状物内盛药物的药品。如天麻胶囊、蜂乳胶囊、冬虫夏草胶囊。

属于这个系列的还有"口服液""糖浆""精""栓"等形式的类名。在药品定名的过程中，即使是成分相同，因用药上的不同需要或避免重名，也会选择不同的药品形式，同时被冠以不同的药品类名，如"牛黄解毒丸""牛黄解毒片"之类。

2. 类名凝结

考察一类商品从最初进入一个无差别市场到后来因市场的细分而面对一个差别市场，其在类名的认定和表现上体现出一种追加凝结的情况。这种情况是指，类名的形成是有层次的，在旧的初级类名的基础上通常都会添加一些新的区别性的成分，这些区别性的成分最初可能是以区别名的构成因素存在的，但它们经常和已有的类名连在一起使用，逐渐凝结成了一个关系比较紧密的结构体，被消费者当成一个概念单位来使用，新旧凝合，旧上追新，构成了新的类名。

实际上，从消费者的信息需求这个角度来讲，越早存在的类名，其所能提供的新信息可能越少。拿上述中成药类名之一的"冲剂"来讲，最初的"剂"是以类名身份出现的，但因为药物的使用、研制和细分市场的存在，逐渐产生了一些"×＋剂"模式的新的类名，如"冲剂""散剂""片剂""注射剂"等，它们作为一个词，自然有获取相应词种的资格。同理，"水"作为一种类名，能构成信息吸引的能量也十分有限，但通过"×＋水"的模式，就可以凝结出若干新的类名，以水饮料市场为例，就有了"纯净水""矿泉水""蒸馏水"等种种分别。

凝结是新类名产生的一种常用的方法。这种通过追加形成凝结的过程一般能进行几次？就通常情形而言，以一次追加的情况居多。

3. 类名空位

由于商品的初级类名能传达的通常是消费者已知的信息，对广告效力的形成影响不大，所以在相当多的广告运动中，对于商品名称的类名会采取省略的办法，只标注或突出商品的区别名，类名出现空位。以2001年6月13日晚上中央电视台的一则空调机广告为例：

海尔太空金元帅，108 种环绕立体风。走进"健康风"时代，享受健康立体风。海尔空调，太空金元帅。

"海尔空调"如果加上类名则是"海尔空调机"，"机"是这种商品的一个类名，商品广告并不会因为它的"缺席"而对信息传递产生不好的影响。

类名空位导致的结果是原本属于区别名的词有可能地位提升，成为一种新的类名，比如"空调"这个词，人们提到它时，一般只说"空调"，而不会说"空调机"。笔者曾在商场随机进行过一个调查，观察 9 位准备购买空调机的顾客，他们在与销售人员交谈或与同行交谈提及该商品时，一般只说"空调"，而不说"空调机"。将"电视机""电话机"说成"电视""电话"也是同样的道理。当然，不是所有的"×+机"都可以让"机"空位而使"×"成为新的类名，比如"洗衣机""游戏机"就不能用"洗衣""游戏"来代替，这和区别名的不同特质有关系。如果准备用作类名的区别名在语言系统中已另有所指，未被"闲置"，就很难有机会得到提升。

4. 类名创生

这种情况刚好和类名空位相反。确实，很多类名常常有不能提供新信息的毛病，那么能不能在类名选择上出新呢？答案是肯定的，有的商品名称的类名选择是具有广告冲击力的。比如房地产楼盘名称的设计，旧有的类名如"（大）楼""（大）厦"等已经没有什么吸引力了，广告主对楼盘名称的类名选择就出现了一种别出心裁的情况。以 2002 年 8 月 2 日《广州日报》刊登的楼盘广告所涉及的楼盘名称为例，是日的楼盘广告共 47 个，楼盘名称涉及的类名大致可分成十类，按出现次数多少依次为：

（1）×+花园。13 例，即白云高尔夫花园、百顺台花园、春江花园、光大花园、嘉仕花园、富力顺意花园、富力半岛花园、保利花园、和平花园、万华花园、富力千禧花园、美林花园、金碧花园。

（2）×+苑。9 例，即万寿雅苑、东方明珠花苑、怡雅苑、柏涛雅苑、西华苑、翠雅苑、富力环市西苑、富力盈泽苑、愉景南苑。

（3）×+园。8 例，即叠彩园、旭景家园、金桂园、逸景翠园、雍雅园、芳草园、粤韵庭园、碧桂园。

（4）×+轩。3 例，即东山锦轩、紫云轩、恒安大厦恒福轩。

（5）×+居。3 例，即富力天朗明居、琴海居、海晴居。

（6）×+阁。2 例，即恒康阁、帆影阁。

（7）×+大厦。2 例，即嘉兴大厦、新裕大厦。

（8）×＋新村。1 例，即天一新村。

（9）×＋新城。1 例，即汇景新城。

（10）×＋华庭。1 例，即百利华庭。

上述例子中，类名除 2 例"大厦"比较老派外（其中一处为商铺招租），其余类名均反映出广告主在楼盘类名设计上的一种努力。"花园""苑""园"之类也不再仅仅是传统意义上的用法了。至于这些类名彼此之间是否有什么区别，比如"新村"和"新城"在作为楼盘类名时有什么区别，恐怕只能说测不准了。另外还有四处楼盘名称是"珠江新城碧海湾""城启荔港南湾""文化世家"和"花城湾畔"，则很难说有类名缀后。这种情况另当别论。

严格意义上讲，品牌词也是一种区别名，有的也可以演化成一种类名。这方面最突出的例子就是我们截取"可口可乐"（Coca Cola）的后两个音节作为一个词来指称那些"可乐"型饮料，出现了"百事可乐""非常可乐""天府可乐"一类的说法。

5. 区别名叠加

在品牌名和类名之外常常会有区别名，有时还不止一个，也不全是名词性的，如"海尔无霜金王子 DEM 数字节能冰箱"，区别名涉及"无霜—金王子—DEM—数字节能"等，我们拟在词种配列部分对这种叠加现象进行讨论分析。

（二）商品品牌词

如果要对品牌进行全面的分析，那完全可以构成一门品牌战略学或品牌设计学，非本文所能为。我们选择品牌词词义的获取和品牌词在广告语言中的表现这两个角度来分析商品品牌词。

1. 品牌词词义的获取

品牌词由商品品牌构成，故本身不存在对其进行识别的问题。选择一个品牌，自然要涉及对这个品牌词的意义进行索解。用语言中的一个符号或一组符号来指代某种商品，其实现的基本路径有两条。

路径一：选词指品。选取语言系统中现成的某个词，用以指代相应的某类商品。按照索绪尔结构主义语言学的观点[1]，概念、事物及其意义的言语表现或文字表现叫作能指（Signifier），概念、事物及其意义本身则叫作所指（Signified）。一类商品可以选择语言系统中的一个现有的能指，并以它作为出发点，借助其所指的内容来引导消费者对商品进行认知，如下所示：

---

① 费尔迪南·德·索绪尔著，高名凯译：《普通语言学教程》，北京：商务印书馆，1980 年。

能指→所指→商品

路径二：造词指品。新造一个词，使其成为一种能指，没有一种另立于商品之外的概念、事物及其意义的所指，或者让商品直接所指，如下所示：

能指→商品

两条路径孰优孰劣，很难一概而论。以路径一来讲，借用相关概念、事物及其意义的好处是引导消费者切入会比较快，但其最终目的还是要在新发现和商品之间建立起一种直接联系。但由于所选词毕竟有一个另立于商品之外的所指，使品牌词对商品的占有不具有唯一性，这势必会影响到消费者对相关品牌的识别率。同时，由于既有的入选词所涉及的意义或意象在不同文化背景的市场中（在经济全球化时代尤其如此），可能会引起不解甚至文化上的冲突，从而不利于营销。以路径二来说，企图在品牌词和商品之间建立一种直接的联系，实际上是利用语言在动态发展过程中"生产"新词新语的原理。一个商品品牌词的设计涉及对商品的品质性能、消费者的接受心理、同类市场相关品牌的竞争情况等。品牌词的意义要达到消费者耳熟能详、约定俗成的地步，要付出相当大的广告努力。从某种意义上说，这种品牌词意义的形成和获取，更是和品牌形象的设计、培育及生长、成熟联系在一起的，有的需要几年、几十年甚至上百年的时间，需要几代人的共同努力。

一个成功的品牌词的意义内涵由哪些部分构成？我们认为可以包含两部分的内容：消费者看到该品牌时能比较清楚地知道它提供的是哪一类的商品；该种商品在同类商品中的区别性特征。前一种意义是一种类别意义，后一种意义则更倾向于一种形象意义或文化意义。关于前者很好理解，提及"美的"，我们就知道它和空调、电扇一类的家用电器有关；提及"摩托罗拉"，我们就知晓它和通信器材尤其是手机有关；提及"丰田"，我们自然会想到丰田汽车。至于一个品牌词在同类商品中形成其与众不同的形象意义或文化意义，则更是与具体的广告运动联系在一起。比较下面几则不同品牌手机的广告，由于一个品牌词长期和一个相对固定的广告诉求联系在一起，相关含义是各不相同的：

（1）诺基亚：科技以人为本。
（2）爱立信：一切尽在掌握。

（3）摩托罗拉：沟通无极限。

（4）飞利浦：让我们做得更好。

（5）科健：专注做好每件事。

（6）波导：手机中的战斗机。

（7）康佳：让世界倾听中国的声音。

品牌词的形象意义或文化意义的形成当然不只是一句广告口号那么简单，我们也很难用简单的几句话把每个品牌词的相关含义表达出来。和广告口号联系在一起的是一个个相对稳定连续的广告运动。有的时候，它是和企业形象的建设捆绑在一起的；有的时候，企业形象的含义和品牌词的含义有所区别。此当另文专述。

品牌词意义的获得及其延伸和纯粹的语言学意义上的一个词的意义的获得及其延伸有着相当的平行类似性。一个词在其基本意义的基础上，可以通过各种途径派生出新的义项；一个品牌词在获得基本意义的基础上，也可以有意义的延伸。比如品牌词"海尔"，其形象核心意义是和"真诚到永远"联系在一起的，但海尔家族有很多延伸产品，它们各自的形象意义可以通过相应的广告口号体现出来（序号是笔者加的）：

（8）海尔1：海尔冰箱，为你着想。——冰箱

（9）海尔2：海尔空调，永创新高。——空调

（10）海尔3：海尔洗衣机，专为您设计。——洗衣机

与一般词的义项建设不同的是，这种意义的延伸稳定性比较差，且其变化速度比起真正的词的词义变化速度要快得多，随着所指对象的隐现而隐现。品牌词的义项不似语言系统中一般词的义项具有一种逻辑顺序，意义彼此之间或上下之间有可能出现交叉或重合，如海尔1和海尔3，甚至可能看成只是语言表述方式（包括节律）上的改变，其形象上的核心意义"尊重消费者，方便消费者"本质上没有太大的差别。当然，如果我们把语言形式包括节律本身也看成一种形象的话，它们彼此之间的区别自然还是存在的。

从品牌延伸到品牌词义的延伸，都需要注意彼此之间的关联性，即被延伸者彼此之间最好具有一种"家族相似性"，或注意引导消费者在彼此之间建立一种关联。一种情况是，在同一品牌之下会开发出一系列产品，就品牌形象来说，它们是统一的形象，但在具体的产品上，却不是单一的

品牌词本身负载起相关的意义，其相关意义的建设依附在"品牌词＋区别名"的模式上。比如"诺基亚"（手机），其形象的核心意义是"以人为本"，依此为基础推出了同一品牌的各款手机，对形象核心意义进行各个角度的诠释：诺基亚6110是"百变通"，诺基亚3310是"开心果"，诺基亚5210是"释放你活力"，诺基亚3610是"自有我观点"，诺基亚8210是"生活充满激情"，诺基亚8850是"非一般尊崇感受"等，这些诠释都和对人的各种消费个性的挖掘有关，体现其对"以人为本"理念的追求。

一个品牌可以具备或塑造出来的形象意义可能有很多种，其中哪些作为凸显的内容需要广告主或广告人进行提炼抽取？被凸显的因素应该具有一种什么样的认知上的优先性？品牌形象意义的开发需要什么样的文化背景下的选择和市场前景方面的支持？广告语言的品牌词在这方面进行建设的经验有哪些？这些都是比较有意思的研究课题，当有人进行专门深入的研究。

2. 品牌词在广告语言中的表现

毫无疑问，品牌词在广告语言中的出现频率是很高的。一则广告的语言要是不能让消费者将它和具体的品牌词联系起来，就很可能不是一则成功的广告。当然，在各种不同的广告语境中，品牌词和广告语的联系方式多种多样。我们这里考察的是广告标题中品牌词的表现情况。1997年，我们曾统计过100例国产酒的广告标题，其中使用了品牌词指引的占全部广告标题的62%。最近我们又随机抽查了39则矿泉水、蒸馏水的广告，在广告标题中进行品牌词指引的有24则，占广告标题总数的61.5%。两次统计的情况基本相同。我们也曾统计过100则欧美市场的酒类广告，广告标题中出现品牌词的只占广告总数的23%，明显低于汉语同类品牌的相关表现，或许是因为文化背景及市场发达程度的不同，后者的广告更多情况下是注重一种非文字的广告语境的创设以及广告信息的传递。

就统计范围内品牌词的出现情况看，大部分都是只出现品牌词，也有品牌词和商品名称词同现的情况，但比较少见。例如：

（11）农夫山泉有点甜。（农夫山泉矿泉水）

（12）怡宝，绿色的世界。（怡宝蒸馏水）

（13）爱健康，喝益力。（益力矿泉水）

（14）纯净，你我，乐百氏。（乐百氏纯净水）

（15）乐百氏纯净水，27层净化。（乐百氏纯净水）

以上广告标题中只出现品牌词，例（11）和例（12）中位置居前，例（13）和例（14）中位置居后，例（15）中品牌词和商品名称词同时出现。

这里还有一个情况需要加以说明，一种商品的生产者名称和品牌词是两个相关的事物。现代企业进行 CI（企业形象规范体系）设计时要包含品牌名称和企业名称识别的内容，很多企业名称的核心词和品牌词是统一的。热水器"万家乐"的品牌形象建设十分成功，因为看到"万家乐"这个品牌词，人们就会想到那句著名的广告词"万家乐，乐万家"传达出的形象理念。但曾有人批评该品牌词所树立起来的形象意义和生产企业之间是脱节的，因为万家乐当时的生产企业——广东石油气用具发展有限公司的企业形象没有建立起来（袁乐清、吴国坤，1997）。[①] 当然，这种情况后来得到了改善。对我国经济转型期中品牌词和生产者名称的分合现象进行详细的考察，或许可以提供市场经济发展过程中企业和品牌如何同步发展的缩微图。

企业名称，包括生产企业的名称和销售企业的名称，作为专用名词，从严格意义上讲也属于称名词，比如"TCL 移动通信有限公司""广州百货大厦"之类，但从它们本身的结构来看，其内部又涉及各种词种的配列问题，我们会另文加以讨论说明。

三、表征词

（一）表征词意义的获取与开发

表征词是指在广告语言中对有关商品的品质、性能、消费场景、适用症候、内涵价值与格调品位等内容进行指称标示的词种。

表征词是一种具有开放性的词种，随着广告主题的不同，表征词的类别数目及类别成员都会有所不同。从严格意义上讲，每一类商品都可以拥有自己的一套表证词系统。广告人在进行广告策划时应该对这个系统的表征词有个全盘的考虑，根据广告任务的不同确定相关的价值尺度，对各类表征词进行过滤与开发。我们以图 2 来说明这个问题。

[①]　袁乐清、吴国坤主编：《广告潮》（第三辑），广州：岭南美术出版社，1997 年。

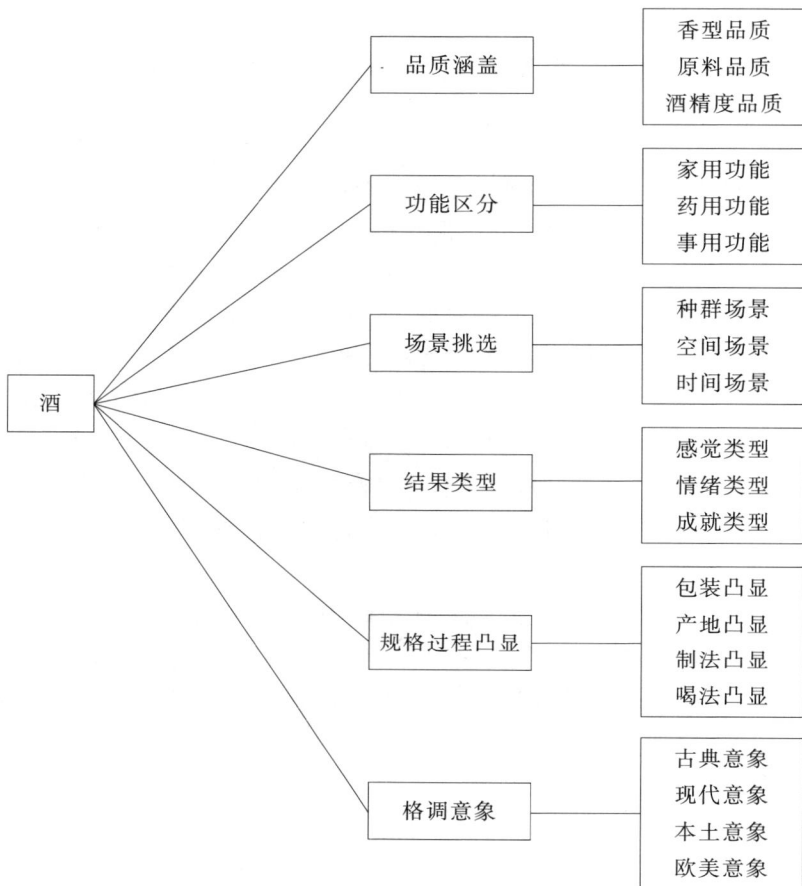

图2　酒类广告可能涉及的表征词系统

即使划分到图2所示的第三个层级，也都还没有涉及具体的表征词。并且，就酒类表征词系统第三层级所列的项目而言，每一个集合都是举例性质的。项目集合中的每一个子项目都可以有若干的表征词可以开发。观察下面几个例子：

（16）品质更新，口感更香醇。（2000年泸州老窖新特曲）

（17）请您品尝，您应该相信自己的感觉。（泰山特曲）

（18）啤酒该是什么滋味，它就是什么滋味。（李普曼啤酒）

（19）它的味道和它的色泽一样诱人。（巴伐利亚酿酒公司）

（20）金色的莱茵闪烁着金色的光芒。（金色莱茵啤酒）

（21）空杯尚留满室香。（茅台酒）

例（16）至例（21）中作出标记的词都属于与酒有关的表征词，且是属于酒类表征词系统结果类型板块中的"感觉类型"这个子项目。即使同是表感觉，上述几例广告中相关的几个词在表征系统中的地位还是有所分别的。感觉本身作为一个系统，完全可以进行下位切分，舌尝成味，目遇为色，鼻闻辨香，各有各的精彩。上述几例中表征词的关系层级大体如图3所示：

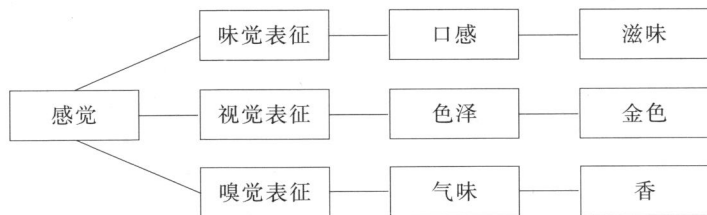

图3 与酒有关的表征词的关系层级

属于味觉表征的"滋味"比"口感"更具体，属于视觉表征的"金色"比"色泽"更具体，属于嗅觉表征的"香"也更具体，比其层级略高的表征词"气味"之类在上述语例中阙如。

广告运动中如何根据需要选择什么类型的表征词？选择多少表征词？选择哪一层级的表征词可能更具诉求力？表征词和其他词种如何配列？这些问题在既往的研究中尚未见有全面的调查和系统深入的研究。这里所论仅限定在对比较常见的几类表征词进行举例说明，不能代表表征词相关问题的全部。

(二) 表征词的主要类型

1. 场景词

场景词是指在广告语言中出现的能表现商品或服务得以存在及使用情景的词。所谓场景，实际上涉及三个环节：生产某种商品或构建某种服务的场景；某种商品或服务存在的场景；某种商品或服务被消费时的场景。不同的商品或服务所涉及的相关场景各不相同，即使是同一种商品或服务，其可能涉及的场景也是千差万别。具体到某一种商品或服务如何在广告运动中创设场景，相应的广告语言是否需要选择场景词，选择什么样的场景词，是一件变数很大的事情。

事物的运动总是要在具体的时间空间里才能展开，广告语言的场景词至少可以先将其分成时间场景词和空间场景词两类。各举一例：

（22）昂立 1 号，健康相伴，恩爱一生。（昂立 1 号口服液）

（23）从里炫到外。（东信 EX200 手机）

例（22）中的"一生"是时间场景词，例（23）中的"里"与"外"是空间场景词。

什么样的场景词最能使消费者心动，要结合具体的广告语境才有可能回答。场景词应该成为消费者理解商品选择商品的背景、线索以至于直接的消费诱因与消费暗示。被选择的场景词应该具有相当的象征力与解释力。将场景词作为组织整个广告语篇的线索，以例（23）为例，该广告所宣扬的是东信 EX200 手机具有一种能全方位使消费者感到"炫"的信息。方位名词"里"和"外"便是安排"炫"的表现线索关键。在"从里炫到外"这个广告标题的统领下，是如下一组小标题：

（24）·时尚科技，炫耀你的个性

·金属质感，炫你的轻巧飘逸

·来电闪灯，炫你的幻影迷离

·16 阶乐曲，炫你的潮流新奇

（东信 EX200 彩印广告）

不是任何广告都需要在广告语言中进行时间场景词或空间场景词的提示，有的即使需要提示，也可以采取非文字的广告语境提示来完成，此当别论。

2. 质项词

质项词是指在广告语言中标示商品或一项具体的服务的品质项目的词。品质项目随着商品与服务的不同而有所不同。如果针对不同类商品或服务进行品质项目的统计，将是一件很有意义的事情。当我们面对一个具体的商品或一项具体的服务，要将其推到消费者的面前，质项通常是必须考虑的诉求内容。商品与服务的类别不同，其质项开发的弹性可能也就有所不同；同类商品的质项，其入选成为诉求内容的概率也不一样。消费者最关心的是什么质项，如何将自己的质项与同类竞争品牌的质项区别开来，甚至与同一品牌不同型号的商品区别开来，是广告创意中经常要面对的问题。看一组例子：

（25）新设计，新功能。（三星电冰箱）

（26）好"心"情带来好生活。（TCL 电冰箱）

（27）漂亮的形体，漂亮的选择。（荣事达全能冰箱）

（28）华凌动态空间冰箱，动态保鲜，想变就变。（华凌冰箱）

四种不同品牌的冰箱，其所选择的质项词是不一样的。其中，例（25）选择的是商品的全体质项——设计、功能；例（26）选择的是商品的压缩机质量——心；例（27）选择的是商品的外观——形体；例（28）选择的是商品的内部容积——空间。

同一品牌的商品彼此之间对质项词的选择也同样体现出差异，举佳能打印机的几则广告为例：

（29）独立个性发挥更出"色"，不是我，是佳能。（佳能 S400SP 打印机）

（30）独立式墨水盒，飘疯了，亮丽清晰。（佳能 S520/S750 打印机）

（31）4 微微升墨滴，美呆了，超高速，超照片，超清晰。（佳能 S900 打印机）

上面几例的佳能打印机其实从其基本质量项目来讲，都带有独立式墨盒，都具有彩喷技术，但它们在进行质项凸显时，例（29）选择了"色"，例（30）选择了"（独立式）墨水盒"，例（31）虽然也有独立式墨水盒和彩喷技术，但它选择了"（4 微微升）墨滴"作为卖点，各式打印机都在努力寻找或确立自己的特征，

商品或服务的质项词一般都不会只是一项。更多的情况是一级标题常常注重一种整体描述，不列出商品或服务具体的质项，很多广告将商品的各种质项词包含在二级标题甚至三级、四级标题提示的内容中，或在广告正文中进行说明。

3. 症象词

症象词是指在广告语言中用以表现商品或服务所适用的症状、对象或相关范围的词。任何商品或服务都要具备与其品质相应的功能，这种功能总是要在一定的症状或范围内起作用。比如一种药品，总要对相应的病症起治疗作用，一种护肤化妆品总会涉及具体的护理部位。对具体症象的开发确认，是广告策划中经常发生的行为。举两例：

（32）赶走感冒，要选可立克。（可立克感冒药）

（33）射进窗户的光线中再也看不见飞扬的尘埃。（吸尘器）

例（32）表示的是和药物治疗相关的症象词——感冒；例（33）表示的是和吸尘器相关的症象词——尘埃。

品类不同，症象词的选择当然也会有所不同。即使是功能基本相同的同类商品或服务，人们在进行广告语言设计时也会力图在症象词的选择上有所分别。以一组香皂广告为例①：

（34）浪奇木瓜白肤香皂，洗出雪白世界。（浪奇木瓜白肤香皂）

（35）帕莫里夫更关心你娇美的面容。（帕莫里夫香皂）

（36）力士使你的双手更迷人。（力士牌香皂）

同是香皂，例（34）至例（36）选取的症象词分别是"肤""面容"和"双手"。

商品与服务品类不同，症象弹性和症象词开发的数目多寡可能也会有所不同，具体的症象词更是千差万别。我们随机统计了100例药品广告和100例照相（摄像）机的广告标题②，前者出现的症象词有53例，后者使用的症象词有46例，比例都是比较高的。具体情况如下：

药品广告症象词包括：感冒、病痛、风湿、失眠、咳嗽、痘、伤口、胃、鼻、哮喘、心、气管、白发、牙、结核、脑、痰、病、肠、心脏病、疤痕、痒、肝、喷嚏、皮肤、癣、胆、更年期、症、苦楚、痔、喉咙。

照相（摄像）机症象词包括：距离、影像、画面、日期、永恒、瞬间、色彩、时光、节假日、结婚照、一刻、近景、远景、生活、美景、场面、黑暗、大自然、青春。

有一种情况，广告语言中所涉及的似乎不是具体的症象，被称为症象词的是对相关症象的一种委婉的说法。例如：

（37）抹掉你所有的烦恼。（某香皂）

（38）烦恼成为过去，快乐重回身旁。（利肝乐口服液）

（39）只要青春不要痘——遮不住的烦恼。（兰丽绵羊霜）

以上三例分别是洗涤品、药品和护肤品的广告，都同时在各自的广告语中选用同一个症象词"烦恼"，实际上，其所代表的症象在不同的品类中是各不相同的。例（37）中的"烦恼"，指的可能是人身上或衣物上的

---

① 杨建华、李缅晔编著：《服装 & 化妆品广告》，广州：广东经济出版社，2002 年。

② 张秀贤、马军主编：《广告语创作技巧与金句15000 条》，北京：中国国际广播出版社，2002 年。

细菌与污垢；例（38）中的"烦恼"，大概指的是人在肝方面的疾病；例（39）中的"烦恼"，则在广告语中同时有明确的提示，指的是青春痘。有一则旅行包的广告语是"拥有它，外出时省去许多麻烦"，"麻烦"所指和上述几例中的"烦恼"所示一样。

4. 结果词

结果词是指在广告语言中标示出的因商品功能而导致的相关结果的词。结果词通常带有一定的承诺性或指出承诺的方向，对消费者所能获得的利益进行提示。比如使用一件家电所带来的生活上的情趣，使用一种减肥品能够带来的形体的变化，使用一种洗发水所能带来的头发的变化，这些就是我们所说的结果词。

广告语言中表示结果承诺的方式很多，使用名性结果词只是其中的一种方法。动性词种和形容性词种都具有进行结果承诺的功能，拟另文专述。

从整体情况看，名性结果词在广告语言中表示承诺或指出承诺方向的运用也有一定的比例。我们就此进行了一个调查。"健康"是药品或保健品广告中经常出现的一个词，有时可以作定语、谓语或作为无主句的组成部分，形容词特征强一些；有时又可以作动词宾语、介词宾语或主语及名词性短语的中心语，名词性特征又突出一些，基本可以看成名性结果词。我们以《广告语创作技巧与金句 15000 条》（张秀贤、马军，2002）所录广告语为范围，679 例医药保健品广告语中，含有"健康"这个词的广告语共有 69 例，基本情况是：

表 1 "健康"作为名性结果词

项目	主语	动词宾语	介词宾语	名性中心语	合计
统计	12	15	9	3	39

表 2 "健康"作为形容性承诺词

项目	定语	谓语	无主句	合计
统计	18	9	3	30

以上的统计或许能够说明名性结果词在广告语言中不是一种少见的现象。名性结果词的存在，表明了商品或服务在设计广告时对消费者利益的重视。例如金施尔康的广告语"健康是金，金施尔康"、营养口服液的广

告语"平衡才会有健康"等中的"健康"都是名性结果词。

5. 格品词

格品词是指对商品或服务的某些方面进行说明、比喻或象征指称的词。这类词很多涉及的是商品或服务的格调与品位，所以称为格品词。有的商品或服务，就其本身项目的品质、功能或价格等而言，彼此实际上并没有太大的差别甚至几乎没有差别，但商品或服务要想开拓或占有自己的市场，必得寻找自己与同类商品或服务的不同之处，通过一定的方式对自己的格品进行标榜与说明，这不失为一种可行的考虑。

如广州长江琴行的广告语"乐器精华，尽在长江"、灰姑娘琥珀系列手袋的广告语"选用了'灰姑娘'，就拥有了世界名品"、上海英雄金笔的广告语"英雄金笔，笔中英雄"，均重在指明它们在同类商品中的等级位次。广州长江琴行属于服务业，它的广告便宣称自己所卖的乐器是乐器中的精华，灰姑娘和英雄是手袋和金笔中的两个品牌，广告主在广告中宣称的是它们所生产的商品在同类产品中是"名品"和"英雄"，其中后者是通过双关来实现的。

四、小结

本文从称名和表征两个角度讨论了广告语言中名词词种的诸种表现。考察称名词时，本文分析了商品名称词的类名表现的基本类型和品牌名意义获取的基本途径，以及在广告语言中的表现方法；考察表征词时，本文论述了表征词意义系统的获取与开发，列举分析了几类重要的表征词：场景词、质项词、症象词、结果词、格品词。本文认为广告语言词种包括名性词种是对广告语言相关词集的一种语义分类，这种分类就其内部成员或类别构成具有一种开放性，词种的识别和广告语境有着密切的联系。

对广告语言的词种进行研究有助于广告语言学理论的建设，也对广告语言设计实践具有比较重要的指导意义。同时需要说明的是，广告语言的名性词种除了上述的两类之外，至少还应包括指别词一类，关于这个问题，我们将另文专论。

参考文献

[1] 费尔迪南·德·索绪尔著，高名凯译：《普通语言学教程》，北京：商务印书馆，1980年。

[2] 屈哨兵：《广告语言方略》，北京：科学普及出版社，1997年。

［3］杨建华、李缅晔编著:《服装 & 化妆品广告》,广州:广东经济出版社,2002 年。

［4］袁乐清、吴国坤主编:《广告潮》(第三辑),广州:岭南美术出版社,1997 年。

［5］张秀贤、马军主编:《广告语创作技巧与金句 15000 条》,北京:中国国际广播出版社,2002 年。

语言服务现状的个案分析及相关建议与思考[*]
——以产品说明书语言服务状况为例

　　语言的基本属性决定了语言与社会的关系密不可分，语言服务应该是语言与社会发生关系的一个非常重要的表现形式。近年来，随着社会发展和国家进步，语言服务的学科属性、基本类型、效能测评等问题在我国越来越引起学界的关注，构建和谐语言生活、促进社会文明进步离不开语言服务。可以这样讲，一个国家、一个社会能够在相关方面提供优质的语言服务，在相当程度上可以成为这个国家"软国力"的重要标志，成为一个国家文明和发达程度的重要指标。

　　语言服务是一项针对性、应用性和专业性都很强的语言建设工程。李宇明（2007）在谈及国家语言文字应用"十一五"科研规划时，提出"要以科学发展观为指导，处理好国家在快速发展过程中遇到的各种语言问题，全力保护、科学利用、积极开发中华语言资源，尽力为社会提供各种语言服务，努力促进语言生活的和谐"，同时提出要"重视语料库、语言文字知识库的建设，重视科研资源的维护与更新，重视语言工程的共建、共享与社会服务"，"社会上很多职业需要应用语言学人才，在发展应用语言学学科教育时，要注意社会急需人才的培养，有条件时还要促进社会上一些新的语言职业的形成，如文字速记师、语言工程师、语言治疗师等等"，这些都涉及语言服务的问题。[①] 实际上，语言服务的类型与范围非常广，我们过去曾在这方面进行过一些初步的探讨[②]，从要素类型、领域类型、成品类型和职业类型等不同的角度进行过初步的梳理。本文分析大体属于语言服务领域类型中的一个个案，其是在笔者参加中国语言生活状况报告（2006）课题组的工作期间，在关于说明书语言服务状况的一个调查的基础上形成的。本文分为三部分，依次为基本情况、现存问题、相关建议与思考。

---

　　* 本文所列个案为《中国语言生活状况报告（2006）》课题研究成果的一部分，曾在"语言与国家"高层论坛上宣读（浙江，2006年），原载于《绍兴文理学院学报》2007年第5期。

　　① 李宇明：《总结经验　开拓创新　努力促进"十一五"语言文字应用研究：在"国家语委'十一五'科研工作会议"上的报告》，《语言文字应用》2007年第1期。

　　② 屈哨兵：《语言服务研究论纲》（在上海世博会语言环境建设国际论坛上的发言），上海，2005年9月13—14日。

一、说明书语言规范服务的基本情况

于根元（2003）较早从规范的角度提出"规范也是服务"①的概念，说明书作为一种与大众生活关系相当密切的文本成品，其本身的规范程度直接关系到语言服务的质量。本文以产品说明书的语言使用与语言服务作为调查与观察点，首先对我国说明书语言规范的制定进行检索与描写，这是决定说明书语言服务质量的一个非常重要的参照系。

（一）说明书标准与规范的制定

产品说明书的内容并不单一，大体包括下面一些种类：说明书、使用说明、通用标签、标识与标注性文字、商品外包装文字等。

近些年来，国家相关行政执法部门提出不少关于产品说明书规范的要求与标准。1987 年，国家相关部委颁布《关于企业、商店的牌匾、商品包装、广告等正确使用汉字和汉语拼音的若干规定》；1997 年、1998 年，国家技术监督局先后颁布了《消费品使用说明总则》《工业产品使用说明书总则》；2000 年，国家颁布《中华人民共和国国家通用语言文字法》，其中第十四条"应当以国家通用语言文字为基本的用语用字"的诸情形中包括"在境内销售的商品的包装、说明"。而在此前此后，在说明书方面作为国家标准提出要求的行业和种类还包括化妆品、玩具、纺织品和服装、家用和类似用途电器、家具等，此外还有针对预包装食品标签的多个强制性国家标准。自 2000 年以来，食品药品监督管理局对于食品药品的说明书也有一系列的规范要求，涉及保健食品、中药、化学药品和治疗用生物制品、预防用生物制品、放射性药品等。其他一些部委对于相关说明书也有行业上的规范要求，如农业部的《兽药标签和说明书管理办法》（2003）。2005 年，国家标准化管理委员会还以推荐标准的形式发布了《说明书的编制——构成、内容和表示方法（GB/T 19678—2005）》，《消费品使用说明·家具（GB/T 5296.6—2004）》要求从 2005 年 10 月 1 日起开始实施。2006 年实施的相关规定有《化学药品和治疗用生物制品说明书规范细则》《预防用生物制品说明书规范细则》《放射性药品说明书规范细则》等。说明书规范方面的整体情况是，国家在一个相对较宽的产品领域内提出了要求。

《消费品使用说明总则》（1997）在说明书语言方面分别列出易读、颜

---

① 于根元主编：《应用语言学概论》，北京：商务印书馆，2003 年。

色、表述原则、语言等条款，提出具体的规范要求；《工业产品使用说明书总则》（1997）也列出语言、文字、表述的原则、印制、文本等条款，对说明书语言表现的诸方面提出了规范要求。整体来看，国家关于各类产品说明书的规范既涉及对产品内容本身的说明要求，也涉及对产品内容进行表述的形式与方法的要求。有的法规文本中会直接以"语言、中文、汉语"或者"文字、汉字"等为关键词，明示说明书在语言文字上的要求，如要求"中文使用说明必须采用国务院正式公布、实施的简化汉字。销往国外或香港、澳门、台湾地区家具的使用说明，如顾客要求可使用繁体字"。有的虽然没有冠以"语言、中文、汉语"或者"文字、汉字"等字眼，但实际上提出的说明规范同样也是针对相应的语言文字要素而言的。

2006 年正式施行的《消费品使用说明·家具（GB/T 5296.6—2004）》对说明书的"适用范围、规范性引用文件、基本要求、使用说明提供的位置方式和形式、编制要求、使用说明编写质量的评价"等作出了清楚的规定，其中的编制要求部分涉及"文字、表述、图、表、符号、术语、目次、印制、文本、安全文本、安全警告、内容编排"等内容，和说明书语言的各个方面都具有相关性。《化学药品和治疗用生物制品说明书规范细则》《预防用生物制品说明书规范细则》和《放射性药品说明书规范细则》对于相应产品的说明书的各项内容的书写要求也都作出了具体的规定，以化学药品和治疗用生物制品说明书规范为例，说明书包括"核准和修订日期、说明书标题、警示语、药品名称、成分、性状、适应证、规格、用法用量、不良反应、禁忌、注意事项、孕妇及哺乳期妇女用药、儿童用药、老年用药、药物相互作用、药物过量、临床试验、药理毒理、药代动力学、贮藏、包装、有效期、批准文号、生产企业"等各项内容，随着具体品类的不同，规范细则会有一些变化，如预防用生物制品说明书要求有"接种对象、免疫程序和剂量"等方面的说明，放射性药品说明书要求有"放射性药品标识、放射性核素半衰期、放射性活度和标示时间、内辐射吸收剂量"等方面的要求，这些要求通常都会涉及语言文字使用上的规范，如要求警示语"应当在说明书标题下以醒目的黑体字注明"，药品名称要有汉语拼音，包装说明应该按照"直接接触药品的包装材料和容器及包装规格"的顺序进行表述。

（二）说明书语言的使用

随着国家经济与社会的不断繁荣，各类产品及产品说明书浩如烟海，从中国商标注册情况来看，截至 2004 年，我国累计核准注册商标

2 240 031件。① 截至 2005 年底，我国的商标注册申请累计总量已达 422 万件，注册商标累计总量已达 249.9 万件。② 中国的各类商标申请总量和商标注册申请量已连续四年居世界第一。③ 2006 年，国家商标局共受理商标注册申请 70 多万件，核准注册商标 26 万件，至此注册商标累计已达 276 万件。④ 商标总量的巨大意味着相应产品说明书的数量庞大。

国家关于化妆品、玩具、纺织品和服装、家用和类似用途电器、家具等消费使用说明及工业产品使用说明的编制要求是一种强制性标准，食品药品说明书编制方面的要求也具有强制性。说明书上的语符集合构成说明书语言，各类产品基本都能配置相应的说明书。但很多生产厂家或销售者都有不同程度漠视说明书的情况，以家具说明书为例，据《新民晚报》报道，检查人员到当地一家知名的家具生产企业营销店检查，说明书的内容是由营销员当场填写给消费者的，包括甲醛含量、木质、填写十分随意。⑤ 质检稽查部门对浙江杭州两家顶级家具市场进行了执法检查，发现市场内部分高档家具在产品使用说明上很不规范，使用说明内容不全，部分家具没有标签、吊牌、中文说明、出版日期、家具生产日期、产品检验合格证等。⑥ 药品说明书方面，据中国消费者协会随机调查，抽取的 83 份药品说明书中，有 36 份说明书存在问题，占总数的 43.4%，有问题的说明书比例比较高。⑦

截至 2006 年 10 月 30 日，国家质检总局产品发布质量抽查报告 81 次，其中有 45 个抽查报告发布的内容提及产品说明书（标签、标注、标识）语言表述的各种问题，产品门类包括：玩具、童车、饮水机、丝绸、休闲服装、啤酒、茶饮料、冷冻饮品、食用菌、炒货、饼干、多联式空调机、电热水壶、配合饲料、食用盐、食糖、糖果、儿童服装、酱卤类肉制品、润肤乳液、洗面奶、果（蔬）汁及果（蔬）汁饮料、大衣、山葡萄酒、酱

① 中华人民共和国国家工商行政管理总局商标局：《历年商标注册申请及核准注册商标统计表》，中国商标网，http://sbj. saic. gov. cn/tjxx/TJTableLNSBTJ. asp? BM =09，2006 年 11 月 5 日。

② 程云杰：《中国商标注册呈跳跃式增长　累计总量 249.9 万件》，新浪网，http://finance. sina. com. cn/g/20060417/11422506114. shtml，2006 年 4 月 17 日。

③ 周婷玉：《我国商标注册申请量已连续四年居世界第一》，新华网，http://www. xinhuanet. com/zhibo/20060419/zhibo. htm，2006 年 4 月 19 日。

④ 中华人民共和国国家工商行政管理总局：《中国注册商标已达 276 万件》，中国商标服务网，http://www. tdtm. com. cn/tongxun/view. asp? id =111，2007 年 1 月 23 日。

⑤ 郭剑烽：《说明书竟由营销员自己填写》，《新民晚报》，2006 年 10 月 16 日。

⑥ 潘玉芳、肖扬、金振东：《法国沙发缺说明书 "第六空间" 须整改》，新华网浙江频道，http://www. zj. xinhuanet. com/newscenter/2006 -08/10/content_7741078. htm，2006 年 8 月 10 日。

⑦ 玫昆仑：《关注食品药品安全：药品说明书要说明白》，《人民日报》，2006 年 6 月 28 日第 15 版。

油酱产、干果干菜、旋耕机、复混肥料（复合肥料）、豆制品、洗面奶、染发剂、熏煮香肠食品、白酒、葡萄酒、黄酒、室内加热器、聚氯乙烯绝缘电缆电线、足球篮球排球、烘炒食品、月饼、电动自行车、肉松火腿肠等，有的产品还不止一次，如糖果产品、白酒产品、果（蔬）汁及果（蔬）汁饮料产品。这里面大部分都是标注、标识方面的问题，也有说明书普遍会出现的问题。

属于产品说明书范围的各种文本的规范并不是一件容易推行的事情。举个例子，2007 年上半年，卫生部准备出台的《化妆品标签标识管理规范》，通过专家征求意见稿可知，文件中规定近百个词汇属于禁用词，不得出现在化妆品的标签上，这些词语如"特效""高效""全效""控油"等虚假夸大用语和"除螨""改善内分泌""抗皱"等明示或暗示对疾病的治疗作用和效果的词语。市场调查显示化妆品标签标示不规范的现象绝非少数，但有关方面表示，由于反馈意见对某些词汇的分歧较大，且近半数化妆品将迎来一次改头换面的大变身，成本很高，有的还涉及与国外同一品牌的规范对接问题。所以有媒体报道，原定于 2007 年上半年出台的《化妆品标签标识管理规范》估计要"难产"。[①]

从整体情况看，如果是国家对具体产品作出了说明书要求的，说明书的语言相对更规范一些，有关执法部门在进行检查的时候因为有标可依，针对性也就强一些。

二、说明书语言规范服务的现存问题

产品说明书语言是一种服务特性非常明显的语言，消费者购买某种产品，通过阅读说明书了解相关产品的详细信息是消费者理应拥有的语言权利。虽然随着产品具体门类的不同，说明书的内容细项各有不同，但提供完备的语言服务是所有说明书提供者必须担当的语言责任。从国家有关监管部门以及我们自己初步调查的情况来看，我国说明书的语言服务水平还存在着诸多问题，举其要者有以下四项：

（一）汉语缺失问题

《国家通用语言文字法》规定，在境内销售的商品的包装、说明应当以国家通用语言文字为基本的用语用字。《消费品使用说明总则》关于语

---

① 仇兆燕：《〈化妆品标签标识管理规范〉产品标签禁说"特效"》，中国经济网财经频道，http://finance.ce.cn/xf/main/zx/200701/08/t20070108_10012227.shtml，2007 年 1 月 8 日。张昀：《近百禁用词汇 企业难换包装》，《广州日报》，2007 年 3 月 2 日第 A23 版。

言的条款规定：产品的使用说明应使用产品销售所在国的官方语言编写，并特别说明这是许多国家的法律要求。《工业产品使用说明书总则》则在文字语言条款中规定：供国内用户使用的工业产品必须提供汉语说明书，根据需要也可提供汉语和其他语言对照的使用说明书，汉语说明位置要醒目、突出。2006 年，在我国销售的部分商品说明书存在汉语缺失问题，主要体现在某些进口产品上。广州检验检疫局在对进口玩具产品的检验过程中发现，超过 70% 的进口玩具产品虽然有英文、日文甚至西班牙文的说明书，但根本没有中文说明书，很难让中国消费者读懂，引导其正确使用。① 有媒体报道，有些产品明明是中国制造，却偏偏要用外文，记者在南京一家商场发现，有的国产玩具轨道车包装除了产品名称及警告标识外，其他全是英文，一款国产机器人玩具背面组装图上的部件名称和指示竟然全是日文。② 这种汉语缺失的现象表明相关的生产者与经销商缺少一种语言责任，严重损害了消费者的知情权。

2006 年我们收集的各类产品说明书同样表明这种汉语缺失的现象不在少数。③ 比如浙江宁海某家中外合资的文具公司出品的一款订书机的使用说明，通篇全是英文，意思是告诉使用者该订书机能订多少页纸，纸能放进订书机中多大的深度，订书钉的长度应该是多少，应该如何移动等，就连警告文字也全是英文：

Caution：Keep your finger（s）away from the part where staples are coming out. It may cause injury.（警告：你的手指要离订书机的订口远点，不然有可能会导致受伤）

这种汉语缺失的例子不是孤例，再举一例。美国的商品 POLO Ralph Lauren，其在中国商店中的商品使用说明全是英文，主要内容是机器洗涤温度是 30℃、不可氯漂、不可熨烫、只可干洗、低温干衣等，看例子：

Care instructio（n）：Machine wash cold（30℃），Non-chlorine bleach as needed，Do not iron，Dry clean，Tumble dry low.

其中"说明"的英文单词还漏掉了一个字母"n"，真是匪夷所思。

---

① 周新旺、林展翼：《进口儿童玩具使用说明问题较多》，《中国国门时报》，2006 年 8 月 28 日。

② 吴琼、梅建明：《明明中国造　偏偏标英文》，《扬子晚报》，2006 年 7 月 21 日。

③ 文中凡是由我们收集的说明书文本，绝大部分由我们于 2006 年从广州市一些大中型商场、医院等地方获得，个别为 2006 年以前留存的文本。

（二）繁体汉字问题

国家相关法律法规对产品说明书的汉字繁简使用有明确的规定，在大陆行销的产品的说明书一律使用简化汉字。销往国外或中国澳门、台湾地区的产品使用的说明书，如用户要求可使用繁体字。① 但现在的情况是，在大陆销售的产品的说明书也有使用繁体字的情况。2005 年，有消费者在东北购买了某种商品，商品上使用的是繁体字。② 2006 年，相关产品说明书中的繁体字仍然存在。

我们在广州天河"好又多"大型超市收集到深圳某家自行车公司的一份产品说明书，标题就赫然使用繁体字——捷佳牌 BMX 童車使用說明書。"车、说、书"都使用了繁体字。

某公司在大陆销售的电子产品 DIGITAL MP3 PLAYER（朝华），标榜这款 MP3 是中国品牌，专门面向中国消费者，但其产品说明书封面全是英文，其内里的 43 页说明书全部使用的是繁体汉字，明显与国家相关法律规定不符。

尤其值得注意的问题是，网络环境中的产品尤其是电子产品的说明书繁简杂存的现象，一方面和网络背景下繁简之间随时可以转换有关，另一方面也和供货商的语言态度取向有关，有的产品说明书还只有繁体文本。网址为 http：//www.mydigi.net 的"说明书之家"（营运注册局为江苏省通信管理局）有 8 006 本说明书，销售产品涉及数码相机、数码影音、摄像机、笔记本电脑、台式电脑、扫描仪、传真机、打印机、移动电话、掌上无线、投影机等，存在较多的繁简杂存的情况。有的产品在网站的首页上就直接标明是繁体字本，如"［奥林巴斯］X - 760（繁体中文）"。繁体字本说明书的存在折射出大陆与港澳台在经济上的一种紧密关系，有的产品是由上述三地的生产商生产或经销的，有的是大陆厂商生产准备销往上述三地而又最终行销大陆的。不管是哪种情况，都反映出说明书的制作者在语言态度上存在着一种偏差。

（三）语言质量问题

国家对于说明书的语言表述都有原则上的规定，如要求使用说明应符合每步操作程序，使产品使用顺序恰当合理；使用说明应尽可能简短，并

---

① 国家质量技术监督局：《工业产品使用说明书总则（GB 9969.1—1998）》，北京：中国标准出版社，2008 年。

② 田茹茵、于艳：《繁体字惹的祸 产品说明书说而不"明"》，《沈阳晚报》，2005 年 1 月 20 日。

能使外行人易于理解；应使用简明的标题或标注，一句话通常只包含一个要求等。① 这些要求可以看成说明书语言质量上的要求，语言质量不高的表现就是说明书表述不到位，难以理解。2006 年，中国消费者协会随机抽取了 83 份药品说明书，有 36 份存在问题，占总数的 43.4%。如有的药品未区分患者的年龄、生理特点，未注明"小儿酌减""孕妇慎用""头孢类菌素过敏者禁用"等字样，即使注明了，也未说明酌减多少、如何慎用；还有的虽然注明每次服用 8mg，但没有注明每片的剂量，个别患者误以为"mg"就是"片"的意思。② 广东省质检局在检查丰田雷克萨斯RX350 越野车的车辆使用手册时，发现手册中对防滑链的安装使用描述前后矛盾，其他术语、数据及表述错误多达数十处。③ 语言质量不高的原因在于说明书的制造者缺少一种语言责任。

我们关于产品说明书的实例调查也能反映出很多说明书语言质量不高的问题。比如前面提到的捷佳牌 BMX 童车的部件装配说明的开头两句："将前泥板装入前叉让前钳形闸穿心螺杆穿入前叉及前泥板吊攀，使元宝放置前侧。"第一句话将几个要求糅合在一起，明显不符合国家关于说明书"说明尽可能简短""一句话通常应只包含一个要求"的规范，第二句也有使动不当的毛病，同时说明书在零部件的介绍与图示中没有说明何谓"前泥板吊攀"与"元宝"，这让外行人难以理解。

某家服饰公司的一款短袖衬衫（产地是广州）的洗涤说明包含如下内容：适宜手洗、分隔手洗、低温手洗、只可干洗、低温干衣、不可转笼翻转烘干、平放晾干、不可氯漂、不要拧干、不可熨烫、低温熨烫。只要稍加注意，就可以发现关于衣物洗涤的说明彼此之间有矛盾，究其所以，可能是生产者想先把各种洗涤说明全部列出来，然后针对具体的衣物再来打钩指别，问题是厂家或者销售者都没有做这个工作，就造成了消费者拿到洗涤说明不知怎么办才好的问题。

（四）信息缺伪问题

缺指信息缺损不全面，伪指信息虚假不真实，说明书规范要求提供的产品信息应该真实全面。2006 年 3 月，国家质检总局对玩具产品质量进行

---

① 国家质量技术监督局：《消费品使用说明总则（GB 5296.1—1997）》，北京：中国标准出版社，1997 年；《工业产品使用说明书总则（GB 9969.1—1998）》，北京：中国标准出版社，2008 年。

② 玫昆仑：《关注食品药品安全：药品说明书要说明白》，《人民日报》，2006 年 6 月 28 日第15 版。

③ 郭军、陈滟：《雷克萨斯 RX 手册出问题　质检总局要求加强检验》，中国新闻网，https://www.chinanews.com.cn/news/2006/2006-05-01/8/728129.shtml，2006 年 5 月 11 日。

专项抽查发现，"使用说明"的问题比较突出，139 种产品中有 23 种产品的使用说明项目不合格，比较突出的是大部分厂家往往将一些重要的使用说明内容漏掉，如"适用年龄范围""安全警示""生产者的名称和地址""产品质量检验合格证"等。① 2006 年 6 月，国家质检总局抽查了广东、浙江、江苏、上海 4 个省市 23 家企业生产的 23 种电热水壶产品，有 8 种产品标志和说明不合格，主要是说明书上缺乏电热水壶的相关警告语等。②

2006 年 5 月，国家质检总局抽查了北京、天津、广东等 9 个省、直辖市 74 家企业生产的 74 种产品，有 9 种产品的纤维含量实测结果与明示标识不符合，有的产品标识为 100% 的棉，实测含有氨纶或涤棉等。③ 国家抽查贵州、四川等 20 个省、自治区、直辖市 80 家企业生产的 80 种白酒产品，有 3 种产品的酒精度未达到标签明示值的要求，其中有 1 种白酒标签明示为 48°，实测值为 36.6°。④

截至 2006 年 10 月 31 日，国家质检总局 45 个与产品说明书语言表述问题有关的抽查报告中，有 35 个报告指出说明书语言存在信息缺损，有 20 个报告指出说明书语言存在信息不真实的情况，这两种情况有时会在同一份说明书中存在。如国家在对葡萄酒产品的质量抽查中，就发现有产品的酒精度标准规定值为 11.0 ~ 24.0（vol），而实测值仅为 7.5（vol），又有多种产品的配料表内容不全、生产日期标注不清，净含量、酒精度等没有进行标注说明。⑤ 这种信息的缺损或者不真实就生产商而言是缺少一种语言诚信，就消费者而言则是语言知情权受到了损害。

广州某家药业公司和扬州某家药业公司都生产腹可安片，我们比较了两家提供的说明书，其所介绍的"药品名称""药品成分""性状""功能主治""用法用量""贮藏"等都一模一样，包装都是每瓶 24 片，塑瓶包装（扬州厂的表述是塑料瓶为高密度聚乙烯），但是在说明药品有效期的时候，一家说是三年，一家说是二年，这就叫消费者难明所以。另外，广州厂的说明书中有关于药品规格的说明，而扬州厂的说明书却付之阙如。凡此种种，难以不叫人对药品的信息保有量及真伪问题产生怀疑。

---

① 刘伊婷：《玩具抽查抽出四大质量问题》，《中国质量报》，2006 年 3 月 19 日。

② 《产品质量监督司产品质量抽查信息：2006 年电热水壶产品质量抽查合格率 82.6%》，国家质量监督检验检疫总局，http://cpzljds. aqsiq. gov. cn/cpzlccxx/index_1. html，2006 年 6 月 26 日。

③ 《产品质量监督司产品质量抽查信息：2006 年儿童服装产品质量抽查合格率 62.2%》，国家质量监督检验检疫总局，http://cpzljds. aqsiq. gov. cn/cpzlccxx/index_1. html，2006 年 5 月 29 日。

④ 《产品质量监督司产品质量抽查信息：2006 年白酒产品质量抽查合格率 88.8%》，国家质量监督检验检疫总局，http://cpzljds. aqsiq. gov. cn/cpzlccxx/index_1. html，2006 年 5 月 24 日。

⑤ 《产品质量监督司产品质量抽查信息：2006 年葡萄酒产品质量抽查合格率 88.2%》，国家质量监督检验检疫总局，http://cpzljds. aqsiq. gov. cn/cpzlccxx/index_1. html，2006 年 5 月 24 日。

国家对说明书的格式、位置、颜色、字号、亮度对比等都有规定，各类说明书在这方面也有不少问题，2006 年 9 月质检总局发布的一份关于玩具产品质量抽查的报告中指出，58 种产品中有 7 种玩具标识标注不规范，其中就包括"警告"字体太小这样的内容。[①] 药品说明书在这方面也难以尽如人意，比如我们采集到的一些药品说明书对"不良反应""禁忌""注意事项"等带有警示作用项目的处理，有的说明书按要求用黑体进行凸显，有的则没有。我们比较了三份药品说明书，分别是硝酸咪康唑阴道栓说明书、甲磺酸多沙唑嗪控释片说明书和双氯芬酸钠缓释片说明书，第一份将"禁忌""注意事项""药物相互作用"栏目中的所有内容全用黑体凸显出来，第二份则只是将"不良反应""注意事项"中类似小标题的词语进行了黑体凸显，第三份则完全未将"不良反应""禁忌""注意事项"的内容进行任何形式的凸显。很显然，后两份说明书有待进一步改进完善。

三、说明书语言规范服务的相关建议与思考

（一）制定进口商品说明书语言文字准入制度，中文文种优先，明确树立使用产品行销地的语言进行说明的原则，保护消费者的知情权

国家应制定进口商品说明书语言文字准入制度，国家海关及其他相关部门应该建立相应的进口商品说明书语言审查制度，对于在国内生产的商品，说明书语言文字方面的要求与标准应强制性地执行。目前突出的问题是，有些外来产品或者具有外资背景的产品说明书没有执行中文文种优先的原则，汉语缺失现象仍然比较严重，例见前。有的即使有中文，也未将中文放在突出醒目的位置。例如我们采集到一个注册品牌为"芳伶"的美容洗脸扑，产品的封面包装上有说明文字，产品名称的排列顺序是日文、中文、英文，使用说明也是先日文再中文，且中文还是时繁时简。另有一例注册品牌为"洋子"的眼贴膜，产品封面包装的名称排列顺序是日文、英文、中文，而功效与用法说明则是先英文再中文，中文文种未优先使用。

我国是一个多民族多语种的国家，在少数民族居住比较集中、民族语言文字仍在使用的地区，各类说明书应该使用产品行销地的语言文字进行产品说明，国家应该明确树立使用产品行销地的语言文字进行说明的

---

① 《产品质量监督司产品质量抽查信息：2006 年玩具产品质量抽查合格率 82.8%》，国家质量监督检验检疫总局，http：//cpzljds. aqsiq. gov. cn/cpzlccxx/index_1. htm，2006 年 9 月 18 日。

原则。

消费者知情权的保护则是各类说明书必须遵循的共同准则，消费者必须享有产品信息知晓权，这主要有两个考量指标：一是要保证产品说明的信息量，关键信息绝对不能随意缺省；二是要保证消费者对产品信息的理解无障碍，与大众生活密切相关的产品的信息尤其是关键信息的说明，至少受过义务教育的民众看得懂，专业性较强的产品说明书，至少具有大学文化程度的人能够无障碍看懂。

就消费者个人而言，提供完备的说明书语言服务是其当然具有的语言权利；就一个国家而言，所有相关产品提供完备的国家法定的通用语言服务是国家的语言主权的必然要求。我国目前的各类产品说明书语言服务在这方面的表现情况难以令人满意，需要引起我们的高度注意。

（二）加强对已经颁布的各类产品说明书使用规范的监督，说明书语言形象应是企业形象的有机组成部分

目前国家对消费品、工业产品、药品、保健食品等涉及面广的大类产品都出台了相应的说明书规范，有的产品门类还制定了针对具体产品系列的说明书规范细则。这些规范或规范细则中的很多内容都是对说明书语言的要求，它们在颁布或开始实施的时候，相关行政监督与检查部门都能有针对性地进行检查督促，媒体也比较关注，消费者在一定程度上也知晓。从整体情况来看，以国家质检总局 2006 年的质检抽查报告为例，生产商对于说明书规范的执行程度区别比较大，知名大型企业、规范标准针对性强的企业，其产品说明书的规范程度要高一些，说明书的语言质量要高一些，不太知名的小型企业或者规范标准针对性较弱的企业，其产品说明书的语言质量要差一些。国家需要加大对各类产品说明书使用规范的监督力度，有必要将说明书规范包括说明书语言质量作为产品质量认证的一项重要内容，产品抽查应该将说明书语言质量作为必检必报的项目。

优良的产品服务（包括售后服务）是现代优秀企业非常重要的一个指标，在这个指标体系中，说明书的语言服务应该是一个不可或缺的要件。产品说明书关乎企业形象，我国的很多企业在这方面的意识还不是很强。海尔强调"国际星级服务"，其说明书的整体质量还是较高的，即使是这样，也还有这样或那样的一些毛病。以海尔大王子家用电冰箱（BCD-256KF）的说明书为例，文本中明确标示出该系列冰箱执行国家标准，共有 GB 4706.1 等 5 个国家标准。我们认为，如果能够说明产品说明书也是严格按照国家标准执行的，则可以进一步提高产品的公信力。该产品说明书在语言文字表述方面也有待改进的地方，比如对"停电时的处理"的说

明："停电后即便是夏季，几个小时之内，仍可以毫无问题地保存食品。"这里的"几个小时之内"就是一个太过模糊的概念，如有可能，应该给出一个大致的时长范围，免得消费者费神琢磨。此外，该说明书还有一些结构牵连、用词累赘、标点使用不当等方面的问题需要改进。海尔已经是比较优秀的企业，至于那些说明书规范意识更加薄弱的企业，就更难以依靠说明书的语言质量来提升企业文明与企业形象了。

（三）协调好各种说明书规范的共性与个性，加强说明书语言规范标准的研制，进一步加强指向性更强的门类说明书规范的制定，全面提升说明书语言服务的质量

国家关于说明书规范标准的制定或修订是依据国家相关法律要求及国际标准化组织等方面的要求进行的，在一些基本原则的把握上是准确一贯的，但有时在规范项目与内容的取舍上还缺少必要的一致性。例如关于说明书语言的选择，在《消费品使用说明总则》中的提法是产品的使用说明应使用产品销售所在国的官方语言进行编写，但作为国家标准，并未针对我国的消费品应使用何种语言作出明示。《消费品使用说明·玩具使用说明》只写明"在使用说明上应使用规范的汉字"，却并未提出语言选择上的明确要求。即使是关于汉字的选择，各处表述也不尽相同，《消费品使用说明·玩具使用说明》中是一种表述（见上），《消费品使用说明·家具》则是另一种表述："中文使用说明必须采用国务院正式公布、实施的简化汉字。"且后者有关于何时可以使用繁体字的规定："销往国外或中国香港、澳门、台湾地区家具的使用说明，如顾客要求可使用繁体字。"而前者却没有。有的规范将语言选择列为"文字"的下位条目，有的则只列有"语言"条目而无文字方面的要求。

说明书规范中"语言表述"部分的要求与示例需要改进，《消费品使用说明·家具》关于说明书语句表述的一条规定是"使用行为动词，不用抽象名词"，列出的相关事例是"避免污染"（正确）、"污染的避免"（错误），有比较明显的照搬国外相关规范标准的痕迹。发布在前的《消费品使用说明总则》也存在类似的问题，要求使用行为动词而不是抽象名词，所举的词例从汉语词形看是一样的，都是"避免"，行为动词和抽象名词之别只能通过相应的英文单词（avoid、avoidance）才能显示出来，明显不符合汉语的使用实际。其他表述语言方面的要求也有需要改进的地方。如果从更加规范的角度看，有进一步加强说明书语言规范标准的研制与修订的必要。

由于各行各业的产品门类繁多，国家需要在相关法律或规范总则的框

架内制定指向性更强的门类说明书规范，使符合说明书规范要求的产品覆盖面更广。这里面当然也包括说明书语言文字规范进一步明确与细化，比如关于汉语拼音使用的问题，国家在《化学药品和治疗用生物制品说明书规范细则》《放射性药品说明书规范细则》中对产品名称应该使用汉语拼音有明确规定，相关的产品说明书在这方面执行得比较好，而有的产品在这方面没有明确规定，存在用汉语拼音拼写产品名称的情况。再如关于警告类文字的字体字号与位置问题，《消费品使用说明总则》的提法是"安全警告应用大的或不同的印刷体"，《消费品使用说明·玩具使用说明》的要求是"'警告''注意'等字体大小应大于等于 5mm×5mm"，而在《家用和类似用途电器的使用说明》或者《消费品使用说明·家具》中则只是笼统地说"安全警示的标注应符合产品安全标准的要求和 GB 5296.1—1997（笔者注：即《消费品使用说明总则》）第 9 章的规定"。针对不同门类甚至不同规格的说明书，这方面的要求应该细化。至于那些还没有单列出来制定说明书及其语言规范的产品门类，应当是今后进行相关标准制定的一个重点。

（四）建立完备的说明书语言服务监测系统，进行语言服务质量的专项跟踪报告，促进社会语言生活的和谐发展

建立完备的语言服务监测系统不仅仅是说明书语言质量这一方面的事情，可以这样讲，语言服务的类型有多少种，相应的语言服务质量的监测系统就会有多少种。我国目前在语言服务质量监测方面还缺少一个整体的网络构架。当然，这种构架的建立与运作又谈何容易。以本次关于说明书语言使用状况的调查为例，我们深感建立相应的说明书语言使用语料库的必要性与重要性。这种重要性主要表现在对各类产品说明书的语言使用情况进行跟踪监测，对其语言质量提供客观准确的评价，及时维护国家的语言主权和民众的语言权利，为国家相关领域的语言规划提供决策依据。在某种意义上，这种重要性不是相应的各种说明书规范条例所能取代的。

说明书的语言服务只是大的语言服务系统中非常小的一个分支，其上位概念应该属于工商领域的语言服务。就工商领域而言，其所包含的细类多种多样，至少可以分成商标系列、品牌名称系列、广告语言系列、品名系列、店名与企业名称系列、销售用语系列、说明书系列等，每个系列内部都有丰富的下位内容，都可以分门别类地建立相应的资料库或面向中文信息处理的语料库，为相应的语言服务质量的监测与评价提供有力的数据支持，为国家相应的语言规划提供决策依据。目前，我国语言资源的监测与研究已经形成相当的规模和效应，涉及平面媒体语言、有声媒体语言、

网络媒体语言、教育教材语言和海外华语等各个方面，但在一些专题领域的语言资源监测及相应的语言资源库建设还有待进一步加强，说明书语言服务所属的工商领域只是一个例子。虽然每个语言服务监测系统都会有自己的任务，但它们的总体目标都是一致的，那就是促进我国社会语言生活更加健康和谐地向前发展。

参考文献

［1］李宇明：《总结经验　开拓创新　努力促进"十一五"语言文字应用研究：在"国家语委'十一五'科研工作会议"上的报告》，《语言文字应用》2007 年第1 期。

［2］于根元主编：《应用语言学概论》，北京：商务印书馆，2003 年。

广告语接受的条次研究[*]

一、问题的提出

我们曾针对广州地区 500 名小学高年级学生进行了一次广告语言跟踪调查，意在考察广告语言在相关受众中的存活状况。小学生虽然不是本次调查所涉及的全部产品的目标受众，但我们认为以这个特定群体为窗口，也可以在一定程度上反映某些广告语言的存活状况。在受调者没有准备的情况下，我们要求受调者写出 5～10 条广告语言，本次跟踪共收集到广告语言涉及的商品品类 900 余种，广告语言达 2 420 条。刘惠琼（2005）以品条为核心进行了比较全面的报告。条次是指广告语言中在条类基础上变体出现的次数。[①]

如果以条次高低作为选择标准，本次跟踪统计的部分品类构成如表 1 所示，这可以作为我们进行高次句分析的重要参照：

表 1　部分品类构成

序号	品牌	条次数	广告语言
1	肯德基	88	有了肯德基，生活好滋味。
2	斯达舒胶囊	38	胃，你好吗?
3	汰渍洗衣粉	32	有汰渍，没污渍。
4	伊利纯牛奶	32	天天天然，伊利纯牛奶。
5	公益	30	生命满希望，前路由我创!
6	麦当劳	26	常常欢笑，常常麦当劳。
7	麦当劳	23	常常欢笑，尝尝麦当劳。
8	鼎湖山泉水	20	你喝过山泉水吗?

---

[*] 本文原载于《修辞学习》2007 年第 6 期，与刘惠琼合作完成。

[①] 为研究方便起见，我们对品类、条类、条次分别都给出一个定义：品类指广告语言中存活商品的种类；条类指各个品类的广告语言的相关变体；条次指广告语言中每一种条类变体出现的次数。

（续上表）

序号	品牌	条次数	广告语言
9	麦当劳	19	更多选择，更多欢笑，就在麦当劳。
10	甘竹罐头	19	甘竹罐头，甘香可口。
11	公益	15	保护环境，人人有责。
12	麦当劳	14	尝尝欢笑，常常麦当劳。
13	达利园蛋黄派	14	达利园蛋黄派，家家都喜爱。
14	农夫果园	13	农夫果园，喝前摇一摇。
15	亮荘	13	人靠衣装，美靠亮装。
16	公益	13	人人为我，我为人人。
17	麦当劳	12	尝尝欢笑，尝尝麦当劳。
18	麦当劳	12	更多选择更多欢笑，就在麦当劳。
19	公益	12	广州是我家，清洁靠大家。
20	亮荘	11	人靠衣装，美靠亮荘。
21	佳洁士牙膏	11	防蛀固齿我更牛。
22	碧桂园	11	碧桂园给你一个五星级的家。
23	鹰牌花旗参	11	送礼认准这只鹰，鹰牌花旗参。
24	好迪	10	大家好，才是真的好。
25	碧桂园	10	碧桂园，给你一个五星级的家。
26	益力多	10	益力多，今日你饮咗未啊?①
27	益力多	10	你今天喝了没有?
28	爆果汽	10	爆果汽，让你一次爆个够。
29	立邦漆	10	立邦漆，处处放光彩。
30	中国联通	10	我爱篮球，我爱新时空。
31	益力多	9	今日你饮咗未啊?
32	爆果汽	9	爆果汽，果汁加气，让你一次爆个够。
33	舒肤佳	9	爱心妈妈，呵护全家。
34	舒肤佳	9	舒肤佳，爱心妈妈，呵护全家。
35	雨洁洗发水	9	去头屑，用雨洁。

---

① "饮咗未啊"为粤方言，意思是"喝了没有"。

广告语言跟踪结果表明，条次表现有高低之分。如果一个品牌属下的每个广告语言条类都只出现一次，那么分析区别条类和条次就没有意义；如果各种广告语言条类所拥有的条次虽然不止一次，但彼此之间没有统计意义上的悬殊，那么单独进行高位条次的分析也没有多大的实际意义。而实际情况是，相当一部分广告语言条类的条次分布是不均衡的，有的条类的条次复现率很高，有的则较低。以表 1 所列各种高次句为例，围绕在它们周围的还有一批具有"家族相似性"的条次家族成员。那么，制约广告语言条次高低的因素是什么？在特定受调人群中，高位条次的品类偏爱有何表现？高位条次句内部的表现状况如何？还有，如何看待广告语言的忠诚度、关联度及实际存在的诉求分流？本文试以跟踪调查的数据为依据，尝试就上述问题进行相应的观察与分析。

二、观察与分析

（一）高次句基本上都是核心句种

条次最高的广告语言是肯德基的广告语言"有了肯德基，生活好滋味"，一共出现了 88 次，但围绕它有一批"家族成员"，这些成员的分段条次统计情况如表 2 所示：

表 2　高次句分段统计

条次范围	40 条次以上	30~39 条次	20~29 条次	10~19 条次	3~9 条次	合计
条次数量	1	4	3	22	145	175

本次统计注重广告语言复现的真实性，各广告语言有任何差异都会记录列出。如果忽略各种细微差异，高次句的条次表现将会有一个大的跃升，但这不符合我们进行广告语言深入跟踪的要求，因为对细微差异的关注与记录，将为我们进行广告语言的存活与再生性分析提供很多有价值的事实与信息。

通过调查所得高次句可以看出，这些高次句和核心句种有着一种天然的联系。刘惠琼（2005）提出过核心句种的判定有两个标准：一是高发，二是趋简，广告语言原型在一定程度上有成为核心句的优势。

以居于第一高发位置的"有了肯德基，生活好滋味"为例，这是受调者非常熟悉的肯德基广告，很显然，它是一个核心句种，围绕这个核心句种的家族成员还有：有了肯德基，生活有滋味；有了肯德基，生活很滋味；有了肯德基，生活多滋味；有你肯德基，生活便知味；有了肯德基，生活多鲜味；就在肯德基，生活好滋味；日日肯德基，生活好滋味；有了肯德鸡，生活好滋味；有了肯德机，生活好滋味；有了肯得机，生活好味；有了肯德基，生活滋美；有了肯德基，生活滋味；有了肯德基，生活知味；有了肯德基，生我滋味；生活好滋味，有了肯德基。

细心观察，可以发现上述统计所得核心句种都有着这样或那样的差异，存活状态各有不同，既涉及相关受众对消费态度、消费行为的感知与确认，也涉及对消费场景、消费条件的感知与确认，还涉及对品牌本身的确认和对消费因果链的感知与调整。它们本身或许不能构成高次句，但它们却能够烘托出高次句的核心句种的地位。

（二）高次句的品类偏爱

在我们统计的 16 个品类范围内，拥有高次句条目最多的有 56 条，最少的只有 1 条。具体情况如表 3 所示：

表3　高次句条目分段统计

高次句条目	40 条以上	30～39 条	20～29 条	10～19 条	1～9 条
品类	饮料保健品	洗涤用品	食品果品	医药用品 公益旅游	企业集团公司、 房地产等①

出现品类偏爱可能是受调者年龄层级的广告语言反映，但更大的可能是相关广告语言普适程度的一种反映。某个品类中的高次句条目多，说明相关广告品牌被受调者接受的趋同性强、品牌的认同度高、辐射面宽，从一个侧面反映出一种潜在市场的稳定性和普适性。上述具有品类偏爱居前三位的饮料保健品共计 25 种，洗涤用品有 20 种，食品果品有 8 种。②

高次句的表现也能说明这一点。具体情况是：饮料保健品类 9 条；食品果品类 8 条；洗涤用品类 7 条；公益旅游类 4 条；生活用品类 3 条；房

---

①　文中品类未全部列出，这些品类实际包括：企业集团公司、生活日用品、茶酒调味品、房地产、文教体育用品、服饰首饰品、手机电脑、家用电器、化妆护肤品、交通工具用品、其他未明等。

②　饮料保健品类：鹰牌花旗参、益力多、爆果汽、百事可乐、雪碧、鼎湖山泉、达能酸奶、伊利纯牛奶、血尔、统一冰红茶、康师傅冰红茶、康富来洋参、农夫果园、农夫山泉、王老吉凉茶、荷氏薄荷糖、维他奶、盖天力、新盖中盖、统一绿茶、第 5 季、红牛、光明牛奶、可护儿等。共 25 种。

地产类 2 条；医药用品类 1 条；企业集团公司类 1 条。从这里也可看出受调者在广告语言跟踪方面的倾向性选择，饮料保健品、食品果品和洗涤用品三个品类的广告语言在特定受众中的存活状态比较理想，具有较强的普适性。

（三）条内企高与条内趋衡

条内企高与条内趋衡描述的是具体品牌中各种高次句的两种不同的存活状态。典型的条内企高是指在某个品牌的广告语言跟踪中，作为高次句的广告语言在条内诸变体中一花独放，形成一主多从的存活格局；典型的条内趋衡是指在某个品牌的广告语言跟踪中，高次句的广告语言有多种变体存在，形成一种彼此之间大致平衡的存活格局。肯德基和麦当劳两种快餐品牌的广告语言跟踪调查就可以明显反映出这种高次句的条内企高与条内趋衡的区别。肯德基广告语言共出现 112 次，分布在 21 个条类变体上，其中条次最高的是 88，只有 1 条，另外的 20 条广告语言中，条次为 4 的有 1 条，条次为 2 的有 2 条，剩下的全是条次为 1 的广告语，形成 88：4：2：1 的条次格局，明显表现出一种条内企高的特征。麦当劳广告语言共出现 189 次，分布在 63 个条类变体中，依次为：26 条次的 1 条，23 条次的 1 条，19 条次 1 条，14 条次的 1 条，12 条次的 2 条，5 条次的 1 条，4 条次的 5 条，3 条次的 1 条，2 条次的 5 条，1 条次的 45 条，形成的是一种 26：23：19：14：12：5：4：3：2：1 的条次格局，与肯德基广告语言的条次表现相比较，麦当劳广告语言的分布更加具有条内趋衡的倾向，各广告语言彼此之间的区别没有那么大，能够进入高位条次的广告语言的条数也更多。我们可以采取如下方式对观察对象是倾向于条内企高还是倾向于条内趋衡作出判断：设每类观察对象的条次总数和实际出现的条类变体比值（类次比值）是一个常数，这个常数通过条次总数除以条类变体数目得出，那么广告语言跟踪所得高于常数的条数越少，就越有可能是条内企高，反之就越有可能是条内趋衡。肯德基广告语言跟踪得出的总数共有 112 条次，分布在 21 个条类变体中，两者的类次比值是 5.3，跟踪反馈表明，高于类次比值 5.3 的条类变体只有 1 条，此为典型的条内企高；麦当劳的广告语言跟踪得出的总数是 189 条次，分布在 63 个条类变体中，两者之间的类次比值是 3，实际跟踪反馈表明，高于类次比值 3（含等于 3）的条类变体共有 8 条，那么我们就说它表现出了一种较强的条内趋衡。我们可以对前述相关品类广告语言的企高与趋衡属性进行观察：

表4 条次企高/趋衡比较

序号	品牌	条次总数	条类变体	类次比值	超比值条类数
1	肯德基	112	21	5.3	1
2	公益（生命满希望）	48	18	2.7	1
3	甘竹罐头	27	7	3.9	1
4	公益（广州是我家）	23	9	2.6	1
5	雨洁洗发水	15	6	2.5	1
6	达利园蛋黄派	18	4	4.5	1
7	中国联通	12	3	4	1
8	公益（人人为我）	14	2	7	1
9	伊利纯牛奶	51	13	3.9	2
10	农夫果园/山泉	25	9	2.7	2
11	鼎湖山泉水	44	20	2.2	2
12	佳洁士牙膏	29	19	1.5	2
13	碧桂园	28	7	4	2
14	公益（保护环境）	27	9	3	2
15	立邦漆	21	11	1.9	2
16	斯达舒胶囊	80	26	3.07	3
17	好迪	30	9	3.3	3
18	舒肤佳	29	9	3.2	3
19	汰渍洗衣粉	73	22	3.3	4
20	亮蔽珍珠洗发露	53	18	2.9	4
21	鹰牌花旗参	71	53	1.3	7
22	爆果汽	52	28	1.9	9
23	麦当劳	189	63	3	10
24	益力多	100	51	2	16

从表4统计可以看出，高位条次涉及的品牌共有24种，其中第1～18种的广告语言倾向于条内企高，而第19～24种的广告语言倾向于条内趋衡。两者大致的区分标准就是看它们的超比值条类数是否超过各自相关的类次比值。表4反映的情况似乎比较单一，实际情形可能要更为复杂一些。

这种复杂性主要体现在三个方面：一是条内企高和条内趋衡之间并无明确的界限，企高和趋衡内部都不是均质的，比如超比值条类数为 3 的广告语言在一定程度上也可能具有趋衡的特性；二是有些高位条次的绝对数目相差比较大，且同一种品牌中高位条次和后续次高位条次彼此之间的间距也各不相同，在统计时我们尚未对这种间距的价值进行评估；三是表 4 所统计的只是一个群案，实际上未进入该群案的广告语言同样也有相当一部分表现出或企高或趋衡的不同，如表 5 所示：

表 5　条次企高/趋衡比较

品类	广告语言	条次数目
采诗	靓女老师，用采诗。	3
	靓女老师用采诗。	1
	靓女老师用采诗。——采诗美白面膜	1
雅芳	雅芳，比女人更了解女人。	4
	比女人更了解女人。	3
	比女人更了解女人。——雅芳	1

这是化妆护肤品类中采诗和雅芳两个品牌的广告语言跟踪。不难看出，采诗的广告语言跟踪表现出的是一种条内企高，条次总数是 5，条类变体是 3，类次比值应该是 1.7，三个条类变体中只有一个超过类次比值，企高的广告语言是"靓女老师，用采诗"。雅芳的广告语言跟踪表现出的是一种条内趋衡，条次总数是 8，条类变体是 3，类次比值是 2.7，三个条类变体中有两个超过类次比值，趋衡的广告语言分别是"雅芳，比女人更了解女人"和"比女人更了解女人"。比较这两个品牌我们还可以发现，各自条类变体的核心句种基本相同，不管是企高句还是趋衡句，都无一例外地包含核心句种。核心句种和条类变体之间存在着种种区别，此不赘述。

三、相关思考

（一）广告语言忠诚度

一般认为，当一条广告投放市场之后，如果消费者对该条广告的指认度高，就会被看成一次成功的广告投放，可以称为广告语言忠诚度高。条内企高就是这种广告语言忠诚度高的表现。从上面对 24 种品牌项目的条内跟踪可以得知，属于条内企高的品牌项目共有 18 种，占全体统计项目的 3/4。这反映出在投放市场的广告语言群落中，条内企高和追求广告语言忠诚度是成功的广告语言的一种表现。在这 18 种企高型广告语言中，企高条次为 1 的有 8 种，企高条次为 2 的有 7 种，企高条次为 3 的只有 3 种。可以这样认为，企高条次越少，广告语言的忠诚度也就越高。

我们可以提出一个概念：忠诚指数。忠诚指数的高低和企高条次数与类次比值之间的差距成正相关。比如肯德基的广告语言属于条内企高，具体企高条次数是 88，类次比值是 5.3，前者是后者的 16 倍多，这种悬殊可以看成一种广告语言的忠诚指数。以此计算方法来观察条内企高条次为 1 的诸相关品类，各自的忠诚指数如表 6 所示：

表6　条次忠诚指数

项目	企高条次	类次比值	忠诚指数
肯德基	88	5.3	16.6
公益（生命满希望）	30	2.7	11.1
甘竹罐头	19	3.9	4.9
公益（广州是我家）	12	2.6	4.6
雨洁洗发水	9	2.5	3.6
达利园蛋黄派	14	4.5	3.1
中国联通	10	4	2.5
公益（人人为我）	13	7	1.9

通过上述关于忠诚指数的统计可以看出，即使是企高条次为 1 的相关广告语言，它们各自的类次比值的忠诚度也有着高低之分，忠诚指数越高，表明目标广告语言的指认程度越高，广告的投放也就越成功。同属于条内企高且企高条次是 2 或 3 的同样可以进行忠诚指数的计算，以伊利纯牛奶的广告语言跟踪为例[①]，有两个企高条次，一个企高条次数（A）是 32，另一个企高条次数（B）是 4，刚刚超过类次比值 3.9，A 的忠诚指数

---

① 伊利纯牛奶广告语言跟踪统计具体数据如下，各广告语言后的数字是其在受调者那里出现的条次数：天天天然，伊利纯牛奶—32；伊利纯牛奶—4；天天天然，伊利纯牛奶……奶—2；天天天然，依利纯牛奶—2；伊利纯牛——奶—2；天然乳钙，更易吸收，伊利纯牛奶—1；天天天然，伊利纯牛奶，咩……—1；天天天然伊利纯牛……奶—1；天天天然，天然纯牛奶—1；天天天然纯牛奶—1；伊利纯牛奶，天天天然—1。

是 8，B 的忠诚指数是 1.02，前者趋高，后者趋低，可以说明企高条次内部忠诚指数不平衡。

（二）广告语言的关联度

一条广告投放市场后，如果高次句不止一个，那么如何看待同一目标语言制约下表现不同的高次句呢？我们曾经指出，各种高次句都是一个核心句种，通过核心句种可以对高次句和非高次句之间的关系作出分析，同样是高次句，如何审视它们彼此之间的关系是一个需要注意的问题。

斯达舒胶囊的高次句属于条内企高类型，高次句共有三种[①]，分别是：

A．胃，你好吗？
B．喂，你好吗？
C．胃你好吗？

观察这三种高次句彼此之间的关联，至少可以有如下的发现：

关联一：广告语言的媒质与交际图式。三条广告语言都反映出原型广告语言所具有的问候特征，是一种提问。这三个提问具有不同的广告效果，黄国文（2001：179）研究指出，广告语篇中的提问无论是合意的回答，还是不合意的"不承担责任"或拒答，都是为广告效果服务的，这是在语篇原型确定的前提下进行的判断，而我们的跟踪语料反映出广告语提问原型在受众那里有了变体，那么这种提问变体彼此之间有何关联？我们认为这种原型与变体的关联既和媒质的变化有关，也和提问背后特定语境中交际图式的变化有关。斯达舒胶囊广告语言的书面原型是 A，其设置的提问对象是"胃"，而当广告语言经过媒体特定广告语境的有声传播之后，"胃"被替换成了更加直接的面称叹词"喂"，交际语境由拟人化的图式变成仿现实的图式。我们的广告语言跟踪发现，媒质因素和图式因素是形成广告语言变体的比较重要的因素。

关联二：广告语言的同音误推。原型广告语言通过拟人的手法直接称"胃"，而在高次句 B 中却被受调者依据同音推测为日常口语中更常见的称呼词"喂"，或许这也是设计该条广告语言时所要谋求的一种效果。"胃"与"喂"之间形成了同音关联，从某种意义上讲，各类双关广告语言层出不穷可以从我们所举的语例中找到心理现实性上的证明，同音误推也是广

---

① 斯达舒胶囊的类次比值是 3.07，A、B、C 三者的忠诚指数有高低之分：A 的条次数是 38，其忠诚指数是 12.4；B 的条次数是 7，其忠诚指数是 2.3；C 的条次数是 5，其忠诚指数是 1.6。

告语言变体的一个比较重要的动因。

关联三：广告语言的停连差异。A 和 B 的表现一致，都在称呼词语后面有一个停顿，而 C 则在称呼词后面没有停顿。从意义构成上看，或许两者之间没有什么区别，但从句法结构和心理意象上看，它们彼此之间还是有差异的。句法差异暂且不论，如果审视它们构建称呼时所使用的心理意象，我们可以这样认为：书面形式的停顿间距（A、B）反映出发话者（受调者）将这次问候行为分成两步完成，首先是称呼（称名或者打招呼），然后说出问候的内容；而书面形式的停顿无间距（C）则反映出发话者（受调者）在心理上将这次问候行为压缩成一步完成。这种停连上的关联与差异的研究具有阅读心理学上的意义。句子的理解可以采用两种策略，一种是语义策略，另一种是句法策略（张必隐，1992：158），上述 A、B 和 C 之间的关联与差异可以启发我们思考广告语言的设计是遵循语法优先策略还是遵循语义优先策略。进行广告语言高次句的关联度分析可以帮助我们理解原型广告语言以一种什么样的表现形式进行设计才能在受众那里获得最大的关联。当然，本文的广告语言关联度分析充其量也只是一个个案，随着具体高次句例的不同，对高次句进行关联度分析的角度难以做到统一，其间涉及从语言形式到语言内容、从阅读心理到认知动因等各个层面，需要我们具体问题具体分析。

（三）广告语言诉求分流

与对高次句的忠诚度、关联度的表现不同，有的高次句表现出一种对广告语言的诉求主题进行分化的倾向，这在条内趋衡型的广告语言中体现得更为显著。这种分化倾向有两种体现：一种表现为广告语言设计者的有意引导，另一种表现为广告语言跟踪中的随机变形，后者是我们考察的重点。可以拿麦当劳广告语言中的高次句来说明这个问题。跟踪调查显示，该项目的高次句共有 8 种，可以分成 A、B、C 三组，分别是：

A1. 更多选择，更多欢笑，就在麦当劳。

A2. 更多选择更多欢笑，就在麦当劳。

A3. 更多选择更多欢笑就在麦当劳。

A4. 更多欢乐更多欢笑，尽在麦当劳。

A5. 更多欢乐更多欢笑，就在麦当劳。

B1. 常常欢笑，尝尝麦当劳。

B2. 尝尝欢笑，常常麦当劳。

B3. 尝尝欢笑，尝尝麦当劳。

B4. 常常欢乐，常常麦当劳。

C. 麦当劳，秒秒钟欢聚欢笑。

以上 A、B、C 三组有一个共同的诉求主题：麦当劳与欢乐之间的关系，但这种诉求主题却通过不同的方式表达出来，形成了各自不同的广告语言原型。A 组原型实施的是一种名量强调，意在表明在麦当劳里有"更多"的选择与欢笑；B 组原型实施的是一种动量强调，意在表明在麦当劳里欢笑是"常常"的；C 组原型实施的是一种时量上的聚焦强调，表明麦当劳里的欢聚欢笑是"秒秒钟"都存在着的。这种名量、动量、时量上的区别在广告语言跟踪中的体现可以称为广告语言设计者主导的诉求分流。另一种情况是，一些广告语言在受调者那里因受影响而形成了一种随机的变形，相关高次句反映出一种诉求理解上的互补互衬。上述麦当劳广告语言 A、B 两组各自的变体可以说明这个问题。A 组高次句的诉求分流主要体现在两点上：一是"更多选择，更多欢笑"和"更多欢乐更多欢笑"之间，前者体现的是"选择"与"欢乐"并重，后者体现的是"欢乐"与"欢笑"重出；二是体现在"就在麦当劳"与"尽在麦当劳"之间，前者的"就"体现的是一种语气程度上的肯定，后者的"尽"体现的是一种数量指向上的覆盖。B 组高次句的诉求分流体现在对"常常"与"尝尝"使用的颠倒取舍之中。"常常"是一种动量强调，"尝尝"则是一种消费行为的暗示，在被跟踪的广告语言的实际表现中，"常常"既可以用于对"欢乐"的动量抒写，也可以用于对"麦当劳"进行直接抒写；而"尝尝"既可以用于享用"麦当劳"的消费提示，也可以用于针对"欢乐/欢笑"的隐喻式暗示。"常常"与"尝尝"可以错杂使用，也可以单用一种。受调者在广告语言反馈中出现这种种的差异，并且以高次句的形式体现出来，反映出一种"无心插柳柳成阴"的广告语言效应，值得广告研究者和广告语言设计者加以关注，有必要的话，还可以提前干预。

四、结语

本文对广告语言的条次跟踪与分析思考的基本结论是：①高次句基本上都是核心句种；②本次跟踪所得高次句带有受调者品类偏爱的色彩，但也具有一定的普适性；③条内企高与条内趋衡高次句具有不同的存活状态，企高和趋衡内部都难以是均质的；④广告语言忠诚度有高低之分，这种区别可以用忠诚指数表现出来；⑤广告语言高次句之间可以进行关联度分析，这种分析可以启发我们在进行广告语言设计的时候考虑到最佳关联的因素；⑥广告语言的诉求分流有两种表现，一种表现为广告语言设计者的有意引导，另一种表现为广告语言跟踪中的随机变形，后者对广告语言的设计也具有积极意义。

参考文献

［1］黄国文：《语篇分析的理论与实践：广告语篇研究》，上海：上海外语教育出版社，2001 年。

［2］刘惠琼：《广告语言品条研究》，《华南农业大学学报》（社会科学版）2005年第 2 期。

［3］张必隐：《阅读心理学》，北京：北京师范大学出版社，1992 年。

广告语言再生状态探论*

——以品牌显隐与行为变及现象跟踪为例的一个调查

所谓广告语言再生状态，是指在广告语言发布之后在广告受众那里的各种存活状态。从理论上讲，最理想的广告的存活状态就是广告投放市场之后在受众那里获得真实再现，但统计数据告诉我们，这种完整克隆式的理想是难以实现的。日常言语实践的常识表明，在复述、转述某些语言材料的时候，人们总会因为各种主客观动因的不同而使复述或转述与原始的语言材料有所不同。因此，我们可以有这样一个假定：当一条广告发布之后，其在受众那里存在的任何一种变异反应都有其何以发生的理由。对这种发生理由及变异反应进行归纳，便可以观察到广告语言的再生状态。基于这样的考虑，我们针对广州地区 500 名小学高年级学生进行了一次广告语言跟踪调查，在受调者没有准备的情况下，要求受调者写出 5～10 条广告语言，共收集广告语言涉及的商品品类 900 余种，条类达 2 420 条，条次数则为 3 692。选择小学高年级学生作为广告语言存活状态调查的抽样群体未必能全面反映出广告语言的存活状态，但我们认为以这个特定群体为窗口，也可以在一定程度上反映某些广告语言的存活状况。这个调查部分研究成果曾经有过一些报告。① 本文对广告语言各种句内元素再生状态的观察，主要侧重于广告语言再生状态下品牌显隐原因及其行为变及情况的观察与分析。

一、品牌显隐原因分析

（一）基本情况

本项目进行广告语言跟踪调查，是想观察在自然状态下各类广告语言的存活状态，分析各类广告语言发生变异的原因。就品牌显隐这个跟踪目的而言，就是要看看受调者在进行广告语言复述、转述的过程中，能在多大程度上有一种品牌项目的显示自觉，又有多少受调者出现品牌隐匿。我

＊ 本文原载于《广州大学学报》（社会科学版）2008 年第 7 期。

① 刘惠琼：《广告语言品条研究》，《华南农业大学学报》（社会科学版）2005 年第 2 期。刘惠琼、屈哨兵：《广告语接受的条次研究》，《修辞学习》2007 年第 6 期。

们试图观察这些品牌显隐现象，进而思考制约品牌隐匿的原因。

可以这么讲，几乎每一个统计所得的品类都存在着品牌显隐这种情况，并且各种品类内部品牌显隐的表现不尽相同。比如血尔口服液，我们采集到的条类有 12 种，有 75% 的受调者在其提供的广告语言中进行了品牌显示，与此相对的另一个饮品达能酸奶，我们采集到的条类有 17 种，只有 35% 的受调者在其提供的广告语言中进行了品牌显示。导致广告语言中品牌显隐的因素可能有很多种，既有语言系统内的因素，也有语言系统外的因素，我们的调查以考察系统内的因素为主。我们想以牙膏类的广告语言的存活状态为例来说明这个问题。

本次跟踪统计得到的牙膏涉及 6 个品牌，分别是佳洁士、高露洁、LG竹盐、冷酸灵、黑妹、中华，它们在受调者那里出现的总条次为 73，其中显示品牌的为 46 条次，占 63%；隐匿品牌的为 27 条次，占 37%。具体情况如下：

佳洁士牙膏：

＊佳 A1. 佳洁士防蛀直达牙根。

＊佳 B1. 防蛀固齿我更牛。（13）①

＊佳 A2. 全新佳洁士不但防止蛀牙，还直达牙根。

＊佳 B2. 防止蛀齿，我更牛。

＊佳 A3. 全新佳洁士，不仅保护牙齿，还保护牙根。

＊佳 B3. 防固牙齿，我更牛。

＊佳 A4. 佳洁士，防蛀固齿更有效。

＊佳 B4. 防蛀牙齿我更牛。

＊佳 A5. 防蛀固齿我更牛——佳洁士牙膏。

＊佳 B5. 防蛀护齿我更牛。

＊佳 A6. 佳洁士的目标是无蛀牙。

＊佳 B6. 防蛀护齿火（我）更流（牛）。

＊佳 A7. 牙根一生健康，笑容一生灿（绽）放。

＊佳 B7. 洁白健康，笑容一生绽放。

＊佳 A8. 妈妈，他们在干什么？—他们都在帮树根防蛀。—我也帮你防蛀。—唉，佳洁士是给牙齿防蛀的。—对，它不但可以防蛀牙齿，还可以防蛀牙根。牙根没蛀牙，牙齿才会更健康。—我的牙齿比你健康。

＊佳 B8. 牙根健康，笑容一生近（绽）放。

---

① 括号内的数字是指出现的条次数。未标明的条次数均为1。

高露洁牙膏：

＊高 A1. 用高露洁的目标是：没蛀牙。(4)

＊高 B1. 草本精华牙膏，天然美白，牙齿更健康更美白。

＊高 A2. 用高露洁的目标是，无蛀牙。(4)

＊高 B2. 凯迪先生，你的牙齿怎么这么白？(2)

＊高 A3. 用高露洁的目标是：没蛀牙。

＊高 A4. 高露洁的目标是无蛀牙。(2)

＊高 A5. 高露洁的目标是：没蛀牙。

＊高 A6. 高露洁的目标是没蛀牙。

＊高 A7. 用高露洁的目的是……——没有蛀牙。——为什么你的牙齿这么白？——因为我用高露洁。美白是会上瘾的。

＊高 A8. 用这个，高露洁。

＊高 A9. 全新高露洁草本美白，使你的牙齿更健康、更美白。

＊高 A10. 全新高露洁草本美白，天然美白，使你的牙齿更洁白。

＊高 A11. 全新高露洁草本美白精华，天然的美使你的牙齿更洁白。

＊高 A12. 高露洁含有草本精华，天然保护，牙龈牙齿更健康。高露洁清爽薄荷香型。

＊高 A13. 哪里来的光线，你们好，海泥（凯迪）先生，你怎么使你的牙齿那么美白？——用珍珠，全新高露洁。

＊高 A14. 高露洁草本牙膏。

LG 竹盐牙膏：

＊竹 A1. 苦口良药利于病，竹盐咸口利于齿。(4)

＊竹 B1. 竹叶咸咸的。

＊竹 A2. 竹盐咸咸利于齿，苦口良药利于病。

＊竹 A3. 竹盐咸口利于齿。

＊竹 A4. 竹盐咸口利于牙。

＊竹 A5. 竹盐咸好利于齿。

＊竹 A6. LG 竹盐牙膏，含咸味，竹盐咸口利于齿。

＊竹 A7. 良药苦口利于齿，竹盐牙膏。

＊竹 A8. 用 LG 竹叶（盐）牙膏，可以利于你们的牙齿。

冷酸灵牙膏：

＊冷 A1. 冷热酸甜，想吃就吃，冷酸灵牙膏。
＊冷 B1. 冷热酸甜，想吃就吃。
＊冷 B2. 冷热酸甜，想食就食。
＊冷 B3. 牙龈好，牙齿更健康。

黑妹牙膏：

＊黑 A1. 黑妹牙膏洁白牙齿。
＊黑 A2. 黑妹 CPP 牙膏。
＊黑 A3. 天然嘅，更安全，黑妹牙膏。

中华牙膏：

＊中 A1. 有新中华牙膏，皇爷们儿才吃得欢。
＊中 A2. 中华牙膏防蛀健齿更有效。

为了观察与讨论方便起见，我们将统计所得的广告语言依据品牌显隐的不同将有品牌显示的列为 A 组，品牌隐匿的列为 B 组，缘于具体牙膏品牌的不同，再分别取各牙膏品牌名称的第一个音节依次称为＊佳 A、＊佳 B、＊高 A、＊高 B 等。

＊佳 A1 是佳洁士品牌显示的例子，＊佳 B1 是佳洁士品牌隐匿的例子。1 是对跟踪所得的语例进行的一种类别上的划分，它们可以是成对出现，也可以是其中的某一方。比如佳洁士 AB 两个系列都可以从 1 排到 8，高露洁则不然，A 系列可以从＊高 A1 排到＊高 A14，B 系列则只有两类，分别记为＊高 B1 和＊高 B2，其他几类的情况大抵与此类似。此不一一赘述。

（二）观察与思考

基于统计，我们以核心句种的品牌显隐表现作为立足点进行观察分析。从我们跟踪所得的材料来看，核心句种与品牌大抵有两种情况，一种可以称为强关联，另一种则可以称为弱关联。强关联的可以高露洁牙膏的广告语言存活状态为例，弱关联的可以佳洁士牙膏的广告语言存活状态为例。高露洁牙膏广告语言的品牌显示和品牌隐匿之间的条次比是 21：3，前者是后者的 7 倍，是一种强关联。佳洁士牙膏广告语言品牌显隐之间的条次比是 8：20，品牌显示的概率小于品牌隐匿的概率，可以看成一种弱关联。从品牌角度看，我们对广告语言存活状态与存活质量的一个基本估价是，凡是品牌名称在广告语言中获得的显示程度高的，其广告语言的存活状态就较理想，反之则不理想。以此为前提，想要知道哪些因素能够制约品牌隐现，我们至少要进行两点思考：

1. 诉求语义框架

广告策划讲究定位，定位的核心是进行诉求，广告语言的作用是对定位诉求进行表述。选择什么样的诉求语义框架，以及商品品牌在这个诉求框架中扮演一种什么样的角色，对于品牌显隐起着十分重要的作用。

例如＊高 A1 类核心句种之所以能够顺利地进行品牌显示，就在于使用了一个"工具—目标（效果）"的语义框架，其句法表现就是在工具段中用"用＋高露洁"结构来引出品牌名称，然后在目标段表明"无蛀牙/没蛀牙"这种消费承诺。如果进一步进行分析，"用＋高露洁"表面上是工具提醒，其语义实质则是对消费者进行消费行为的引导，"用"的词种属性是消费行为导使动词。行为导使动词连带导出消费所涉及的品牌，十分自然。＊高 A1、＊高 A2、＊高 A3 及＊高 A7 都是如此。＊高 A4、＊高 A5、＊高 A6 的受调者没有使用"用"，语言表现是"高露洁的目标是无蛀牙"，但从基底意义上看，仍然是一个"工具—目标（效果）"的语义框架。

＊高 A9 "全新高露洁草本美白，使你的牙齿更健康、更美白"作为核心句种，有前后两个句体，我们虽然不能说这两个句体之间构成"工具—目标（效果）"的语义框架，但由于致使义的存在，我们至少可以判断前后两个句体之间存在着一种因果关联，从某种意义上讲，因果关联是一种更本质的诉求关联。从语义范畴上说，"工具—目标（效果）"这个语义框架也可以划归到因果关联这个语义范畴中去。由于这个表"因"的部分导入了品牌名称"高露洁"，因此也就提高了广告语言品牌名称的显示度。对比＊高 A 和＊高 B 两系，与这类核心句种有关的广告语言共出现了 5 条次，只有＊高 B1 的表现是品牌隐匿，其余的＊高 A9 到＊高 A12 共有 4 个条次出现了品牌显示，说明针对品牌名称进行因果导入还是比较成功的。

这种凭借"工具—目标（效果）"的诉求语义框架或者更上位的因果关联有助于相关商品品牌的显示，本次统计的其他几个个案如下：

＊竹 A. 竹盐咸口利于齿/牙。

＊黑 A1. 黑妹牙膏洁白牙齿。

＊中 A1. 有新中华牙膏，皇爷们儿才吃得欢。

＊中 A2. 中华牙膏防蛀健齿更有效。

以上三种牙膏的广告语言跟踪都是品牌显示占优势，除了 LG 竹盐有 1 例品牌隐匿的跟踪语例外，黑妹牙膏与中华牙膏语言跟踪所得全是品牌显示的例子。"竹盐咸口利于齿/牙"是一个核心句种，可以明显地看出"竹盐"与"利于齿/牙"之间存在的一种因果关联，"黑妹牙膏洁白牙齿"同样可作如是观。中华牙膏的语例中，＊中 A1 基本上可以归入"工具—目标（效果）"的语义框架及相应的句法框架；＊中 A2 则完全可以归入"品牌（因）＋成效（果）"的语义框架。

就本次跟踪所得的几类牙膏广告语言而论，"工具—目标/效果"的诉求语义框架应该是一个比较有效的诉求语义框架。当然，随着具体的广告主体与广告主题的不同，建立什么样的诉求语义框架、进行什么样的角色导入肯定会有所不同。近年来，国内学界倡导语言研究进行静态研究与动态研究相结合，语表研究与语里研究相结合，如"三平面"研究观、"小三角"研究法等可以为我们进行具体领域的语言现象研究提供较为有力的理论支撑。[①] 我们在这方面的关注还不够，需要在今后的广告语言研究中加大关注与研究的力度。

2. 句法捆绑密度

句法捆绑密度和诉求语义框架建设实际上是一种表里相映的关系，诉求语义框架是里，句法捆绑密度是表，我们可以这样说，凡是诉求语义框架中品牌显示比较稳定牢固的，其句法捆绑密度通常都会比较大。

根据本次跟踪所得，通过主谓关系、状中关系等句法手段导入品牌名称是提高品牌显示句法捆绑密度的一种有效方式，促使句法捆绑密度加大以稳定品牌显示地位的语法手段有很多种，此处不展开论述。我们重点观察一下跟踪所得的几个品牌显示不充分的语例在句法捆绑密度上的表现。这方面最典型的是佳洁士广告语言的跟踪表现。该品牌的语例中最显著的核心句种是"防蛀固齿我更牛"，围绕该核心句种的各种变体共有 19 个，其中只有一个获得了直接的品牌显示，即＊佳 A5："防蛀固齿我更牛——佳洁士牙膏。"其余的都只是裸现"防蛀固齿我更牛"及其相关变体，究其原因在于品牌名称与广告语言之间没有进行有效的句法捆绑。＊佳 A5 是一种比较完整的表述，但观察＊佳 A5，我们即可知道品牌名称和核心句

① 范晓：《三个平面的语法观》，北京：北京语言学院出版社，1996 年。邢福义：《汉语语法学》，长春：东北师范大学出版社，1996 年。

种彼此之间没有一种紧密的句法—语义关系。我们也可以认为，＊佳 B 系"防蛀固齿我更牛"中的"我"使用了双关指代的方式指向佳洁士，但这毕竟不是直接呼名，一定程度上会增加广告语言理解的成本，难以说是一种成功的句法捆绑。佳洁士牙膏跟踪所得语例另一个似乎具有核心句种倾向的是"洁白健康，笑容一生绽放"。出现的 4 条次中有 3 条次是以品牌隐匿的方式存在的，只有＊佳 A7 将"佳洁士"进行了一种外位性安置，从句法角度看，它和广告语言主题的关系是比较松散的。

跟踪所得冷酸灵牙膏广告语言的条次总数不多，品牌显示和品牌隐匿之间的条次比是 1：3，品牌隐匿处于比较明显的优势。观察＊冷 A 系和＊冷 B 系，两者的核心句种是一样的即冷热酸甜，想吃/食就吃/食。作为品牌名称的冷酸灵之所以没有显示优势，原因也在于其在结构上游离于核心句种之外。例如＊冷 A1，"冷酸灵牙膏"只是缀在核心句种之后，近似于一种外位成分，用我们的话说，是一种品牌裸现。从某种意义上讲，品牌裸现在受调者那里通常不会表现成广告语言的最佳存活状态。

在跟踪语料中，我们在受调者那里还发现了受调者人为加大句法捆绑密度的一些"蛛丝马迹"。以＊黑 A3 为例。如果按照语义标准对其进行断句，＊黑 A3 应该说成"天然嘅，更安全。黑妹牙膏"，其中的"黑妹牙膏"近乎品牌裸现，但从受调者的书面表现来说，受调者却将其处理成一个无停顿的语块整体。如果拿语言象似理论来观察，这种书面形式可能反映出广告内容在受调者的语感中有一种凝在一起的趋势。虽然从严格的句法标准来说，"黑妹牙膏"与前现句体"天然嘅，更安全"之间存在着一种句法疏离，但在受调者那里却生生将两者纽结在一起，反映出品牌名称和广告诉求在非句法条件下的一种共生现象。从一定意义上讲，这种表现只是品牌与广告语言共生的冰山一角。这种情况在跟踪所得的高露洁牙膏广告语言中也有表现。＊高 A1 类核心句种的原型是在特定的广告场景中以问话—答话的形式出现的，真实情况与＊高 A7 比较接近，当发话者问及用高露洁的目的是什么之后，再由答话者接话回答出目标所指"没有蛀牙"。而在我们的受调者中，大部分都将这种双边问答的格式改造成单边陈述的格式，标点符号显示没有受调者将其有意识地处理成问答结构，至少在语感上没有造成两者之间太宽的间距，而将品牌所居的部分（一个定中结构，作主语）与品牌的目标承诺（动宾结构，作宾语）通过句法手段比较密切地捆绑在了一起。我们关于句法捆绑密度及句法疏离现象的观察与思考实际上还停留在一个比较粗浅的层次，拿来进行个案观察与思考分析的语例也很少，但是我们有理由相信，进一步从句法捆绑密度的角度考虑相关的各个语言项目的存活状态与生存活量，是一件值得去做的工作。

二、行为变及情况考察

在进行广告语言设计的过程中，广告主常常会在广告语言中安插一些行为元素，这些行为元素在具体广告语境中的语义指向大抵可以分成两类，一类是指向商品/品牌/广告主的，另一类则是指向消费者的。从词种属性上分析，前者可以称为表白性动词，后者可以称为导使性动词。[①] 在广告语言的流播过程中，上述这两类行为元素当然不可能在任何时候都表现出精确的原版克隆，通常会出现这样或者那样的变体，从本次广告语言跟踪调查来看，这种行为元素的生存变体最主要的形式可以称为行为变称、行为延联与行为推及，合称行为变及。

（一）行为变称

行为变称是指在受调者那里，广告语言中与行为元素有关的动词出现了一种同义或者近义的替换，它们在使用频率上有高低之分，但在意义传达上却有相同的诉求。这类行为元素既可以指向消费者，也可以指向商品/品牌/广告主。例如：

A1. 饮红米酒，交好朋友。
A2. 喝红米牌，交好朋友。
B1. 防蛀固齿我更牛。
B2. 防蛀护齿我更牛。

A 系是酒品广告语言，A1 和 A2 之间的差别在于受调者对广告语言中的消费行为导使词进行了行为变称，A1 使用的行为导使词是"饮"，饮红米酒，交好朋友。A2 使用的行为导使词是"喝"，喝红米牌，交好朋友。"饮—喝"之间是一种同义替换。B 系是牙膏广告语言，B1 和 B2 的差别在于受调者对商品的功能表白词进行了行为变称，B1 行为表白的区别点是"固"，防蛀固齿我更牛。B2 行为表白的区别点是"护"，防蛀护齿我更牛。"固—护"之间是一种近义替换。

上述两系的条次统计显示，A1 和 B1 的条次数较高，属于高位条次，说明它们可能更接近于广告语言原型；B1 和 B2 出现的条次数少，属于低位条次，说明其只是在广告语言流播过程中才出现的变体。可以这样认

---

① 屈哨兵：《广告语言方略》，北京：科学普及出版社，1997 年。

为，广告语言的这种行为变称不涉及广告主题的实质性改变，一般不会影响广告语言流播的质量。

（二）行为延联

行为延联是指在受调者那里，广告语言中与行为元素有关的大动词彼此之间存在着生产（制作）—购买—消费这种时序链条上的关联。同一套广告语言，在受调者那里获得的表现可能各不相同，有的获得凸显的是生产（制作）环节的行为，有的获得凸显的是购买环节的行为，有的获得凸显的是消费环节的行为。例如：

A1. 酷儿橙汁，含有许多维生素 C。
A2. 好喝就说酷。
A3. 酷！快点啦！酷儿已经出了葡萄柠檬＋奶油味了，还不快点来试下，包你喝过返寻味。
B1. 古绵纯酒，喝胜。
B2. 离乡别井，我们不会忘记帮爸爸倒一杯，古年（绵）纯。
B3. 小二，来瓶古绵纯酒喝。

A 系是属于可口可乐家族的一条饮品广告语言。A1 中的行为元素"含有"是指向商品品质的，"含有许多维生素 C"表明商品所拥有的一种品质。A2 的行为元素则有两个延联指向：一个是"喝"，指向的是消费行为；另一个是"说"，指向的是消费之后的评价，好喝就说酷。A3 中的行为元素更为复杂一点：

快点——"快点"是一个促使发生消费的催促行为。"快点"本身不是行为元素，但语用规律表明具有祈使功能的"快点"后面常常隐含一个适合交际语境的动词，这里大抵是"买""喝"之类的行为催促。

出——"出"是一个属于生产推销环节的行为元素，在这里的广告语言中表明一种商品出街上市，与之相配合的还有一个完全属于生产制造环节的行为元素"＋（加）"，酷儿已经出了葡萄柠檬＋奶油味了。

试——行为元素"试"实际上是对催促行为进一步进行说明，所谓"快点"就是要消费者去尝试一下，即去尝试饮用酷儿。

喝——这是更加直接的消费行为元素的标引。

返寻——"返寻"是粤方言，意思是找回，在此处广告语言中作为一种行为元素，描述的是一种消费发生之后的行为反映，意在说明饮用酷儿之后的效果：包你喝过返寻味。

B 系是酒品广告语言，同样涉及行为延联。B1 表现的行为元素是"喝"，进行的是一种消费提醒；B2 表现的行为元素仍然属于消费环节，但具体指向有所不同，是要将古绵纯酒作为一种表达亲情的载体"倒"给父亲喝；B3 表现的行为元素涉及两个阶段，一是通过"来"凸显购买阶段的行为，二是通过"喝"凸显消费阶段的行为。

一条广告投放流播过程中出现行为延联是一个值得进一步研究的问题。从广告语言设计的角度看，有的行为延联的诸元素确实是广告语言原型中都拥有的，只不过在受调者那里获得凸显的阶段有所不同，或者获得凸显的行为元素的数目有所不同；有的行为延联则可能是在广告语言原型中本不存在的，受调者那里相关环节的元素是受调者的创造。在进行广告语言设计时，哪些行为元素是我们首先要考虑的因素，哪些可以利用某些广告语境诱使消费者进行行为延联应该是我们需要加以关注的。在我们调查所得的广告语例中，属于行为延联的还有其他的一些表现方式，内里还有一些值得关注的表现细节，我们将进一步研究。

（三）行为推及

行为推及是指，由于受到广告语境、广告主题等因素的影响，受调者对广告语言的相关行为元素进行了具有不同语义指向的改造。这种推及性的改造常常发生在一种类义语义场中，因为原型广告语言的影响，刺激受调者进行一种最佳联想，比如由买推及卖、由收推及送等。例如：

A1. 今年过年不收礼，收礼要收脑白金。
A2. 今年过节不收礼，收礼就收脑白金。
A3. 今年过节不收礼，收只收脑白金。
A4. 今年更要送礼，送礼要送脑白金。
A5. 过年送礼送什么，送礼还送脑白金。
A6. 今年更要送健康，送礼只送脑白金。

A1 到 A6 大体上可以分成两类：一类是"收礼"系列，如 A1、A2、A3；另一类是"送礼"系列，如 A4、A5、A6。其实，不管是收礼还是送礼，不外乎是一个消费行为的两个表现侧面，有收就有送。从语言艺术价值的角度看，脑白金的广告可能乏善可陈，从广告定位的角度看，脑白金的广告也有需检讨之处，但它利用节庆日期国人彼此之间，尤其是晚辈对长辈馈赠示敬的市场需求，分别从收礼和送礼两个角度进行了比较成功的广告语言诉求。脑白金最初推向市场的广告语言是收礼系列的，或许彼时广告主并未意识到何时可以进行一次相应的行为推及，但后来的广告运动表明广告主主动地进行了这种消费行为的推及与补足。我们所跟踪的受调者作出的广告语言反应是否真的就与原型广告语言一致其实很难说，在相关场合我们曾经就脑白金广告语言表现的是收礼还是送礼进行过不止一次的询问，受调者常常不能确认他关于"收礼"或者"送礼"的回答就是唯一的答案，继续追问，他们会作出"好像收礼送礼都行"的判断，这刚好是广告语言行为推及所带来的一种理想结果。无独有偶，在我们的广告语言跟踪中，还有受调者写出的广告语言是"今年送礼送脑白金，收礼更要送脑白金"这样糅合性的句子，广告主并没有在同一条广告语言中将消费的两个侧面同时推出，受调者作出这样的反应，表现出其对脑白金广告语言诉求的一种双重认可。在我们跟踪所得的语料中，脑白金广告语言一共出现了 32 条次，其中属于收礼诉求的有 15 条次，属于送礼诉求的有 12 条次，两者的比率大体接近，分别占跟踪所得广告语言的 46.9% 和 37.5%，另有 5 条广告语言对这种收送诉求未作出反应，只占 15.6%。至于收礼主题和送礼主题在受调者那里的具体体现，仍然有广告语言值得进一步分析的地方。

以 A1、A2 和 A3 为例，每个例子中，两个平行的分句存在着一种语义上的对立，后一个分句实际上又是一个包含假设关系的紧缩句。一个是"收礼要收脑白金"，"要收"之"要"表示的是"应该"之意①，语气中更多的是传达出一种建议；另外两个是"收礼就收脑白金"和"收（礼）只收脑白金"，"就收"之"就"和"只收"之"只"都可以看成一个表范围的副词，"就"的意思也相当于"只"，比较而言，"只收"比"就收"的要求似乎更严，"只"具有"限制动作本身以及动作的可能性"的作用。从广告语言设计的一般规律而言，通常倾向于使用口气较缓、条件较宽的句子来进行诉求，而本次的广告语言跟踪的条次统计结果也反映出这样的倾向：A1 > A2 > A3。这种情况对我们进行广告语言传播力分析具有一定的启发作用。

从广义上讲，行为推及也可以看成行为延联的一种类型，两者的区别在于行为延联注重的是广告语言对商品生产、销售、消费等环节在时间序列上的行为元素的反应，而行为推及则更看重广告语言对商品或生产或销售或消费某一环节行为元素的横向推展。当然，广告语言跟踪中的行为变称、行为延联和行为推及等彼此之间的出现概率是有差异的。

总而言之，本文认为，品牌显隐是影响广告语言存活质量的一个比较

---

① 吕叔湘主编：《现代汉语八百词》，北京：商务印书馆，1980 年。

重要的指标，在广告语言的设计过程中应该通过一些可以控制的手段提高品牌显示的概率。能够制约品牌显隐的元素有很多种，诉求语义框架及句法捆绑密度就是两种重要的制约品牌显隐的元素。就本文所进行的 6 类牙膏广告语言跟踪实际而言，"工具—目标（效果）"框架及其上位的因果关联框架都是一种进行品牌显示的有效手段，实现句法捆绑有多种方式，它与诉求语义框架之间构成的是一种表里相映的关系。凡是品牌显示不太成功的语例，在句法方面大都表现出相关元素彼此之间的某种句法疏离。行为变及是立足于跟踪所得的广告语言考察其行为元素在词种属性上的变称、延联和推及。对广告语言再生状态的考察角度与考察指标远不止本文所涉及的品牌显隐及行为变及这两个角度，还会涉及广告语言的品条及条次表现、角色的补换消隐与序符的移断转写等不同问题，我们会另外进行专门的观察与研究，在此不一一述及。

参考文献

[1] 范晓：《三个平面的语法观》，北京：北京语言学院出版社，1996 年。

[2] 刘惠琼：《广告语言品条研究》，《华南农业大学学报》（社会科学版）2005年第 2 期。

[3] 刘惠琼、屈哨兵：《广告语接受条次研究》，《修辞学习》2017 年第 6 期。

[4] 吕叔湘主编：《现代汉语八百词》，北京：商务印书馆，1980 年。

[5] 屈哨兵：《广告语言方略》，北京：科学普及出版社，1997 年。

[6] 邢福义：《汉语语法学》，长春：东北师范大学出版社，1996 年。

广告语言谱系研究的基本思路及个案推演*

所谓广告语言的谱系，就是指一种基于广告运动关涉项目的语义分类。本文对广告语言谱系建设的思路及建设步骤进行思考，同时进行较为具体的个案推演。

一、制约广告语言谱系的四种力量

广告语言谱系建设是否成功受四种力量的制约，这四种制约力量分别来自商品本身功能与品质的导引、潜在消费者的选弃意识、既往广告语言的实践以及自然语义世界的调节。

（一）商品本身功能与品质的导引

大到整个人类生存发展的驱使，小到具体某个物件的发明使用，人们总是在利用各种资源来改善我们的生存质量与生存状态。在市场经济背景下，各种改善努力通常会以商品的方式出现在我们的生活中，让我们能够选择它。从这个意义上讲，一类商品从它的设计之日起，就一定拥有某种功能或品质，它是该类商品得以存在的"源动力"。如果我们试图要为某类商品建立谱系，那么这些"源动力"就应该是相应广告语言谱系中的核心元素。例如空调的主要功能就是调节空气，电灯的主要功能就是利用电能发光，酒是用粮食、水果等含淀粉的物质经过发酵制成的含乙醇的饮料，茶是用茶叶做成的饮料，冰棍儿是把水、果汁、糖等混合搅拌冷冻而成的冷食。① 可以这样讲，如果我们要建立上述商品的广告语言谱系的话，像这些通过词典释义表现出来的功能与品质所涉应该居于系统的高端层级。从统计意义上说，各类商品这种基于"源动力"的诉求宣告占有绝对优势的地位。尤其是对一个商品进入市场之后的广告发展过程进行观察，这个判断可能更加准确。举个例子，钟表是计时工具，精确计时应该是钟表当然的功能储备，在广告语言谱系中，这种功能就占有特别基础的位置。1979 年 3 月，日本企业首先开始在《文汇报》上刊登 SEIKO "精工"

---

* 本文原载于《语言文字应用》2010 年第 2 期，曾在第四届海峡两岸现代汉语问题学术研讨会（台湾师范大学，2009 年 6 月 12—14 日）上宣读。

① 词典释义主要依据《现代汉语词典》2002 年增补本。

牌石英表的广告，突出诉求的就是"精工牌石英电子手表，开创了手表具有特高精度的新时代"（王菲、倪宁等，2004），指向即为计时功能。如果我们能够在一定范围内清理出相关商品的广告语义系统，也就有可能在此基础上整理出一个商品广告语言的基础谱系。这个基础谱系虽然不全等于广告语言的谱系实际，但我们有理由相信，这种满足人的基本需要与基于事物基本品质的语义框架对于广告语言谱系的建设具有十分重要的意义。

（二）潜在消费者的选弃意识

选弃即选择与放弃。一个商品能否满足人们的需要，最终要由消费者来决定。从广告语言设计这个角度说，一种商品在进入市场之前，消费者处于潜在状态。如果能够获知潜在消费者对于他们即将选择的商品有一些什么要求，并弄清楚这种要求的分布态势，就会对广告语言设计确立选项具有直接的影响。在一种商品投放市场之前，商家通常会有针对消费者的市场调查，并将调查结果运用到相关的广告营销活动中去，但我们也不无遗憾地看到，在诸多调查中，似乎还较少看到一种成熟的调查框架能够将广告语言的设计与潜在消费者的选弃意识较好地对接起来。一个潜在消费者针对某种商品的选弃意识可能带有偶然性，可以忽略，但如果是一群潜在消费者对某类商品表现出某种共同的选弃倾向却必须重视，成为我们进行广告语言谱系建设的重要参照。我们称之为选弃意识而非选弃理由，是想强调这种选弃在某种程度上应该是一种下意识的反应，是消费者关于某类商品的一种自由联想的集合。比如说到"酒"，我们可以收集并记录消费者关于"酒"能够产生哪些方面的联想。这类选弃联想可以有很多种可能：有的可能联想到与朋友一起痛饮的场景，有的可能联想到盛满酒的透明杯子，有的可能联想到白酒入喉的感觉，有的可能联想到聚餐碰杯时的响声。如果对这些加以集中梳理，形成一定规模之后就可以进行相应的广告语言谱系建设的基础工作。当然，这种选弃联想的调查也可以在实际存在的消费群中展开。我们现在进行广告语言设计时缺少的就是对这种选弃集合的调查与整理的一套规范有效的操作程序。这一方面，国外的广告语言设计的操作规范及其技术路线值得我们参考。例如日本有关专家（阿久津聪、石田茂著，韩中和译，2005）关于品牌文脉结构化的个案分析、分析手段及品牌形象的探究方式就可以给我们较大的启发。

（三）既往广告语言的实践

虽然不断有新的商品出现，但新出现的商品总是会和已经存在的商品有着千丝万缕的联系，在进行广告语言设计时也应该考虑到既往广告语言实践的影响。从广告语言谱系建设这个角度来看，对既往广告语言进行梳理是一件必不可少的工作，它是构成广告语言谱系的另一个重要基础。本文无意就一个品类的广告语言进行全面的比较考察。我们可以近十年大陆与台湾酒类广告语言的部分实践来进行分析。分析语料来自《中国广告猛进史》（国际广告杂志社等，2004）和《国际广告》中收集整理的大陆酒类广告流行语和台湾动脑广告人俱乐部主办评选出来的台湾酒类广告金句。它们大抵涉及四个序列的子谱系。

名性序列的谱系，包括四个方面的内容：一是规格过程品牌凸显，下设品牌裸现、品牌指认；二是场景范围挑选，下设空间场景、时间场景、数量场景、种群场景；三是（品质）原因凸显；四是（功能）结果凸显。动性序列谱系，包括九个方面的内容：一是口部动性凸显；二是手部动性凸显；三是口部手部动作复合凸显；四是消费行为导使凸显；五是消费原因导使凸显；六是消费结果导使凸显；七是功能行为导使凸显；八是心理过程导使凸显；九是品牌存在导使凸显。形容性序列谱系，包括四个方面的内容：一是结果描述；二是消费者描述；三是品质描述；四是感觉描述。副词序列的谱系，涉及五个方面的语义语用指向：一是强调；二是程度；三是频度；四是唯一性；五是恒久性。上述下位谱系的分析以及提供给我们的工作空间还有很多。关于该品类的广告语言谱系，我们将另作专文研究。

（四）自然语义世界的调节

这是一个更为复杂的问题，本文只强调一点，广告语言谱系的建设要接受自然语义世界的制约，这里的语义世界与特定品类的广告语言的语义系统之间不能完全画等号。自然语义世界是背景，哪些成员能够进入广告语言谱系还需要结合具体的品类才能说清楚。也就是说，作为背景，它可以对广告语言谱系的品类性、层级性、开放性特征在涵域的大小、成员的多少、语义密度的高低等方面进行必要的制约与调节。如何制约与调节需要结合个案进行专门探究。

二、研制广告语言谱系的基本流程

广告语言谱系研制的流程大致可以分成三块：确立谱系建设对象、整理分拣谱系成员、进行谱系的评估与开发服务。

（一）确立谱系建设对象

谱系建设与谱系开发具有层级性，在进行具体谱系建设之前，我们应该根据广告语言建设的需要先确立好谱系建设的基本对象，即通常所说的先做好考察对象的外延封闭工作。一般情况下，商品品类可以作为谱系建设的一个基本单位，不同品类的广告语言的存活状态是不一样的（屈哨兵、刘惠琼，2009）。所谓品类，按照一般的说法，就是指消费者认为相关且可相互替代的一组商品或服务。广告语言谱系建设的品类应视建设目标的需要来确定。一个比较务实的做法是，将消费者心目中的典型品类范畴进行梳理，然后确立一个比较适用的"品类群"，例如基于饮品系列的酒、茶、水，基于食品系列的牛奶、果冻、方便面，基于家电系列的空调、电风扇、洗衣机，基于通信系列的各类手机电话，基于发用系列的各类洗发护发品等，它们都可以作为谱系观察的基础。具体说来应该可以进行两方面的考虑。

考虑一：基于具体广告任务的谱系设计。当我们决定对某种商品进行市场推广的时候，先期对其可能拥有的广告语言谱系进行勾画，然后再在勾画的基础上根据一定的广告语言设计的原则确立相应的需进行重点管理的核心诉求概念与关键词。

考虑二：基于普适意义的广告语言服务框架下的谱系设计。这是一种具有战略意义的谱系规划，我们可以根据市场发展的需要选择一些具有经典意义的品类进行谱系勾画。这种勾画及其结果在操作层面具有程式性，在拓展层面具有可复制性，在服务层面具有可检索性。

（二）整理分拣谱系成员

广告语言谱系建设的基础是先要有一个广告语料库，尤其是分品类的专题语料库。目前我们还没有在这方面做好基础建设工作，当务之急是要设立专项组织团队进行谱系分拣建设方面的尝试。笔者所在学校相关专业的研究生在导师的指导下曾就发用商品的名词与形容词的相关谱系进行过一个观察（许明鑫，2009），这个观察基于1 400个发用商品广告语段共17万字的广告语料，通过排查分析，整理出的"发"族名词共43个，这43个"发"族名词群就可以充当发用商品谱系的一项重要组成部分。它们内部又可以分成不同的层级，每一个层级中都有相对优势的"发"族名词。例如"头发"（第一层，频次为2 008）、"秀发"（第二层，频次为1 651）、"发丝"（第三层，频次为531）等。这样的发现就比较有意思，高低层级之间、高低频次之间的"发"族名词彼此构成了一个具有竞争态势的谱系，可以为相应的广告语言设计提供比较直接的参考。另外关于发用商品的广告语言的形容词也可以整理出相应的谱系，内里也有类别、层级与频次高低之分，同样可以构成发用商品广告语言谱系的一项重要内容。这样分门别类的谱系分拣工作非常重要，只有在分拣的基础上我们才能构筑出比较完善的特定种类的广告语言谱系。

不同的品类可能有不同的谱系分拣内容，但也应该有大致相同的分拣框架。屈哨兵（2009）[①]谈到基于语料库的广告语言谱系建设时，认为要"对它与特定品牌的联系、特定品类的联系、特定广告语言谱系中成员属性的联系进行分析，同时还要考量到其在广告语言系统中的权重地位及在广告语言传播过程中的凸显指数"，完整意义上的广告语言谱系建设所依托的语料不仅仅是广告标题或广告口号，还包括除此之外的各类广告语段，包括次级标题、广告正文，甚至还包括销售指引信息。当然，我们这里进行这样的表述也只能算是一种技术思想，具体的框架还需要进行规划与验证。

当然，上面谈的只是一项基于广告语言语料库的谱系分拣工作，基于商品本身的功能性质的归纳、基于消费者的选弃意识的调查、基于自然语言世界的相关语义系统都可以针对某个特定的品类构成谱系，它们的勾画分拣路线和操作步骤与基于语料库的广告语言谱系建设有同有异，需要我们在具体的工作中加以探索。

（三）进行谱系的评估与开发服务

一个特定品类的广告语言谱系建立起来之后，其实际效用如何应该有一个相应的检测与评估。这个评估与服务至少要考虑到三个方面的因素：

第一，谱系内部各个项目各种成员的地位问题。从形式上看，各个谱系项目与成员的地位是平等的，实际上在广告推广过程中它们在消费者心目中的地位是不平等的，我们应该通过比较有效的方法使得谱系项目及其成员的重要性有一个程度上的区分与显示。从技术上讲，有三个指标值得考虑：一是项目与成员在既往广告语言实践中出现的频次，二是项目与成员在已经实现的广告活动中诉求重要值的累积程度，三是它们在消费者心目中重要性的统计与分布。三个指标的获取需要进行专门的方案设计与执行。

第二，谱系叠合共享问题。比较而言，消费者的选弃意识和既往广告语言的实践这两种力量对广告语言谱系建设所能发生的作用更加直接，来自消费者选弃意识的调查和来自既往广告语言实践的调查都可以在相对独立的情况下进行谱系勾画并形成相对完整的谱系。这两个谱系是不可能完

---

① 屈哨兵：《论语言资源视角和语言服务立场中的广告语言的研究与建设》[在第三届语言与国家高层论坛暨第二届全国应用语言学系主任（所长）论坛上宣读]，徐州师范大学，2009 年 5 月 8—11 日。

全叠合的，但它们一定有一个可以叠合的区域，这个叠合区域中的项目及其成员可以称为广告语言核心谱系或广告语言共享谱系，这是我们进行广告语言开发与广告语言服务的重要依托。当然，这种叠合构建也需要有专门的技术支持才行。

第三，谱系整合预测问题。毫无疑问，制约广告语言谱系建设的四种力量都有可能针对具体品类构建相应的谱系。一种理想的状态是我们对这四个分谱系进行整合，然后构建出一个"理想"的谱系，这个谱系可以追求完备，不考虑项目成员的平等均质。以此为基础，我们可以进行广告语言开发的项目预测或成员推荐。既往已经经过市场验证的广告语言实践固然值得肯定，那些项目凸显不足、地位相对偏低的谱系元素也未必就没有市场开发价值。当然，整合形成"理想"的谱系也要有一个度，绝对完善是难以实现的，但只要有一个相对完善的广告语言谱系，对于某些市场空档，就可以通过广告语言谱系进行监测与推荐，同时我们也就有可能对某些品类的广告语言的设计与关键词的抽取作出比较准确的预测。打个比方，这个作用就有点类似于元素周期表那样能够推断出某些尚未发现的新元素一样。

三、酒类广告语言的谱系建设框架个案推演

刘惠琼、屈哨兵（2003）曾经对酒类广告语言的称名词和表征词的谱系框架进行过一个设计，但并未涉及酒类广告语言谱系的全部。上文对大陆与台湾近年来一些酒类广告的流行语与广告金句的分析大致也可以看出该品类广告语言谱系建设的雏形。我们最近收集了近年来发布的各种酒类广告语言（标题与口号），共得三百余种不同类别酒的广告语言。[①] 酒类广告语言谱系建设的思路大致如下：

（一）核心诉求概念的聚集

我们现在对特定品类范围内的广告核心诉求有多少种并不清楚，弄清核心概念的聚集情况是构成酒类广告语言谱系的基础。这项工作需要逐条去做。核心诉求概念的设定还不能太抽象，基本原则是消费者能够依托广告语言以及广告语境推导出来的主题概念，例如"健康""好品质""人伦亲情""礼敬交际""运气祝福""酒感（含口感）评价""风格个性""年代久远"等。到底在酒类广告语言中能够聚集多少个核心诉求概念，

---

① 这项工作是在广州大学 2007 级研究生薛剑、赖静、温小勤等同学的帮助下完成的。

取决于我们广告语料的数量及聚集分类的精细程度。实际上，在酒的品类框架内，我们还可以区分出彼此界限相对清晰的次品类系列，例如白酒系列、红酒系列、洋酒系列、啤酒系列、保健酒系列等。在这个次品类框架内，我们还有必要针对某些特殊的品牌系列进行第三等级的划分，例如五粮液系列、茅台系列、长城红酒系列等，每个系列中都能产生或者存在着相应的核心诉求概念。因此，我们有理由相信，每个次品类系列内部也可以形成相对稳定的核心诉求概念群落。在哪个层级上进行核心诉求概念的集聚取决于商品市场实际开发的需要。

（二）谱系表征语词的分拣整理

围绕一个既定的核心诉求概念，一定会存在着一批对这个核心概念进行诠释的表征语词，将这些表征语词整理出来，它们又能够形成一个系统，成为具体品类广告语言谱系的重要成员。例如我们收集到的酒类广告语言涉及"年代久远"这个核心诉求概念的超过 15 种①，它的表征语词就有"陈年""老酒""百年""千古""万代""能听见/看见/品尝的历史""中国最早""千年""唐时""够年头""十八年""千载""三千年""古今"。年代久远只是一个概念，如何才可以算是年代久远却没有一定之规。说"天下三千年，五粮成玉液（五粮液）"固然是凸显年代久远；说"珍藏十八年，只为这一天（女儿红酒）"也是；没有标示数值，说"够交情就喝够年头的酒（茅台酒）"也未尝不可。这里关键要弄清楚两个问题：一是"年代久远"已有的表征语词有哪些，可能拥有的表征语词又有哪些，这些是构成该核心诉求概念下位谱系的重要内容；二是"年代久远"具体语义赋值的手段与过程是怎样的，这是支持谱系构成的语义语境基础。后一个问题不直接用谱系勾画的方式表现出来，但对表征语词在特定广告语境中含义的丰富与确认有着不可或缺的作用，是广告语言跟踪研究的一项重要内容。

（三）谱系组配细分

我们在进行广告语言谱系建设的时候一定会碰到这样一个现实：基于语言系统本身的复杂性和规约性，即使可以判定某例广告语言的核心诉求概念是什么，我们也难以回避它还存在其他一些诉求的可能。它们虽未能以一种显著的方式传达出来，但也难保其对于某些消费者而言，也可能成

---

① 还有一批在酒的品牌名称上就带有时代久远标记的情况，如"泸州老窖：天地同酿，人间共生""天地人和，古井贡酒"，这种情况也应该在考察的范围之内。

为其接受相关商品的一个理由。或者这样说，即使在 A 广告语言中它未作为核心诉求提出来，但不排除它在 B 广告语言中可以摇身一变成为核心诉求概念。或者从 A 角度看，它未进入与核心诉求相关的谱系位置，但从 B 角度看，它未必就不能进入那种与核心诉求有关的谱系位置。基于这种考虑，有必要把品类范围内的广告语言所涉及的语词放进特定的广告语境中逐项进行辨认，并进行相应的谱系项目分析，将目标词纳入正在建设的谱系框架之中。前述"既往广告语言的实践"一节所列诸项就是在特定范围内的一个相对完整的辨认与谱系项目分析。例如五粮液曾经使用的广告口号"天下三千年，五粮成玉液"，在暗示年代久远的同时，也在宣示其作为粮食酒（而非勾兑酒）的"五粮"特质。这里可以立出的一个谱系项目应该是"酿酒原料"，依托酿酒原料顺势牵出的"成"，单独作为一个动词，我们看不出它有什么独特之处，但在这样的广告语境中，其所代表的是酒的酿造，所以我们依据这个酿造立出"酿造方式/过程"这样的谱系项目。"玉液"是汉语中关于好酒的一种喻指性说法，同样可以立出一个相应的谱系项目来标显。我们可以进行这样的估计：当我们对足够量的特定品类广告语料进行组配细分之后，一定会逐渐形成一个比较完善的针对这个品类的广告语言谱系。依托这个谱系，我们至少可以在此基础上对新出现的广告语料进行谱系比对与匹配。所谓组配细分的工作，实际上就是一种针对特定品类的广告语言的语义标注工作。语义计量分析复杂程度是我们现在还难以充分预料的，肯定会非常复杂，同时也非常有价值。另外还有一个不同谱系项目彼此之间的关联组配问题，哪些可以形成优势关联，哪些则等而下之，这里面也蕴含着值得开发利用的许多语言资源，可以为广告语言的设计提供直接服务。

（四）谱系的扩展整合

当这个酒类广告语言谱系依据上述三个步骤初步建立起来之后，我们可能会发现谱系结构会出现一些项目空档，有些会在具体谱系项目之下存在成员空白。这种空档或空白是我们通过百科知识推导出来的，只是表明在某些时候这个谱系的构成还有一种逻辑上的扩展可能。

比如我们可以通过"年代久远"反向推出"新近时尚"主题，通过"珍藏十八年"推出"窖藏五十年"等，当然这些都是在广告语言实践中已经实现了的，这里只是拿来举例说明，具体情况要等谱系建设基本完成之后才能进行。语言本身有着严密的系统，当这个系统的某些成员在酒类广告语言谱系中担任了某些角色，那些成员在语言系统中的"左邻右舍"

会在谱系中拥有什么位置？如果拥有，广告语言谱系该如何收纳它们？比如酒类广告语言中常常有关于数量的诉求："陈年老酒，滴滴香浓""一杯青酒，交个朋友""牛栏山二锅头每天二两"，此中的"滴滴""一杯""二两"等，各自的含义与作用都不相同。汉语中表达同类意思的说法还有很多种，它们在谱系中将会拥有一些什么样的位置与作用？这也是一个比较有价值的课题。

需要说明的是，以上的谱系建设框架主要是针对酒类广告标题（口号）来做的，如果将广告语料采集的范围扩大到整个广告语篇，虽然基本思路差不多，但操作与遴选的复杂程度可能要大大增加。至于像系统功能语法中使用的语篇分析技术能否作为一种分析工具，还需要进行论证，关键在于其是否能够为广告语言的谱系建构提供一种操作层面的支持，而不仅仅是一种学理上的证明。

四、结语

广告语言谱系建设是广告语言作为一种语言资源应该提供的服务，整个谱系架构可以概括成"4 + 1 + 1模式"，其中的"4"，就是我们可以依据制约广告语言谱系的四种力量建立起四个分谱系，第一个"1"是指建立一个来自广告语言实践和来自消费者选弃两者叠合之后的谱系，第二个"1"是指对各个分谱系的项目与成员进行整合之后形成的一个"理想"谱系。所有谱系的建设都是以商品品类为基础的，虽然商品品类内里也有高低大小之分，但谱系的建设一定是在比较的基础上才能完成的。本文关于广告语言谱系建设也只是提出一个初步构想，真要全面实施，还需要我们作出很多努力。

参考文献

[1] 阿久津聪、石田茂著，韩中和译：《文脉品牌：让你的品牌形象与众不同》，上海：上海人民出版社，2005年。

[2] 国际广告杂志社等：《中国广告猛进史》，北京：华夏出版社，2004年。

[3] 刘惠琼、屈哨兵：《称名词与表征词：广告语言名性词种研究》，《华南农业大学学报》（社会科学版）2003年第1期。

[4] 屈哨兵：《论语言资源视角和语言服务立场中的广告语言的研究与建设》[在第三届语言与国家高层论坛暨第二届全国应用语言学系主任（所长）论坛上宣读]，徐州师范大学，2009年5月8—11日。

[5] 屈哨兵、刘惠琼：《广告语言跟踪研究》，广州：暨南大学出版社，2009年。

［6］王菲、倪宁等:《日本企业在华广告 20 年》,北京:中国轻工业出版社,2004 年。

［7］许明鑫:《发用商品名词形容词分析及相关组配模式研究》,广州大学硕士学位论文,2009 年。

［8］中国社会科学院语言研究所词典编辑室编:《现代汉语词典》(2002 年增补本),北京:商务印书馆,2002 年。

广告语言名性谱系建设的概念抽取及
子谱系建设的一些思考

——以保健酒广告为例

一、思考背景及角度选择

（一）思考背景

广告语言的谱系是指一种基于广告运动关涉项目的语义分类。关于广告语言谱系建设的基本思路我们曾有过讨论（屈哨兵，2009a），保健酒是近年来国内酒品消费中越来越受到人们关注的一个品类，由于其市场处于一个尚未成熟的阶段，对其进行广告语言谱系分析具有比较重要的现实意义。从学术研究的角度看，鉴于保健酒品类规模也可以作为一个比较理想的广告语言谱系分析的个案，就此先分类别进行一些观察与思考，最后就谱系关键词的管理谈一些初步的看法，或许能对广告语言的研究起到一定的推动作用。

从完整意义上讲，保健酒广告语言谱系建设应该在四种力量的推动之下才能完成（屈哨兵，2009b），基于技术上的考虑，本文不拟全面展开，只选择两个角度进行观察：一个是基于既往广告语言实践的事实对保健酒广告语言谱系进行扫描，另一个是大体基于酒品本身的广告语言进行概念抽取谱系框架设计。为了讨论问题的方便，我们本次讨论的范围集中在由相关机构提出的 2009 年国产保健酒品牌前十名的广告语言实际。[①] 这十个品牌分别是：中国劲酒、椰岛鹿龟酒、竹叶青酒、张裕三鞭酒、古岭神酒、鹿鞭酒、昂立养身酒、香山枸杞酒、龙虎酒、雪莲虫草补酒。必要时我们也会涉及其他酒品类的广告语言表现。

上述十个保健酒品牌的广告语言如下：

---

① 资料来源：佐思研究报告和竞争情报网，http：//www.okokok.com.cn/Htmls/PE_Product/090810/53476.html。2009 年中国保健酒品牌前十名竞争力研究及 2012 年产业发展前景预测报告。类似的研究报告不止一家，例如中国投资咨询网也有一份《2009—2012 年中国保健酒市场投资分析及前景预测报告》，http：//www.ocn.com.cn/reports/2006106baojianjiu.htm，后者提出的重点企业比前者提出的优势品牌企业要少，为便于分析，本文以前者所涉为样板。

中国劲酒：劲酒虽好，可不要贪杯。常饮劲酒，精神抖擞。真情品位，尽在其中。

椰岛鹿龟酒：送礼送给至亲人。

竹叶青酒：一日三杯竹叶青，越活越年轻。颐养身心竹叶青，祝君越活越年轻。

张裕三鞭酒：表现好身手，张裕三鞭酒。苍劲有力，挥洒自如。

古岭神酒：喝了古岭神，强身健体抗疲劳；喝了古岭神，神清气爽精神好。古岭神酒，心有独钟。喝了古岭神，神清气爽气色好；喝了古岭神，强身健体气血畅。一杯正好。古岭神酒。

鹿鞭酒：男人的朋友。

昂立养身酒：每天一杯养身酒，喝到九十九。

香山枸杞酒：每天喝一点，健康多一点。

龙虎酒：龙虎酒安神益气。

雪莲虫草补酒①：暂缺。

酒类广告语言的谱系建设是一项相对庞大的工程，我们曾就近二十年来中国大陆与台湾地区的酒类广告流行语与广告金句的谱系状况进行了一个初步的分析，因为涉及不同的酒种，分类比较粗糙，分析不够深入。这里仅就保健酒的广告语言表现进行谱系观察，或许会相对清晰与深入一些。

（二）角度选择

关于酒类广告语言谱系的全景式描写不是本文的任务，我们感兴趣的是，在一个具体的品类基础上，可以抽取出哪些核心概念，梳理出哪些谱系成员序列，建立起一些什么样的谱系组配框架？② 根据上述保健酒广告语言的表现，其谱系表现大概可以离析出名性语词谱系、动性语词谱系、形容性语词谱系等不同的序列类别，本文讨论的范围仅限于名性语词谱系的概念抽取及相关谱系框架的设计思考。

在观察范围内的广告语言中，属于名性词语的有如下一些：①劲酒、椰岛鹿龟酒、竹叶青酒、张裕三鞭酒、古岭神酒、鹿鞭酒、昂立养身酒、

① 十个品牌保健酒广告语言的统计未必完全，但尽量做到都能有所覆盖。其中，雪莲虫草补酒的生产者是乌鲁木齐康源保健品有限公司，公司网页中没有相关的广告说明，故暂缺。

② 为了观察问题的方便，这里的组配框架观察在两个层面进行：一个是在小句之内，另一个是在小句之间，有的时候还可以是比小句集合更大一级的单位，涉及广告所存在的广告语境。因为是基于语义的谱系建设，所以在语法单位上的一致性要求就放在相对次要一点的位置上了。

香山枸杞酒、龙虎酒、雪莲虫草补酒；②君、（至亲）人、男人、精神、身心、身手、（养）身、身—体①、疲劳、神—气、气色、气血、健康；③真情、品位、礼、朋友②；④一日、每天、三杯、一杯、一点、九十九。③

　　这个名性语词的谱系总体上可以分成四类：第一类指向酒品名称（品牌），第二类指向消费适应对象，第三类指向酒品项目，第四类指向消费的时间场景与消费数量。它们形成保健酒广告语言谱系概念抽取的上位层次，依托这类层次，它们各自都能形成谱系组配框架。

二、关于酒品名称谱系的建设

（一）基本情况

　　关于保健酒名称的谱系。观察保健酒的名称组合，在其共同都将商品归入"酒"这个上位范畴的基础上，各自都在使用一些区别性特征来表明自己的相关特质。这些区别性特质的分布基本上可以自成系统，可以抽取出四个二级谱系概念，即产地提醒、功效提示、原料突举、意象标显，它们各自拥有自己的下位谱系成员。图示如下：

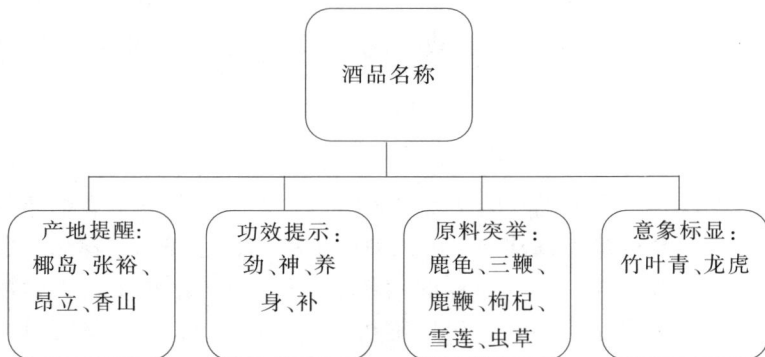

图 1　保健酒名称的谱系

---

　　①　这里是指在相对固定组合中的成员，"身—体"是指"强身健体"组合中的"身"和"体"，"神—气"等情况所指相同，同理，动性词语中的"强—健"也是进行这样的处理。

　　②　将"朋友"列入酒品范围，是因为其在广告语言中出现的位置是"男人的朋友"，是对酒与男人关系的一种比喻性评价，"朋友"本身不是一种消费角色指引。

　　③　我们将各种数量结构统一放在名性谱系序列中进行观察，里面不再对"数"与"量"进行区分，是考虑到谱系建设的可操作性。当然，必要的时候也可以分开处理。

（二）相关思考

观察图1，我们大致可以作出如下判断：广告主均将其所营销的商品归入"酒"的范畴，但又鉴于其他类酒的不同，广告主非常迫切地要在商品名称序列中对商品的功效、产地、原料等进行凸显，尤其是功效与原料这两个方面，这是在其他酒系品牌名称中通常未被凸显的内容，这种凸显可以说在保健酒类名称中自成系统，其中的主题与内容在相当程度上还可以与相关广告语言有所呼应，成为核心概念的抽取应对基础。关于这些问题，从谱系建设的角度我们可以作出如下判断：功效提示和原料突举是保健酒基于自己初进市场不得不作出的一种标示选择，这里面既体现了保健酒命名与市场划分的一些共性，同时也蕴含着它们彼此之间可能形成市场区隔的一些个性。这些个性是进行谱系建设的基本元素，可以扩展排列，也可以凝练抽取。如果我们扩大关于保健酒的统计范围，就可以得出一个比较完备的关于功效与原料的谱系基础。其实这项工作在一种保健酒的内部也可以构建实施①，形成一个相对具体的原料谱系，更大范围内，还可以与非保健酒的其他酒类名称的排列进行对比研究。另外值得一提的是，保健酒的名称是我们称为意象标显的名称，比如竹叶青，从其来源上讲，最初的意思是指单纯加入竹叶浸泡，求其色青味美，并逐渐演进成汾酒系列的著名品牌。"竹叶青""竹叶"本来是可以进入与原料有关的谱系的，但其在品牌演进过程中已经固化成一种酒类意象，与原料再无实际联系。五粮液集团的"龙虎酒"之"龙虎"取名基本上也是走这条路子，与酒的品质功能联系不是十分直接，有关资料显示，五粮液集团解释"龙虎"的来源是和中国传统中医文化联系起来的，说是《重阳真人授丹阳二十四诀》有言："神者是龙，气者是虎，是性命也。"从发展的眼光看，意象谱系或许是保健酒命名发展的一个方向，但从现实市场认可程度来看，整体要达到这个阶段恐怕还有较长的路要走。名称中嵌入产地信息是很多酒拥有的一个共同特性，并非保健酒特别拥有，不过并不排除它可以进行详细的产地出处方面的谱系建设，其中也包括品牌出处，如"昂立（养身酒）"这种情况。

---

①　这里主要是针对保健酒的原料谱系而言，通常情况下，浮现在名称及广告口号或广告标题中的原料提示只是一种保健酒所涉原材料很小的一部分，例如中国劲酒，其相关资料介绍的原材料包括"枸杞子、黄芪、当归、山药、人参、鹿茸"等，椰岛鹿龟酒的原材料包括"鹿茸、鹿骨胶、龟板胶、黄精、党参、何首乌、熟地、当归、枸杞、肉桂、栀子、川芎、白术、砂仁、甘草"等，理论上这些酿酒所需的各类原材料都是保健酒原料谱系中的成员，都有可能进入广告语言，但实际上它们是否浮现，如果浮现，是在什么广告语境中浮现都有很大的谱系选择空间，此间难以一一尽述。但有一点可以明确，如果某种原材料被选择，那么它就成为一个关键词，广告主就应该对其进行赋值管理。

三、关于保健酒消费适应对象的谱系建设

（一）基本情况

通常情况下，保健酒要用相关的动性语词组成一些针对商品的功效表述，这里我们先将动性语词排除在外，只考察名性语词范围内的适应对象。整体看来，保健酒消费适应对象可以抽取成两类：一类指向消费角色，如"君""（至亲）人""男人"；另一类指向消费适应的症候项目。它们各自有下位谱系成员，图示如下：

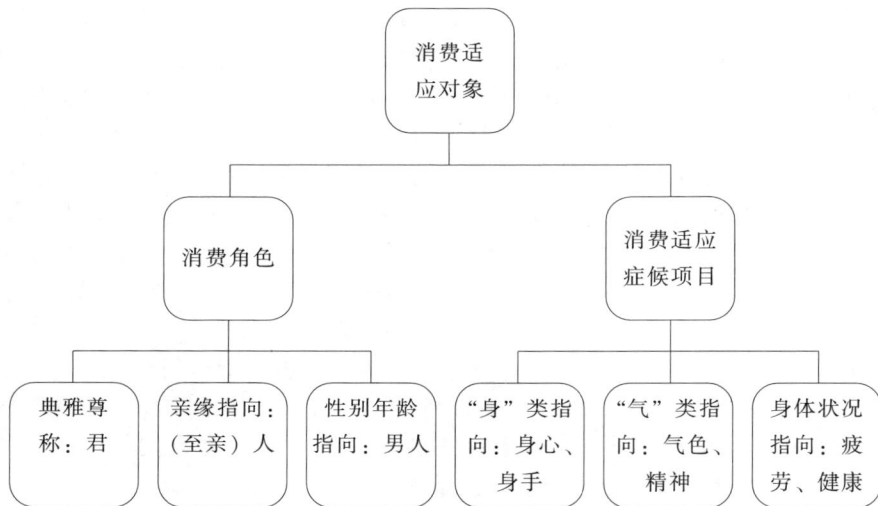

图2　保健酒的消费适应对象

（二）相关思考

关于消费角色指称。因为受考察样本的限制，"君""（至亲）人""男人"不能反映保健酒消费角色诉求的全部，实际上，一些保健酒的广告虽然在广告语言中没有出现特定的角色指称词，但从其相关的广告画面及广告语境中可以判断出来，应该是一种不可或缺的市场划分。从谱系建设的角度看，我们应该可以建立一个相对完备的角色指称谱系供保健酒进行广告语言的选择，业已浮现的三个角色指称，一个是带有典雅性质的尊称"君"，一个是带有亲缘含义的"（至亲）人"，一个是带有性别与年龄暗示的"男人"。通观保健酒的一般表现，成年及老年男性是保健酒消费

的一个重要市场。关于这方面的角色称谓谱系到底还有哪些可能，我们现在并不十分清楚。除了成年及老年男性（"'至亲'人"在广告中的实际特指具有老年特征的父亲），是否还应有其他的一些谱系成员后备，如果有的话，还有哪些？① 有可能的话，我们还可以建立一个普适性的消费者角色谱系，作为各类广告语言进行消费者角色提取的元素库。就保健酒而言，即使真的只有男人是消费的主要角色，我们也要对与这个性别与年龄特征有关的各种症候语词进行排查与管理，目前我们在这方面的关注与研究还不多见。比如，现在我们难以准确回答属于保健酒"男人"这个关键词或"成年与老年男性"这个核心概念的相关表述形式或者症候语词到底有哪些。关于消费适应症候项目的指称，本次观察所得的成员稍微多一点，有10个（组），从谱系建设角度看，这些语词可以引发我们如下一些思考：在一个具体的品类序列中，其适应症候的谱系建设在一定意义上具有排他性，这一点与上面的角色指称谱系序列建设有所不同，还可以进行细分。以我们所涉保健酒广告语言的表现为例，所列的10个（组）成员大体上可以分成三种：一种是"身"类，包括"身心""身手""（养）身""身—体"等症候词；一种是"气"类，包括"精神""神—气""气色""气血"；一种是身体状况描述类，如"疲劳""健康"，"疲劳"是对身体适应原因症候的描述，"健康"是对身体适应结果症候的描述。三种症候语词每一组都可以作为一个坐标进行谱系构建，内中的成员可以得到更多的扩充，使之成为保健酒广告语言设计建设的选择基础。这里面尤其值得注意的是基于中国传统文化尤其是传统医学的养身益气范畴的表征语词。我们注意到有些保健酒的宣传资料中提到范围比浮现出来的语词要广泛得多。比如中国劲酒、龙虎酒、竹叶青等，都是如此。② 在相当意义上，那些被提及的属于养身益气范畴的成员都是相关谱系的有效组成成分。以此为基础，我们才可以更加全面地思考诸如哪些元素具有被抽取凸显的价

---

　① 我们也注意到香山枸杞酒宁夏红的消费诉求以女性作为切入点的情况，这刚好印证了保健酒谱系可以扩展的可能性。

　② 中国劲酒：主要调节人体脏腑功能，虽然重在温补肾脏之阳气，但组方注重不温不燥；饮用劲酒后气血流畅，灌注全身，可使机体达到阴阳协调，温煦功能正常的状态；饮用劲酒可以益气健脾，从根本上调理机体免疫力；夏季暑湿，易耗气伤津，适量饮用劲酒可以补益阳气；秋冬季寒凉干燥，易伤阳气，故人们习惯秋冬进补，适量饮用劲酒可以抗疲劳和增强免疫力（参见 http：//www. jingpai. com/products/index. aspx？ pid＝3& sid＝32）。龙虎酒：养神——中国古代医学家主张"养生贵在养神"；《内经》中说："精神内守，病安从来。"益气——中医认为气就是运行于人体内部各处的无孔不入的维持人体技能的一种物质。益气，又称补气，是中医特有的词。根据不同脏腑的气虚证临床表现，宜采用不同的补气法，如补肺气、补脾气、补心气、补肾气等（参见 http：//blog. china. alibaba. com/blog/yumanduo/article/b0-i8264578. html）。竹叶青：养血、舒气、和胃、益脾、除烦、消食（参见 http：//www. jiupp. com/pp/show. php？ itemid＝30）。

值或者具有更多的赋值可能等问题，提出更加准确的广告语言市场应对策略。当然，实际情况是，不管是哪一个序列，在谱系中都可以根据相关的市场开发与广告语言的异动情况来进行具有针对性的谱系成员序列的优势排序。我们也注意到相关保健酒的宣传材料中也运用了一些非传统中医话语系统中的概念，例如"用功能因子提取技术进行药材提取，运用中药指纹图谱技术进行质量控制，不断革新健康食品技术标准"（中国劲酒）、"现代科学证明，鹿鞭还有提高免疫力、促进新陈代谢等作用"（鹿鞭酒）之类的表述，其中的名性语词"功能因子""中药指纹图谱技术""健康食品""免疫力"等也未尝不可成为谱系建设的子坐标。

四、关于保健酒品项目的谱系建设

（一）基本情况

关于保健酒品项目的谱系。所谓酒品，是指酒的品位。名性酒品项目是指以名性语词的方式对酒的品位进行各种角度的定位与刻画的项目。在有限语料中，我们可以抽取出四类概念，即广告主态度、商品品质、广告物在社会物质序列中的角色、广告物的功能喻指，图示如下：

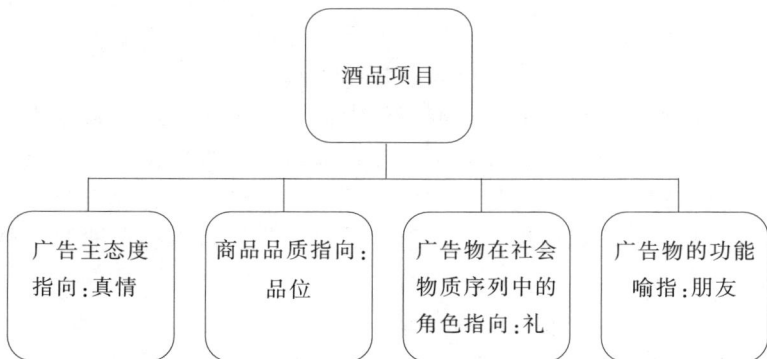

图3　保健酒品项目的谱系

（二）相关思考

平心而论，本次观察所及的保健酒广告语言的酒品项目不多，四个酒品项目词可以分别代表四种不同的情况："真情"的指向应该是广告主，即广告主主张在酒（劲酒）上附着一种针对消费者的情感关怀，即广告主的态度；"品位"的指向是商品品质本身，即酒（劲酒）质量达到了一种值得肯定的水平；"礼"的指向是被广告物在社会物质序列中所能充当的角色，即可以作为表示尊敬与孝心的礼物；"朋友"的指向则是被广告物的功能，并且这个功能是通过喻指的方式实现的，即酒（椰岛鹿龟酒）对男人的健康有益，成为男人的朋友。从谱系建设的角度看，保健酒酒品项目的基础分类应该是品质与功能两个方面，但从实际情况来看，很多广告语言，包括保健酒广告语言都不会很直白地立出品质或者功能作为诉求面，它通常会有所变形、有所延伸。如果我们要进行这个方面的谱系建设，至少有两个问题值得我们加以思考：一是该谱系的框架设计到底涉及多少门类，可能有多少层级、多少成员。这里只有区区四例，我们就把它们分成了四个不同的细类，那么会不会每增加一个酒品项目，就会随之增加一个谱系小类呢？如果是这样，那么谱系建设的价值何在？谱系的边界在哪里？这类问题可以通过同品类广告语料的进一步聚集分析来得出适当的判断。一个可能的结果是，酒品项目在一定范围内是可以列举的，并且是可以归纳分类的。二是在我们建成的酒品项目谱系中，各个谱系成员与商品的品质功能关系的距离问题与角度问题。比如我们所涉语例中的"礼"与"朋友"，从宽泛意义上讲，大概都可以归入酒品功能这个项目之下，但从距离这个方面看，似乎"朋友"离功能的关系更近，是酒的保健功能的一种喻指，"礼"的功能则稍微远一点，侧重指酒的社会功能。或者说，两者投射的角度不一样。同样的道理，"真情"与"品位"似乎都和酒的品质有些关联，但细究之下，"品位"可能离品质的关系近一些，而"真情"离酒的品质则可能远一些。它们彼此之间的层次网络（角度）该如何处理，也是值得我们进一步深究的一个问题。

五、关于保健酒消费频次数量的谱系建设

（一）基本情况

有一个比较有趣的现象，在我们所观察的保健酒的广告语言中，将相关数量作为诉求主题的几乎占了一半，这证明消费频次是保健酒广告设计中大家都比较重视的一个方面。其中大部分是通过名性语词（数量）组合的方式表现出来的。[①] 我们可以抽取出三类二级概念，即消费时间计量单

---

① 数量上的暗示也可以通过非名性（数量）组合的方式来进行，比如劲酒广告"常饮劲酒，精神抖擞"是通过频度副词"常"来实现的，"劲酒虽好，可不要贪杯"中的"不要贪杯"则是一个动性组合中暗含数量上的导引。

位、饮用量、消费结果。它们彼此拥有各自的谱系成员，图示如下：

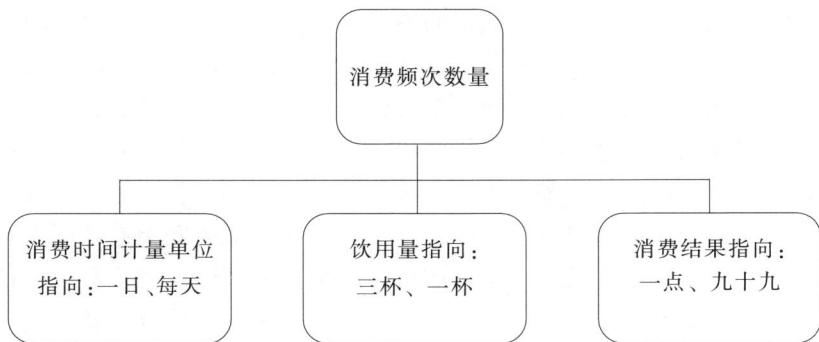

图4　保健酒的消费频次数量

（二）相关思考

本次观察所得的组合有七个，可以分成三类：一类指向消费保健酒的时间计量单位：一日、每天；一类指向消费保健酒的饮用量：三杯、一杯、一点（每天喝一点）；一类是对消费保健酒所带来的消费结果的数量刻画：一点（健康多一点）、九十九（活到九十九）。从谱系建设的角度看，应该有三个问题需要思考：一是频次数量在保健酒广告语言谱系中的地位问题。很显然，与其他酒类相比，保健酒饮用时间的可复现性、饮用数量的可计划性、饮用结果的可预期性通常都会成为保健酒的一个诉求重点，这也是保健酒在进行市场开发时一种具有品类特征的定位努力。这里面除了广告主想提升商品消费量的利益驱动，也确实有保健酒本身保健功能的特性使然，值得重视。二是频次数量的表现形式和表现程度问题。进行谱系建设，其成员一定要落实到一个个具体的语词形式上。那么，上述三种不同指向频次数量可能实现的语词形式有哪些，在谱系中应该有比较明确的储备与提示，比如饮用时间方面，"一日、每天"的同类说法还有哪些？是否还应拓展比"日、天"小的可量单位，或者拓展比"日、天"大的可量单位？哪些可能是优势组合，哪些可能只是在更为细分的市场环境下才能实现的内容？同时，保健酒毕竟是酒，饮酒并非服药，如何处理语言表现上的弹性也是需要考虑的。统计所涉的香山枸杞酒所言"每天喝一点，健康多一点"应该就是基于这一方面的考量。三是各种频次数量之间的关联呼应问题。稍加观察就可以发现，基于频次数量，保健酒的广告语言常常会在时间量、饮酒量、年龄量、健康量内里某些项目之间形成一种关联。如"一日三杯竹叶青，越活越年轻"（竹叶青酒）是"时间量、饮酒量"之间形成关联。"每天一杯养身酒，喝到九十九"（昂立养身酒）则是在"时间量、饮酒量、健康量"之间形成关联，其中健康量（九十九）与时间量饮酒量（每天一杯）之间还是一种因果关联。同一谱系中各种成员彼此之间的关联性应该是一件值得特别注意的事情。实际上，不只是在名性成员彼此之间，名性与动性及形容性谱系成员之间关联网络的建立不仅是学术研究的必需，也是广告语言设计的一种事实。关键是我们能否通过恰当的方式将那些最有价值的关联项找出来，并且在我们的谱系建设中有所标注。关于这个问题，我们在动性语词谱系及形容性语词谱系的相关思考中还会进一步推究。

六、小结

至此，如果仅就我们考察范围内的保健酒的名性语词谱系建立一个框架的话，我们大致可以在图1的基础上勾勒出如下简略的谱系路径指引：

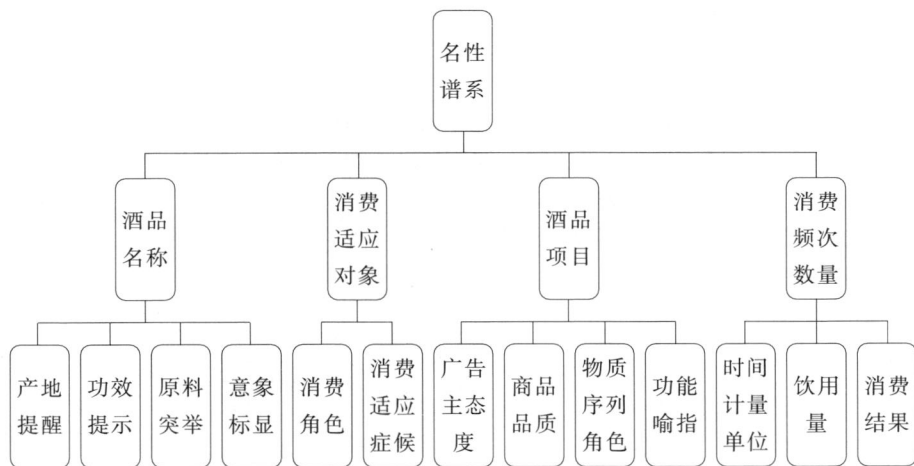

图5　保健酒的名性语词谱系

关于保健酒广告语言名性谱系的路径指引，实际上只是一种概念抽取基础上的谱系指引，还没有细化到具体谱系成员的描写确认层次上。关于这个谱系指引，需要说明的有以下几点：第一，广告语言的谱系建设既有分类性，也有层次性。仅就我们观察范围内的保健酒的广告语言而言，其名性谱的类别与层次特征也是十分鲜明的，其中有的层次我们在分图中有所接触，如消费适应对象这个子谱系，这里未将其列出。至于在各分图中尚未涉及的下位层次的谱系，则更是一个庞大的系统，需要我们在实际的谱系建设工作中进行延伸。第二，广告语言的谱系类别及成员具有稳定性，也具有开放性。从大的类别而言，在适量的语料调查基础上，具体品类的广告语言谱系建设的类别及层次划分是可以确定的，并能保持相对稳定，但在谱系具体成员的容纳与扩展方面也具有开放性。成员数目的多少取决于我们调查取证的精细程度如何设定。本文的观点是，不管成员有多少，我们都应该区分清楚哪些是核心成员，哪些是边缘成员，这样才有利于我们进行广告运动中核心概念的抽取及相应的关键词的管理。第三，广告语言谱系类别及成员之间既具有区别性，也具有关联性。谱系成员身份的获得源自其在特定品类的广告运动系统中的角色与定位，难以被随意替换，因而具有区别性特征。同时，这个身份的获得也有赖于该谱系成员与谱系中其他成员之间的关联。这种关联有两层含义：一层是指同属一个谱系范畴的成员之间具有这样或那样的关联，另一层是指其与不同谱系序列中的成员存在着这样或者那样的关联，比如某些名性谱系成员身份的获得，要依赖相应广告语言的动性谱系或者形容性谱系成员的支持。这个问题我们将另文加以探讨。

参考文献

［1］屈哨兵：《论语言资源视角和语言服务立场中的广告语言的研究与建设》［在第三届语言与国家高层论坛暨第二届全国应用语言学系主任（所长）论坛上宣读］，徐州师范大学，2009 年 5 月 8—11 日。

［2］屈哨兵：《广告语言谱系研究的基本思路及个案推演》（在第四届海峡两岸现代汉语问题学术研讨会论文上宣读），台北师范大学，2009 年 6 月 12—14 日。

语言服务角度下汉语国际推广的几点思考[*]

一、汉语国际推广与语言服务

我国的汉语国际推广近年来已经处在一个新的历史时期，赵金铭先生（2006）认为，"以首届'世界汉语大会'的召开为契机，我国的对外汉语教学在继续深入做好来华留学生汉语教学工作的同时，开始把目光转向汉语国际推广"①。此话诚然。2006 年，第一届孔子学院大会召开，海外学习汉语的人数已超过 3 000 万，已有 80 所孔子学院和孔子课堂在 36 个国家和地区落户。2007 年，第二届孔子学院大会召开，全球已有 210 所孔子学院和孔子课堂，分布在 64 个国家和地区，其中 125 所开班授课。此外，还有 61 个国家的 200 多个机构提出了开办申请。2008 年，第三届孔子学院大会召开，全球已有 78 个国家和地区设立 249 所孔子学院和 56 所孔子课堂，还有 40 多个开办孔子学院的申请正在等待批复。2009 年，第四届孔子学院大会召开，全球共有 88 个国家建立了 282 所孔子学院和 272 个孔子课堂，注册学生 23 万多人，同时还有 50 个国家的 160 个教育机构提出申办孔子学院，全世界非母语的汉语学习者超过了 4 000 万人。② 从 2004 年 11 月第一所孔子学院开办到 2009 年孔子学院和孔子课堂的规模超过 500 所，其所反映出的一个基本事实是，汉语正在以一种迅猛的态势走向世界。

中国几千年来的教育传统都是学习者到授业者那儿接受教育，就像当年儒学大师马一浮拒绝蔡元培邀请他到北京大学的理由那样，"古闻来学，未闻往教"③。放之于国，就是我们曾经将绝大部分注意力放在来华留学生的汉语学习上，这样大规模走出国门的"往教"确实是亘古未有之事。之所以出现这样的现象，诚如国务委员陈至立 2006 年在全国汉语国际推广工

---

* 本文原载于《广州大学学报》（社会科学版）2010 年第 7 期，曾在 2009 对外汉语教学与语言服务国际研讨会（广州，2009 年 12 月 12 日）上宣读。

① 赵金铭：《从对外汉语教学到汉语国际推广（代序）》，李泉主编：《对外汉语教材研究》，北京：商务印书馆，2006 年。

② 吴晶：《第四届孔子学院大会吸引 87 个国家和地区参会》，新华网，http：//news. xinhuanet. com/world2009 - 12/04/content_12590620. htm，2009 年 12 月 4 日。

③ 刘炜：《古闻来学　未闻往教》，《读书》2009 年第 3 期。

作会议上所言，加强汉语国际推广工作是"增强中国文化影响力、提高国家软实力的迫切要求"①。从更广泛的意义上说，这也是世界发展的大势使然，国务委员刘延东在第四届孔子学院大会上就特别提到，"21 世纪是经济全球化的世纪，也是多样文明大放光彩的世纪。不同文明间应该相互尊重、坦诚以待，相互学习、取长补短，相互包容、求同存异。中国希望进一步了解世界，世界也需要进一步了解中国"②。

我们也欣喜地看到，随着汉语国际推广事业的发展，各种学术力量和社会资源都在迅速地动员起来，在既往对外汉语教学工作的基础上，积极投身到这一次增强中国文化影响力、提高国家软实力的事业中去，其中的主要动态可以从连续几届孔子学院大会的召开及第九届国际汉语教学讨论会的召开为参照，勾画出大体轮廓。

语言服务是近几年来国家语言规划讨论研究中逐渐引起学界重视的一个概念，2005 年发布的《中国语言生活状况报告》有 3 处提及"语言服务"③，2007 年则一下子蹿升到 29 处④，这就是一个证明。就语言服务的相关主体而言，应该构成一个三位一体的循环机制方能发生作用，政府及相关职能部门能主导，学界及研究机构能引导，市场及相关实践领域能回应。语言教育是语言服务的一个重要组成部分（屈哨兵，2007）⑤，如果我们以语言服务为视点来审视我们的汉语国际推广事业，或许会有所裨益。

二、从语言服务的角度看教师

这里面实际上有三个问题，即教师的市场需求、教师的来源构成、教师的培养发展。不管从当下情况还是从远景预测看，汉语热持续升温应该是中国综合国力不断加强、在全球格局中发挥越来越重要的作用的一个逻辑结果。随着汉语学习者的不断增多，必将产生巨大的国际汉语教师需求。但与高涨的学习热情不适应的是，各国仍然普遍缺乏高水平的汉语师资队伍和适合本土使用的教材，国外一些愿意开设中文课程的学校甚至

---

① 周兆军、陈至立：《加强汉语国际推广是提高软实力迫切要求》，新华网，http：//news. xinhuanet. com/overseas/2006－07/05/content_4797706. htm，2006 年 7 月 5 日。

② 陈建力：《刘延东：办好孔子学院　推进中外人文交流与合作》，中国政府网，http：//www. gov. cn/ldhd/2009－12/11/content_1485517. htm，2009 年 12 月 11 日。

③ "中国语言生活状况报告"课题组编：《中国语言生活状况报告（2005）》（上编），北京：商务印书馆，2006 年。

④ "中国语言生活状况报告"课题组编：《中国语言生活状况报告（2007）》（上编），北京：商务印书馆，2008 年。

⑤ 屈哨兵：《语言服务研究论纲》，《江汉大学学报》（人文科学版）2007 年第 6 期。

"无师可寻"①。这个市场需求到底有多大，现在颇有一点众说纷纭的味道，2005 年，有关人士介绍，海外学习汉语的人数保守估计为 2 000 万左右，对外汉语教师的缺口为 100 万，而拥有对外汉语教学资格的人数只有五千。② 2009 年，我们推算在即将到来的 2010 年，全世界学汉语的人数将达到 1 亿，占非汉语国家人数的 1.5%，全球对外汉语教师至少缺口 500 万人。不管如何计算，我们目前培养出来和正在培养过程中的可从事汉语国际教育职业的人数绝对远远低于预测中应该达到的数额的零头。这无疑在催生一个巨大的教师培养培训与教师选择市场。目前我们已有的教育体制中，最对口的是对外汉语专业（本科）、语言学及应用语言学—对外汉语教学/汉语国际教育（硕士）、语言学及应用语言学—对外汉语教学（博士）以及正在发展中的若干个汉语国际教育基地。据有关统计，全国开设对外汉语专业的学校是 192 所③，拥有汉语国际教育专业硕士培养资格的学校，2007 年是 24 所，2009 年新增 39 所，一共 63 所，以每所学校平均招收一百人计，192 所学校每年毕业生不足 2 万人，十年下来也就 20 来万人。汉语国际教育专业硕士正在发展，如果每所学校都招 50 人，以 63 所计，每年毕业生约为三千人，乐观估计十年下来也就是 3 万人。当然，还有另外若干所学校招收，对外汉语教学专业的硕士或者博士通常都设在语言学及应用语言学这个学科下面，其培养出来的人数也是十分有限。基于汉语国际推广巨大的市场需求，国家汉办从 2004 年就开始实施《汉语作为外语教学能力认定办法》，打开了汉语教师能力认定的大门，凡是热爱汉语教学工作、热心介绍中国文化、遵守法律法规、具有良好的职业素养、具有大专（含）以上学历和必要的普通话水平的人士都可以申请相应等级的能力证书。2007 年组织研制了《国际汉语教师标准》，国家汉办随后又启动了国外本土化教师培养项目，通过中外大学联合培养的方式，为国外汉语教学机构培养本土汉语教师。据孔子学院总部领导介绍，2009年，我国汉语师资培养力度进一步加大，从外国招了 1 000 名汉语教师，资助他们读中国的硕士学位，从中国应届毕业生里挑了 1 600 人，送到国内大学去进行相关学习或送到国外相关大学去边工作边学习。因为市场巨大，一些相关机构也表现出了非常大的参与热情，例如国家语言资源开发

① 任杰：《第四届孔子学院大会开幕　非母语汉语学习者超四千万》，国际在线，http：//gb. cri. cn/ 27824/2009/12/11/3365s2702185. htm，2009 年 12 月 11 日。

② 《对外汉语教师缺口百万　人才库仅有五千》，中国人力资源开发网，http：//www. chinahrd. net/zhi_sk/jt_page. asp? art icleid＝88232。

③ 名师网，http：//gaokao. mingshi. com/zhuanye/wenxue/zgyywx/dwhy/2009－06－11/41608. html，2009 年 6 月 11 日。

与应用中心进行的相关教育基地的建设，连新东方也开始着手汉语师资培训项目。① 很显然，今后的国际汉语教师来源一定是多途径的，从语言服务的角度来看，在国家汉办的主导下，以具备相关资质的大学及相关基地作为主要载体，既重国内培养输出，又重国外本土养成，同时开放汉语教师的培养培训市场，让更多的国内外力量参与到国际汉语教师的培养培训中来，大概这样才有可能尽量弥补国际汉语教师之缺。目前人们普遍有一个担心，就是作为国际汉语教师职业的恒定性问题，其实观察很多职业的生存状态，一种职业的生存是以市场的生存为前提的，市场在，职业就一定在。现在一个瓶颈问题是国内师资如何能较大规模地输出并被顺利接受，除了教师本身素质的充分储备外，还需要在国家层面进行更充分的准备。我们应该分成不同的角度来考虑这个问题，其中一个是以孔子学院和孔子课堂模式为主导的国际汉语教师及志愿者的存在模式，这当是目前可取的一种存在模式，孔子学院总部不管是整体设计还是当下的相关培训输出都取得了不俗的成绩。但如果从 500 万这个教师缺口来倒推，孔子学院及孔子课堂当然不能容纳这可能存在的汉语国际教育的全部，对于其他的汉语教学场所，国际汉语教师应该如何划归与认定应该还有很多工作要做。如果从更长远的战略眼光来看，500 万或者更多的教师缺口中，出自他国本土的教师与来自中国的教师彼此之间应该是一种什么样的关系，彼此比例消长的趋势是什么，我们应该进行一些怎样的引导与准备，现在似乎还难以作出准确的结论。国际汉语教师的培养培训本身不是语言服务，但它是提供语言服务的一个最重要的人力资源前提。

三、从语言服务的角度看教材

"教材的创新已经提出多年，教材也已编出上千种，但无论是数量还是质量均不能完全满足世界上学习汉语的热切需求"②，强调过去总结出来的教材编写的科学性、针对性、趣味性等原则是非常重要的编写原则，需要遵循。这几个原则说起来容易，真要体现于教材编写实践之中却并非易事。陆俭明在 2008 年第九届国际汉语教学研讨会上发表演讲，进一步强调要以科学态度对待汉语教材编写，他首先对近年来我们在对外汉语本科系列教材、面向海外发行的教材、对外汉语速成教材、对外汉语长期进修汉

---

① 邱政政：《上海新东方"国际汉语教师资格认证"首场讲座火爆》，新东方网，http：//www. neworiental. org/hpublish/portal0/tab410/info363734. htm，2009 年 7 月 28 日。

② 赵金铭：《从对外汉语教学到汉语国际推广（代序）》，李泉主编：《对外汉语教材研究》，北京：商务印书馆，2006 年。

语教材、少儿汉语教材、经贸汉语教材等方面进行了梳理，给出的评价是"从 20 世纪 80 年代以来，特别是进入 21 世纪以来汉语教材的编写有起色，有成绩"，同时提出教材编写上要科学冷静思考的十个方面的问题，强调教材建设要以学术引航。[①] 关于教材编写的针对性与趣味性问题，教材编写实践中很多问题都要加以注意，也有人进行过比较系统的总结思考。[②] 从语言服务这个角度看，我觉得有四点值得特别注意。第一是汉语教材的市场转化问题，尤其是在孔子学院全球形成规模的当下，我们现在编写修订的教材多半是在国内形成的，它们在汉语国际推广市场上到底如何占位，各个目的国已有的汉语教材现状如何，新的教材应该如何切入？只有形成一个可以良性循环的教材市场，才能提供良好的语言服务的环境。第二，我们应该特别珍惜我们已经搭建起来的各国孔子学院的平台，利用国际汉语教师及志愿者的力量做好更具针对性的本土化教材编写的基础性工作。现在派出的国际汉语教师通常都带有一定的阶段性，时间一到，就会"换岗"，如何能够利用这有限的时间促进高水平教材建设的可持续发展，值得我们好好规划。第三，鉴于孔子学院、孔子课堂的持续发展，真正使教材"中外合编"成为一种机制，充分利用国外合作院校及其他合作机构的资源，为汉语教材的本土化进程服务，此为汉语教材能够实现本土化的一个非常重要的条件。第四，要充分利用我们已有的学科研究成果，避免低水平重复。今天我们已经可以与国际上第二语言教学界的同行对话，但我们如何更加有效地整合已有的本体研究成果，使之科学地体现在我们的各类教材中，有哪些问题需要我们的学科研究及时给予探究解决，这方面的服务引导我们做得还不够，还比较零散。

四、从语言服务的角度看教法

对外汉语教学法的实践有一个历史发展过程，按照赵金铭先生的总结性说法，从 20 世纪 50 年代到 80 年代，对外汉语教学法总体上还处于缺乏学科自主性的不成熟阶段，20 世纪 80 年代之后进入一个研究视野扩大、研究内容广泛、研究方法多样的阶段，对于 21 世纪的教学法研究与实践，其呈现的趋势是理论研究的并进化、教学法形态的模式化、语言材料的语篇化、语法教学的强势化、教学的活动化和任务化[③]，其回顾与前瞻都是

---

① 陆俭明：《进一步以科学态度对待汉语教材编写》（在第九届国际汉语教学讨论会上宣读），北京，2008 年 12 月 15—17 日。

② 李泉主编：《对外汉语教材研究》，北京：商务印书馆，2006 年。

③ 赵金铭：《对外汉语教学概论》，北京：商务印书馆，2004 年。

很有说服力的。对外汉语教学一直是大家非常关注的一个问题，第九届国际汉语教学研讨会（北京，2008 年 12 月 15—17 日）共收到会议论文 503 篇，根据大会的论文目录统计，八个主题中，属于"教学方法与教学模式"这个主题的有 94 篇，位居第二，占了将近 1/5，仅次于"汉语教学与学习"的 176 篇，其实后者也有一部分是和教法问题分不开的。涉及汉语教学法的反思与创新、母语和非母语环境下的汉语教学法互动、中小学与成人汉语教学法互动、教学中如何化解"汉语难"等方面的问题，稍加观察，就可以大体了解汉语国际推广过程中大家普遍关心的一些问题。例如所谓教学模式问题，就论文标题、关键词而言就有汉语初级阶段教学模式、汉语语感培养模式、长城汉语课堂教学模式、任务型教学模式、听说一体化教学模式、多元文化互动综合教学模式等近 30 篇文章①，涉及不同的教学对象、教学理念、教学任务、教学环境、教学项目。从语言服务的角度看，有两个问题需要我们加以注意。一是要做好教学方法的总结与学科指导服务工作。对外汉语教学法作为一个学科门类，在教学法大类中尚属新枝，目前我们在学科指导服务方面面临的最大的挑战是，汉语国际推广与国际传播的速度与广度完全与二十年前、十年前甚至五年前不可同日而语，汉语国际推广工作者及全球各地的相关从业人员在这方面的积极性更高，但仍然需要教学法和学科理论建设方面的及时引导。可贵的是，经过几代人的不懈努力，汉语作为第二语言教学在教学法研究方面，我们已经和世界上同类学科的研究同步，但我们同时也应该看到，与汉语国际推广事业的发展态势相比，在教学法理论研究上还需要有更高的目标，应该在世界第二语言教学法方面取得更多的学科话语权，需要进一步进行学科力量及相关学术资源的整合，在汉语国际传播格局中形成更具针对性同时也更加有效的教学理论。这方面需要我们在国家层面给予有效的关注、引导与服务。二是在教法验证与市场推广方面要重视相关的服务建设工作。

---

① 文章标题含有"教学模式"的有：汉语初级阶段教学模式、汉语语感培养模式、中级汉语课堂话语互动模式、会话练习课的教学模式、基于任务型教学法的初级口语教学模式、中高级阶段对外汉语精读交际任务型教学模式、短期日本留学生的汉语教学模式、以医学（西医）留学生为教学对象的汉语教学模式、针对境内在职人员的对外汉语教学模式、多维输入与多元输出的汉语听说一体化教学模式、明德中文暑校为代表的美国中文项目教学模式、汉语环境下汉语作为第二语言教学：知识/能力/素质三位一体教学模式、少儿汉语短期培训班的教学模式、个性化口语教学模式、多元文化互动综合教学模式、新型的汉语课堂教学模式、特殊目的对外汉语教学模式等，其他主题栏目中，与"教学模式"有关的内容还有好些，如分技能教学模式、新加坡华文作为第二语言教学模式、美国高中生来华夏令营汉语项目教学模式、儿童绿洲汉语教学模式、长城汉语课堂教学模式、基于多媒体的初级口语课堂教学模式、从表达出发的"了"的教学模式、对外汉语高级阶段教学模式、黎巴嫩大学的汉字教学模式、面向世界知名企业学习者的汉语教学模式、基于内容的商务汉语教学模式等。

接受市场检验是语言服务的一个非常重要的表现，语言教育作为语言服务的一个组成部分，应该重视教学方法的服务与建设。目前尤其重要的是，要充分利用汉语国际推广的有利态势做好各种教学方法的比对验证工作。可以这样说，我们目前的汉语教学工作不管是教学规模、教学对象、教学层次还是教学任务、教学内容、教学项目，都为各种教学方法的操作实践提供了广阔的空间，当然也不可避免会存在一些理念不对、目标不明、方法不好、效果不佳的情形。在这种情况下，有意识地做好各种教学方法的比对验证服务就显得特别重要。教学法的高下常常要在比较之中才能得出结论，好的教学法要想产生更大的效果，市场推广不可缺少。目前我们已经比较充分地意识到市场力量在资源配置上发挥的重要作用，国家汉办及孔子学院总部在这方面已经作出了很大的努力，相应的效果值得称道。但如何更加有效地整合市场资源，提供更加优质的服务，可能仍然是今后相当长一段时期内应该着力处理的事情，目前尤其要利用好孔子学院、孔子课堂这个平台及各类学校与教育机构参与孔子学院与孔子课堂建设所动员起来的教学研究的力量，为教学方法的比对验证及市场推广提供坚实的基础。当然，教法问题不是汉语国际教育问题的全部，除了教师培养与教材编写外，还包括汉语本体研究水平、测试评估引导、现代教育技术的利用等诸多方面，它们同样也可以从语言服务的角度作出必要的观察。

五、结语

汉语国际推广任重道远，目前国家汉办建立汉语国际推广基地，旨在集成政府、教学机构、企业（市场）等各类资源，集中本领域的人才和技术，为汉语国际推广提供经验、模式和资源。从语言服务的角度看，汉语国际推广基地更是大有可为，教师的培养与使用、教材的编写与推广、教法的研究与实践，都应该从语言服务这个角度得到更加有力的支持与培育。正如本文开头所说的那样，政府及相关职能部门能主导，学界及研究机构能引导，市场及相关实践领域能回应，这是语言服务视角中进行汉语国际推广应该考虑的三个因素。三位一体，全面协调，一定会为汉语国际推广作出重要的贡献。必要的时候，设立专门的语言服务协调与推进机构也是一个不错的选择。①

---

① 近几届孔子学院大会举办的教学资源展、孔子学院资源展等就是一种很好的语言服务，如果能够在此基础上进行更加有效的资源聚集整合及调配引导，形成一种长效机制，或者能更加有效地为汉语国际推广事业提供服务保障。

参考文献

［1］李泉主编：《对外汉语教材研究》，北京：商务印书馆，2006 年。

［2］刘炜：《古闻来学　未闻往教》，《读书》2009 年第 3 期。

［3］屈哨兵：《语言服务研究论纲》，《江汉大学学报》（人文科学版）2007 年第 6 期。

［4］赵金铭主编：《对外汉语教学概论》，北京：商务印书馆，2004 年。

［5］赵金铭：《从对外汉语教学到汉语国际推广（代序）》，李泉主编：《对外汉语教材研究》，北京：商务印书馆，2006 年。

［6］"中国语言生活状况报告"课题组编：《中国语言生活状况报告（2005）》（上编），北京：商务印书馆，2006 年。

［7］"中国语言生活状况报告"课题组编：《中国语言生活状况报告（2007）》（上编），北京：商务印书馆，2008 年。

广告语言的研究与建设[*]

一、目前广告语言研究的基本概况

二十世纪八九十年代，我国的广告语言研究曾经有过一段比较活跃的时期，当时的语言文字应用研究所还专门就广告语言研究制定过研究课题，并且提出过相应的研究论纲，相关学者也发表或出版过一些关于广告语言研究的论著。但后来广告语言研究的这种势头没有保持下来。对此，于根元先生曾经进行过回顾与评价，并且担心没有人能够在这方面继往开来，像曹志耘先生这些原先在该领域研究做得很好的学者，也因为学术兴趣及研究任务的转移而没有在广告语言方面继续研究下去了（北京师范大学汉语文化学院编，2008：47－56）。从广告语言研究这个角度来看，这真是一种令人惋惜的状况。当然，由于学科建设与人才培养基数规模日趋庞大，进入21世纪以后，在广告语言的研究方面也还是有人在做一些工作的。我们曾经以"广告语言""广告语"作为关键词在中国期刊网全文数据库进行检索，结果显示我国学界从1990年至2007年2月间关于广告语言的研究论文近800篇。从2000年到2007年间，国内各高等院校相关专业硕士及博士研究生的学位论文中有近210篇是以广告语言作为研究对象的。^① 这种统计虽然不能覆盖全部广告语言研究，但据此对我国广告语言研究作出大致判断是有可能的。根据我们的初步观察，这些研究大体上可以划归到三个不同的板块中。第一个板块是借鉴近年来我国引进的一些西方语言学理论来进行广告语言的观察与研究，涉及语用学、系统功能语言学、认知语言学等门类，如从顺应理论、关联理论、人际意义、语篇功能、认知与隐喻等不同的角度进行广告语言的分析研究；第二个板块是利用社会语言学、文化语言学、模糊语言学等语言学学科门类的理论背景对广告语言进行观察与研究，这里面比较突出的有汉外广告语言的对比与翻译研究、广告语言与民族文化的关系研究、广告语言中各种模糊表现的研

---

* 本文曾在第三届语言与国家高层论坛暨第二届全国应用语言学系主任（所长）论坛（徐州，2009年5月8—11日）上宣读。

① 该搜索统计是在广州大学语言学及应用语言学专业2005级、2006级研究生的帮助下完成的，参与这项工作的有黄忠胜、郑方、冯玲玲、许明鑫、王琪、侯琳、朱丽娟等同学。

究等；第三个板块是立足于比较传统的语言本体诸要素对广告语言进行的观察与研究，关于这方面，人们最常选择的是从修辞学的各个角度进行广告语言的观察与分析，其次还会涉及广告语言的规范、广告语言的词汇语法表现以及广告语言的特色与风格等，再次是将广告语言与广告文案的策划和广告运动的设计等结合起来进行探讨与分析。

通观既往的广告语言研究，其学术覆盖面应该说是比较广的，但有两个方面的问题需要我们重视：一是重共时平面的描述分析，轻历时层次的跟踪解释；二是重学科阈限内的自言自语，轻与业界（广告业界）的互动检验。近年来，在国家语言文字应用研究规划及语言规划这个层面上，上述这两个问题都得到了一定程度的重视。关于第一个问题，我们已经根据国家语言文字工作委员会（以下简称"国家语委"）的《国家语委语言文字应用科研工作"十一五"规划》进行了相关个案的跟踪研究报告（参见屈哨兵、刘惠琼，2009），此不赘述。关于第二个问题，实际涉及语言资源开发应用问题，这方面我们逐渐看到，随着国家层面上关于语言资源开发应用的一些战略设计逐渐成形与成熟，广告语言作为一种市场价值潜力巨大的语言资源，对它的研究及开发应用正面临着一种难得的机遇，也是一种必须面对的考验，至少有以下几个问题需要我们作出认真的回答：①基于语言资源视角的广告语言具有怎样的价值地位？②基于语言服务立场的广告语言研究应该具有什么样的研究思路？③着眼于与广告业界合作前景的广告语言资源建设应启动什么样的基础工程？

二、语言资源视角中广告语言的价值地位

语言资源是我国近年来进行语言规划战略性思考与讨论中出现的一个重要概念，也称得上是相关思考的一个重要成果，对此，李宇明、王铁琨等人都有过比较充分的论证。随着 2004 年国家语言资源监测与研究中心的首个平面媒体分中心在北京语言大学挂牌及随后网络媒体语言、教育教材语言、有声媒体语言、海外华人社区语言等分中心的成立，语言资源概念逐渐被学界认同。2008 年中国语言资源开发应用中心的挂牌成立，标志着语言资源从概念确立到监测研究又走到一个新的阶段。开发应用是我们建立语言资源意识之后的一种必然结果。从理论上说，语言作为一种可再生资源，其存在的任何形式都有其开发应用的价值，详细论来肯定是各有所由，这不是本书所能完成的任务。仅就语言使用领域划分出来的广告语言一端来看，其在语言资源视角中所拥有的特别价值及地位也有单独加以申说的必要。这种价值地位可以从三个角度来认识：

（一）国民消费经验中的广告语言

这是第一个角度。从常识来看，广告语言是一种可以"赚钱"的语言，这是对语言在市场经济背景下资源价值的一种肯定。国民在这方面最典型的经验心态就是，一句好的广告词可以使一种产品畅销大江南北，例如"万家乐，乐万家"（万家乐电器，1986）、"当太阳升起的时候，我们的爱天长地久"（太阳神口服液，1987）、"中原之行哪里去，郑州亚细亚"（亚细亚商场，1991）等（参见国际广告杂志社等，2004：66、74、111）。一个不可否认的事实就是，当年随着这些广告语言的传播，其所宣传的商品及相关企业获得了丰厚的市场回报，我们似乎可以从这里面看到语言作为一种资源所具有的市场价值与诱人魅力。的确，"广告语言也是语言的广告"（李宇明序，屈哨兵、刘惠琼，2009：1），语言文字应用研究所1993年确立广告语言研究课题时充分意识到了这一点（北京师范大学汉语文化学院编，2008：47）。但有一点需要说明，通过广告语言的传播，我们可以认识到语言的魅力与功用是一回事，能否落实广告语言与其所宣传的商品在市场价值回报上的关联性则是另外一回事。语言资源是广告市场的一种资源，但不是市场资源的全部，当市场处于饥渴时期，语言资源的价值在某种程度上确实拥有救活一个品牌甚至成就一个企业的神力（这里面甚至包括我们现今看来近乎拙劣的一些广告语言），我国改革开放初期的成功企业与风靡一时的商品广告语言大都可以从这个角度去观察。但当市场已经走向成熟与细分的时候，再对广告语言作出一种"赚钱"的资源性质方面的经验性判断显然已不合时宜，我们对广告语言的资源意义应该有更加准确的价值定位，给出更加具有针对性的资源价值评价标准，创设更有操作可能性的评价机制。

（二）商贸语言系统中的广告语言

这是第二个角度。如果把"市场—商品—语言"作为我们思考问题的框架，就可以理出商贸语言系统，并可以在这个系统框架内对广告语言的资源、价值、地位进行观察。商贸语言是与商业贸易活动有关的语言。因为文体形式、载体类型、存在语境及言语行为等划分标准的不同，商贸语言成员之间会互有牵连，例如商标、商店名称与招牌、商业叫卖语言、商业合同契约、产品说明书、商务谈判与商务会话、各种服务行业用语、商业调查报告等，当然也包括广告语言。目前国内关于商贸语言的研究还没有形成规模，但也有一些可圈可点的成果，如曹炜、王军元主编（2005）的商务语言研究丛书，张黎（2007）关于商业汉语口语的研究，王彦

（2007）关于商品买卖互动话语的谈判策略研究。尤其值得注意的是，国家语委近年来发布的《中国语言生活状况报告》开始有意识地关注属于商贸汉语范围内的相关语言生活，例如"服务行业和公共设施等领域的语言状况"（2005）、"旅游服务语言状况"（2006）、"产品说明书语言文字使用状况"（2006）、"医疗文书及药品包装用语用字状况"（2006）、"北京涉外集贸市场语言使用状况——以秀水市场为例"（2007）、"广告语言问题"（2007）（参见"中国语言生活状况报告"课题组编，2006：56；2007：69、80、91；2008：191、251），则是以一种鲜明的姿态从语言资源的角度来观察商贸语言的相关成员。现在的问题是，作为一种特定领域中的语言资源，广告语言资源与商贸语言范围内其他成员在资源价值体系中应该保持一种什么样的关系？从典型类型上，我们现在似乎可以将各种商贸语言之间的界限划分得很清楚，但在实际表现中它们之间的界限可能并不那么清晰。即使是同一个语言形式，随着它们在商贸语言中所扮演的角色不同，对它们的资源价值意义方面的解读就有可能不一样。例如商标名称，是基于广告任务对其进行宣扬，还是基于产品说明对其进行刻画，两者所附带的资源价值是有区别的。再如对一种商品功能的描述，是在现场推销的广告语境中存在，还是在商业合同或者商业调查报告中存在，两者的资源价值评价标准也是不一样的。基于这种商贸语言框架中各相关成员之间相关性与区别性的纠缠，我们要特别注重对语言文字在广告语境下的语言资源价值潜能的搜索、描述、聚集与开发。

（三）广告系统中的广告语言

这是第三个角度。实际上还要分成向外与向内两个层面，向外层面要关注语言符号系统与图像符号系统在广告价值建设过程当中所承担的任务应该如何辨别与评价，向内层面要关注广告语言内部构成之间的不均衡性，以及区分它们各自在资源赋值上的差别。先看向外层面。图像和语言是广告的两大符号系统，当代社会所谓的"读图时代"特征使图像在广告中占有特别重要的位置。海德格尔将读图时代表述为"世界被把握为图像"（转引自孙周兴译，1996：899）。广告运动的图像符号特征在广告运动的实践中已经得到极大的彰显，广告研究中相当分量的分析也是指向符号系列的，图像成为视觉营销中非常重要的成员。与此相对应的是广告运动中语言符号系统的研究，虽然诸如各类广告语言赏析、广告文案设计及广告语言写作技巧的论著不少，但我们总觉得其在广告运动中始终处于相对弱势的地位，通过观察广告业界一些比较著名的杂志如《中国广告》《国际广告》上发表的相关文章就能明白大概。维特根斯坦说："图像俘虏了我们，而我们无法逃脱它，因为它置于我们的语言之中，而且语言似乎不停地向我们重复它。"（转引自 W. J. T. 米歇尔撰，范静晔译，2002：15）也正因为这样，我们要继续追问的一个问题是，既然图像可以置身于语言之中，语言可以不停地重复它，那么，语言本身作为一种信息资源，其在广告系统中的地位就应该得到充分肯定。虽然从维特根斯坦的角度来看，这是值得忧虑的事情，但是在广告系统中，语言作为一种资源，其传达的信息中所包含的图像信息资源价值应该得到重视。现在的问题是，广告语言的这种资源价值未获得广告业界的充分认同，至少从研究层面上讲我们可以得出这样的结论。很多广告语言的研究虽然也可以自成体系、自圆其说，但其对业界运作的借鉴作用却只是隔靴搔痒，语言服务落不到实处。再看内向层面。由于广告语言内部构成之间的不均衡性，我们对它们的资源价值的判断与操作要有不同的参数指标，目前我们在这方面还无法提出一个理想的解决办法。近年来，广告语言研究有一个比较好的现象，即借鉴一些新的语言学理论来进行广告语言的分析研究，例如黄国文（2001）进行的广告语篇研究，这样的分析较之以往随意摘取语例的赏析式分析显然是一种长足的进步。近年来，一些研究生的学位论文也表现出这样一种学术取向，这自然也是一种科学的选择。但如果从语言资源开发应用这个角度对其进行评判，仍然有不小的差距。比如，我们如何能知道在一个没有限定大标题、小标题和广告正文的语境中比较准确地判断出哪些语词或哪些语词组合是符合广告任务核心的广告语言呢？换句话说，何以知道某个目标语言单位或单位序列在其相应的资源系统中具有优先选择的资格呢？那些成为广告金句与广告流行语的广告语言，其市场赋值获得增长的过程到底是怎样发生和完成的呢？其内部动因与外部诱因应该如何分析和解释呢？当然，基于某种具体学科理论的研究，我们可以对这些问题忽略不计，但如果从语言资源开发应用的角度看，此类问题则是不得不回答的。

三、语言服务立场上的广告语言研究思路

语言服务是近年来在我国语言规划和应用语言学研究中提出来并日益受到重视的一个概念，以《中国语言生活状况报告》（以下简称"报告"）所附术语索引为例，2005 年"报告"中"语言服务"的索引记录是 3 条，而 2007 年"报告"中"语言服务"的索引记录则是 29 条，后者还不包括"语言服务产品""语言服务能力""语言服务市场"等衍生概念，两者相差近十倍（"中国语言生活状况报告"课题组编，2006：475；"中国语言

生活状况报告"课题组编，2008：441），这可以充分说明"语言服务"在我国语言生活中的地位得到了快速提升。基于这个立场，我们来思考广告语言应该具有一些什么样的研究取向也就非常有必要了。一个基本前提是，广告语言是语言服务中非常重要的一个门类，而我们目前在这方面所能提供的比较直接地为广告语言的设计与开发服务的研究成果还不够多，检讨一下，这可能和我们既往研究思路上的某些缺陷有关。我们认为，基于语言服务立场的广告语言研究思路至少应当具有以下三个取向：

（一）广告语言研究应该具有前瞻性

这是第一个取向。前瞻性的意思是广告语言的研究不能老是像马后炮，在成功的广告语言出来之后才来进行赏析评价，而应该具有预测与前瞻建议功能。当我们谈到研究广告语言的目的时，虽然在形式上通常会提到我们所做的研究要为广告语言的设计与建设提供借鉴，从实际效果来看当然也不能说没有作用，但总的来看，这种借鉴意义上的效果难以完成语言服务立场上广告语言研究所应担负起的任务。我们认为，要担负起这种任务至少要有三个评价鉴定标准：第一，在一条广告语言（或者一套广告语言）设计之时应该明了它在已经发生的广告语言格局中的地位，这种地位通过一定的观察程序是可以验证的；第二，当一条广告语言（或者一套广告语言）推出之时，广告主能够基本判断出他所营销的商品能够占据一种怎样的市场空间，并且这种市场空间可以通过广告语言服务检验机制予以证明，更进一步，广告主还可以判定这样的广告语言通过正确的赋值途径有望达到一种什么样的市场地位，而这种赋值方式也是广告语言服务机制可以提出建议并进行验证的；第三，广告语言研究的前瞻性还要求对广告语言，尤其是基于具体品类的广告语言设计类型及发展前景作出比较科学的判断与描写，并且这种判断与描写不是一种臆测，而是基于现实的广告语料分析而作出的。在既往研究中，我们当然也有对成功广告语言流播进行的比较全面的分析，这种分析还大有文章可做，但毕竟这种分析是一种回溯式的分析，光回溯还不行，还需要前瞻。

（二）广告语言研究应该强调个案性

这是第二个取向。个案研究当然不是现在才有的，前述黄国文（2001）的研究就带有个案研究的特征，虽然他的研究倾向于学科验证，但也称得上难能可贵。从语言服务立场来看，提倡广告语言的个案研究具有特别重要的意义。此前我们在这方面做得还不够，依托某种学科本体寻找广告语言（语篇）的证明的研究指向必然使得广告语言研究难以具有充分的服务导引。我们所说的个案性研究强调的是一种具有单体特征的过程研究。广告语言研究界与广告从业界存在着相当程度的隔膜，广告语言研究者通常并不清楚一条（套）广告语言是如何筛选设计出来的，我们有充分的理由相信这个筛选设计过程是一个非常具有研究价值的过程，广告语言研究现在还难以担当起这方面的责任，相应的人才培养也有问题。

虽然也有当事人的一些总结或对当事人的一些访谈，但这都只是一些回溯，如张大旗（2006）主张的"玩语言"，於春（2003）主持的成功广告语访谈录等。广告语言研究者及学有专攻的人如能在广告语言筛选设计现场有所作为，则是一种更为理想的参与，如能提出基于广告语言服务的理论框架并能有效指导广告语言的筛选与设计，则更是一种成功。

个案研究另外一个需要注意的研究内容是对某个品牌的广告语言推出后的"成长"历程作出描述，并对其可能出现的"增值"原因作出解释。我们相信这样的描述与解释对广告语言的研究与服务会更有价值，这里面还包括对一些出现"减值"倾向的广告语言提出更新换代的建议与设计。观察那些具有较长市场发展历程的著名品牌，它们的广告语言的选择与更迭也可以给我们很好的启发。如果有基于语言服务的研究成果加入，广告语言的选择与更迭或许会更加合理，即在适当的时机推出适当的广告语言。

（三）广告语言研究应该注重谱系性

这是第三个取向。我们认为进行广告语言谱系研究是一个非常具有市场价值及学术价值的选择。提出广告语言谱系这个概念，打个不太恰当的比喻，有点像当年门捷列夫首先整理出来的元素周期表，这个表可以反映元素原子的内部结构和它们之间相互联系的规律，根据元素周期表中某未知元素周围元素和化合物的性质，可以推测预言该未知元素及其化合物的性质。所谓广告语言的谱系，就是指一种基于广告运动关涉项目的语义分类。从理论上说，这个谱系分类具有四个特征：

第一，品类特征。如果能够建立起一个针对所有广告语言的具有普适价值的谱系，当然是十分理想的，但这是一件比较困难的事情，而且从语言服务的立场出发，建立起一些基于商品品类的广告语言谱系更有价值。所以我们认为，应该为不同的商品品类建立不同的广告语言谱系，比如空调类商品有空调类商品的谱系，酒类商品有酒类商品的谱系，发用洗涤品有发用洗涤品的谱系等。当然，商品品类本身的范围大小与层次高低也没有非常严格的界限，我们对商品品类的确定和我们的研究任务及语言服务的具体任务有关，但不管怎样讲，将品类作为建立广告语言谱系的基点与核心，对外具有封闭性，对内具有包容性，便于谱系成员的选择与辨认，是一种实事求是的选择。

第二，类别与层级特征。从谱系建设的角度看，类别可以看成基于语法特征的不同而提出来的，层级则偏向于一种语义上的考量。我们曾提出"词种"这个概念（参见屈哨兵，1997），有名性词种、动性词种及形容性词种这样一些说法，名、动、形所考虑的是语法归属。而所谓词种，其判定的基础则是语义。广告语言谱系建设能否成功，关键就是这种基于语义的层级分析机制是否能够建立并且具有实际的可操作性。关于这个问题，刘惠琼、屈哨兵（2003）曾对名性词种中的称名词和表征词进行过一些探讨，其中包含建立广告语言谱系的一些设想。至于哪些类型的广告语言能够进入广告语言谱系，还存在着一个层级与门槛的问题，需要进行专门的分析与讨论。

第三，可调整特征，或曰开放性特征。广告语言谱系内部的项目与谱系成员是可以调整的，原因在于制约谱系的各种力量涉及广告语言实践、自然语义体系、商品品类内涵的发展及消费者消费需求的变化等因素，因此谱系不可能长久固定，可调整性或开放性是它的显著特征。

第四，可预测特征。建立广告语言谱系的目的，是使我们在进行广告语言规划与设计的时候能够比较便利地寻找到可能存在的市场诉求空档，一个设计科学的谱系应该具有较高程度的信息敏感性，就像依托元素周期表可以预测到哪些元素还没有被发现一样，我们有充分的理由相信这样的谱系空档是存在的。通过以上几点，我们希望可以提高广告语言研究与广告语言服务的水平。

同时我们也意识到，建立一个十全十美的类似于元素周期表那样的广告语言谱系实为不易。语义世界包括特定广告语境中的语义世界，广告语言本身的纷繁复杂与变动不居使得广告语言谱系的建设不可能一蹴而就，而具有一定的可调整性，这种调整既涉及词种和语义角色划分框架的变化，也涉及其层级上的延伸，是对既有广告语言谱系的一种完善与补充，需要我们在初始设计阶段为其预留空间。

四、广告语言数据库及相应分析系统的建设

着眼于与广告业界合作前景的广告语言资源建设应启动什么样的基础工程，我们在这里尝试给出的解答方向是：要进行基于语义的广告语言数据分析系统的建设，这是在语言资源视角中、广告语言价值地位和语言服务立场上、广告语言的研究思路导引下的一种必然结果。这里当然不能就

基于语义的数据分析系统的建设工程细节进行更多的说明，但我们愿意就这个建设工程的基本框架提出一些设想与建议。

（一）建设的基本目标

我们建设广告语言数据库及其相应的分析系统的目标有两个：一个是为广告主提供广告决策服务，另一个是为消费者选择商品服务。要完成这两个服务有一个共同前提，那就是要建立广告语言数据库。不同服务目的下的数据库规模及类型可能有所不同，但其数据信息应该具有共享性。广告主与消费者能够通过相应的广告语言数据库获取他们所需要的信息，信息敏感度的高低取决于数据库设计的精细程度，信息属性的新旧取决于数据库更新的速度。与广告语言数据相匹配的还有数据分析软件，它能够帮助广告主或消费者从一个较大规模的数据库甚至是海量的商业信息中（我们可以将其定义为一种"广告语言生语料库"，其前提是要将广告信息从其他非广告信息中剥离出来）离析出他们所需要的关键信息或关键信息群。

（二）建设的基本特征

我们可以将广告语言数据库的基本特征定义成一种基于语义分析和语义抽取的广告信息服务系统，这个数据库系统的支撑骨架是我们开发出来的广告语言谱系。不同品类、不同层次的广告语言谱系既是分析框架，也是分析手段，我们可以设定谱系框架中的各种项目，通过这些项目分析出相应广告语言中各种语义角色的谱系位置。这里要补充的一点是，除了从既有广告语料中抽取广告语言谱系，还可以从消费者的角度来进行谱系元素的抽取，这两种抽取方式所得来的谱系未必完全一致，但一定有彼此重合的部分，两者之间的异同当然极具研究价值，建立广告语言数据库当然要以既有广告语言为主来进行，基于消费者的广告语言谱系同样具有重要的参考价值，如何协调两者之间的关系，整合谱系资源就成为学术研究以及数据库建设中应该关注的问题。对此，国外的广告研究界曾给予相关方面的关注，例如日本的阿久津聪、石田茂关于品牌建设的研究就可以给我们比较大的启发（阿久津聪、石田茂著，韩中和译，2005：120－125）。当然，和这个广告语言谱系框架配套的也应该有一个数据分析软件来帮助人们进行相关信息的抽取与分析。我们还可以从其他的角度来建立广告语言的谱系。

（三）建设的基本要求

建设广告语言数据库及相应的分析系统，具体要求当然有很多，但有两条特别重要。第一，要有专门的团队。广告语言数据库的建设实际上就是一个专题语料库的建设，大凡语料库的建设都要包括规划、设计、选材、建库和标注等几个不同的阶段。从国内语言服务研究的现状来看，有人开始重视商业信息抽取的课题研究并进入课题研究阶段，但类似广告语言专题语料库的建设几乎没有人做，因为这既需要广告语言研究的专门人才，也需要从事计算语言学研究的专门人才，还需要广告业界的专门人才，由这三方面的人才组成的专门团队通力合作才有可能完成我们所设定的目标任务。第二，要有专门的设计。和一般的通用语料库相比，广告语言专题语料库有一些专有属性需要增加并加以解释。这里我们当然先要弄清楚现代互联网搜索技术及搜索功能已经能够达到的水平，广告语言语料库所要做的应该是针对现代互联网搜索技术还不能解决的某些问题，通过我们建立的广告语言数据库，给广告主及受众提供新的知识。比如，该语料库的谱系网络能够告诉访问者所搜索的某个品牌在既往广告语言的流播过程中最核心的诉求概念，这样的核心概念可能不是一个，而是一组，它们之间互有差异，但也彼此关联，语料库能够对它们与相关品牌之间的关联度包括对它们在同一品类谱系中的权重（语用的或者语义的）作出描述。目前我国通用语料库的建设及语言信息处理技术已取得了许多显著成绩并处在不断发展的过程中，这可以为广告语言这类专题语料库的建设提供良好的知识基础与技术支持，比如文本分类与过滤、分词与词性标注、词义标注与句法分析等（参见俞士汶主编，2003：93）。当然，要实现广告语言专题语料库所要完成的特定的知识抽取目标还有相当多的困难，比如语义标注问题，当我们对广告语料中的某个目标词进行标注的时候，除了通过词义标注工具对它进行标注外，还要对它与特定品牌、特定品类、特定广告语言谱系中成员属性的联系进行分析，同时要考量其在广告语言系统中的权重地位及在广告语言传播过程中的凸显指数等。至于这类分析与考量能否进入可以进行自动标注的阶段，则是我们尤为关注的。这中间有些实际已经涉及语用层面了，能否妥善解决这类问题，是对广告语言研究能否更好地指向语言服务的重大考验。大数据时代的来临为我们进行广告语言数据库的建设提供了巨大的可能。

总之，不管是基于语言资源视角的广告语言的价值地位，还是基于语言服务立场的广告语言研究的路径指向，或是直接着眼于广告市场合作的数据库的建设，我们还有很多工作要做，广告语言研究得好，广告语言资源的开发与应用就大有可为。

参考文献

［1］阿久津聪、石田茂著，韩中和译：《文脉品牌：让你的品牌形象与众不同》，上海：上海人民出版社，2005 年。

［2］北京师范大学汉语文化学院编：《应用语言学讲座》，北京：中国社会科学出版社，2008 年。

［3］国际广告杂志社等：《中国广告猛进史》，北京：华夏出版社，2004 年。

［4］黄国文：《语篇分析的理论与实践：广告语篇研究》，上海：上海外语教育出版社，2001 年。

［5］刘惠琼、屈哨兵：《称名词与表征词：广告语言名性词种研究》，《华南农业大学》（社会科学版）2003 年第 1 期。

［6］屈哨兵：《广告语言方略》，北京：科学普及出版社，1997 年。

［7］屈哨兵、刘惠琼：《广告语言跟踪研究》，广州：暨南大学出版社，2009 年。

［8］孙周兴译：《世界图像的时代》，海德格尔著，孙周兴编：《海德格尔选集》（下卷），上海：上海三联书店，1996 年。

［9］W. J. T. 米歇尔撰，范静晔译：《图像转向》，陶东风、金元浦、高丙中主编：《文化研究》（第 3 辑），天津：天津社会科学院出版社，2002 年。

［10］王彦：《商品买卖互动话语的谈判策略研究：基于语料库的工作场所话语分析模式》，北京：外语教学与研究出版社，2007 年。

［11］於春主编：《处处放光彩：成功广告语访谈录》，北京：中国经济出版社，2003 年。

［12］俞士汶主编：《计算语言学概论》，北京：商务印书馆，2003 年。

［13］张大旗：《玩语言：张大旗商业策划创意的表现》，广州：广东经济出版社，2006 年。

［14］张黎：《商业汉语口语研究：现场促销语言调查与分析》，北京：中国传媒大学出版社，2007 年。

［15］"中国语言生活状况报告"课题组编：《中国语言生活状况报告（2005）》（上编），北京：商务印书馆，2006 年。

［16］"中国语言生活状况报告"课题组编：《中国语言生活状况报告（2006）》（上编），北京：商务印书馆，2007 年。

［17］"中国语言生活状况报告"课题组编：《中国语言生活状况报告（2007）》（上编），北京：商务印书馆，2008 年。

语言服务概论课程的开发与建设*

在中文系应用语言学专业方向开设语言服务概论课程是我们在进行本专业方向的课程设计的时候提出来的一个设想，我们认为针对专业建设实际开设语言服务概论这门课程既有必要，也有可能，并且根据目前的研究及相关学科的支持，已经基本具备进行课程框架设计的主要元素，就我们自己的学术及教学资源来说，也具备了相应的建设条件与思路。本文拟就上述诸方面的情况进行探讨与论证。

一、课程开设的必要性与可行性

（一）课程开设的必要性

语言服务是随着现代社会发展而出现的一种新的服务类型，它主要利用与语言有关的各种资源为社会生活的各个方面提供服务。就概念而言，语言服务或许是一个产生不久的说法，就对此所进行的专项研究而言，或许只能说是刚刚开始，作为一门课程进行开发，根据我们初步的了解，目前在国内相关院校还未见有同名课程开发报道及与之相匹配的教材可供参考。当然，语言服务作为一种事实，却是我们不太陌生的，比如我国历代属于语文娱乐范畴中的灯谜制作与字谜制作，就具有语言服务的特性，但针对现代社会的发展态势而言，语言服务的范围、功能、类型及其所产生的社会效益与经济效益都远非旧时局部、零星的具有服务色彩的各种小的项目所可比拟。

根据我们的初步观察，现代社会的语言服务主要由四块组成，包括语言翻译服务、语言规划与教育服务、语言支持服务和特定行业领域的语言服务。每一个服务板块都有着自己特定的建设内容和服务实践，积累了比较多的操作经验，每个板块都有着大量的优秀的或者比较优秀的服务实践案例。但我们目前比较欠缺的是如何将这些板块性的经验资源进行整合，将其纳入应用语言学专业或者专业方向的课程及相关的培训系统中去。因此，开发和建设语言服务概论这门课程就显得很有必要，它不仅可以为应用语言学专业和专业方向的教育所用，从长远来看，相关专业中很多与各

---

* 本文原载于《广州大学学报》（社会科学版）2005 年增刊，与刘惠琼合作完成。

种语言能力、语文应用项目有关的培养与培训都有可能从语言服务的角度找到新的教学开发的节点与内容。

（二）课程开设的可行性

我们认为任何一门新课程的开发都应该具备一个必要条件，那就是要有充足的或者比较充足的学术研究条件上的支持，语言服务概论课程的开设所需要的学术支持主要来自三个方面：一是应用语言学的研究，二是语用学的研究，三是领域语言学的研究。目前国际与国内在这三个方面的学术研究都取得了非常多的成果。仅就国内研究而言，应用语言学已经有比较成熟的学科体系，也进行了比较成熟的课程开发。我国关于语用学的研究较多是在借鉴国际研究成果的基础上进行的，目前也有了比较丰富的学术成果与教学实践。我国的领域语言学研究近年来更是取得长足的进步，从学理上几乎可以这样说，凡是能与语言学产生交叉关系的学科都有可能产生相应的领域语言学，比如计算语言学、社会语言学、广告语言学、神经语言学、病理语言学、文化语言学、儿童语言学、教学语言学。这些学科相当一部分研究成果都能为本课程的开发提供直接的或者间接的学术支持。

另外，与本课程开发直接相关的中文系的学术储备、相关课程及实验室的资源储备，也使得本课程的开发具有了直接的研究成果的支持、实验条件的支持以及人力投入方面的支持。近年来，中文系老师主持承担了多项省部级科研/教研项目，如"广告语言跟踪研究"（国家语言文字应用"十五"科研规划项目）、"先秦两汉语言规划研究"（国家语言文字应用"十五"科研规划项目）、"汉字学多媒体课程整合研究"（广东省教育厅项目），与本课程相关的一些支持型课程，如现代汉语、教师口语、广告语言学、公关语言学、语言规范概论、普通话教育与训练等在中文系都有比较成熟的课程体系及教研成果，同时中文系近年来还建立了一个语言教学与研究实验室，可以为今后本课程建设所需要的教学实践与实验提供强有力的硬件上的保障。鉴于此，在中文系开设语言服务概论课程也是可行的。

二、课程学习目的与课程学习框架

（一）课程学习目的

本课程的学习目的可以作如下表述：通过学习语言服务概论课程，学生能够掌握语言服务所涉及的基本类型，具有进行相关语言服务项目的感知、评价、设计的素质，在一些特定的用语言做事的能力方面获得训练和提升。课程学习要求学生了解语言服务所涉及的主要范围，理解每一种语言服务项目及子项目的各种具体的个案模式，掌握各种语言能力及语言行为的设计、策划及实践测定方法。

（二）课程学习框架

本课程的学习框架受到本课程开发的教材体系的节制。为了保障本课程的顺利开设，我们设计了语言服务概论的教材体例，该体例主要按照不同的语言服务项目来构建教学内容，由七个板块组成。板块一是语言游戏的设计，下位内容包括语言游戏的类型、语言游戏的制作、语言游戏的实践测评，语言游戏与母语教育、外语教学、生活娱乐等有着非常密切的关系。从大的方面看，语言游戏的教学与研究的主体内容属于语言教育服务这个范畴。板块二是网络语言的使用与服务，下位内容包括网络语言的类型、网络语言的设计、网络语言的引导测评，网络语言的接触使用现在越来越成为我们日常生活中不可缺少的生存状态，如何利用网络语言提供各种服务远非本课程所能解决的问题，本课程在这方面建设努力的方向是在进行网络语言基本描写的基础上观察与推敲网络语言的跟踪、引导、推广及测评。板块三是广告语言的规划，下位内容包括广告语言的类型、广告语言的设计、广告语言的测评跟踪，其中广告语言的测评跟踪是一个重点，广告语言的设计是否合乎市场需求、是不是一种优质的语言服务，需要通过测评跟踪来完成。板块四是教学语言的组织，教学语言是语言教育服务的一种重要表现形式，下位内容包括教学语言的类型、教学语言的设计、教学语言的测评等。板块五是语言错误的纠正，我们认为语言错误的判定与纠正属于语言服务的范围，从大的方面看，语言服务可以看成语言规范工作的一个重要组成部分，国内学界早已经有人提出"规范就是服务"的观点，我们要做的工作就是在正确的规范观和服务观的指导下审视各种语言错误，用科学的方法进行判定与疏导，使得我们的教育对象能够在从事相关语言服务项目的时候能够应付自如。本板块的下位内容包括语言错误的类型、语言错误的测评与识别、语言错误的应对，其中语言错误的应对就是一种具体的语言服务能力的培养。板块六是双语双方言的使用，下位内容包括双语双方言的使用类型、双语双方言的使用规划（由双语双方言教育规划与双语双方言服务规划两块组成）、双语双方言的使用策略、双语双方言的使用与测评等。板块七是语料库的建设与使用，语料库的建设就是为语言研究服务，基于相关语料库的各种资源的开发与利用有助于我们从中抽取各种关于语言的知识，我们可以依据语料库为具体的语言服务项目提供大文本的检索统计及相关的分析基础，本板块的下位内

容包括语料库的设计与开发、语料库的使用、语料库的索引、利用语料库
进行研究的若干领域的介绍等。

三、课程建设的三个层面

语言服务课程的建设模式实际上由三个层面构成。第一个层面是实践
层面，第二个层面是研究层面，第三个层面是课程开发与建设层面。

（一）实践层面

第一个层面对课程而言实际上是一个背景层面。从实践层面上讲，现
代社会的语言服务已经具有了很大的实践规模与实践门类，有的语言服务
项目还具有相当客观的市场前景和经济效益，形成语言服务产业与语言经
济，比如语言教育服务，语言信息的识别处理及相关的规范化服务与标准
化服务，某些特定的以语言作为工具的语言服务，如心理咨询、广告语
言、导游语言等，都有着良好的市场发展前景。从社会发展需求上看，提
供良好的语言服务是现代社会发展的一个非常重要的指标，比如大型国际
赛事的语言服务水平实际上影响到一个国家与民族的国际形象的建立，当
然，这种国际形象的背后通常还是国际市场的争夺。所以，语言服务的实
践层面不仅仅是一些领域或者团体的单一的小行为，而应该是关乎社会发
展与国家形象包括区域形象的事情，我国现在也在开始注意整合语言服
务，建设良好的语言环境。例如上海市政府在2005年召开了上海世博会语
言环境建设国际论坛，意在研究确定一个服务于2010年世博会的语言环境
建设的行动计划，上海市的语言发展方略中就明确将语言服务作为语言发
展方略中的重要组成部分，论坛宣言提出"将继续致力于公民综合语言素
质的提高，努力形成一个层级分明、架构合理、体系完整的国民语言教育
体系，全面提高公民的普通话、规范字和外语使用能力，保证到2010年为
世博会提供良好的服务"，这里的服务核心就是语言服务。北京为迎接2008
年奥运会的召开也启动了相关的语言服务设施调查与建设项目。2010年广州
亚运会理当在语言环境建设及相关的语言服务项目建设实践上有所作为。

（二）研究层面

第二个层面是语言服务的研究层面。从严格意义上讲，我国目前关于
语言服务理论的研究成果还不太多，我们最近尝试就这个问题进行了比较
全面的思考，探讨了语言服务研究的学科类属与研究现状，分析了语言服
务的基本属性，提出了语言服务的基本类型，还就语言服务项目的设计与
语言服务效能的测评等提出了一些观点。这些研究与思考或许可以为语言

服务概论课程的建设提供一定的理论上的支撑与参照。

（三）课程开发与建设层面

第三个层面是课程开发与建设层面。我们认为这个层面具有三个特征：一是具有开放性，即课程教学内容的架构具有开放性，语言服务项目林林总总，本课程试用教材的七个板块远非语言服务项目的全部，在今后的教育教学实践中，完全有可能也有必要对课程的具体教学内容进行增补改换，这种增补改换以语言服务项目为单位进行，从而可以保证本课程具有一种常教常新的活力，有利于教材的长远开发。二是具有实践性，本课程的教学设计尤其重视教学过程中的实习与实践，重视实验性环节对教学内容的检验，使学生经过相关语言服务项目的学习能够具备基本的项目设计能力和测评能力。三是具有市场性，语言服务与现当代社会人们对语言的特别需求分不开，在一定程度上，这是在国际化、市场化、信息化、超母语化背景下才产生的一种带有定向特征的语言需求，我们开设关乎语言服务的课程，实际上是回应了市场的需要。

四、结语

语言服务概论课程的开设对我们而言并无多少现成的课型及教材资料可以借鉴，不管是教材编写，还是教学实践，都肯定会有许多不足，但我们有信心将这门课程开发好、建设好。或许，这在某种意义上可以为应用语言学专业或专业方向的建设，为应用语言学专业人才的培养，远而大之，为当代和谐社会的建设作出一些积极的贡献。

参考文献

[1] 陈章太等编：《世纪之交的中国应用语言学研究》，北京：华语教学出版社，1999 年。

[2] 陈宗明主编：《中国语用学思想》，杭州：浙江教育出版社，1997 年。

[3] 何自然编著：《语用学概论》，长沙：湖南教育出版社，1988 年。

[4] 屈哨兵：《语言服务研究论纲》（在上海世博会语言环境建设国际论坛上的发言），上海，2005 年 9 月 13—14 日。

[5] 耶夫·维索尔伦著，钱冠连、霍永寿译：《语用学诠释》，北京：清华大学出版社，2003 年。

[6] 于根元主编：《世纪之交的应用语言学》，北京：北京广播学院出版社，2000 年。

[7] 于根元主编：《应用语言学概论》，北京：商务印书馆，2003 年。

为教育领域传承中华优秀传统文化提供语言服务

推动中华优秀传统文化创造性转化、创新性发展，教育担负着重要使命。据统计，我国国民教育阶段的总体人数已达2.4亿，超过国家人口的1/6，他们接受优秀传统文化的质量在相当程度上决定着优秀传统文化"创造性转化"和"创新性发展"的质量，更决定着中华民族日益走近世界舞台中央、实现伟大复兴的未来。语言文字既是重要的文化现象，更是文化的载体。语言文字事业应当为教育领域传承中华优秀传统文化提供支持与服务。

一、教育领域传承中华优秀传统文化存在的问题

一是中华优秀传统文化教育未能覆盖国民教育各阶段。基础教育阶段目前已增加了古代优秀诗文的选编比重，但大学阶段的中华优秀传统文化教育没有在国家层面上进行统一谋划和部署，缺少相应的文本教材。目前很少有高校能够成系统地针对全体在校学生提出相关要求并进行文本教材建设与教育教学，有的虽然有通识课或者专业课，但很难达到覆盖更多学生的目的，使大学生在国民教育的最后一站少了这一课。

二是中华优秀传统文化教育内容不全面。中华文化浩如烟海、多姿多彩，基础教育阶段语文、历史、美术（或艺术）、音乐、体育等教材与课程中涉及的各种文化样态相对数以千计的中华文化样态而言只占很小一部分。仅以国家确立的非物质文化遗产目录而论，前后公布了四批，就有1 372种，如果加上省市县三级的非物质文化遗产的内容和其他优秀传统文化的内容，数量更加巨大。从国家层面上看，面对博大无边的中华文化，应该给学生提供一套什么样的文本描述，如何全面有效地传承与转化发展中华文化中的优秀基因，还没有引起各级各类教育机构和有关部门的重视，缺少有针对性的语言服务规划指引及系统实践。

三是少数民族地区对以国家通用语言为载体的传统文化的教育传承工作亟待加强。中华民族大家庭由56个民族组成，不同的民族当然都有属于自己的文化，这些文化必然都是中华文化的有机组成部分，但作为一个文明型国家，更好地拥有国家通用语言的能力是形成国家共识的一个重要基础，我国一些地方一段时间内没有摆正国家通用语言与民族语言之间的关

系，措施不力，不利于中华传统文化尚"和合"优秀基因的传续，不利于中华民族命运共同体的形成，也不利于经济社会的繁荣与发展。

二、语言文字事业为教育领域传承中华优秀传统文化提供支持与服务的主要建议

传承中华优秀传统文化是语言文字事业的重要任务。语言文字事业除了要面向全社会加强宣传、组织活动、建设资源，还要聚焦教育领域的需求，发挥语言服务的独特优势，精准发力。

（一）充分发挥语言文字中的传统文化基因，推动大学阶段的中华优秀传统文化教育

通过加强"大学语文"类教材建设，推动大学阶段的相关通识性课程建设和学业评价制度改革，使中华优秀传统文化教育覆盖国民教育各阶段。要组织专家深入研究"大学语文"类课程的功能，探讨如何通过中华经典篇目选编和相关内容安排等，与基础教育阶段语文课程形成梯度衔接，使大学生在国民教育的最后一站进行中华优秀传统文化的"梳理"和"固化"，使优秀传统文化的内涵在大学生的学习中得到补充、拓展、完善，助力大学生成为合格的时代新人。

（二）加强教材语言建设

要在现有各种传统文化样态学习的基础上引导各个学段的学校更加有序、充分地进行中华民族各种文化样态的传习，高度重视这方面的地方教材与校本教材的编写工作，提供更好的语言服务。文化样态各异，但都可以通过教材及相关读物展现出来，要展现，就离不开语言描述。目前我们针对青少年包括幼儿的读本教材（包括地方教材与校本教材）编写质量参差不齐，一个重要表现就是语言问题，而语言问题有两个层次。第一个层次，教材的语言要规范，编校质量的语言服务要跟上，这需要对相关的地方教材与校本教材提出要求。第二个层次，要针对教材与读本特定的学习和阅读群体精准施策。如在基础教育阶段，要在一定程度上放弃"专家语言"和"学科表述"，更多地选择能与青少年产生感知共鸣的语言表达方式，要选择组织有影响力的专家团队，依托教材读本写出名家新言、名家童言，同时要引导更多来自地方与学校的教育工作者不断提升这方面的能力，为各种传统文化的传承发展提供更有质量的语言服务，要有一种"创造性转化"。

（三）加强国家通用语言文字教育

国家通用语言是中华民族传统文化极其重要的载体与传播工具，普及国家通用语言文字是建设社会主义现代化强国的必由之路。因此，针对"语言与贫困"方面推动的"语言扶贫"行动要有久久为功的战略安排，针对"语言与国家"方面进行的国家通用语言教育要有润物无声的战略追求。2020年全面建成小康社会，国家的"语言扶贫"要重点围绕"两三年"这个区间的人群投入力量、做足功夫；2035年国家要建成富强民主文明和谐美丽的社会主义现代化强国，则要从现在开始全面着眼于"两代人"之间阻断贫困代际传播做足功夫、长短结合，切实做好国家通用语言的培训与教育服务。

语言认同是国家认同的基础，中华大地上的所有地区都必须坚持全面做好国家通用语言的教育工作，以语言教育服务国家发展。一是要坚持政府主导的立场，各级政府要更加主动地过问、积极地部署本地区国家通用语言的教育，要把国家通用语言的教育看成国家事权的一个有机组成部分；二是要做好语言教育服务质量的管理，要根据不同区域的语言生态实际有针对性地做好评估推动，不宜一刀切；三是要做好意识形态的管控，一方面要防止一般的语言教育服务包括方言使用服务等引发族群矛盾甚至国家认同的纷扰，另一方面也要防止别有用心的人利用语言教育悄然埋下不利于民族团结和国家认同的隐患，对已经发现的问题要进行彻底清理。

从语言服务的角度看基础教育领域中
英语教学的语言智能技术期待 *

语言服务是近年来逐渐受到人们关注的一个概念与事实，关于这个问题，我们曾就其内涵、范围、层次、类型等进行过不同角度的分析，其中语言教育是属于语言服务若干业态中的一种。就我国情形而言，英语学习是语言服务的教育业态中最为重要的一个板块，从这个角度观察基础教育领域中英语学习的语言智能期待，至少可以从三个方面进行观察：

一、语言经济层面上的期待

中国学习外语的人数众多，其中主要是进行英语学习，有关统计显示，中国目前有 3 亿多人在学英语（专业和非专业），约占全国总人数的 1/4。其中，大中小学学习英语的人数超过 1 亿。目前，我国的 2 300 多万在校大学生已成为全世界最大的学习外语的群体。有专家预测，再过几年，中国学英语的人数将超过英语母语国家的总人口。① 在这个群体当中，相当一部分是在基础教育阶段，中小学学生人数超过两亿。根据目前我国的教育体制与课程设计，一般是从小学三年级开始学英语，三年级以上学习英语的学生数在一亿五千万左右，如何有效地进行英语学习，使学生的语言能力能够通过有效学习得以提高就是我们必须面对和思考的一个问题。事实上，教育界就如何学好英语作出了有效的探索并取得了巨大的成功。

2012 年，教育部公布了义务教育阶段 19 个学科的课程标准具体内容，其中英语教育以小学三年级为起点，以初中三年级为终点，并且与高中英语衔接，按照能力和水平分为九级，小学阶段英语学习的时间为 80 ~ 90 分钟，保证每周三至四次教学活动，初中阶段周课时按照国家课程计划标准施行，7 ~ 9 年级课时通常为每周 5 节，虽然在相关说明中也强调各地可根据师资条件和资源配置等情况制订本地区的课程实施方案，确定小学开设

---

* 本文曾在首都师范大学基础教育与人工智能专题学术会议（北京，2013 年）上宣读。

① 《中国学英语者将超过英语母语国家总人口》，《世界教育信息》2006 年第 5 期。

英语的起始年级及小学和初中毕业时应达到的级别要求。[①] 但从整体来看，包括义务教育在内的基础教育领域的英语教学事实上已经形成全国上下概莫能外的格局，在发达地区及城市则更是如此。以广州市的英语教学为例，则更是有先行先试的特点，从 1980 年开始，广州市开始编制地方小学三年级起点的英语教材 *Success with English*，2012 年该套教材获得教育部审批通过。2002 年，为了适应广州市学生的实际需要，广州市还编制了广州市小学口语教材，经广东省教育厅中小学教材审定委员会审查通过并且在全市范围内使用，全市均从小学一年级开始开设英语口语课程。对英语学习的重视在广州素有传统，现在也形成了更加丰富多彩的教育格局，也确实取得了很好的成绩。广州市英语教学质量位居全国先进水平，在全国各地、市中考试题的比较研究中，广州市英语中考题的语言复杂度较高，对学生语言运用的能力要求相对也较高，在全市 11 万～12 万考生参加的中考英语考试中，难度始终比较稳定地保持在 0.6 左右，说明广州市学生的中考英语水平较高。[②] 这一切一方面说明我们对英语学习的规划是科学的，保障了大量的英语学习的年段与实践；另一方面也提出一个值得思考的问题：我们有没有更加有效的方式来进行英语教学，为学生语言能力水平的提高提供更好的语言服务？

这里不可避免地要涉及一个语言经济学方面的问题。语言教育尤其是英语教育实际上是要建立在巨大的经济投入基础上的。据相关资料统计，全球大约有 20 亿人在学习英语，到 2015 年，将会突破 30 亿人，非英语国家说英语的人数是英语国家的 3 倍多。全球英语教育市场的年产值，除去学校和政府培训机构外，仍有高达 600 亿美元的规模。中国社会调查所以及汉鼎咨询统计资料显示，中国的语言培训市场规模 2005 年已达 160 亿元人民币，而到 2013 年预计将高达 400 多亿元人民币，增长速度强劲。但我国语言教育市场中各语种的受青睐程度参差不齐，百度数据中心 2010 年 7 月相关资料显示，英语在语言教育市场的关注度以 73.2% 大幅度领先于其他语种。[③] 值得注意的是，这里的统计还只是非基础教育领域中英语教育培训的统计，如果加上我们在基础教育体制内国家与社会在英语学习上的经济投入，那将更是一个天文数字。这里的英语教育与培训，在巨大的人力资本投入的基础上，当然也有着巨大的信息技术资本上的投入，大大提

---

① 中华人民共和国教育部制定：《义务教育英语课程标准》（2011 年版），北京：北京师范大学出版社，2012 年。

② 《广州市英语基础教育及英语信息化教学情况简介》（电子版资料），由广州市教育局教学研究室陈皓曦执笔。

③ 转引自屈哨兵主编：《语言服务引论》，北京：商务印书馆，2016 年。

升了英语学习的效率，但是不可否认，这些投入还应该有语言智能技术上更加有力的支持，对这个方面若干可能的发展，我们抱有相当的期待。

二、语言教学信息化发展趋势上的期待

事实上，为了提高英语学习的效率和水平，我国在基础教育领域中依托包括信息技术在内的现代教育技术，与时俱进，已经取得了堪称辉煌的成绩。中小学英语教学从当初的录音机发展到传统的语音室，再到新一代的语言实验室等，无论是教学环境、教学资源，还是情境创设、教学组织、教学结构等，中小学英语教学都发生了很大的变化。①

整体来看，我国中小学英语教学的信息化应用已经比较普及。其应用方式主要有四个表现：一是运用信息技术和信息资源，营造情境教学的新环境，优化导入，激发学生的学习兴趣；二是借助网络（包括互联网、教育网、校园网等）与媒体，增加课堂知识容量，利用声、色、形、景来强化大脑中枢神经系统，提高课堂教学效率；三是利用网络与媒体工具，及时反馈教学情况，实时进行教学互动，改善教学活动过程，优化课堂教学；四是运用信息资源，激发教师自学知识的欲望，拓展学生的体验空间。综合起来可以这样说，基于上述信息技术的英语学习更多的是通过一种"外在"的学习环境及资源的提供与组织来激发学习者的学习积极性，但对于学习者语言学习的"内在"探究与构建还没有达到一个理想的境界。从某种意义上讲，我国中小学英语教学还可以期待实现信息技术支持下更深层次的推进和变革。

近些年来，广州基于信息化背景在中小学英语教育方面也做了一些工作，一定程度上可以作为一个较为理想的样本来进行观察和评价。一是教室数字化，除了配备专门的语言实验室之外，目前广州中小学校已经使用宽带网络"校校通"以及"班班配"多媒体教学平台，为师生提供了更好的视、听、说教学环境。二是教材电子化，教材电子化是教学内容的结构化、动态化、形象化显示。广州市中小学各年级的英语教材基本都有配套的电子教材，例如番禺区的"电子书包"实验，尝试使用涵盖英语在内的各科教学的电子教材，促进了课堂教学的深体验和强互动，推进了课堂教学模式等的优化与改革。三是资源网络化，广州通过"引入国家资源，共享省的资源，共建合作资源，采购通用资源，开发本地特色资源"等多种

---

① 这一部分主要依据《技术支持下中小学英语教学改革的实践与探索》整理完成，由广州市教育局科研处谷忠鹏执笔。

途径，基于广州市教育科研网和"数字教育城"公共服务平台，建立了一批中小学英语教学资源，全市中小学师生可以免费共享全市的优质数字教学资源。同步教学资源包对应统编教材，细致到每个单元每个课时的教学参考资源（含课件、教学设计、教学录像、练习等），同步教学资源包的开发和推送在一定程度上缓解了农村地区学校英语师资不足、教学资源匮乏等情况。四是教学个性化，随着交互式电子白板、教学一体机、"电子书包"、互动反馈系统等教学设备引入课堂，一方面，师生之间、生生之间等产生了更深入的互动，另一方面也为教师的因材施教提供了有力的支持。五是学习自主化，良好的网络环境和丰富的学习资源为中小学生创设了有效的自主学习环境，把个性化的英语在线学习和课堂内的任务驱动交际学习结合起来，基本构建起随时随地学习的英语泛在学习模式。近年来，随着微课程概念的引进，广州不少学校开展了英语教学的微课程制作，并开展了"翻转课堂"等教学改革实验，取得了较好的效果。六是服务智能化，2013年，基于广州"数字教育城"公共服务平台，广州与科大讯飞股份有限公司合作开发智能语音教学平台，目前已在全市推广应用。该平台在英语教学方面的用途包括英语语音合成（通过机器合成英语语音，用于听力教学等）、英语朗读测评等内容。目前，广州正与科大讯飞合作开发语音作业系统，届时，教师将可以通过"数字教育城"直接布置英语朗读作业，学生访问后，可以在线完成朗读作业，并由计算机进行自动评分和纠正。该平台的规模化推广应用，将实现英语教学课内与课外的有机结合，不仅能大大提高英语学习的效率，更能有力地促进城乡英语教学的均衡化。七是管理自动化，广州部分学校在学生成绩管理上初步使用了CMI计算机管理教学系统，包括计算机化测试与评分、学习问题诊断、学习任务分配等功能。运用于听说考试的计算机自动评分系统也具有基本的管理功能，随着广州"数字教育城"智能语音系统和个性化作业系统等在英语教学中的应用，广州中小学英语的作业布置、管理和考试、测评等可以通过计算机自动实施，逐步实现区域层面英语教学管理的自动化。

在语言智能方面如何依托现代信息技术进行探究并提供更加完善的语言服务，这也是广州基础教育领域英语教学近年来比较关注的一个问题。就目前情况看，广州部分学校正试图通过各种努力，利用人工智能技术构建的智能导师系统，根据学生的不同个性特点和需求进行教学和提供帮助，更好地促进个性化教学，尤其注意和所在地区的华南师范大学合作，开发包括英语学科在内的多个学科的CAT学生自适应测试题库，更有针对性地指导学习者的语言学习，更有效地提升学习者的英语应用能力与水平。在这一方面，我们应该抱有更高一些的期待。

三、语言智能技术实现目标上的期待

何谓语言智能？首都师范大学的语言智能与技术应用协同创新中心对此有着专精的研究指向，国内外专家学者在这方面的研究成果众多。语言智能和计算语言学有着最为直接的关系，国内冯志伟、俞士汶、袁毓林、杨亦鸣、孙茂松、侯敏等学者近年来从各种不同的角度对这个问题进行过深入的研究，其中也包括周建设（2012）发表的研究成果。① 因为本文讨论的是与语言教学有关的语言智能，我们暂且选择《多元智能教与学的策略》中关于语言智能的相关描述作为我们思考问题的一个参照。②

《多元智能教与学的策略》在我国基础教育界影响较大，比较受基础教育工作者的欢迎，该书把人的智能分成语言智能、逻辑数学职能、空间智能、运动智能、音乐智能、人际关系智能、自我认识智能和自然观察智能八种，语言智能排在首位。在语言智能中，作者列举了得到良好发展的人在语言智能上的十二种表现。从学理的层面而言，这种列举未必具有逻辑上的严整和周全，事实上，在我国英语课程设计的总体思路中，这方面的教学目的做得堪称周密，根据语言学习的规律和义务教育阶段学生的发展需求，从语言技能、语言知识、情感态度、学习策略和文化意识方面设计了一个循序渐进、彼此配合、持续发展的体系。但如果我们从人类的语言习得和语言学得这两个角度来进一步梳理和展望，至少在如下几个平面值得我们进行语言智能技术实现目标上的实践。

语音和听读平面：如何通过语言智能技术上的支持服务，使得我们的学生能够在个性化的学习环境中更加及时地得到语音听读方面的反馈与修正，能随时进行比对，能随时得到修正指导，能有足够用的资源和技术及时判断学生哪些地方没有听清楚、哪些地方没有读正确、哪些地方没有说标准（或者是大致的标准），能对学习者的语音和听读进行精准的判断和分级，并提供非常及时的语言服务。当然，目前相关的语言学习技术在这个层面已经有了相当的基础，下一步的工作当是更加智能化，使教和学双方更加接近自然语言的各种语音表现。

语义句法与说写平面：如何通过语言智能技术上的支持服务，使得我们的学生能够在个性化学习环境中更加及时地得到词汇与句法使用是否合格的反馈与修正。在语言使用过程中，词汇问题的实质是语义问题，语义

---

① 周建设：《二十一世纪中国语言学研究的问题与方向：面向语言处理的计算与认知取向》，《中国社会科学》2012 年第 9 期。

② 坎贝尔等著，王成全译：《多元智能教与学的策略》，北京：中国轻工业出版社，2001 年。

问题的厘清又离不开句法系统的制约，我们如何能够有一个强大够用的资源系统或者运算系统，把语言学习者千奇百怪的词汇选择和句子构建进行及时有效的评价，给出更为适切的修正建议。

语用语体与整合平面：如何通过语言智能技术上的支持服务，使得我们的学生能够在个性化学习环境中更加有效地知道自己的词汇选择、句子使用及谋篇布局是否得体。语言智能技术系统能否根据学习者的学习目标来进行语言规范，使新闻文字就像新闻文字，评论文字就像评论文字，科学论文就像科学论文，科普文字就像科普文字，文学作品就像文学作品。这里涉及大量的关于语言风格的辨识构建和语文体式的辨识构建等各种问题，都不是在少数句法语义个例中就能够辨识解释清楚的，而是需要在语用语体平面上进行整合。如果拿《多元智能教与学的策略》中所谓的良好的语言智能的相关描述来比对，语言智能技术或许还应该包含如下一些目标，比如能够判定学习者是否模仿他人的声音、语言、阅读和写作并及时提出相关建议，能够结合不同目的针对不同听众有效地"说话"，懂得随机应变，简要、善辩、有说服力或热情地"说话"并及时进行分析指导，能够创造新的语言形式、创作文学作品或口语沟通作品并随时提供评估参考等。这也可以说是我们对语言智能技术下一步发展能够提供更高品质的语言服务的一个期待。

参考文献

［1］坎贝尔等著，王成全译：《多元智能教与学的策略》，北京：中国轻工业出版社，2001 年。

［2］屈哨兵主编：《语言服务引论》，北京：商务印书馆，2016 年。

［3］中华人民共和国教育部制定：《义务教育英语课程标准》（2011 年版），北京：北京师范大学出版社，2012 年。

［4］周建设：《二十一世纪中国语言学研究的问题与方向：面向语言处理的计算与认知取向》，《中国社会科学》2012 年第 9 期。

三百六十行中的新家族[*]
——语言产业和语言职业

一、旧行当与新家族

产业职业，各显其新。语言产业，顾名思义，是一个以语言作为核心元素而构成的产业，既然是产业，那么它就要有市场，要有商品，要有生产者与供货商，要有交换，要有消费者。从目前情况来看，语言产业所要求的这些构件都有了：语言本身作为一种商品，是可以拿来盈利赚钱的。有人要问，语言作为一种交际工具，拿语言做事、靠语言赚钱也不是现在才有的。原来社会上那些所谓"卖嘴皮子的"各种行当不都是这样吗？这样的说法也不是全无道理，但那只可以说是一种自发的状态，语言本身在各种行当中常常被置于一个附庸的位置上。所谓行当，也都是处于自发的状态下，并没有进行产业规划，也不太可能得到职业认同。拿语言做事要得到职业认同，至少应该有一个显著标志，那就是在这个世界上能形成独立的职业身份。所谓语言职业，就是能拿语言本身作为商品来安身立命，成就事业，造福民众，报效国家。细想一下，若干年前，我们是比较难设立若干类语言职业的。像相声演员之类的不应该算，他们只是利用语言这个元素形成一种曲艺方式来行走江湖，语言本身并不是其职业当中单一纯粹的商品要素，仍然只是具有一种嵌入附庸的特点，不符合语言职业的基本特征。随着中国的改革开放、国家工业化进程的加快，以及世界经济一体化的大势催逼，语言产业与语言职业为过去已有的产业类型与职业序列带来了新的成员与新的行当，构成了一个新的家族。

产业职业，各有其类。语言产业的产生和语言职业的出现是当代社会发展的一种历史必然，其所反映的是现代国家在世界大格局变化过程中的一种产业建设自觉和职业建设自觉。就我国的语言产业和语言职业的情况而言，近年来国家语言生活逐渐成为国家文化软实力的重要组成部分并不断得到凸显与强化。一般说来，语言产业大体上可以分成三块，第一块叫语言翻译产业，第二块叫语言教育产业，第三块叫语言成品产业。语言翻

---

* 本文为赵世举主编的《语言与国家》中的一节（北京：商务印书馆，2015 年）。

译产业就是以语言作为商品，进行不同语种之间的翻译所形成的产业；语言教育产业就是以语言作为商品出售给学习者（消费者），使其能够掌握一门或多门新的语言（方言）而形成的产业；语言成品产业则同样是以语言（含语言文字系统中的各种元素）作为商品，或者将其加工成消费者所需要的各种成品并进行营销所形成的产业。语言职业从其总体特征上看，具有服务性、自立性、商品性等特性。正因为其具有服务性，我们也可以将语言职业叫成语言服务职业。从其发生发展的成熟阶段来看，大致上也可以分成三类：第一类是比较传统的语言职业，第二类是已经出现并基本定型的新生的语言职业，第三类是还在孕育、尚未完全定型的语言职业。语言翻译、语言教师等属于第一类，比较传统；语言工程师、语言矫治师等属于第二类，基本定型；语言规划师、语言认证师等属于第三类，尚待显化确认。

二、语言产业

有的西方发达国家已经将语言产业作为国民经济的重要组成部分，语言产业的每个分支都呈现出很大的市场空间，并呈现出逐渐上升的势头。

首先看语言翻译产业，据美国知名语言行业调查机构卡门森斯顾问公司 2010 年 5 月发布的报告预测，2010 年全球这方面的外包语言服务市场产值为 263.27 亿美元，较 2009 年增长 13.15%。该公司估计，到 2013 年，全球语言翻译服务产业的产值可能会达到 381.4 亿美元。近年来我国的语言翻译产业也表现出很强的发展势头，根据 2010 中国国际语言服务行业大会暨大型国际活动语言服务研讨会上的报告，截至 2009 年 12 月，我国处于营业状态的语言翻译企业为 15 039 家，所消化的翻译和本地化业务年产值约 120 亿元人民币。当然，这个产值表现相对于全球语言翻译产业而言还没有占到应有的市场比重，只占全球外包语言服务市场产值的 7%。从我国国民经济的发展态势及在世界经济格局中的发展态势来看，很多企业对语言翻译产业的业绩增长有非常乐观的预期。目前制约我国语言翻译产业发展的主要瓶颈是语言翻译人才，尤其是中译外的翻译人才，很大的市场份额已经被国外语言翻译产业的同行分羹先享了。

语言教育产业在全球范围内也呈现出一片欣欣向荣的景象。当然，不是所有的语言都能平等地拥有发展成为语言教育产业的机会。语言教育产业明显地表现出一种"嫌贫爱富"的选择，越是可能增加人们赚钱机会的语言，人们就越愿意学，也就越愿意掏钱来捧。目前世界上产值最高的语言教育产业毫无疑问是英语，根据英国文化协会的统计，全球大约有 20 亿人在学习英语，到 2015 年，可能会有 30 亿人能应用英语，非英语国家说英语的人数是英语国家的 3 倍多。这里面所拥有的语言教育产值可以说是一个天文数字。在中国，有超过 3 亿人在学英语，同样也催生了一个巨大的语言教育产业，除了国民教育系统数以亿计的英语学习和英语考试不论，光是社会上各种各样的英语培训机构就形成了一个庞大的产业链。以国内知名的语言教育机构——新东方教育科技集团为例，该公司成立于 1993 年，到 2010 年，其在全国设立了 41 所短期语言培训学校及其他相关的产业机构，累计培训学员近 1 200 万人次，还在美国纽约证券交易所上市，发展成一家以外语培训和基础教育为核心，拥有短期语言培训系统、基础教育系统、职业教育系统、教育研发系统、出国咨询系统、文化产业系统、科技产业系统等多个发展平台的综合性教育科技集团。在新东方一众细分产业中，语言教育是其产业核心，除了英语教育之外，它还拓展了其他语种的语言教育，如德语、法语、日语、韩语、西班牙语和意大利语等。很显然，这都是一些"值钱"的语言。当然，语言产业内部的竞争也是十分激烈的，仅以广州市而论，据估计，各类语言培训机构都可能增长到上千家甚至数千家，产业整体规模十分可观，市场诱惑自然也是巨大。与各种外语热相对应，随着我国国民经济的不断发展和参与世界发展的程度不断加深，汉语教育也逐渐形成一个语言教育产业，根据 2010 年的有关报道，目前海外学习汉语的人数已经达到 4 000 万人。在很多国家，汉语已经成为仅次于英语的第二大外语，在世界主要国家中，汉语学习人数正以每年 50% 的幅度增加，估计没过几年，汉语学习的人数将会突破 1 亿。这个庞大的市场同样也会催生一个以汉语教育为内容的语言产业链，相对于成熟的以英语教育为代表的语言教育产业而言，汉语教育产业的发展还不是十分成熟，尤其是如何进行市场开发与运作还需要国内外各界人士加以研究与培育。

语言成品产业在当代社会最突出的体现就是语言信息产业。这个产业在欧美市场上的发展非常迅速，并表现出一种很强的到其他国家和地区"圈地分肥"的势头，因为信息提供的背后都蕴藏着巨大的市场价值。我国在这方面也正在迎头赶上。从 20 世纪 70 年代开始，随着微型电子计算机的引进，我国逐渐形成了一个以汉字信息产业为核心的中国语言信息产业。根据《中国语言生活状况报告（2009）》提供的材料，这个产业由 6 个分支构成。第一是汉字输入法产业。该产业最具影响的是王码集团的五笔字型、联想集团的联想汉卡、四通集团的四通打字机，它们各自都可以创造数以千万元计甚至是数以亿元计的年产值或年利润。伴随着几个汉字输入法的龙头，中国还出现了"万马（码）奔腾"的局面，产生了不小的社会效益与经济效益。第二是文字速录产业。1993 年，速记专家发明了第一台中文电脑速录机并迅速投入生产使用，目前遇到的瓶颈问题是人才缺口很大，有统计指出供应量和需求量之比达到了 1：1 000，存在着巨大的产业发展空间。第三是汉字激光照排产业。经过多年探索，1979 年由王选主持研制的汉字激光照排系统排出了世界上第一张整页输出的中文报纸，带动中国新闻出版业大步走进了"光与电"的时代，追上世界先进的印刷排版技术，占领了汉字照排的领先位置。第四是字库产业。字库是字体数字化之后形成的数据库软件，目前中国大陆有 421 款中文字库，台湾有 296 款，而日本则有 2 973 款。20 世纪 90 年代是我国字库行业健康发展的年代，现今由于受到盗版侵扰，字库产业面临着很大的发展制约，技术落后，字体偏少，需要一个更加健全的产业发展环境。第五是机器翻译产业，20 世纪 80 年代中期到 90 年代，我国的机器翻译研究开始走向繁荣，1995 年中国科学院研制的"IMT/EC863"英汉机器翻译系统荣获国家科技进步一等奖并获得可观的经济效益。近年来，由国家有关方面推动的机器翻译应用发展十分迅速，带动了多语言信息服务产业的发展，在北京奥运会、上海世博会、广州亚运会等大型国际活动中发挥了十分重要的作用，但整体来说，与国外研发的翻译技术及翻译软件相比，我们还有很大差距，尤其是在基于汉译外和外译汉的事业中我们面临着极大的挑战，有的主动权已经或者正在失去，需要国家加大力度支持人工智能研究、机器翻译及中文信息处理技术的快速发展。第六是搜索引擎产业。国际上获得巨大产业效益的搜索引擎有雅虎、谷歌等，国内搜索引擎市场表现优良的有百度、拓尔思、中搜、搜狗等，其中尤以百度所占市场份额最大，其通过竞价排名手段营利已经达到其总收入的 80%。当然，这里面也存在着国家如何进行科学的产业引导的问题，以保证搜索引擎产业的健康发展。

另外，由于语言的嵌入性特征，还有很多产业在其内部构成上离不开语言支持，第三产业中各类与语言服务有关的产业表现最为显著。比如广告商业领域中的语言消费和语言服务，会展旅游领域中的语言推介和语言服务，电信交通领域中的语言设计和语言服务，体育医疗领域中的语言选择和语言服务等，都表现出很明显的语言对相关产业的支持属性。

三、语言职业

语言职业和其他职业一样，应该具有自己独立的社会分工与角色表现，如果只是依附在其他的行业分工当中，不足以让一类人能够据此来"养家糊口"，还不能成为一种职业。随着社会文明程度的不断提高和社会分工的不断细化，以语言及其所包含的各种要素作为服务手段的语言职业群体逐渐增多。比较传统的有翻译和语言教师两大类，暂可不论，基本定型的语言职业和尚未完全定型的语言职业值得一说。

基本定型的语言职业包括语言工程师、语言培训师、语言矫治师、文字速录师、网络编辑师等。语言工程师主要是针对计算机信息处理产业而产生的职业岗位，语言培训师主要是针对特定目标人群（如电信系统的员工、金融系统的员工或者其他第三产业系统中的员工等）的语言能力与素质的提高需求而产生的职业岗位，语言矫治师是针对各类言语障碍者（如聋哑人群、口吃人群及其他言语能力受损者等）的语言矫治而产生的职业岗位，文字速录师是针对从事文字速录工作而产生的职业岗位，网络编辑师是针对网络编辑需求而产生的职业岗位。这些职业之所以能够产生，是因为每种职业背后都有一个庞大的市场需求群体。比如语言矫治，根据有关方面统计，我国聋哑症的发病率约为2‰，如果按年均人口出生率计算，连同2~3岁的婴幼儿，每年总的人数达5 700万，听力损伤的发病人数约为17万。我国每年有2 000万新生儿出生，约有3万新生儿出现听力损害。要对这个庞大的人群进行语言矫治，就需要一支数量可观的语言矫治师队伍，目前我国在这方面的职业人才培养存在着很大的缺口。再如网络编辑师，根据目前网站数量估算，我国的网络编辑从业人员已经多达3 000万人，有人认为，在未来的10年内，网络编辑职位将呈需求上升趋势，总增长量将超过26%，其增长量高过其他职位的平均增长速度。

尚未完全定型的语言职业包括语言规划师、语言策划师、语言鉴定师、语言认证师、语言纠错师等。根据国家语言生活发展实际情况，我们有充分的理由相信会产生一系列新的语言职业，这里开列的或许只是其中的一部分，有的在现实生活中已经存在，只是它们在某种程度上夹杂在其他的社会分工之中，还没有获得一种完全独立的职业身份。语言规划师的功能是对不同层次、领域与区域，不同群体及个体进行语言生活的规划；语言策划师的功能是在各类公共关系处理及市场营销中进行语言设计和语言活动策划，比如广告语言的策划设计；语言鉴定师的功能是对各类语言文字的真伪属性进行辨别指证，比如案件侦破中的笔迹鉴定、法庭申辩中的语言指证、工商行政领域中的语言缺失或者语言滥用的鉴定等，都需要专门的人才与技能；语言认证师的功能是依据某些标准对国民语言能力（包括某些特殊的语言能力）进行查核验证，现在获得国家相关资质承认的普通话水平测试员实际上就可以看成语言认证师的一个类别；语言纠错师的功能是对国家语言生活及国民语言生活出现的语言文字错误进行鉴别、纠正与引导，现在的报刊审读员、文化出版单位的校对员等实际上就属于语言纠错师的范围，近年来进行的一系列城市语言环境的检查整改、春节联欢晚会字幕挑错、专事纠错的刊物《咬文嚼字》等，都可以在这个概念中得到整合。

不管是新生的语言职业，还是尚未完全定型的语言职业，很多都是充满市场前景的职业。这些职业的产生和发展自然有其社会发展的必然，但在其形成初期，也需要国家对其进行及时科学的规划、引导与培育，制定成熟的职业标准，使之成为一个稳定的职业类型。比如依托文字速录产业产生的文字速录师，由于其巨大的产业需求，2003 年，劳动和社会保障部就发文正式将"速录员"列为一种新职业，需要通过培训和考试才能上岗。有的语言职业类型需要与时俱进地得到拓展，比如校对员，随着国家、行业等各种实体的语言生活海量发生，有的语言文字错误需要得到及时更正与引导，显然光是校对员这个角色还难以应付，如果我们适时设立语言纠错师这样的职业类别，必将有利于和谐语言生活的建设。有的职业类型中，语言文字处理能力是其核心能力，这样的职业自然也要归入语言职业，比如网络编辑师，网络编辑的主要任务是利用相关专业知识及计算机、网络等现代信息技术，从事互联网网站内容建设，核心就是语言文字信息的处理。本节中提到的若干新生的或者尚未完全定型的语言职业，相信会在今后的社会发展中不断发展壮大。除此之外，还有一些可以依托语言文字的嵌入性产生的"准"语言职业，它们通常利用语言作为主要的服务手段，如商业领域中的导购、旅游领域中的导游、医疗领域中的导诊等，从社会分工不断发展细化这个角度看，将其看成一些新的语言职业的雏形也未尝不可。

四、彼此之间

语言产业和语言职业之间是一种相辅相成的关系，有了语言产业，就会有相应的语言职业，语言职业反过来也可以对语言产业产生推动的作用。目前我们将语言产业分成三大块，大体上都可以找到与它们相对应的一些语言职业。当然，同时我们也应该看到，某些语言职业的产生并不是直接以语言产业的形成为必然的前提条件，比如语言鉴定师，它依托的并不是某种单一的语言产业，而是涉及其他的行业，其职业定位是通过某个岗位功能的不可缺失性来获得的，至于它们本身能否发展成为一种更加稳定、规模更大的语言职业，也要由社会的需求变化来决定。如果有的语言职业群体不断发展壮大，反过来也可以催生新的语言产业。我们对于语言资源的利用还远未到充分发达的地步。正由于有语言资源的不竭支持，语言产业和语言职业还有着十分广阔的发展前景。

语言服务于脱贫补议[*]

2018 年暑假，因为工作关系，我带广州大学相关学院的同志和从事少数民族学生管理工作的几位老师到新疆维吾尔自治区进行家访，十来天的时间，从北疆到南疆，然后再由南疆回到北疆，先后在乌鲁木齐市、喀什市（喀什大学、疏附县）、伊犁哈萨克自治州（伊宁、可克达拉、新源县）、石河子市等地，分别走访了十数个维吾尔族和哈萨克族学生的家庭，同时也走访了自治区的教育与宣传部门、市县的相关教育机构、下乡驻村的干部以及广东省援疆前线指挥部的干部等。因为接受国家语委的建议，给自己留了一个作业，就是从语言服务的角度看一看自治区在语言扶贫方面的一些实践表现（这个属于国家相关部委的"三区三州"语言扶贫的范围），调研的主要情况及基本结论已经形成了专门的报告，在《中国语言服务行业发展报告（2018）》中发表。但如果要从"语言与贫困"这个角度来梳理这次走访，在发展报告之外还有几点可以补说。

一是越是尝到语言可以帮助其摆脱贫困甜头的人就越容易对更多语言能力的掌握抱有热情积极投入，并且容易形成一种良性的代际传承。这次走访过程中的好几户家庭，有的学生的父母在他们年轻时学会了国家通用语言，以这个为依托，他们都能够获得一份比较体面的工作，于是他们对自己的孩子学习国家通用语言积极支持。其中有一个孩子的母亲（维吾尔族）说她之所以能说"国语"（这是他们对国家通用语言的简称），是因为她的父亲当年是和进疆的部队在一起，那支部队山西人多，所以她的父亲（孩子的外公）学的是一口山西腔的"国语"，很受用，还当上了劳动模范，这样算起来，语言有助于改善家庭生活、提升家庭社会地位的意识已经在这个家庭延续了两代。在我们走访的家庭中，这不是孤例。

二是多学一门语言有助于摆脱贫困，有时候需要坚持，坚持才能胜利。越是有见识的父母，就越愿意把自己的孩子送到双语学校去学习，并且会坚持。有一段时间，新疆一些地方通常把学校分成民语学校和双语学校，双语学校要用国家通用语言教学，父母送得越及时，对孩子可能就越有帮助。我们走访的伊犁哈萨克自治州新源县土尔根乡的一个哈萨克族家庭，这个同学的父母本来都是小学老师，曾经都在本乡的民语学校任教，

---

* 本文原载于《语言战略研究》2019 年第 1 期"语言与贫困"多人谈栏目。

但是他们把自己的孩子送到了双语学校学习，孩子一直读完高中考上大学，进大学后成绩不错，学的还是比较难学的物理学。这个同学的父亲早年曾经学过一些汉语，年纪大了用得少，现在基本不能讲了，家庭经济状况不太好，要接受政府帮助，但他们认识到学习"国语"对孩子进步有帮助，希望孩子有出息。从某种意义上讲，这种语言学习可能会出现反复，只有坚持学才有可能获得更加稳固的摆脱贫困的能力。

三是更多语言能力的获得是否有助于摆脱贫困，要有规模效应示范才能"成气候"，让不同民族更多地生活在一起、融合在一起，你能说国家通用语言来交流，我也能用少数民族的语言来问候，长治久安，发展在一起，富裕在一起。新疆生产建设兵团的建设发展在某种程度上也可以通过语言能力如何表现这个角度来进行观察。我们在石河子附近的桃园买桃子，种桃子的人来自全国各地，买桃子的人有一些也是新疆少数民族，彼此都能讲国家通用语言，沟通无障碍。

我们在新疆还有一个 30 户小样本的入户调查，问了他们一些相关问题，有 9 户家庭回答说因为家里有人学习了普通话而找到了工作，有 9 户家庭说家里有人因为学习了普通话而考上了大学，有 10 户家庭说因为学习了普通话而学到了技术，有 16 户家庭说因为学习了普通话而可以在网上买卖东西。这也可以从一个角度说明更多的语言能力的获得（在新疆就体现为掌握国家通用语言）确实有助于摆脱贫困，过上更好的生活。

第四编　区域视角下的语言服务

广州"撑粤语"事件引发的思考[*]

一、事件的简单回顾

(一) 起始阶段

2010 年 5 月至 6 月，广州市政协成立了 17 个调研组，对与"亚运软环境"有关问题进行调研，与本次事件相关的是，考虑到方便来广州参加亚运会比赛和旅游的国内外宾客了解亚运会和本地新闻资讯，希望广州电视台增加普通话的播音时间。出于这个考虑，广州市政协在网上发布了《广州电视台播音情况调查问卷》，第 9 项是："您赞成以下哪种调整：A：广州电视台广州频道在主要时段改为普通话播音，其他时段以粤语播音；B：广州电视台广州频道改为普通话播音，另外增设粤语频道；C：维持不变。"第 10 项是问是否赞成广州电视台广州频道通过卫星向全国转播。[①]

6 月 6 日 22：44，一个叫"purplestacey"的网友发布了一条微博，称"广州市政协竟然想将广州电视台全部转成普通话啊！天理何在"。6 月 7 日 8：27，网友"广州仔囝"在微博上"呼吁各位街坊，尊重粤语、尊重多元文化的友好人士，到以下网址（略）参与问卷调查！保护母语"[②]。6 月 7 日晚上，广州市政协相关处室负责人表示"广州电视台要取消粤语播音显然是一个误读"[③]。6 月 9 日，《羊城晚报》发表题为"一份调查引发粤语存废之辩 相关负责人澄清初衷"的报道。6 月 18 日，广州日报大洋网"民意圆桌会"第二期以"粤语是否真的与普通话互为敌人，势不两立"为题，邀请各方代表，就粤语跟推普之间的是非问题相互交锋，并与网友展开在线交流。

---

[*] 本文原载于《云南师范大学学报》（哲学社会科学版）2011 年第 1 期，以 2010 年"中国语言生活状况报告"课题组相关子项目选题为基础写成，曾以"都市化进程中的语言协调问题"为题在第四届语言与国家高层论坛（武汉，2010 年 10 月）上宣读。

① 广州电视台播音情况调查问卷，http：//www. 77go. cn/read. bbscs？bid = 109& id = 3195166。

② 张演钦：《普通话是粤语的敌人？一份调查引发粤语存废之辩》，中国新闻网，http：//www. chinanews. com. cn/cul/news/2010/06－09/2333008. shtml，2010 年 6 月 9 日。

③ 此采访是 6 月 5 日进行，6 月 9 日见诸主流媒体如《羊城晚报》的相关报道。

（二）激发阶段

7月5日，广州市政协提案委副主任将一份题为"关于进一步加强亚运会软环境建设的建议"的提案交给广州市市长，其中包含"关于广州电视台综合频道应增加普通话节目播出时段的建议"。7月16日，广州警方在互联网上发现有人散布"已经公安机关批准，有两万人在某地聚集"的信息。[①] 7月19日，广州市委副书记苏志佳在接受媒体专访时明确表态，个别人所说的"推普废粤"的情况并不存在，市委、市政府从来就不曾有过"废除粤语""弱化粤语"的想法，在建设国家中心城市以及弘扬岭南文化的过程中，推广普通话与保护方言不仅没有矛盾，还可以相得益彰。[②] 7月25日，广州市海珠区江南西地铁口发生千人聚会"保卫粤语"事件。[③] 7月28日下午，广州市政府召开新闻发布会，再次重申市政府从未在任何时候、任何场合有过"推普废粤"的表述和意思，"推普废粤"一说纯属子虚乌有，是一个彻头彻尾的伪命题。[④] 7月29日，广东省省长黄华华表示，广东普通话与粤语之间"互相没有影响的问题，互相没有障碍的问题……都要继续保留、推广"[⑤]。7月30日，广州有关部门举行"推广普通话和弘扬岭南文化"专家研讨会。8月1日14时起，民众先后在人民公园和北京路等地聚集。香港同日也有所谓"撑粤语"的集会游行。[⑥] 8月2日，媒体对此前一日发生的事件进行报道，认为这是一起非法集会事件，同时重申广州市委、市政府对市民就"保护粤语"问题进行议论一事的基本态度："推普废粤"根本不存在，并表明对个别无中生有、无理取闹的人员要依法惩处。[⑦]

---

① 冯倩妮、唐智奇：《广州市政府重申："推普废粤"是根本不存在的伪命题》，大洋网，http：//news. dayoo. com/guangzhou/201007/28/73437_13426378，2010年7月28日。

② 刘海健：《广州市委副书记孙志佳接受记者采访时表示："推普废粤"根本不存在?》，《广州日报》，2010年7月20日第A1版。

③ 人数只是估计，另一种说法是：25日16时许，三五成群的人员陆续在海珠区江南西地铁A出口聚集，最高峰时达数百人……至19时许，聚集人群逐渐散去，现场秩序恢复正常。现场没有发生任何冲突事件，警方没有接到有关刑事、治安方面的报案。见冯倩妮、唐智奇：《广州市政府重申："推普废粤"是根本不存在的伪命题》，大洋网，http：//news. dayoo. com/guangzhou/201007/28/73437_13426378，2010年7月28日。

④ 冯倩妮、唐智奇：《广州市政府重申："推普废粤"是根本不存在的伪命题》，大洋网，http：//news. dayoo. com/guangzhou/201007/28/73437_13426378，2010年7月28日。

⑤ 沙飞：《黄华华：粤语一定保留》，香港《文汇报》，2010年7月30日第1版。

⑥ 杨永欣：《广东省委书记汪洋首次公开回应"推普废粤""我都在学，谁敢废粤?"》，联合早报网，http：//www. zaobao. com/special/china/cnpol/pages3/cnpol100806a. shtml，2010年8月6日。

⑦ 《广州警方依法处置一起非法集会事件》，《广州日报》，2010年8月2日第A4版。

（三）尾声

8月4日，在广东省举行的迎接亚运会倒计时100天的誓师动员大会上，中共中央政治局委员、广东省委书记汪洋重申"推普废粤"是伪命题，子虚乌有，并说："我都在学广东话，谁敢废粤？"就此，本次事件告一段落。

整个过程称得上是以一个"伪命题"起兴，由于各界的广泛关注甚至参与，最终酿成一个"真事件"，其中引发的一些问题值得我们进行深入的分析与思考。

二、事件的分析

就事件本身发声各方所涉及的一些问题加以排列，以下一些问题值得我们进行分析：

（一）普通话与方言的关系问题

粤语是汉语方言，这次普粤事件从范畴门类上看，可以放在普通话与方言的关系这个框架之中。本次事件的开端，就是广州市政协关于"广州电视台广州频道在主要时段改为普通话播音"或"广州电视台广州频道改为普通话播音"的调查问卷引起人们的关注，并在此背景下出现了"推普废粤""推普打压粤语生存空间""普通话和粤语是否势不两立"等关于普通话与粤语（方言）的关系论断，虽然从专业人士的角度看，这本身不会成为问题，且后来政府也比较及时地作出"推普废粤"是一个伪命题的判断，但单就议题本身引起社会关注的角度看，还是应该引起我们的高度关注。另一个值得引起注意的相关问题是，在本次事件争论过程中，有人还将粤语问题和中国的语言分歧问题联系在了一起，并引用联合国教科文组织相关网页说粤语是一种"日常使用主要语言"（leading languages in daily use），将其说成"粤语被联合国正式定义为语言"，这种说法前些年就已经出现过，本来就是以讹传讹[①]，现在又被拿来翻炒，不免叫人思忖再三。

（二）文化与方言的关系问题

"文化"可能是本次事件中有关各方人士关注最多的一个词，将粤语

[①] 图腾子：《粤语是方言还是语言，这是个坏问题》，《南方周末》，2010年7月18日。

使用与文化联系起来的概念包括文化大省的建设、广府文化传承、岭南文化保护、文化根源、文化焦虑、文化多样性、移民文化、文化融合、文化冲突、文化本位主义与文化自大、文化精神、文化需求等。平心而论，就语言（方言）问题引起上述涉及文化的各种概念的思考与讨论是十分正常的事，这无可厚非。问题在于我们如何看待本次事件中由所谓粤语问题引发的一些判断是否立得住。例如说粤语已是一种弱势文化，作为区域文化或者次文化是否已经渐趋式微，我们需要用一种什么样的态度去对待它。与此相关的是人们如何对待方言文化圈以及相关的群类性质问题，文化不是抽象的，它通常与特定的群类联系在一起，本次事件中，有人就认为外地人常常将说粤语的人士判定为底层人或者基层人士，这就将文化圈与特定的群类关联起来了。广州本土的一些知名人士如钟南山、饶原生等在谈论这些问题的时候，都会自觉地将方言使用问题与本土文化及情感的传承表达联系起来，认为"粤语文化立中原之粹，纳四海之风"①。专就这个问题的探讨也不仅仅是这次事件发生后才众说纷纭的，南方传媒集团旗下的凯迪社区的文化散论栏目关于粤语问题的讨论最早从 2004 年开始，其中当年的一个转帖叫"粤语衰落谁之过"，2005 年有个转帖叫"振兴粤语，吹起我们的冲锋号"。② 梁文道在凤凰卫视 8 月 2 日的节目"开卷 8 分钟"中介绍《广东俗语正字考》，认为其作者正是通过粤语—俗语正字的考辨来致力于保存和推动次文化，说用广东话去思考，说粤语是天经地义的。③广州第十六届亚运会开幕式晚会第一幕的歌曲《落雨大》就是用粤语唱的，所代表的就是一种岭南文化。本次事件中，人们担心因为方言的消失而导致相应的文化缺失是有其一定的理由与价值的，同样的思考也有学者关注过，如钱乃荣就相关问题指出要"真正做到平等对待一切语言，坚持让母语顺其自然地发展，不加限制，让建立在各种语言和方言基础上的文化自由开展起来"④。

（三）城市与方言的关系问题

这应该是本次事件尤为值得关注的一个角度。本次事件中转发率最高的是《新周刊》执行主编封新城的一条微博："没有方言的城市是可耻

---

① 程景伟、吴敏平：《千年古城广州的"粤语唱响风"》，中国新闻网，http：//www. chinanews. com. cn/cul/2010/07 - 22/2417356. shtml，2010 年 7 月 22 日。

② 《捍卫粤语》，凯迪社区—凯迪数据，http：//data. kdnet. net/hot/？id =46& pt = 1 & t = 1 & p =1#1。

③ 《粤语是可以思考的语言　讲粤语是天经地义》，凤凰网，http：//phtv. ifeng. com/program/kjbfz/detail_2010_08/03/1877535_0. shtml，2010 年 8 月 3 日。

④ 钱乃荣：《现代汉语研究论稿》，上海：学林出版社，2006 年。

的。"另外，广州地区比较知名的媒体人陈扬的相关言论，也是将粤语留存于广州、广州人的母语这些概念联系起来。此中有两个方面的问题值得我们反思。一方面是城市尤其是大都市在多元文化背景下原有的本土文化的留存与再融合的问题，文化交流过程中的变异、变迁以至式微甚至消亡在很多情况下是一种难以逆转的趋势，在这种情况下我们应该有一种什么样的态度，尤其是什么样的建设性态度，确立一种文化自信。另一方面，就广州这个城市中的普粤存在格局与态势而言，城市本身的定位具有复杂性，即历史文化名城—省会城市—南国商都—国家中心城市—国际化大都市，使得城市本土方言与国家通用语言甚至与国际性语言（英语）之间的关系变得更加复杂。以普通话推广而论，其与城市的各种定位之间的互动关系应该如何把握是一个值得深入研究的课题。徐大明曾指出城市语言调查是中国社会语言学新发展的一个研究重点，研究课题包括"大、中、小城市语言形势及语言生活特征""城市化带来的公众语言交际问题"等。①这说明这方面的观察研究已经逐渐进入学术研究的视野，从本次事件所产生的学术需求来看，我们关于城市社会语言学的研究还有更多的工作可以开展。

（四）媒体与方言的关系问题

这是本次事件最直接的导火索，广东电视传媒分属两个大的集团：一个是南方传媒，即通常所说的省台（广东台、南方台）；另一个是市台（广州台），这次事件与市台相关。因为毗邻港澳的特殊原因，国家广电总局于 1988 年批准广州电视台用粤语播音。现在广州台拥有 8 个频道，但作为主频道的综合频道除 15 分钟含广告的普通话新闻和中国城市报道栏目外，没有普通话节目②，所以才引出是否增加普通话播出时间这样的话题。我们认为在国家工业化现代化过程中，通用语言文字的使用和推广是一种必然的选择，它是形成统一市场、进行国际竞争的一种需要，本土方言在媒体建设上应该如何选择应对，我们此前并没有进行过专门的研究。广州地区由于特殊的地理位置以及历史上海外侨民多且粤语通行面广等原因，经过国家批准，粤语播音在广东地区成为一种多年未变的格局，这放在国家语言规划的框架内应该如何看待，应该受到哪些条件与因素的制约？这次事件发生后，电视台方面也比较及时地表明其无意改变目前普粤播音格局现状的态度，但这里面引发（或者隐含）的一些问题并没有得到解决。

---

① 徐大明：《社会语言学研究》，上海：上海人民出版社，2007 年。

② 苏文洋：《广州人撑粤语，中国人撑什么?》，中国新闻网，http://www.chinanews.com.cn/cul/2010/07 - 21/2416429.shtml，2010 年 7 月 21 日。

（五）学校教育与方言的关系问题

这次事件的聚焦点是新闻板块中的电视，但也有人将话题引入学校教育（主要是基础教育）中一些将推普与粤语使用对立起来的个案。例如某所小学有一条"不成文"的规矩，不仅要求学生上课讲普通话，还要求学生在课余时间与同学们聊天、玩乐时也讲普通话，小孩子回家与老人沟通用普通话，祖母有时听不清小孙女的话，从而引起不快。[①] 我们相信相关报道或者回忆只是个案，不具有代表整体情况的特性，但即使这样，也应该引起我们充分的注意。在大洋网举行的民意圆桌会上，有关人士也专就基础教育如何进行语言教育的问题进行过讨论，应该说，不管是政府层面还是事件中的学校层面以及专家层面，对这个问题都要有一种尊重方言文化、重视和谐语言生活的态度，但这并不排除在推普过程中有的地方确实采取了比较激进、过于简单的做法，现在看来有的时候效果不太理想，这样的现象在其他一些地方也出现过，如果教育不当，确实有可能在基础教育甚至是学前教育阶段就会让小孩产生一种方言不好甚至方言可耻的潜意识。对于这种选择应该如何评价，国家政策导向上是否应该作出更加明确的回应，这些问题的解答现在看来都不是十分清晰。当然，不管怎样，我们要注意不能将方言的学习与母语教育完全等同起来（这是本次事件中经常被混同的一个概念）。李宇明曾谈过对这类问题的思考，认为母语应该涵盖母言。[②]

（六）城市新移民与方言的关系问题

这可能是本次事件讨论中最为敏感的一个角度。广州市政协相关处室负责人接受媒体采访时表示，目前投票结果是 60%~70% 的人赞成粤语播音，30%~40% 的人赞成普通话播音。而这似乎和广州户籍人口和流动人口的比例相当。[③] 媒体报道，据 2009 年的数据，广州全市流动人口已接近 600 万，几乎与户籍人口 773.48 万相当。[④] 是否存在一个人口比例与频道设置之间的对应关系，这可能是一个两头不讨好的立场，实施起来有难度。观察这个问题还有另外三个角度值得注意：一是面对城市化进程中大量的进城务工人员，城市应该进行一种什么样的语言生活设计？虽然语言

---

① 胡军、资勇庭：《"战争升级"　普粤之争引发家庭战争》，《羊城晚报》，2010 年 7 月 25 日。

② 《一份调查引发粤语存废之辩　相关负责人澄清初衷》，《羊城晚报》，2010 年 6 月 9 日。

③ 李宇明：《中国语言规划论》，长春：东北师范大学出版社，2005 年。

④ 李溯婉、林小昭：《媒体称保卫粤语事件背后系对城市多元化焦虑》，《第一财经日报》，2010 年 7 月 29 日。

生活形态的形成不以人们的意志为转移，所谓设计主要以一种语言服务的方式出现，也应该包括诸如媒体频道增改之类的考量。二是改革开放以来逐渐来到这座城市并定居下来的人群，他们通常被称为"新客家人"，很多人自己也认同这种身份，这种认同还会延伸到第二代人身上。在事件发展过程中，我们可以感觉到这个人群受关注的程度还超过了前述第一类人员。有人士批评有些从外地来的白领以不说广州话为荣。三是入粤官员群体使用粤语的问题和粤籍官员讲普通话的问题，坊间关于这两方面的人士在普通话或者粤语使用上常常会流行一些有趣的段子，可以看成普粤关系在官员层面使用状况的一个折射。[①]

（七）城市新生代与方言的关系问题

这次事件参与人有一个比较明显的特征，就是有一些年轻人参与其中，相当程度上还可以称之为主体，这里面不排除有一些借机生事之人，但也有一些人可以将其划分到城市新生代中去。他们可能在这个城市生活了很长一段时间，很多可能是在这里出生，现在在这个城市学习或工作，因此自然对所居住的城市发生的事情，包括语言与文化会比较关注，有时甚至还十分敏感，其所作出的反应又快又急。像所谓"快闪"行动、微博转发、网络串联还有漫画《碎粤神偷》等，参与者绝大部分应属于城市新生代。本次事件中，香港方面也有一些"挺粤语"行动，年轻人也应该是一个重要组成部分，所以当地有评论认为特区政府应以这次穗港网友串联为鉴，认真研究年轻人的网上文化，了解他们的所思所想。像"挺粤语"这样的活动，一旦处理失当，就很容易沦为民众一哄而上、趁机闹事的借口，实际上只是借上街宣泄不满的情绪，并非理性地影响政府政策和社会发展。[②]工业时代的思潮也对我们的社会产生了多方面的影响，具有后现代思想的人常常反对以特定方式来继承固有或者既定的理念，这在本次活动中体现得比较明显。

（八）毗邻地区与方言的关系问题

本次事件中，人们在回顾广东语言规划格局及普通话与粤语播音现状形成的历史原因时，都提到广东毗邻港澳的历史与现状的事实，它们彼此

---

① 笔者曾经与广州市老市长黎子流先生参加过广州市电视台的一个叫作"沟通无界限"的节目，黎子流先生本人讲普通话就有不少有趣的段子，有的未必真实，但具有文化交流意义上的真实性。节目休息期间，黎子流先生告诉我，他在顺德工作的时候，广东省老领导叶剑英曾经跟他们说北方来的同志要学一点广东话，广东的同志也要会讲普通话才行。

② 《"挺粤语"无可厚非　疏导网民迫在眉睫》，香港《新报》，2010年8月2日。

之间的关系及其未来走向值得我们加以关注。广府方言的使用自然有其独有的历史文化渊源，香港粤语确实有其特别的生存发展背景。在香港和澳门特区，粤语不仅是私人场合用语，还是公共场合的通用语言，构成了一种双层语言社区。① 我们有理由相信，在中国语言规划及实施过程中，广东地区的语言协调问题（包括广府方言）具有独一无二的特性，原因就在于广东毗邻港澳。国家的语言规划必须充分考虑到这方面的实际问题。1988 年，为应对香港电视对珠三角的影响，国家广电部批准珠江频道、广州频道使用粤语播出节目。广州频道自从以粤语播出节目后，其收视率已从远远低于香港本港台、翡翠台发展到超过本港台，并与翡翠台旗鼓相当。② 这在相当程度上反映出当时国家语言规划层面在媒体传播这个平台上工作机制的一种灵活应对。但同时也应该看到，随着穗港澳彼此之间的经济文化往来日益紧密，现在的语境与 1988 年的语境相比已经有了很大的不同。例如香港已经有 10 所高校设立了普通话培训测试中心，"语常会"通过各种活动将普通话的推广扩大到实际生活层面，政府投放资源推动"用普通话教中文"已经逐渐成为一种趋势。③ 如何在这种新的语境下评估既往语言政策的效果，是否需要进行更加及时的语言协调，应该及时提上议事日程，避免类似"撑粤语"这样的事件发生，这样既对政府决策有所帮助，也对社会文化发展趋势有所预估。

（九）海外侨民与方言的关系问题

在关于本次事件的讨论过程中，关注粤语生存发展状况的人士会很自然地将海外侨民粤语使用作为一种很重要的理由提出来，这也是一种事实。有报道说，目前全球粤语使用人口为 6 600 万到 1.2 亿。④ 学界对这个问题也有着清醒的认识。目前问题的纠结之处在于：作为具有海外侨民背景的方言（或者强势方言），是否会对国内的语言规划与语言协调产生影响？如果国内语言规划考虑这种影响，那么面会有多广，程度会有多深？因为除了粤语之外，还会涉及闽语（潮汕话、温州话）、客家话等，目前

---

① 陈沸宇：《语言学家热议语言多样性　未来我们怎样"说话"》，新华网，http://news.xinhuanet.com/edu/2010-07/21/c_12354665_3.htm，2010 年 7 月 21 日。

② 孙莹、肖蕊：《广州电视台减少粤语播音有必要？市长未明确表态》，《南方都市报》，2010 年 7 月 6 日。

③ "中国语言生活状况报告"课题组编：《中国语言生活状况报告（2009）》（上编），北京：商务印书馆，2010 年。

④ 老北：《粤语不会消亡　粤语粤文化大有可为》，中国网，http://culture.china.com.cn/2010-07/23/content_20563634.htm，2010 年 7 月 23 日。

使用的"华语"概念似乎还不能涵括这种情况①，这些方言在海外侨民中的使用一般都有相当的规模。由于历史的原因，这些侨民在海外的生活常常会形成相对封闭的环境，各种从大陆带出去的母语将会在相当长的历史时期内存在，并成为他们联系祖国、进行民族认同的重要纽带，是一种文化标记。如果随着普通话的使用，国内某些方言逐渐发生变化甚至消亡，这是否会影响到华侨的文化之根？汉语国际传播的总趋势当然是现代汉语普通话会被越来越多的海外侨民选择，如何呼应他们，更好地完成这种从方言到华语（普通话）的过渡，我们在国内的语言规划层面似乎还考虑得不多。

三、相关思考

（一）充分重视"非关键"问题的复杂性

本次事件是由一份调查问卷引起的。在整个社会大格局中，热点问题、焦点问题很多，语言方面的问题通常是排不上号的，看上去它似乎只是一个"非关键"的问题，但它居然在社会上引起了轩然大波。现在进行检视，至少有三个方面值得我们重视：

一是不能轻视语言（方言）问题，本次事件显示，语言（方言）问题完全有可能成为关乎社会民生的一个燃点，在政府的民生治理策略方面，它应该占有一席之地。从某种意义上讲，语言问题是社会文化神经系统中非常隐秘而且敏感的一个神经突触。我们既要注意经济欠发达地区的语言生活问题，也要注意经济发达地区的语言生活问题。与我国经济发展不平衡的复杂状况相似，我国的语言生活也呈现出发展平衡上的复杂问题，经济发达地区的语言多元化诉求近年来逐渐呈现出由学界讨论到社会参与的势头。如果处置不当，就容易引发社会不稳定。

二是在具体的语言调适政策出台之前，一定要做好充分的社会调查与理由论证。一个相关的事实是，粤语频道在广州电视台确实有存在的市场。有媒体指出，为迎接亚运会，广州电视台曾于 2009 年投资 3 000 万元人民币，将原来用广东话播出的经济频道改为普通话播出，另将粤语的"午间新闻"也改为普通话。但改版后的经济频道，一年内收视率从 0.34 下降到 0.09，午间普通话新闻也因收视率大跌，2010 年初又改回用粤语播出，说明频道粤改普效果不好。② 这次提出增设普通话频道的建议有一个

---

① 郭熙：《中国社会语言学》（增订本），杭州：浙江大学出版社，2004 年。
② 邓圩：《广州市委副书记表示："推普废粤"？并不存在!》，《人民日报》，2010 年 7 月 21 日。

理由是，要在亚运会期间把广州电视台的综合频道或新闻频道改为以普通话为基本播音用语，或在这两个频道的主时段中用普通话播出，以适应2010年11月来广州参加亚运会和旅游的国内外宾客对语言环境的需求，这些理由可能不够充分。亚运会语言服务并不仅仅是涉及粤语与普通话的选择问题，还涉及其他的文种语种以及其他广播电视频道的服务格局问题，事实结果也是现有格局不动以支撑亚运会语言服务。

三是要注意防止语言（方言）问题成为其他社会问题的一个发泄口，语言问题看似与国运大计关系甚远，但综观国内外社会发展的诸多事实，由语言问题引起的文化冲突、族群矛盾、社会动荡乃至国家分裂的情况并不鲜见。事实上，这次讨论过程中有些议论已经露出一些端倪，虽然我们可以将其看成不负责任的妄语，但也不能一味地掉以轻心。

（二）厘清"事件"的不同层面并进行妥善应对

由语言问题引起如此之大的学界关注、社会卷入及政府干预，称得上是中华人民共和国成立以来少有之事，孤立地看，其起因似乎具有一定的偶然性，但如果将其综合起来看，在不同的层面对其作出解读与应对是有很大差异的，我们应该分别厘清，区别应对。

第一个层面是语言生活层面。一种语言或者方言的存废选弃，最直接的面对者首先是正在使用这种语言或者方言的人群，本次事件中最先发声的相关传媒界的人士，有的平时的工作语言就是粤语，继发的事件中也有一些是日常生活中难以离开粤语的人士，所以他们对这个问题最先作出反应是十分自然的事情。在粤方言地区的广播电视系统从事粤语播音工作是一个相对稳定的职业群体，他们的服务对象自然也是本土以习惯说粤语为主的人群。近年来，相关高校为了适应市场需求，也开设了相应的播音主持专业方向，目的也是向相关传媒单位输送相对高端的播音主持人才。这次事件提醒我们应该加强语言生活协调，积极稳妥地构建和谐语言生活。

第二个层面是学界学理层面。这个层面的人员构成主要是来自语言学界的一些专家学者。该层面的相关人士对本次"普粤之争"有着基本一致的看法，基本态度是既要推广普通话，整合语言，也要保护方言，普通话推广与方言（粤语）使用之间并不存在矛盾。此间发表评论的学者如詹伯慧、张振兴、董琨、游汝杰、苏金智、屈哨兵等①，他们都在不同场合发

①　陈沸宇：《语言学家热议语言多样性　未来我们怎样"说话"》，新华网，http://news. xinhuanet. com/edu/2010－07/21/c_12354665_3. htm，2010年7月21日；《一份调查引发粤语存废之辩　相关负责人澄清初衷》，《羊城晚报》，2010年6月9日；《推普不应打压粤语生存空间》，大洋网，http://www. dayoo. com，2010年6月18日。

表过类似的观点。当然，学者之间观点的侧重点有时可能会有所不同，有的也会更加强调保护方言或者善待方言，但鲜有将普通话与方言对立起来的态度，因为这既不符合语言规划的基本方针，也有悖语言发展的基本规律。这次事件的发展过程表明，学界层面保持理性并及时发声引导舆论是推动事件朝良性方向发展的重要力量，需要加强的是相关的学科理论研究尤其是城市社会语言学的研究，应该有更多的成果出现。

第三个层面是社会公众文化层面。这个层面的构成比较复杂，此间既有快闪一族，也有社会知名度较高的公众人物。剔除一些细节上的差异，该层面的一个共同的价值取向是将方言保留与文化传承放在一起来考量。从较抽象的立论逻辑上讲，这是有充分理由的。问题是这样的讨论如果建立在基本事实不存在的基础上，同时又演变出一些非理性的行动，就超出了文化关注的范围，可能也是本次文化讨论参与者始料未及的。在文化层面上考量语言生活的质量与走向值得我们进一步加以研究，尤其是要加强文化策应机制上的研究。

第四个层面姑且叫作政治层面。从本次事件的发展轨迹及最后的解决方式看，政府干预与政治考量成是非常重要的。7月18日，广州市官方有关人士一方面明确指出广州不存在"推普废粤"，另一方面明确表示推普与保护粤语并不矛盾，要正确处理普通话与汉语方言的关系，坚持社会语言生活主体化与多样化相结合的原则。① 随着事件的变化发展，广州市委、市政府于7月28日召开了新闻发布会，进一步重申"推普废粤"一说纯属子虚乌有，是一个彻头彻尾的伪命题。平心而论，地方政府对事件发展的判断（包括预判）及其作出的反应是比较准确也比较及时的，政府相关机构的配合应对也堪称完备。② 事实证明，从政治上考量本次事件，政府行为及时介入显得很有必要，尤其是在广州迎接亚运会的这个特殊背景之下，快速反应尤须如此。本次事件未必后无继者，政府应该好好总结，以便再遇见类似情况时作出更加及时科学的反应。

（三）语言政策规划立场方面的检视与建议

反观本次事件的发生与发展，从检视与建议的角度看，不妨从以下四个方面进行一些思考：

---

① 苏志：《"推普废粤"不存在 粤语节目播出照旧》，大洋网，http：//news. dayoo. com/guangzhou /201007/19/73437_13338895. htm，2010 年 7 月 19 日。

② 7 月 28 日的新闻发布会所涉及的各相关机构人员包括广州市政府办公厅副主任、广州市政协提案委员会副主任、广州市委宣传部副部长、广州市文广新局副局长、广州市公安局指挥中心宣传处处长等。可以说，本次事件所涉及的党委政府各相关协作机构已基本齐备。

第一，语言政策的调整方面。一统格局与和谐观念的关系值得重视，这也是本次事件中地方政府的一个主导态度，要充分考虑到复杂多元的语言方言格局中语言规划的预见性及弹性问题。应该说，我国制定的语言政策是基本符合我国基本国情的，这次事件给我们提出的一个课题是，随着社会经济的进一步发展，既有统一的国际市场与国家市场，同时也会形成优势与特色更加明显的区域经济圈，这些经济圈通常也会有相应的区域文化圈作为其运作的背景与支持，这里面自然会涉及普通话与方言的关系问题。虽然这个问题从本质上看是全球经济一体化和文化多元化的冲突在一个国家内部不同区域间的体现，但仅就我国情况而言，这个问题是我们在中华人民共和国成立之初所没有遇到的一种新情况，也是新时期以来我们关注得还不够的地方，国家的语言政策在这方面的指导如何才能更加科学，有利于和谐社会的建设，应该成为我们加以关注的问题。

第二，语言教育的引导方面。推普与多语多元格局的关系需要正视，必要时可予以调整，这里面涉及语言权利问题，尤其是母语享有权的保护问题。我们原先对语言权利的讨论多半集中在语种层面上，较少关注方言层次的语言权利。相对于一个个具体区域（这里特指经济发达地区）的人们来说，当地的方言同样也会被当地土生一族看成母语，我们要引导他们在语言学习及接受语言教育的过程中建立一种文化多元、资源共生共享的观念，让他们既成为多语多方言能力的拥有者，又成为多语多方言理念的尊习者，不至于一有风吹草动就强调一种非此即彼的文化捍卫的激进态度。反思我们近些年来语文教育中语言教育的片面甚至缺失，或者我们应该建立起更加明确有效的语言教育引导策略，既使普通话的国语地位更加清晰牢固，也使方言母语的生存与发展拥有丰富的空间。仅就本次事件所涉及的情况而言，实际情况是我们现在对经济发达地区（都市化区域）的方言母语的孩辈学得环境及学得路径还应该有更加细致的调查与研究，这里面也包括如何更加有效地吸取或借鉴其他相关国家与地区的一些教训与经验，如何使孩辈与年青一代能够获得前述拥有者与尊习者的双重建构，这是我们下一步需要研究的一个课题。

第三，语言普及的坚持方面。现在可能出现的一个情况是，随着本次事件的余波殃及，广州乃至广东地区的普通话推广工作会遇到一个新的更加复杂的局面。推广普通话、推行规范汉字是国家语言文字工作的一项基本政策，如何能够在新的形势下更加有所作为，这对于属地的语言文字工作者来说是一个比较严峻的挑战。不过笔者认为面对这个挑战，不应该只是地方语委办公机构少数一些人的事情，更高一层，党委政府领导机构应该有鲜明的态度和切实可行的推进措施，普通话作为国家通用语言的法律地位必须得以凸显，媒体、学校、窗口行业以及领导机关应该一如既往地做好示范与表率。国家通用语言的使用与普及是大势所趋，是社会经济发展的必然要求，也是社会和谐的必然要求，是进行多元文化之间的沟通与交流的载体。从这个意义上讲，国家通用语言是最重要的一种保障，它不仅仅是一种载体，其本身也是文化的一部分，社会愈是发展，情况愈是如此。

第四，语言服务的完善方面。语言具有交际功能、思维功能、文化承载功能及认知功能。本次事件所涉及的问题端绪可谓不少，但归结集中起来，核心问题是语言（方言）选择与文化传录之间的关系引起了大家的关注与争论，从国家现代化的宏观历程来看，出现这样的事情应该是在情理之中，未必就是一件不好的事情。如果跳出语言（方言）与文化这种关系纠结的框框，回到语言的交际工具属性上看，在技术层面上强调语言（方言）选择上的服务特征，或许可以避开一些争论，什么样的语码选择能够给更多的人带来交际沟通上的便利，我们就完善这方面的服务，这是现代社会与现代文明非常重要的一个特征。也正因为这样，2008 年的北京奥运会、2010 年的上海世博会与广州亚运会才特别强调一种国际背景下的语言服务。充分利用语言的交际工具属性，提供一个良好的语言服务环境，应当成为我们引导语言生活的一个重要原则与目标。

参考文献

[1] 郭熙：《中国社会语言学》（增订本），杭州：浙江大学出版社，2004 年。

[2] 李宇明：《中国语言规划论》，长春：东北师范大学出版社，2005 年。

[3] 钱乃荣：《现代汉语研究论稿》，上海：学林出版社，2006 年。

[4] 徐大明：《社会语言学研究》，上海：上海人民出版社，2007 年。

[5] "中国语言生活状况报告" 课题组编：《中国语言生活状况报告（2009）》（上编），北京：商务印书馆，2010 年。

广州亚运会语言服务与语言元素 *

2010 年 11 月 12 日至 27 日，第 16 届亚洲运动会（简称"亚运会"）在广州举行，一个月后举行了亚洲残疾人运动会（简称"亚残会"）。来自亚洲 45 个国家和地区的近万名运动员参加了亚运会，约 2 500 名运动员参加了亚残会。这是继 2008 年北京奥林匹克运动会之后，中国举办的又一次盛大的国际体育赛事。本报告着重分析广州亚运会（含亚残会，下同）提供的语言服务以及展现的语言元素。

一、语言环境建设

（一）制定《公共场所双语标志英文译法规范》

鉴于广东省公共场所双语标志翻译存在一些不同的见解，2007 年广州市开始进行《公共场所双语标志英文译法规范》的调研和起草工作。① 2008 年 5 月，《公共场所双语标志英文译法规范（征求意见稿）》开始向全社会广泛征求意见，引起社会较大关注，其中热议的焦点是部分路名与公共场所的英文译法问题。例如，"东风西路"究竟是夹用英文译写成"DONG FENG Road West"还是只用汉语拼音拼写成"DONGFENG XiLu"，征求意见稿主张采用前者。为此，广东省民政厅还专门约见媒体记者，表示广东路牌是严格按照联合国标准和国家法规翻译的，路名中的专名规范采用了汉语拼音拼写，没有采用英文翻译。2008 年 9 月，修订后的《公共场所双语标志英文译法规范》正式发布施行。

---

　*　本文原载于教育部语言文字信息管理司组编：《中国语言生活状况报告（2011）》，北京：商务印书馆，2011 年。

　①　《〈公共场所双语标志英文译法规范〉编制说明》，广东省质量技术监督局网站，http://www.gdqts.gov.cn/zjxx/tzgg/bzh/200810/t20081017_6966.html，2008 年 10 月 17 日。

图 1 "乐羊羊路"路牌标注

图 1 "乐羊羊路"路牌就是采用征求意见稿中的标注方法。

(二) 规范亚运会场馆标志用语

广州亚运会场馆共有 80 余座。2010 年 3 月，广州市语言文字工作委员会办公室（简称"语委办"）向各区（县级市）语委办印发《关于做好亚运会场馆及主要路段语言文字工作的通知》，要求以高标准开展社会用字的专项整治工作，确保亚运会场馆及周边语言环境用字规范、字形完整，不得使用已经简化的繁体字、已经淘汰的异体字、"二简字"，消灭错别字。5 月，广州市语委办向亚洲运动会组织委员会（简称"亚组委"）印发《关于做好亚运会语言文字工作的建议函》，提出亚运会场馆规范用字的工作建议并提供了相关依据。8 月，广州市语委办组织专家审阅《第 16 届亚洲运动会场馆标志应用规范》，向亚组委提交书面修改意见，得到亚组委的高度重视，并正式发文将市语委办的修改意见转发至各施工场馆执行。

上述举措取得了很好的效果，但天河体育中心的一些指示牌仍然存在文字拼写、书写及翻译错误。譬如，将"Toilet"（厕所）错写成"Toi-elt"；将"Media Entrance"（媒体入口）中的"Media"错拼成"Mei-da"①；将"新闻中心入口"（News Center Entrance）错译成"New Center Entrance"（新中心入口）；将"亚运观众入口"（Asian Spectator Entrance）

---

① 许方健、张洁瑶：《场馆指示牌错误 22 日前整改》，《南方都市报》，2010 年 10 月 20 日。

中的"Asian"错拼成"Aisan"①；还有一个指示牌中的"天河"有两种译法（见图2）等。这些问题反映出亚运语言服务的质量还有待进一步提高。

图2　天河体育中心的指示牌

亚组委相当重视广州路牌和指示牌中出现的文字错误问题，并及时进行整改。

（三）媒体语言环境设计与"撑粤语"事件

5月至6月，中国人民政治协商会议广州市委员会（简称"广州市政协"）相关调研组调查研究"亚运会软环境"问题，希望广州电视台增加普通话的播出时间②，在网上发布了广州电视台播音情况调查问卷。此举在社会上被传成了"广州市政协竟然想将广州电视台全部转成普通话"，结果引发社会热议。

6月5日，广州市政协相关处室负责人在接受媒体采访时表示，"广州电视台要取消粤语播音显然是一个误读"。随后《羊城晚报》发表了《一份调查引发粤语存废之辩　相关负责人澄清初衷》的报道；大洋网以"粤语是否真的与普通话互为敌人、势不两立"为题召开"民意圆桌会"；广州市政协提案委副主任纪可光提交了《关于广州电视台综合频道应增加普通话节目播出时段的建议》等提案。7月25日和8月1日分别在广州及香

---

① 许方健、张洁瑶：《场馆指示牌错误22日前整改》，《南方都市报》，2010年10月20日。
② 《一份调查引发粤语存废之辩　相关负责人澄清初衷》，《羊城晚报》，2010年6月9日。

港部分公共场所发生了"保卫粤语"事件和"撑粤语"活动。①

此间，广州市政府迅速作出反应，先后召开新闻发布会和专家座谈会，广东省主要领导也在相关场合发表讲话，指出市政府从未在任何时候、任何场合有过"推普废粤"的表述和意思，更不存在这样的事实，"推普废粤"一说纯属子虚乌有，是一个彻头彻尾的伪命题。② 这些举措保证了亚运会大环境的平安和谐。

二、语言服务

（一）语言翻译

亚组委为本届运动会提供了9种语言的翻译服务，分别是英语、俄语、阿拉伯语、日语、韩语、泰语、柬埔寨语、印尼语、越南语，从而保证90%以上的运动会参会人员不会遇到语言障碍。亚运会的专业语言服务分为笔译和口译两大类，各有专门的服务团队。10月24日，广州亚运会多语言服务中心在广东外语外贸大学正式启用，被称为"语言服务的最后一道防线"。从10月25日开始，亚运会和亚残会的各类注册人员都可以拨打热线电话免费获得9种外语口译服务，这是历届亚运会提供热线翻译语种最多的一次。亚组委还设立了赛时语言服务中心，在各比赛场馆、运动员村、主新闻中心、总部酒店等处提供领导陪同口译服务、会议口译服务、笔译服务以及口译热线服务。

（二）赛事播报

本届亚运会成立了亚运会历史上最大的新闻中心，可提供英语、日语、韩语、俄语和阿拉伯语5种语言的同声传译和交替传译服务。③

亚运会期间，中央电视台1、5、7、12、新闻、高清以及付费的风云足球等频道用普通话覆盖式播放亚运会报道，规模超过往届。其中，中国

---

① 另一种说法是：7月25日16时许，三五成群的人员陆续在海珠区江南西地铁 A 出口聚集，最高峰时达数百人……至19时许，聚集人群逐渐散去，现场秩序恢复正常。现场没有发生任何冲突事件，警方没有接到有关刑事、治安方面的报案。见冯倩妮、唐智奇：《广州市政府重申："推普废粤"是根本不存在的伪命题》，大洋网，http：//news. dayoo. com/guangzhou/201007/28/73437_13426378. htm，2010 年7月28日。

② 冯倩妮、唐智奇：《广州市政府重申："推普废粤"是根本不存在的伪命题》，大洋网，http：//news. dayoo. com/guangzhou/201007/28/73437_13426378. htm，2010 年7月28日。

③ 杨明：《亚运会主新闻中心全天候运行 提供新媒体服务》，《广州日报》，2010 年11月9日。

网络电视台（CNTV）依托央视 4、9 频道的资源优势，提供英语、西班牙语、法语的亚运会报道，开办了 3 种语言的亚运会网上专区①，提供全程独家直播与点播服务。② 广东电视台节目直播以粤语为主，新闻专题则用普通话进行解说。③ 广州广播电视台 8 个电视频道和 4 个电台频率，也是全天候地投入亚运会报道当中，除英文频道外，大部分内容都用粤语播出，综合频道有普通话播出的时段和栏目。

（三）语言服务处和中文学习室

广州亚运会语言服务处在赛时转换为语言服务中心团队，语言服务涵盖了所有的注册人员和工作人员，服务点有 64 个，遍布亚运会所有的竞赛场馆和非竞赛场馆。④ 此外，运动员村国际区 A 区还建立了一个中文学习室，其中最受各国运动员热捧的培训服务项目有两个：一是如何用汉字书写自己的名字，二是如何用汉字写"我爱你"三个字。据不完全统计，亚运会期间在中文学习室接受培训的"弟子"超过 1 000 人。⑤ 一个来自约旦的运动员叫沃辛姆，只要没有比赛与训练任务就会钻进中文学习室，跟老师学习汉语、练习书法，临近亚运结束，学了差不多 100 句中国话。⑥

（四）相关行业的多语服务

亚运会期间，中国工商银行广州支行积极搭建多语种服务平台，力争满足海外客户的多语种需求⑦；广州图书馆在亚运城的运动员村和媒体村通过电脑终端设立了 24 小时自助图书馆，为各国运动员提供语言速成、各类亚运知识、文化休闲等方面的书籍。⑧

从 2008 年开始，广州市开展"迎亚运，全民学英语"活动，一直持

---

① 《中国网络电视台将以奥运模式报道亚运会》，中国网络电视台，http：//sports. cntv. cn/ 20100926/101625. shtml，2010 年 9 月 26 日。

② 李斌：《中央电视台：全频道覆盖亚运会》，《广州日报》，2010 年 11 月 2 日。

③ 李斌：《广东电视台：四大演播室展示亚运风貌》，《广州日报》，2010 年 11 月 2 日。

④ 杨敏：《精心翻译 语言交流更流畅》，《广州日报》，2010 年 11 月 7 日。

⑤ 孙嘉晖：《亚运城中文学习室受追捧 "名字""我爱你"成热门字帖》，《广州日报》，2010 年 11 月 22 日。

⑥ 符桂新：《临走，学会了百句中文》，《羊城晚报》，2010 年 11 月 29 日。

⑦ 《工行：亚运金融服务各项准备全面到位》，第 16 届亚运会官方网站，http：// www. gz2010. cn/10/1111/16/6L7L0UGL0078000U. html，2010 年 11 月 11 日。

⑧ 李培：《自助图书馆进驻大学城》，《南方日报》，2010 年 11 月 6 日。

续到 2010 年 10 月。① 广州市交通委员会于 2008 年就组织开展"迎亚运，全行业学英语"行动，要求公共交通、出租车司机和客运站场等 8 万名交通从业人员两年内普及《迎亚运英语 100 句》，驾驶员必须参加每月组织的停产培训学习，达到标准后，方可重新上路营运②，同时还要学习手语，保障了公交系统语言服务的基本质量。

中国移动全力打造"数字亚运"工程，其中包含提供大量多种语言服务的内容，如热线多语服务、多国语言服务手册和亚运服务盲文手册、广州亚运主场馆周边及红线区域内 13 个服务厅的英语服务等。③ 志愿者的出色服务是广州亚运会的一个非常突出的亮点，有国外媒体记者评价，广州亚运会志愿者的语言服务是历届亚运会里最好的。④

三、语言元素

（一）亚运会标志

亚运会会徽：会徽设计以柔美上升的线条构成了一个造型酷似火炬的五羊外形轮廓，会徽中的"第 16 届亚运会"用英文拼写，亚运会举办城市用汉语拼音拼写。⑤

亚运会理念：经过向社会征集和筛选锤炼，亚组委最终形成"激情盛会 和谐亚洲"（Thrilling Games Harmonious Asia）这一理念。该理念图标的主体部分用汉语表述，下方辅以相应的英文。图标字体采用手写体，奔放有力，富有动感（见图 3）。⑥

---

① 林华英：《迎亚运全民学英语 外国友人跟你玩游戏》，第 16 届亚运会官方网站，http：//www. gz2010. cn/08/0310/18/46MN3U1M0078000U. html，2008 年 3 月 10 日。

② 《"迎亚运，全行业学英语" 司机有专门英语教材》，第 16 届亚运会官方网站，http：//www. gz2010. cn/08/0401/16/48F5R74100780010. html，2008 年 4 月 1 日。

③ 《中国移动全力出击冲刺"数字亚运"工程》，《南方日报》，2009 年 12 月 31 日。

④ 《广州新变化让人耳目一新 志愿者语言服务历届最好》，天津网，http：//www. tianjinwe. com/rollnews/201011/t20101121_2556196. html，2010 年 11 月 21 日。

⑤ 第 16 届亚运会官方网站，http：//www. gz2010. cn/special/00780201/gz16. html。

⑥ 第 16 届亚运会官方网站，http：//www. gz2010. cn/08/0304/16/4674CEUN0078001I. html。

图3　广州亚运会理念

亚运会吉祥物：广州亚运会的吉祥物总名为"乐羊羊"，一套5种，由具有运动时尚的5只羊构成。5只羊分别取名"阿祥""阿和""阿如""阿意""乐羊羊"，组成"祥和如意乐羊羊"。羊与中华民族传统文化的发展有着深厚的历史渊源，对中国文字、饮食、道德、礼仪、美学等领域文化的产生和发展也有重要影响。如中国古代文字中，"羊"通"祥"，"吉祥"也可写作"吉羊"；在亚洲许多国家的传统文化中，羊也是吉祥之物，能给人带来幸运。[①] 其命名采用"阿×"这样的格式分别给其中的4只羊命名，具有非常典型的汉语特征，根据汉语拆合性强的特征，这几个汉字可以连缀组合成"祥和如意"。

亚运会体育图标：体育图标的创意灵感源自亚运圣火。标志设计以柔美流畅的线条勾勒出56个体育项目的基本轮廓，仿佛56个拥有健美身躯的"火人"，每个体育图标下面都用汉字标明了项目名称。

（二）开幕式和闭幕式

亚运会开幕式各代表团按照英文字母顺序先后入场，这一点与北京奥运会有所不同。亚奥理事会主席艾哈迈德亲王出席开幕式并致辞，用汉语说出了一句"晚上好，广州"，赢得了全场热烈的掌声。[②]

本次亚运会开幕式和闭幕式的演唱充分利用了粤语元素，凸显了举办

---

① 第16届亚运会官方网站，http：//www.gz2010.cn/special/00780201/gz16.html。
② 《亚奥理事会主席汉语问好：亚运会今夜翻开新篇章》，中国新闻网，http：//www.chinanews.com.cn/ty/2010/11－12/2653307.shtml，2010年11月12日。

地的文化风情。开幕式上演唱了广东童谣《落雨大》，闭幕式上演唱了广东童谣《月光光》，《月光光》由著名歌唱家汤灿、"东山少爷"廖寰等演员分别用童声唱法、民歌唱法、说唱音乐（RAP）和合唱4种不同方式演绎，既有粤语演唱的形式，也有普通话演唱的形式。继《月光光》之后，来自东亚、南亚、西亚、中亚等各国家和地区的著名歌手引领的代表亚洲其他各地不同文化特色的7首歌曲进行"大串演"①，传递了一种多元文化和谐交流的理念。

广州亚运会闭幕式上设计燃放的"羊"字焰火，燃放高度为519米、宽度为341米，燃放总面积达到17.4万余平方米，超过24个标准足球场的面积，成为世界上最大的模拟汉字焰火。②

亚残会开幕式上，近8万名观众在主持人的带领下用手语一起打出"妈妈我爱你""朋友我爱你""世界我爱你"，奥体场馆顶部悬挂下来巨型网幕上焰火在夜空中打出了"生命""阳光""关爱"3组巨型手语图案。胡锦涛总书记在参观上海世博会"生命阳光馆"时说：让关爱的阳光照亮每一位残疾人的心灵。亚残会开幕式的这个手语创意及造型是受到胡锦涛总书记动情表述的启发而形成的。③

（三）志愿者及其他

本届亚运会志愿者的主体由广州地区高校学生及市民组成，参与志愿服务总人数超过60万，有的外籍志愿者也能用汉语进行服务。④ 志愿者的服务口号"一起来，更精彩"在亚运会期间成为一句非常流行的志愿服务口号。羊成为本届亚运会志愿者形象的重要标志，亚运会志愿者的昵称定名为"绿羊羊"。⑤

其他许多亚运会活动也不同程度地体现了语言元素，比如外国人说汉语比赛，用书法作品展示亚运会理念，亚运会文化、环境、志愿者各类标志的创意设计，以及各种亚运会特许商品的设计等。本次亚运会语言元素利用的一个亮点是围绕举办地的城市象征——羊来做文章，会徽中的形象、吉祥物的命名、闭幕式上巨大的"羊"字焰火、志愿者的昵称，都从羊的角度来诠释中华文化的特质，展示了本届亚运会的一大特色。

① 罗桦琳、何道岚、陆建銮、杨明、骆昌威：《亚运闭幕式4种唱法演绎〈月光光〉》，《广州日报》，2010年11月28日。
② 吴渤：《广州亚运闭幕式羊字焰火获世界纪录认证》，《南方都市报》，2010年12月20日。
③ 尹安学：《广州亚残运开幕式三组手语造型烟花震撼全场》，《羊城晚报》，2010年12月13日。
④ 汤南：《俄罗斯籍志愿者用流利中文服务广州亚运》，《广州日报》，2010年9月13日。
⑤ 谭秋明：《广州亚运会志愿者昵称正式名为"绿羊羊"》，《广州日报》，2010年11月26日。

汉语方言问题与国家发展关系五切[*]

——以广州的"普粤之争"为例

2010 年夏，在迎接第 16 届广州亚运会的前夕，政协提案委的一个关于在广州电视台增改普通话频道的调查与提案引起了一场轩然大波，时称"撑粤语"事件，其间还涉及香港地区的一些连锁反应，整个事件过程几起几落。如何看待这次事件，我们曾进行过一个比较全面的分析[①]，其内容涉及普通话与方言的关系、文化与方言的关系、城市与方言的关系、媒体与方言的关系、学校教育与方言的关系、城市新移民与方言的关系、城市新生代与方言的关系、毗邻地区与方言的关系、海外侨民与方言的关系等。如果就事论事，上述这几个方面或许可以看出一个大概，但如果将这个事件推到一个更大的背景来观察，我们可能会有一些新的观察与思考。为此，我们选择了凯迪社区—凯迪数据中一个名曰"捍卫粤语"的栏目进行了一些观察[②]，对里面的一些热帖及其跟帖进行了一次比较全面的扫描，其中有几个问题比较集中，有的与国家发展和社会稳定有比较密切的关系，或可切论。

一切：审古辨今，所谓语言地位问题

在这场"普粤之争"中，关于粤语语言地位的争论是最为重要的一个议题。归纳起来，主要集中在两个方面：

第一，关于普通话的所谓"纯洁"问题。一些"挺粤"的网友经常提及的一个观点，就是认为普通话不纯洁，举出的例子通常就是声调少，还有卷舌音，认为这些都不是"正宗"汉语本身所具有的特征，一定是受了北方非汉语语言的影响。我们转引的网络帖子中经常可以见到诸如此类的判断。情绪偏激的人还会说这是学"胡儿语言"的影响，是满洲话的侵入

---

[*]　本文原载于《语言与国家安全》，北京：商务印书馆，2011 年。曾在语言与国家的安全和发展论坛（扬州，2011 年 4 月 8—9 日）上宣读。

[①]　屈哨兵：《都市化进程中的语言协调问题》［在第四届语言与国家高层论坛暨第三届全国应用语言学系主任（所长）论坛上的发言］，武汉，2010 年 10 月 9—10 日。修改后的文章题为"广州'撑粤语'事件引发的思考"，发表于《云南师范大学学报》（哲学社会科学版）2011 年第 1 期。

[②]　凯迪社区—凯迪数据网址：http：//data.kdnet.net／。

等一类的话。这从一个角度反映出我们的语言认同教育出现了一些问题，尤其反映出我们的语言教育尤其是通用语言观的教育十分薄弱。任何一种语言在历史长河中都会发展，都在发展，语言和语言之间、同一语言内的各个方言之间在特定的历时条件下一定会存在语言接触，难以存在真正的"纯洁"。

第二，关于粤语的"正统"地位问题。这个问题与普通话的"纯洁"问题互为表里。既然普通话不纯，不能代表汉语的"正音"，那么谁能代表呢，一定在其他汉语方言中，比如粤语。在凯迪社区的专栏里，只要是涉及粤语正统地位的帖子，一般都比较火爆，围观者甚众，常常引起激辩。激辩者多，也反映出对这个问题持反对意见的不在少数。几个年段中与此问题相关的主帖有：《粤语是华夏汉族的语言正音》（2007年1月5日），《白话（粤语）是汉唐盛世时的"国语"》（2007年7月24日），《粤语是华夏汉族的语言正音：以历史证据反驳对南方方言的鄙视和歪曲》（2008年4月26日），《粤语多声调（四声八调）来自唐朝中原古汉语!》（2008年7月14日），《粤语非广东人古语：原是古代夏朝官方语言》（2009年1月30日），《粤语非南蛮𠴕舌　乃中土正音》（2009年2月16日），《粤语差点成"国语"》（2009年11月24日），《惊天大发现：清朝皇帝说的是粤语》（2010年3月10日），足见这个问题的火爆程度。通观世界各国各种"官方语言"的通例，所谓标准音地位的获得，都不是以谁更靠近历史上的语音系统为根据的，而是以其在所在国家语言规划中所确立的代表性语言（及方言）为基础的。以北京语音作为普通话的语音标准或者语音系统的基础就是以此为基础获得的。通过对这些帖子进行分析与思辨，我们大致得出这样的结论：不管是"纯洁"问题还是"正宗"问题，都不应该成为影响国家通用语言地位的借口，"纯洁"永远都是相对的，"正宗"一定要立足于当下的国家发展语境才能得以确立。

二切：行南走北，所谓语言族群问题

从栏目中的帖文来看，"普粤之争"看起来是语言（方言）使用之争，实际上背后有着地域族群文化上的差异作为基础。为了讨论的方便，我们姑且把争论的双方分别叫作"北优派"和"南优派"。

"北优派"的立论路子是，所谓粤语，就是"南蛮𠴕舌"之言，不值得一提。以"南蛮𠴕舌"一语来评价南方汉语始见于《孟子·滕文公上》。确实，我国历史上因为关山阻隔与区域文化的差异，南北语言（方言）之间的差异很大，由于社会发达程度的不同，常常都是由北人对南方的语言文化及其族群作出评价。在争论中有一个叫"前后开炮"的网友，他曾经转引相关文献作为佐证。如果拿这样的观点来观察和评价前朝人士的语言态度，或无可厚非，但如果拿来作为今天评价南方汉语方言的一种调子，则未免过于陈腐。尤其是将这个问题与所谓族群问题搅和在一起的时候就显得更不妥当，你说我是胡人之后，我说你有马来血统，都拿人种不纯来说事，缺少一种理性。

"南优派"立论的路子是，现在粤语保留的古代中原正音多，所以是正统（见前）。更为重要的依据是，近世以来中国革命的发生与改革开放的发展，都离不开广东人，而他们都是说粤语的。例如一个叫"2462025"的网友在回应"前后开炮"等人说南边山高皇帝远不开化的嘲讽时道："现在讲和谐，拼经济，追求高质量的生活，广东、福建人的科技、文化、经济、宗教信仰都远远超越小炮的境界。"这段话比较有代表性，两个主要意思都体现了。广东既是近代中国革命的策源地，也是中国改革开放的前沿地，大家有足够的理由因此而自豪，但是如果将这种自豪与语言（方言）文化及族群地位建立起一种过于自赏的关系，则不符合中国近百年来革命解放与改革建设的实际。

所谓族群概念是中国近世以来才产生的概念，撇开称谓上的纠缠不谈，谈其所指，同样也比较麻烦。以汉族论，可以说，要寻找纯粹的汉族血统应该是一件非常困难的事情。在争论过程中就有网友转引相关学者的研究结果，指出汉族只是某一时期人为的地区性划分，由于服兵役、逃避战乱、因罪流放等因素，汉族一直在从中原地区向南迁移，并且纯种汉族人已不存在。[①] 这个观点是否站得住脚是一回事，但有一点应该承认，从宽泛意义上讲，中国历史发展的过程就是一个各民族不断融合的过程，中华民族是一个大家庭，虽有地域习俗上的差异，但难以割断历史文化融合过程中的彼此牵连，语言与文字就是最为重要的纽带。在"普粤之争"中，北人向南移民的历史也是大家比较关心的一个话题，整体情况是，大家都承认这是一个历史事实，且导致了粤地族群的杂处与融合，具体的分歧主要表现在何时才是大规模的移民，以及移民是谁融合谁一类的问题上。

三切：知是明非，所谓语言系阶问题

所谓语言系阶，意思是我们所观察的对象在语言谱系中处在何种级阶

---

① 《学者 DNA 研究发现民族融合后"纯汉族"已不存在》，搜狐新闻网，http://news.sohu.com/20070214/n248234458.shtml，2007 年 2 月 14 日。

位置上，根据语言谱系学说理论，人们一般将语言分成语系、语族、语支、语言、方言、次方言、土语（话）等不同的层级。粤语到底是一种语言还是汉语的一种方言，学术界早有定论。例如罗杰瑞说："在南方方言中，粤语给人的印象是受很多北方话的影响。我所谓受北方话影响的成分，并非现代的一些借词，而是指可追溯到晚唐时期的成分。从粤语的读音韵系看，是从晚唐的中古音发展而来。直到现在，讲粤语的人在海外人仍称他们自己是'唐人'。"① 这充分说明粤语作为汉语的一种方言是古今皆然的。但在这次"普粤之争"中，粤语不是汉语的方言而是另一种语言的说法比较受人关注。这种说法主要走两个路子：

一个路子是用所谓联合国将粤语作为一种语言来立论。网友"big_ken"于 2010 年 4 月 16 日在凯迪社区转了一个帖子，题为"［转帖］Cantonese（粤语）被联合国正式定义为语言"，里面转引了据说是来自联合国的相关表述："粤语，英文为 Cantonese，俗称广东话，正式被联合国定义为语言，并且认定为日常生活中主要运用的五种语言之一（leading languages in daily use），仅次于中国的官方语言普通话。"② 关于这个问题，随即也有网友查明，联合国的官方网站里找不到证实粤语被正式定义为语言的任何证据，只是在联合国教科文组织网站里的日常使用主要语言（leading languages in daily use）提到粤语可以视为"正式语言"，但不能理解为"官方语言"。③

另一个路子是拿一些所谓的统计数据立论。一个叫"四面开炮"的网友于 2008 年 1 月 2 日发了一篇帖子，题目叫"为什么不敢说'粤语不是汉语方言'这一事实？"，分别从语音、词汇、语法等角度列出一些数据，试图说明粤语不是汉语的一种方言。帖子出来后引起了较大的反响。一个叫"牛屎龟"的网友随后进行了反驳，题目叫"驳'粤语不是汉语方言'"，对"四面开炮"所谓的差异率的统计数据进行质疑，并举出了自己的理由，认为两者不同之处达到 76.9% 或 98.22%。但他同时也指出："问题是语音不是否定粤方言不是汉民族语言的一个方言的理由。因为语言的分化，最容易变的是语音。如果按照差别较大就不是一种语言这个逻辑来推，那现代汉语与古代汉语根本不会是一种语言了。"④ 这个反驳应该是站得住脚的。

---

① 罗杰瑞著，张惠英译：《汉语概说》，北京：语文出版社，1995 年。

② 凯迪社区，http：//club. kdnet. net/dispbbs. asp? boardid = 2 & id = 3358774& pag e = 1 # 3358774。

③ 图腾子：《粤语是方言还是语言，这是个坏问题》，《南方周末》，2010 年 7 月 18 日。

④ 凯迪社区，http：//club. kdnet. net/dispbbs. asp? boardid = 1 & id = 2014169& page = 1 # 2014169。

粤语（广东话）作为汉语方言的事实，除了有着书写符号系统同一性这个来自语言文字系统本身的基础之外，同样也有来自历史、文化、社会政治制度上的坚实基础。原来我们在这一点上并没有多加注意，包括称说也是十分不严格的，并没有在意"语"（语言）、"言"（方言）、"话"彼此之间的区别，所以"粤语""粤方言""广府话""广州话"这些概念常常是一起使用的，虽然在专业人士那里会有所区别，但在一般民众的知识谱系中并没有将其进行严格的区分，通常也不会有太大的问题。但如果有人要利用这个来做文章，我们就应该有比较正确的判断才对。目前尤其要注意的是，要防止一些别有用心的势力借助所谓语言问题对我们进行族群文化挑拨，成为族群文化团结的障碍，从而影响和谐社会建设的进程。因语言问题引起社会动荡的例子在过去的历史以及当代社会发展中均不乏其例，这些案例都值得我们借鉴参考。①

四切：推三阻四，所谓方言衰落问题

在关于粤语问题的审视与讨论中有一个经常出现的命题，就是粤语正在衰落，有的干脆就说粤语已经处于濒危状态。一个题为"粤语衰落谁之过"的帖子可以作为这方面观点的一个代表。帖子中谈到粤语衰落的表现时有如下一些判断：一是因为外来人口越来越多，本地人口比例发生了变化，人们开始大量使用普通话，从而导致了方言的衰落；二是在年青一代中粤语的传承与使用发生了变化，地道的粤语正在消逝，从而反映出方言的衰落；三是政府官员及政府公务员说普通话或者被要求说普通话，不说方言了，因而也是方言衰落的表现；四是认为在电视台节目播出当中普通话的比例越来越大了，因而也就意味着方言衰落了。

上述四点导致所谓粤语衰落的原因，基本上可以集中在一个点上，就是认为普通话的推广导致了粤语的式微，并对这种情况表示一种强烈的忧虑。问题出在什么地方呢？出在应该如何看待媒体使用普通话、学校教育使用普通话、公务员公务活动使用普通话、城市里很多交际场合使用普通话。一些网友就此作出判断：普通话有过度推广之嫌。更有甚者将其说成一种"文化入侵"，从而影响了方言的生存环境，进而导致方言衰落。

上述这几个方面，除了城市里很多交际场合这一点，普通话作为公务用语、教学用语和播音用语三个方面都是国家通用语言文字法的要求。既

---

①　参见中国社会科学院民族研究所等编：《国外语言政策与语言规划进程》，北京：语文出版社，2001 年。

然是国家法律，绝大部分发表意见的人应该都是有所了解的，那为什么还是会出现这样的质疑呢？至少应该从三个角度去分析：

第一，我们对国家工业化及现代化进程中关于语言统一性要有全民共同语作为支撑的这个要求存在着认识上的不足。如果没有稳定普及的全民共同语，就难以有统一信息交流平台来支持和维系共同市场的稳定繁荣。世界历史发展也不乏这样的先例与旁证。在世界进入工业文明时期后，中国在近代史上积贫积弱，一盘散沙，吃尽了苦头。国家若要崛起，国人必须对国家构成统一的市场参与全球经济的角逐的诸般条件有清醒的认识。语言是国家软实力的重要组成部分，国家通用语言的普及关乎国家的根本利益。作为一种国家意志，相应的示范与教育传播平台特别重要，不能迷失。

第二，我们对国家通用语言的推广与地域文化的保留和传承之间关系的复杂性存在着认识上的偏差与不足。简单地将普通话的推广与地域文化的传承表现对立起来，不管是将普通话推广视为文化入侵的一方，还是在推广过程中企图完全摈弃方言的一方，都是将两者对立起来了。普通话以北方方言为基础，肯定要在与各地方言的交融中才能得以丰富和发展；各种汉语方言也一定可以在与普通话的交融中吸收到新的养分。现在各个地方所谓的"彩色普通话""椒盐普通话""塑料普通话""煲冬瓜"等，就是普通话向各地方言靠拢的现象。这种地方普通话所具有的文化价值现在还没有引起充分的重视，其存在现状我们自然也研究得不够深入，其前景预测当然就更谈不上。不过我们可以回溯类比一下。试想一下，一两千年前，来自北方的汉语在和南方土著的语言开始融合的时候，难道就没有这种我们现在自嘲为"彩色""椒盐""塑料""煲冬瓜"的阶段吗？一定有过。结果怎样？是融合了，发展了，所在地文化得到了新的发扬，并传承到现在我们的手中。这个过程是谁都不能阻止的。

第三，我们对当下语境中汉语各种方言（包括北方方言）使用者各自拥有的语言态度观察得还不够仔细，研究与判断得还不够深入清晰。不管是自省还是旁观，都存在着观察上的盲区。有些问题是专家学者想得比较多，但一般民众不了解；有的问题是国家层面想清楚了，但社会层面认同上有差距。

五切：你言我语，所谓语言权利问题

"普粤之争"中经常提到的一个概念就是语言权利问题，也有人将其表述成母语权的问题。有的人认为在广东和广州学校不讲方言，电视台不使用粤语播音，只讲普通话，"推普废粤"，侵犯了粤籍人士的语言权利。在 2010 年"撑粤语"事件中，政府在第一时间对上述问题作出了明确的回应，指出"推普废粤"是一个子虚乌有的伪命题。推广普通话与保留、保护粤语并不矛盾。这应该可以反映出地方政府对语言权利问题所拥有的一种科学务实的态度，值得肯定。但即使这样，结合近年来对这个问题的争论，我们认为关于语言权利的相关问题还是有必要在这里进行一些梳理并提出相关的建议。

第一，关于语言权利概念的认定。语言权利的另一种说法就是语言人权。国际社会对语言权利的关注主要是伴随着对语言少数民族人权的关注而存在的。最早涉及语言权利的国际文献是奥地利 1867 年宪法，联合国教科文组织还从 2000 年起把每年的 2 月 21 日定为"世界母语日"，国际上各种关于语言权利的文献都很关注不同民族不同语言的多样性的保护问题。我国对上述语言权利的关注从立法保障的角度具有较好的基础，《中华人民共和国宪法》规定："各民族都有使用和发展自己的语言文字的自由。"由于粤语是汉语的一种方言，其相应的逻辑基础应该是与操其他汉语方言一样，其所操习者同属汉民族，彼此之间的关系应该是同一民族内部各个分支的关系。如何使用语言权利这个概念来讨论方言层面的权利问题，这是摆在我们面前的一个新的课题。

第二，关于国家通用语言、民族共同语、方言不同层级与语言权利之间关系的认定。从国家通用语言这个角度讲，普通话就是"国语"，具有与国旗、国歌、国徽同样的法律地位。每一个中国公民都有学习和使用普通话（"国语"）的权利。从民族共同语的角度看，普通话共同语的地位是汉民族历史上自然形成的。与各个汉语方言相比，作为普通话方言基础的北方方言使用人口超过汉族人口的 70%。每一个汉族人都应该拥有学习和使用普通话的权利，包括不同汉语方言区的人。从汉语方言的角度看，每一个汉语方言区的人对自己所在地区的方言也同样应该拥有学习和使用的权利，但要明确这种权利是一种方言权利，而不是一种语言权利。从现有的国际上关于语言权利的文献来看，似乎对同一语言中的方言使用与方言保护给予关注的程度并不明显，我国现行的法律在这方面同样缺少明确的表述。应该如何看待方言权利，使用方言如何与国家的宪法精神及通用语言文字法的相关精神不相违背，如何才能有利于和谐语言生活的构建？这些都是我们应该回答的问题，解决好这些问题亦是对我们语言规划智慧的一个考验。我们认为一个基本原则是，这种建立在不同层级（"国语"与方言）的语言权利或方言权利应该成为构建稳定和谐的社会的有力支撑。

从目前情况看，在语言权利与方言权利这个问题上，至少以下几点可以成为讨论问题的基础：

第一，任何一个人，在他的幼儿时期都应该享有母方言学习的权利（如果他们或者他们的父母选择放弃这个权利则另当别论）。这种权利应该得到尊重，家庭在这方面应该承担起应有的义务，这个权利也可以与民族共同语及国家通用语言的权利重合。

第二，在学校教育阶段（尤其是基础教育阶段），一个人应该拥有学习国家通用语言的权利，学校有提供相应的语言教育的义务。普通话应该是学校的教学语言，提倡普通话成为学校的校园语言，但不应排斥在非教育教学活动中受教育者有学习和使用不同方言和其他语言（如英语）的权利。

第三，作为公民，进入社会服务阶段，应该拥有使用国家通用语言并接受通用语言服务的权利，国家拥有为所有公民提供通用语言服务的义务。国家推广通用语言，明确国家通用语言使用的场合与范围，同时尊重每个公民的方言使用权利。这种权利如果要给它一个名称的话，不妨称之为母方言权。同时我们也要明确，母方言权不能与国家通用语言文字的推广与使用权相冲突。

参考文献

［1］罗杰瑞著，张惠英译：《汉语概说》，北京：语文出版社，1995年。

［2］屈哨兵：《广州"撑粤语"事件引发的思考》，《云南师范大学学报》（哲学社会科学版）2011年第1期。

［3］中国社会科学院民族研究所等编：《国外语言政策与语言规划进程》，北京：语文出版社，2001年。

广州语言生活状况报告的研制背景与实现路径[*]

　　2011 年，广州大学和教育部语言文字应用研究所（以下简称"语用所"）签署了一个协议，决定由两家单位合作共建一个语言服务研究中心，当时代表语用所签约的是姚喜双所长，代表广州大学签约的是分管学校学科建设和文科工作的徐俊忠副校长，我和当时学校语言片的老师们为语言服务研究中心的成立做了一些论证铺垫工作。语言服务研究中心成立前后还多次得到时任教育部语言文字信息管理司司长李宇明教授的设计指导。后来因为工作需要，姚喜双司长调任教育部语言文字应用管理司，我也到广州市教育局工作了几年。在这期间，广州大学与语用所合作共建的语言服务研究中心根据当初的工作设计坚持开展工作，并且也取得了一系列的成绩，其中包括团队成员牵头主持承担了国家语委"十二五"和"十三五"期间的两个重大科研课题（2011，2017），主持承担了一项国家社科基金重大项目（2014）和若干项国家社科基金项目及一些省部市级科研项目，语言服务研究团队先后召开了五次语言服务圆桌会议和语言服务高级论坛，成员个人也依托各自的研究领域发表了一系列研究成果，2016 年由商务印书馆出版的《语言服务引论》算得上是语言服务研究中心研究成果的一个比较集中的体现，其中也包含语用所相关专家及国内其他好几所高校专家学者共同参与的成果。

　　当然，从发展的眼光来看，作为一个地方大学与教育部直属学术机构合作共建的研究单位，语言服务研究中心要做的工作还有很多，语言服务研究中心应该在国家及省市各级语言文字工作领导管理部门的指导下自觉地做更多的工作，以期能够更好地为国家社会的文明进步贡献语言文字方面不可或缺的智慧，这就是我们为什么要推出《广州语言生活状况报告》的一个背景。

　　要做好广州语言生活状况报告这件事，最重要的学术基础是国家语委近十年来连续推出的《中国语言生活状况报告》，我们要衷心感谢李宇明、周庆生等一批学者对我们多年的关心垂爱，语言服务研究中心的好几位成员多次参加中国语言生活状况报告相关专题的调研撰写工作，郭熙老师作

---

　　* 本文是为《广州语言生活状况报告（2018）》（北京：商务印书馆，2018 年）写的后记，标题是收入本书时所加。

为《广州语言生活状况报告》的项目顾问，更是国家语委报告的重要组织者和推动者，从这个意义上说，我们的这本报告是国家语委推动的语言生活状况报告的一种地方响应。在近年来国家语言文字工作推动进程中，"中国语言生活派"作为一个学术研究风格和学术研究流派的称谓已经逐渐为大家所熟悉，"中国语言生活派"的一个重要特点就是具有家国情怀，用一种扎根中国大地的学术姿态梳理语言资源，观察语言实践，引导语言生活，将语言作为国家文化软实力乃至硬实力的重要基础加以呵护、加以呼吁、加以建设，这种情怀我们从每一年的《中国语言生活状况报告》的选题中看得十分清楚，从国家语委近年来推动的一些重大项目实践活动中看得十分清楚，从国家语委下一步的语言文字规划及科研项目的引导中也看得十分清楚。广州大学语言服务研究中心也应该有这样一种学术自觉，自觉地将我们的学术建设与国家的语言文字工作结合起来，与"中国语言生活派"的学术旨趣结合起来，与《中国语言生活状况报告》的区域落实结合起来。

要做好广州这个城市的语言生活状况报告，也和这个城市的地位发展要求分不开。在 2016 年国务院批复的《广州市城市总体规划（2011—2020 年）》中，对广州市的规划定位包含五个方面：广东省省会、国家历史文化名城、我国重要的中心城市、国际商贸中心和综合交通枢纽，表明广州在国家现代化城市化进程中负有特别重要的使命，占有特别重要的地位。比如广州是"我国重要的中心城市"，国家中心城市是一个国家综合实力最强、集聚辐射和带动能力最大的城市代表，而国家重要中心城市，无疑更是要代表国家参与国际竞争，推动国际政治、经济、文化和社会等方面的交流与合作，人们通常所说的"北上广"在某种意义上就是对国家重要中心城市的一种体认；作为国际商贸中心和综合交通枢纽及历史文化名城，广州在国家发展版图上"身份显赫"，可以这样讲，这里面的任何一方面事业的推进和表现，都肯定离不开语言文字的"身影"，因为语言是我们生活中须臾不可或缺的交际工具，我们要做的工作就是利用语言文字这个最经济最不能离开的资源为城市的建设发展提供更好的服务。比如，作为国际商贸中心，广州市提出要建设更好的国际化、市场化、法制化的营商环境，这里面就有很多语言文字现象值得关注，很多工作值得跟进；比如，作为历史文化名城，如何才能有效地重视历史文化和风貌特色保护，如何统筹协调发展与保护的关系，哪些元素是通过语言文字这个载体直接或者间接地得以体现，其中有的如何在一个城市的现代化进程中得以承续发扬，这些都需要我们更加积极地开展工作；再如，作为综合交通枢纽，一个城市的语言服务工作如何才能做得更加尽善尽美。我们希望

《广州语言生活状况报告》能够为这个城市的发展从自己特有的角度作出一个学术机构的贡献，并且能够坚持下去。2017 年的这一本语言生活状况报告基本上也从工作、领域、专题、资料等几个不同的角度作出初步的尝试。这方面，北京的语言生活状况报告也有了一个好的开头，我们可以向北京学习。

要做好广州语言生活状况报告，从具体的实践路径来说，大体要处理好"点—线—面"一组关系。具体来说是要做到三个结合上的追求：追求本土视点与国家视点相结合、追求短线建设与长线布局相结合、追求校内团队小面与语用所及其他兄弟院校、科研机构大面相结合。本土视点的意思是这本生活状况报告报告的是广州这个城市语言生活的方方面面，但是报告的价值取向要与国家语言生活状况报告的价值取向一致，虽然在具体的选题取舍上，因为城市发展的节奏与区域使命的不同而有所不同，但是它应该成为中国语言生活派的一个重要区域分支，与国家视点在这些方面形成交叉与支撑。短线建设的意思是我们要随着城市区域的发展节奏做好每一时间区间的语言生活状况报告，根据这座城市建设的重大谋划和重大变化，及时进行语言文字生活方面的准确观察并提出科学有效的策略建议，同时又能依托这座城市的发展，对一些语文生活进行持续的跟进，推动持续的建设，这里面既包括同类语言文字现象的持续跟进，也包括不同主题的语言文字现象的交叉跟进。我们希望这本语言生活状况报告能够全面饱满地展现这个城市的语言生活，更加有效地推动这个城市构建和谐的语言生活，展示这个城市的开放包容与创新发展。校内团队小面的意思是要充分发挥好校内语言服务研究中心团队成员投身国家语言文字服务应用的积极性和创造性，语言服务研究中心是一个校院共管、以院为主的学术机构，学院语言片的老师都是这个学术机构的当然成员，同时还有好几位是来自学校其他学院及机构的专业相近或相同的老师，这个团队的成员平均年龄只有四十岁左右，大多毕业于国内各个名校，团队于 2016 年荣获广州市教育系统创新学术团队"语言生态与语言服务研究"称号，学术生命力正处旺盛之时，只要我们形成好的机制，这个小面上的人一定能够做出有影响的较大成绩出来，将语言服务研究中心建设成为国内同类学术研究的一个制高点；同时，语言服务研究作为近年来学界逐渐认可的一个新的研究领域，我们当然更要谋求与更多的志同道合者一同前行，这里面首先是与广州大学合作共建的单位——教育部语言文字应用研究所，我们希望今后能够共同开辟更多的一些合作平台来开展工作，语言状况报告势必也会得到语用所同仁的关心与支持，至于其他兄弟院校与学术机构的大面交互，则更是我们十分期盼和热烈欢迎的，我们也愿意为此作出更多的努力。

　　作为地方院校，我们非常感谢国家语委对广州编写城市语言生活状况报告的重视与支持，2017 年岁末，田立新司长亲临广州大学参加第二届语言服务高级论坛，会议期间田立新司长听取了我们关于编制《广州语言生活状况报告》的工作汇报并给予了充分肯定和十分具体的发展指导，《广州语言生活状况报告》能够进入国家语言生活状况报告的"绿皮书"系列，也是国家语委工作上接天线下接地气的一个证明，接下来我们有信心把这个工作继续做下去并争取做得更好。

　　最后得感谢商务印书馆，作为国内最具品牌价值的文化教育传播机构之一，能够细大不捐，将《广州语言生活状况报告》及时纳入商务印书馆的年度"绿皮书"出版计划，这里面尤其是周洪波总编辑的充分信任和不断鞭策，使我们不敢掉以轻心，希望这份报告的质量能够不辜负商务印书馆的寄望。

新疆维吾尔自治区语言服务状况[*]

2018 年夏秋之际，我们采用走访及问卷的方式对我国新疆维吾尔自治区的语言服务状况进行了一些调查，并在此基础上形成了本报告。基于当前国家援疆与扶贫工作的政策指引，本报告所说的语言服务重点是指国家通用语言的教育培训服务。在新疆地区，国家通用语言也有简称为"国语"的，以下除直接引用外，统称为普通话。

一、背景和数据来源

（一）背景

本报告撰写的主要背景有三个：

第一个背景，想从语言服务的角度报告第二次中央新疆工作座谈会后新疆在语言教育培训方面的开展情况。在第二次中央新疆工作座谈会上，习近平总书记强调新疆工作的大政方针是围绕社会稳定和长治久安这个总目标，同时还强调要坚持教育优先，培养优秀人才，全面提高入学率，让适龄的孩子们学习在学校、生活在学校、成长在学校，要吸引更多优秀人才投身教育。[①]

第二个背景，想跟进了解教育部、国务院扶贫办、国家语委印发的《推普脱贫攻坚行动计划（2018—2020 年)》（以下简称《计划》）开始实施之后在新疆地区的基本开展情况。该《计划》强调，要将普通话普及率的提升纳入地方扶贫部门、教育部门扶贫工作绩效考核；新录用的各级各类学校教师的普通话水平必须达到国家规定的等级标准等。《计划》还提出到 2020 年，贫困家庭新增劳动力人口应全部具有国家通用语言文字沟通交流和应用能力，现有贫困地区青壮年劳动力具备基本的普通话交流能力。

第三个背景，教育部和国家语委提出"语言扶贫"，教育部语言文字

* 本文原载于屈哨兵主编：《中国语言服务发展报告（2020)》，北京：商务印书馆，2020 年。与刘惠琼、王海兰合作完成。本报告为国家语委"十三五"科研规划项目"贫困地区劳动者语言能力的收入效应研究"（YB135-108）的阶段性成果。

① 2014 年 5 月 28 日习近平总书记在第二次中央新疆工作座谈会上的重要讲话。

信息管理司及语言文字应用管理司在 2020 年 5 月 29 日召开的相关新闻发布会上表示，贫困群众只有掌握国家通用语言，获得更多的就业机会和劳动收益，提升教育水平，才有可能实现真正的脱贫。在脱贫扶贫中，语言发挥着较大作用。同时，团中央和国家语委还在 2020 年的大学生暑期社会实践活动中专门设立了语言扶贫社会实践项目，开展"推普脱贫攻坚"全国大学生暑期社会实践专项活动。本报告所涉及地区属于团中央和国家语委活动中重点要求的"三区三州"范围，同时撰写人所在大学组织了大学生暑期社会实践小分队，分别到新疆相关地区和西藏相关地区就语言扶贫的相关问题进行了实地调查。

（二）数据来源

本报告的数据主要通过三种途径获得。

一是入户调查。2018 年暑假，我们专门制作了关于语言服务（语言扶贫）的入户调查纲要，在相关教师的指导下，由大学生到新疆少数民族家庭中开展调查，共调查了 30 户家庭，涉及 109 位家庭成员，农民（34 人）和学生（32 人）居多，其他还有公务员、教师、家庭妇女等，其中 82 人是维吾尔族，27 人是哈萨克族。

二是问卷调查。调查问卷共有 30 个问题，涉及被调查者的基本信息、普通话的听说读写水平、语言态度、普通话学习过程中的相关问题等。收回问卷 296 份，剔除 1 份无效问卷，共收回有效问卷 295 份。

三是个案走访。利用暑假，报告人所在学校组织干部教师到新疆进行学生家访（主要是在读新疆籍少数民族学生，包括预科新生），并走访有关文化教育单位，通过调查掌握了一些素材，作为本报告进行研判的重要基础。

二、语言服务资源、对象与推进情况

（一）语言服务资源

语言服务需要提供服务资源，本次走访发现，新疆地区进行语言服务的资源构成多元，这是一种有组织的多元。在广州市对口援疆对象喀什地区疏附县的调查显示，该县基础教育阶段语言教育服务提供者大体由四类人员构成：一是近几年已招进录用的教师，二是民考汉的教师，三是返乡大学生，四是工作队支教教师。据介绍，疏附县在外读书返乡大学生 5 000 多名，其中今年返乡 3 000 多名，这些返乡大学生中相当一部分人从事普通话教育，主要是到幼儿园（大班）教拼音，到小学教课本知识，到初中教英语，教学语言为普通话。我们到乌鲁木齐走访了一个维吾尔族同学的家庭，该同学的母亲是医院急救中心医生。因为需要，组织安排这位母亲到和田地区皮山县支教，当了两年的幼儿园教师，教中班的48个孩子。两年下来，这些孩子从一句普通话都不会说，到能流利地讲普通话，进步很大。这位母亲在两年支教结束后又主动报名再去和田支教一年。在新疆地区，动员各条战线的资源进行语言教育帮扶服务，得到了大家的积极响应，这也是新疆语言服务一个非常重要的特点。

入户调查反馈的信息表明，在30户家庭中，有19户家庭的成员在社区组织的普通话培训班学过或正在学习普通话，另外11户家庭没有成员参加社区的普通话培训。在这11户家庭中，家庭部分成员有一定普通话基础的有10户，另外还有1户由母子两人组成的家庭，母亲与儿子均务农，两人完全没有普通话沟通能力。

问卷调查得知，新疆少数民族学习普通话的渠道即他们所拥有的语言服务资源情况，见表1：

表1 新疆少数民族学习普通话资源分布

语言学习渠道	学校	看电视	网络	社交及工作	听广播	社区培训	志愿者培训	驻村干部培训	其他
人数	240	171	146	145	103	66	42	30	20
占比（%）	81.4	58.0	49.5	49.2	34.9	22.4	14.2	10.2	6.8

表1显示，新疆少数民族学习普通话的主要渠道依次是学校（81.4%）、看电视（58.0%）、网络（49.5%）、社交及工作（49.2%）和听广播（34.9%）。由于本次调查采用的是在线问卷调查网站问卷星，回收的295份有效问卷的答卷人的母语是各相关少数民族的语言（其中操维吾尔语的占66.8%）。接受问卷的受访者中，最高接受过或正在接受大学教育的占71.5%，最高接受过研究生教育的占3.7%，最高接受过高中教育的占15.9%，最高接受过初中教育的占5.4%，最高接受过小学教育的占3.4%。很显然，学校是他们接受普通话教育最重要的渠道。在今后的语言服务推进过程中，学校教育肯定是普通话学习的首选路径。根据教育规律和语言习得规律，从幼儿园开始提供普通话教育服务是一种必然选择。

（二）语言服务对象的构成

《计划》指出，与语言扶贫有关的人群主要是指"贫困地区青壮年劳动力""村民",以及"不具备国家通用语言文字沟通能力的县以下基层干部""所有现任教师"和"少数民族双语教师"。针对不同对象,具体标准有所不同,有的是要使他们掌握运用普通话交流的能力,有的是要普通话达标,有的是要具有使用普通话进行教育教学的能力。

新疆地区语言教育培训服务的对象大体上分成三大块。第一块是学生。新疆地区现在要求从幼儿园开始学习普通话。例如,疏附县有中小学幼儿园 215 所,学前三年(原为两年)普通话教育已经实现全覆盖。我们在伊宁市走访了一个维吾尔族学生,她的母亲是伊宁市附近一所乡村小学的负责人,管理的学校(包括一个教学点)共有 1 190 名学生,绝大部分是维吾尔族,另有少数哈萨克族、柯尔克孜族和汉族(汉族学生 20 余名)。该学校已全部实行汉语教学,1~3 年级学生的普通话水平相对更高,4~6 年级相对弱些。第二块是教师。由于历史原因,相当一部分教师的普通话基础薄弱。疏附县民族教师多,汉语教师少,广州大学承担了培训该县基础教育各科教师普通话的任务。经初步摸查,全县有 400 多位教师需要进"普通话培训班"培训五个月。目前因工作无法脱身,其中 200 余位教师不能前来接受普通话培训。该县科教局的同志介绍说,要等 1 000 多名新教师到岗后,才能抽这些教师去接受普通话培训。第三块是村民,其中情况有种种不同。目前新疆大部分农村地区的普通话教育培训得到了初步落实,疏附县共有 119 个村,基本上都有普通话教育夜校。按照语言(普通话)教育培训的程度大致可以分成初级、中级、高级三种,初级班主要是老人,中级班一般是中青年,高级班的主要任务侧重在认读汉字。

入户调查结果显示,在 30 户家庭的 109 人中,普通话非常熟练的有 40 人,占 36.7%;熟练(可以日常对话)的有 29 人,占 26.6%;稍懂(能听或能说一些的)的有 27 人,占 24.8%;完全不懂的有 13 人,占 11.9%。从他们从事的职业来看,公务员 15 人,占 13.8%;教师 3 人,占 2.8%;学生 32 人,占 29.4%;农民 34 人,占 31.2%;工人 4 人(含保安),占 3.7%;无职业者 11 人,占 10.1%;个体户 5 人,占 4.6%;其他 5 人(退休、护士、邮政、无业、空),占 4.6%。从入户调查的结果来看,新疆地区能非常熟练地使用普通话的人不到四成(当然,我们的样本可能偏小,但从调查综合情况来看应该还是接近真实情况的)。这表明新疆地区需要接受普通话教育培训服务的人群总量应该不是一个小数目,这里面包括农民、学生,甚至包括部分教师和公务员,当然也包括相当一部分的其他职业的人员。

(三)语言服务计划的推进

鉴于新疆工作的特殊性,语言教育培训与翻译服务在新疆占有特别重要的地位。中央第二次新疆工作座谈会的一个重要精神就是"要高举各民族大团结的旗帜，在各民族中牢固树立国家意识、公民意识、中华民族共同体意识"。新疆地区民族众多，除了维吾尔族以外，还有哈萨克族、柯尔克孜族、塔吉克族、回族、汉族等，各民族要有共同的国家意识、公民意识和中华民族共同体意识，一定离不开对国家通用语言的认同。但新疆农村地区，尤其是南疆的很多农村地区，能听懂普通话并能够用普通话交际的人较少，很多地方农村中20岁以上的劳动力基本上不会说普通话，这在某种程度上阻碍了他们建立和巩固国家意识和中华民族共同体意识。语言是形成共同文化意识的基础，所以现在及今后一段时间，语言教育培训需要有计划地推进。

从这次调查了解到的情况来看，党和政府在这方面作出了巨大的努力并且有着明确的推进计划。2016—2017年，全南疆投资160亿元建设了4 408所幼儿园，学龄前儿童入园一个都不能少，普通话教育实现了全覆盖，孩子们从小就打下了国家通用语言的基础。2017年5月，该地区教育系统的一个工作会议上提出了所有学校全部用普通话讲课的要求，并且得到了切实实施。在与喀什大学座谈时也了解到，这所地处新疆最南端的大学正在积极推动普通话的使用，"严格执行用国家通用语组织教学活动、校园交流、体育活动及其他课外活动，一切校内语言均要用'国语'的要求"。喀什大学维吾尔族学生较多，学校引导并要求他们更好地学会普通话，"学校希望学生语言能力弯道超车"。

目前新疆地区有些类别的考试还在使用少数民族语言命题作答。下一步的语言教育规划是，首先在中考中实现一张试卷组织考试，即统一用国家通用语言来命题作答，然后在2022年左右实现高考统一用国家通用语言命题作答。

疏附县现在约有7万名中小学生，其中，约有6.77万名学生从2018年起所有课本均采用部编本教材，还有约2 300名只能用维吾尔语的存量生。相对6.77万来说，这不是一个很大的比例，但从绝对数来看，也不是一个小的群体。相信当地政府会稳妥地推进，使下一步工作具备相应的基础。

由当地政府提供的语言教育培训服务在我们的入户调查中也得到了印证。30个家庭中绝大部分都有父亲、母亲或者其中一方参加了社区组织的普通话培训，共计31人。有的是一周两天，有的学一个月，有的学五个月，有的学六个月或者八个月，有的要学习一年或者两年。值得注意的是，这30户家庭的109人中，完全不懂普通话（没有普通话的听说读写能力）的有13人，其中，除了幼儿和50岁以上的老人，30~50岁的青壮年还有6人，占了近一半。在问卷调查中，普通话"完全听不懂""完全看不懂"，汉字"完全看不懂""完全不会写"的选项均为0，也就是说，所有完成问卷的人都具备基本的普通话表达能力（听说读写），这说明他们曾经接受过比较好的语言教育。

三、语言态度

（一）对普通话的态度

这里的态度既包括对普通话的态度，也包括对语言教育培训服务的态度。从我们走访的学生家庭情况来看，所有家庭都对普通话持有喜欢和认同的态度。在伊宁走访学生家庭时，有个学生的母亲举例说明了社会一般民众对语言教育培训的欢迎，并说明她任教的学校现在是维吾尔族学生家长主动提出要用普通话进行教学，而不是使用双语教学。

语言态度也可以从语言选择上看出来。

入户调查结果显示，在问及"父母对孩子学习普通话的态度"时，30户家庭的父母均持支持态度。

调查问卷就"语言交流过程中的语言选择"专门设计了五个问题，其中，"您觉得您要外出务工的话，哪种语言最重要""您觉得对于您现在的工作，哪种语言最重要""您觉得您在本地工作的话，哪种语言最重要"和"您现在能使用哪几种语言与别人交谈"四个问题的调查数据见图1：

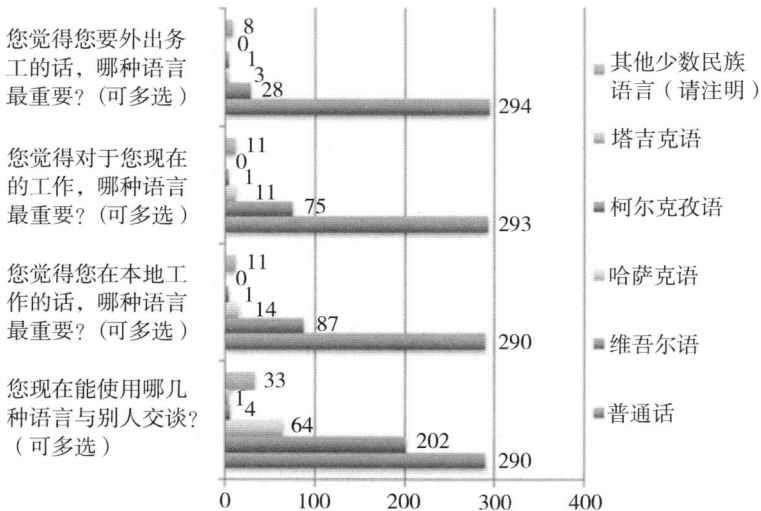

图1 语言交流过程中的语言选择分布

从图 1 可以看出，无论在什么情况下，295 份有效问卷中，绝大多数答卷人首选的语言都是普通话。

第五个问题"以下情景中，您一般使用什么语言"的统计数据见表 2：

表 2　相关情景中语言使用情况（可多选）分布

选项	问题															
	您与家人交流时，使用哪种语言？		您与家人交流时，使用哪种语言？		您在学校时，与老师交流使用哪种语言？		您在工作中，与本族人交流使用哪种语言？		您在工作中，与外族人交流使用哪种语言？		您到政府部门办事时，使用哪种语言？		您在本地集贸市场上，使用哪种语言？		使用手机和电脑时，使用哪种语言？	
	人数	百分比（%）	人数	百分比（%）	人数	百分比（%）	人数	百分比（%）	人数	百分比（%）	人数	百分比（%）	人数	百分比（%）	人数	百分比（%）
普通话	142	48.1	280	94.9	290	98.3	258	87.5	286	97.0	291	98.6	273	92.5	292	99.0
维吾尔语	175	59.3	54	18.3	27	9.2	81	27.5	16	5.4	14	4.7	59	20.0	16	5.4
哈萨克语	40	13.6	13	4.4	6	2.0	18	6.1	5	1.7	5	1.7	7	2.4	3	1.0
柯尔克孜语	1	0.3	1	0.3	0	0	1	0.3	1	0.3	1	0.3	2	0.7	1	0.3
塔吉克语	1	0.3	2	0.7	0	0	1	0.3	0	0	1	0.3	0	0	0	0
其他语言	30	10.2	12	4.1	6	2.0	16	5.4	8	2.7	4	1.4	7	2.4	7	2.4

从表 2 可以看出，在日常生活、工作的八个场合中，绝大多数答卷人在七个场合中首选普通话，仅在"与家人交流"的场合中首选维吾尔语的略多于普通话。在不同场合的语言选择中，普通话占有绝对优势。

（二）选说普通话的原因

在新疆地区，为什么要学习普通话，大概有四个方面的原因：

1. 来自发展需求

在调查中，一位受访者提到："新疆现在全民学普通话，老百姓学普通话比教师积极性还高。"这位受访者曾在街头问一个卖羊肉串的小贩是否在学普通话，这位小贩随手就从烤箱下拿出普通话学习资料，向他证实自己还在抽空学习。入户调查结果见表 3：

表3 普通话对家庭发展的作用

统计	选项			
	有家庭成员因为学习普通话而找到工作	有家庭成员因为学习普通话而有机会上大学	有家庭成员因学习普通话而学到了技术	有家庭成员因学习普通话而可以在网上买卖东西
户数	9	9	10	16
占比（%）	30.0	30.0	33.3	53.3

从表3中不难看出，有超过一半的家庭有上网购物的经历，这是学习普通话对他们生活的一个重要影响。"找到工作""上大学""学到技术"也是学习普通话对他们个人发展的重要影响。

问卷调查的数据也印证了这个观点，见表4：

表4 学普通话的主要原因分布（多选）

选项	人数	占比（%）
对务工有帮助	159	53.9%
对自己创业有帮助	149	50.5%
对获取信息有帮助	210	71.2%
对从事农牧有帮助	86	29.2%
对工作有帮助	203	68.8%
对与外界交流有帮助	186	63.1%
对学习技术有帮助	211	71.5%
对买卖东西有帮助	138	46.8%
是政府的要求	73	24.7%
对教育有帮助	194	65.8%
其他	23	7.8%

表4是第24题"您学普通话的主要原因"的数据统计，根据选择人数的由多到少，排在前五位的分别是"对学习技术有帮助"，211人，占71.5%；"对获取信息有帮助"，210人，占71.2%；"对工作有帮助"，203人，占68.8%；"对教育有帮助"，194人，占65.8%，"对与外界交流有帮助"，186人，占63.1%。

2．来自家庭引导

我们到乌鲁木齐一个维吾尔族学生家庭家访，学生的外祖父曾跟山西人学艺，能讲一口山西腔的普通话，后来还当上了国家劳模。老人家告诉子女一定要学讲普通话，因为这样才能有好生活。我们家访的这个家庭有姊妹俩，姐姐读新疆大学，妹妹读广州大学，她们从小上的都是汉语学校。家里人彼此讲话用维吾尔语，与我们沟通用普通话。我们走访的一个伊犁市新源县吐尔根乡的哈萨克族学生，他的父母都是当地民族学校的教师，他从小就在吐尔根乡读小学和初中，但他小学并没有上父母所在的学校，上的是汉语学校。五年级下学期时学校开了民语课，他就学习了哈萨克语。

在入户调查中，30户家庭的受访者在被问及"父母对孩子学习普通话的态度"时，大家都一致表示支持，原因是"跟别人好沟通""学'国语'对自己有好处""学'国语'是每个人的责任"和"作为中国人必须学'国语'"等。

3．来自政府支持

这主要体现在学校教育和现在新疆各地农村正在进行的夜校语言培训上，国家提供的语言学习App也在一些地区使用，有的地方还采用远程教育的方式进行语言培训资源的共享，效果比较好。在喀什旧城逛街的时候，我们还看到几个少数民族的小学生放学后在自己家门前一起嬉戏，同时拿出《弟子规》朗读玩乐，很有趣。

4．来自周边环境

新疆生产建设兵团在新疆的团场建设对周边的语言生态影响比较明显，虽然这不是有意识的语言培训服务，却可以形成相应的语言环境，引导周边其他人进行语言学得。由于当年兵团的战士常常有兵源地域上的聚集，所以即使是普通话也带有不同地域的色彩。在石河子市，我们就听说，距离这里五公里的腔调是河南腔，但和那里一段距离的地方就有可能是其他什么腔了。当然，我们有理由相信，随着更多人使用普通话，在或大或小的环境中一定会带动更多的人学习普通话。石河子市超过90%的人是汉族，讲普通话；但是在南疆，90%的人是维吾尔族，要使他们更多地使用普通话，一定要营造或大或小的语言环境，达到"相互了解、相互尊重、相互包容、相互欣赏、相互学习、相互帮助，像石榴籽那样紧紧抱在一起"的目的，使更多的人能够从周边环境中学得。前文所述家访的那位维吾尔族母亲在和田皮山县支教时，先教会幼儿园的孩子讲普通话，然后要求孩子回家读书，要家长签名，从而带动家人学写汉字名字，效果很好。

网络环境也是一个很重要的周边环境，网络语言环境在相当程度上也有牵引学习者学习普通话的作用，例如普通话学好了，可以更加方便地在网络上购物。表 3 中有 16 个家庭表示，学会普通话有助于他们上网购物。

四、几点建议

（一）要重视语言认同的价值

新疆维吾尔自治区面积为 166 万平方千米，占全国的 1/6，是我国面积最大的省区。新疆推进"双语"教育任重而道远，尤其是南疆很多农村地区，能听懂普通话、用普通话交际的人很少，很多农村 20 岁以上的劳动力基本上都不会说普通话，这个缺失在某种程度上就是国家语言认同上的缺失，其可能导致的一个后果就是国家意识的缺失。2015 年，一位从事基础教育的教师给自治区领导写信报告当时的维吾尔语教材的问题，一个重要问题就是国家通用语言及相关教学内容在教材中的严重缺失。当前新疆全域国家通用语言的教育培训可以说进入了一个新的历史阶段，只有坚持不懈，长久抓好语言认同，中央确定的社会稳定和长治久安这个总目标才能实现。

（二）要坚持政府主导的立场

教育部、国务院扶贫办、国家语委印发的《推普脱贫攻坚行动计划（2018—2020 年）》强调要将普通话普及率的提升纳入地方扶贫部门、教育部门扶贫工作绩效考核；要对不具备普通话沟通能力的青壮年农牧民进行专项培训，使其具有使用普通话进行基本沟通交流的能力。普通话水平不高，确实会影响到就业，例如疏附县是广州对口支援的南疆县，广州企业广汽 4S 店准备招 400 名工人，也想多在疏附县招，疏附高职虽然有 600 名毕业生，但是很多不会说普通话，而企业方面表示需要聘用能说普通话的职员。目前疏附县基层在语言学习方面有更扎实的举措，各个村扶贫办夜校开办普通话学习班，每天两小时，实现了全覆盖。我们在北疆新源县吐尔根乡走访学生家庭，学生家长也向我们介绍吐尔根乡本有九个大队（村），后转为七个，现大体分为南北两片进行管理，乡里的中小学校与幼儿园现都已开始用普通话授课。这些都是政府主导的。明确个人发展的门槛条件（包括就业和上学）也能体现政府主导的立场。问卷星调查得到的数据可以证明这一点。针对"您学普通话的主要原因"，有 68.8% 的人选择了"对工作有帮助"；在对"您希望参加普通话培训对您哪些方面有帮助"进行选择时，有 60.7% 的人选择了"对工作有帮助"。入户调查有一项问的是"是否有家庭成员因为学习普通话而找到工作",有 10 人次回答据此找到了工作;有一项问的是"是否有家庭成员因为学习普通话而有机会上大学",有 9 人次回答据此上了大学,还有 2 人次说因为这样(大概是大学毕业)找到了工作。所有这些工作的推进,如果没有政府的坚持推动,是很难有持久效果的。

（三）要重视服务质量的管理

语言教育培训服务要摸清服务资源和服务对象需求这两种情况,做好相应的服务质量管理。

对于前者,新疆的一个重点是加大学校教育培训力量储备和推送的力度。我们在走访调查中了解到,当地政府从各条战线选拔的驻村干部,有的普通话水平相对而言比较高,他们驻村之后就成了语言培训的重要力量;有的还可能是从事支教活动的人员,他们也是语言培训的重要力量,就像前面提到的那位医院急救中心的医生一样。更重要的是要加强语言服务教育培训力量的组织储备。习近平总书记在第二次中央新疆工作座谈会上强调要吸引更多优秀人才投身教育①,从我们走访了解的情况来看,中央的指示要求正在得到落实。以疏附县为例,近几年新入编的教师数量逐年递增,2015 年是 64 人,2016 年是 200 人,2017 年是 700 人,2018 年计划达到1 000人。这些新入职教师的普通话水平都要达到一定的要求。我们在伊宁县学生家访中也了解到该学生的母亲所管理的小学原有 93 名教师,后经语言能力测试,不合格的转岗,能用普通话教学的留用。现有教师是 68 名,其中还包含新分配来的毕业生。对于语言能力不合格的教师,分类分层进行培训。我们在与疏附县的教师座谈时了解到,该县的教师总数为3 000多人,原来真正能用普通话教学的不到 200 人,经过近几年的教育培训,情况有了相当的改观。2018 年 7 月,广州大学派出教师到疏附县开始了第一期为期五个月的教师普通话培训工作,参加培训的有 204 名教师,培训教师根据 MSK3 级水平要求编制了试卷,测试表明能达标的仅有 16 人,口语合格的仅有 63 人。这种情况表明,在进行语言服务培训时需要进行分层分类的教学,加强质量管理。事实上,这次在疏附县教师培训中心也正是这样做的。对于后者,我们在问卷星调查中也设计了相关的问题,在"您希望普通话培训哪些内容"中,最希望学的内容排在前三的是:"日常交际用语",占 34.6%;"国家政策",占 27.1%;"专业技术用语",占 17.3%。上述诸多现象表明,我们有必要以更加积极稳健的措施,因时

---

① 2014 年 5 月 28 日习近平总书记在第二次中央新疆工作座谈会上的重要讲话。

因地做好相应的服务质量管理。

(四) 要注意意识形态的掌控

在相当程度上，一些现象（或状况）在表面上看来是服务的质量问题，但从新疆的实际情况看，有些时候这背后不可避免地涉及意识形态管理权、话语权、主动权的问题，这时候不能太书生气。以翻译服务为例，把"认同"翻译成"认识和了解"，把"早晨"翻译成"第一次做礼拜的时间"，把"学校"翻译成"讲经的地方"，把"积极引导宗教与社会主义社会相适应"翻译成"宗教与社会主义社会互相适应"，把汉语考试说成外语考试等。从表面上看，这些是孤例，似乎是翻译质量问题；但如果系统来看，这种翻译上的"误差"可能就隐含着意识形态上的斗争。如果我们在这方面失去了掌控，日积月累，那么国家的文化安全、政治安全和政权安全就会有隐患。新疆维吾尔自治区在中央第二次新疆工作座谈会后进一步加强新闻媒体出版的审读力量，包括正在组织力量编写新的维汉大辞典、加强教学秩序的管理等，都是必须做好的基础性工作，只有这样，国家的边疆稳定和长治久安的目标才能实现。

粤港澳大湾区规划发展中的语言服务问题分析

一、引言

2019 年 2 月 18 日，中共中央、国务院印发了《粤港澳大湾区发展规划纲要》（简称《规划纲要》），这是习近平总书记亲自谋划、亲自部署、亲自推动的国家重大战略，《规划纲要》的发布引起了国内外的广泛关注和热烈响应，各地区各部门尤其是粤港澳大湾区所涉的"9＋2"地区（"9"是指珠江三角洲的九个城市：广州市、深圳市、珠海市、佛山市、惠州市、东莞市、中山市、江门市、肇庆市；"2"是指两个特别行政区：香港特别行政区、澳门特别行政区）更是全力响应推动《规划纲要》的落地实施。广东省迅速出台了《贯彻落实〈粤港澳大湾区发展规划纲要〉的实施意见》《广东省推进粤港澳大湾区建设三年行动计划（2018—2020年)》等一系列配套文件；香港各界热烈欢迎并表示大湾区建设是国家发展蓝图中的重大战略部署，是新时代丰富"一国两制"实践的重要举措，将为香港发展开拓新空间，香港有望借大湾区建设的东风，开拓发展新局面①；澳门特别行政区行政长官崔世安则在香港举行的粤港澳大湾区发展规划纲要宣讲会上表示，在参与大湾区建设过程中，澳门特别行政区将继续坚持务实进取的态度，发挥先行先试的作用，促进湾区的共同发展。②

《规划纲要》分为十一章，分别介绍规划背景、总体要求、空间布局、建设国际科技创新中心、加快基础设施互联互通、构建具有国际竞争力的现代产业体系、推进生态文明建设、建设宜居宜业宜游的优质生活圈、紧密合作共同参与"一带一路"建设、共建粤港澳合作发展平台以及规划实施。从《规划纲要》的章节表述来看，并没有在哪一个章节专门就大湾区的语言服务问题进行专门的部署，但是鉴于粤港澳地区语言生态本身的多样性特征和语言本身的工具性特征，从语言服务的角度讨论大湾区发展中的语言建设问题非常有必要。

---

① 战艳、邰婕、张雅诗：《香港各界欢迎〈粤港澳大湾区发展规划纲要〉出台》，百家号，https://baijiahao. baidu. com/s？id＝1625902620175418364＆ wfr＝spider ＆ for＝pc，2019 年 2 月 19 日。

② 《崔世安：主动把澳门五年规划等对接大湾区发展纲要》，新浪财经，http：//si-na. com. cn/hy/hyjz//doc-ihrfqzka7796230. shtml，2019 年 2 月 21 日。

《规划纲要》在"指导思想"中要求充分利用好三个优势：一是"一国两制"制度优势，二是港澳独特优势，三是广东改革开放先行先试优势。在"基本原则"中则根据新发展理念提出"创新驱动，改革引领"以"促进各类要素在大湾区便捷流动和优化配置"，"协调发展，统筹兼顾"以"优化区域功能布局，推动区域城乡协调发展，不断增强发展的整体性"，"绿色发展，保护生态"以"推动形成绿色低碳的生产生活方式和城市建设运营模式"，"开放合作，互利共赢"以"打造高水平开放平台，对接高标准贸易投资规则，加快培育国际合作和竞争新优势"，"共享发展，改善民生"以"提高保障和改善民生水平，加大优质公共产品和服务供给"。在这样的指导思想和基本原则的引领下，从粤港澳大湾区之充满活力的世界级城市群、具有全球影响力的国际科技创新中心、"一带一路"建设的重要支撑、内地与港澳深度合作示范区和宜居宜业宜游的优质生活圈五大战略定位，提出在 2022 年和 2035 年分别达到相应的发展目标。从服务于大湾区战略定位及分步发展目标这个角度来说，比较系统地谋划考虑大湾区发展中的语言服务问题也是非常有必要的。

二、空间布局视野中的语言服务

《规划纲要》专列空间布局一章，四大中心城市由于各自功能定位的不同，其所在的语言服务的选择取向可能会有一定的区别。香港要"巩固和提升国际金融、航运、贸易中心和国际航空枢纽地位"，"推动金融、商贸、物流、专业服务等向高端高增值方向发展，大力发展创新及科技事业，培育新兴产业，建设亚太区国际法律及争议解决服务中心，打造更具竞争力的国际大都会"，很显然，英语作为当今世界通行程度最高的国际语言，其在香港地区所担负起的服务功能必定在相当长的一段时期内持续保持，从而保证香港"更具竞争力的国际大都会"的目标得以实现；澳门作为"中国与葡语国家商贸合作服务平台"，很显然，在澳门地区相对足够的葡萄牙语服务可能需要有更加精细的规划，使得澳门更好地成为"葡语国家食品集散中心"和"世界旅游休闲中心"；广州的定位是"充分发挥国家中心城市和综合性门户城市引领作用，全面增强国际商贸中心、综合交通枢纽功能，培育提升科技教育文化中心功能，着力建设国际大都市"，从语言服务这个角度看，除了继续依法推进国家通用语言文字的使用外，如果要达到"增强国际商贸中心、综合交通枢纽功能""着力建设国际大都市"这样的定位目的，很显然，其城市的多语服务尤其是英语服务的能力和水平可能还需要进一步提升；深圳要发挥作为"全国性经济中心城市和国家创新型城市的引领作用，加快建成现代化国际化城市，努力成为具有世界影响力的创新创意之都"，在某种意义上，其在语言服务选择取向上可能与广州有所不同，由于其要"努力成为具有世界影响力的创新创意之都"，在这个进程中恐怕对使用国家通用语言文字服务于创新创意方面负有更多的使命。

当然，随着大湾区建设和整个国家建设社会主义现代化强国的不断推进，四大中心城市在一些具体的语言服务项目上的组合选择以及优选迭代方面可能会有变动演化。以"有序推进金融市场互联互通"为例，《规划纲要》提出"在依法合规前提下，有序推动大湾区内基金、保险等金融产品跨境交易，不断丰富投资产品类别和投资渠道，建立资金和产品互通机制。支持香港机构投资者按规定在大湾区募集人民币资金投资香港资本市场，参与投资境内私募股权投资基金和创业投资基金。支持香港开发更多离岸人民币、大宗商品及其他风险管理工具"，随着人民币作为国际货币不断走强，国家通用语言文字在相关地区及领域的表现是否会更加"抢眼"？这需要我们加强观察和研究，相应地，大湾区里的"沪港通""深港通"和"债券通"要不断完善，以香港、澳门两地的货币为例，香港从1993年起，汇丰银行和渣打银行发行的新版钞票将带有殖民地色彩的图案换为狮头和紫荆花图案，体现了一种国家主权在香港这块领土上的回归，现在港币上面的汉字使用的是繁体汉字，澳门币从1995年决定由中国银行澳门分行与澳门大西洋银行共同发钞，相关币面上使用的也是繁体汉字，随着大湾区金融市场互联互通的持续发展，其在语言服务层面上会呈现出一种什么样的状态？我们同样也要注意观察并加强研究。

三、科技创新和现代产业体系发展中的语言服务

《规划纲要》提出要"推进'广州—深圳—香港—澳门'科技创新走廊建设，探索有利于人才、资本、信息、技术等创新要素跨境流动和区域融通的政策举措，共建粤港澳大湾区大数据中心和国际化创新平台"，这里面涉及人才、信息等创新要素的跨境流动和区域融通，包括为港澳青年创新创业提供更多的机遇和更好的条件，相应的政策举措与条件应该包括多元的语言服务意识和便利的语言服务政策。有的时候，我们更多的是提出国家通用语言文字方面的语言服务需求，例如"支持粤港澳有关机构积极参与国家科技计划（专项、基金等），加强应用基础研究，拓展实施国家重大科技项目"；有的时候，我们可能更侧重于作出倚重英语及多语指向的语言服务的选择，例如"鼓励粤港澳企业和科研机构参与国际科技创

新合作，共同举办科技创新活动，支持企业到海外设立研发机构和创新孵化基地"；有的时候，我们可能要同时做好基于当下条件、营造多语指向的语言服务，同时也要做好中国语言文字走出去的语言服务规划安排，例如"创新机制、完善环境，将粤港澳大湾区建设成为具有国际竞争力的科技成果转化基地。支持粤港澳在创业孵化、科技金融、成果转化、国际技术转让、科技服务业等领域开展深度合作，共建国家级科技成果孵化基地和粤港澳青年创业就业基地等成果转化平台"，从近期看，更多的可能是包括英语在内的多语服务；从长远看，既然要将大湾区建设成为具有国际竞争力的科技成果转化基地，就必须在相应的科技成果表述话语体系中牢牢烙上中国语言文字的标记，相关的调查结果也大体能证明这一点，这是一个基础，能否保持发展取决于国家及大湾区发展质量规模的影响能级。但从近期看，多语服务的提供还需要保持一段时间，而且需要加强。根据王海兰等对大湾区 2017 年度总部设在大湾区各市的 99 家世界 500 强企业、亚洲 500 强企业和中国 500 强企业的语言服务状况调查，电话服务只提供普通话一种语言的企业有 32 家，占总数的 32.3%；提供两种语言的企业 7 家，占总数的 7.1%，其中提供普通话和英语两种语言的企业 4 家，占总数的 4.0%，提供普通话和粤语的企业 3 家，占总数的 3.0%；提供普通话、粤语和英语的企业 7 家，占总数的 7.1%；提供普通话、英语、日语和韩语四种语言的企业 2 家，占总数的 2.0%。受调查企业中，目前绝大多数企业的电话服务只提供普通话一种语言，提供两种及以上语言服务的约为 33%，企业电话的双语或多语服务有待加强。[①]

上述近期和远期两个不同阶段的语言服务策略的选择，尤其要在进行现代产业体系建设的过程中予以充分注意，必须提前做好语言服务。《规划纲要》提出要构建具有国际竞争力的现代产业体系，要"加快发展先进制造业和现代服务业，瞄准国际先进标准提高产业发展水平，促进产业优势互补、紧密协作、联动发展，培育若干世界级产业集群"，既然目标是世界级产业集群，那么就得有培育世界级产业语言服务的目光，这种目光要远近结合。例如在培育壮大战略性新兴产业方面，一项重要内容就是"推动新一代信息技术、生物技术、高端装备制造、新材料等发展壮大为新支柱产业，在新型显示、新一代通信技术、5G 和移动互联网、蛋白类等生物医药、高端医学诊疗设备、基因检测、现代中药、智能机器人、3D 打印、北斗卫星应用等重点领域培育一批重大产业项目"，这里面很多都将

---

① 王海兰、胡嘉仪、赵一忆：《企业电话服务调查》，屈哨兵主编：《中国语言服务发展报告（2018）》，北京：商务印书馆，2019 年。

是中国自力更生掌握关键技术解决"卡脖子"问题的科技创新，从近期看，确实离不开使用当下国际通用语言为产业发展服务，但从长远看，我们一定要为中国新兴产业走向世界舞台中央及时做好基于中文的语言服务安排。《规划纲要》中提出"支持装备制造、汽车、石化、家用电器、电子信息等优势产业做强做精，推动制造业从加工生产环节向研发、设计、品牌、营销、再制造等环节延伸"，同样涉及语言服务的近期取舍与远期铺垫问题。

四、加快基础设施互联互通中的语言服务

从语言服务的角度看，基础设施互联互通对此提出的要求最为明显，也比较容易达成共识，在相当程度上，这个方面能很充分地体现"一事三地""一策三地""一规三地"的创新追求。加快基础设施互联互通的目标是加强基础设施建设，畅通对外联系通道，提升内部联通水平，推动形成布局合理、功能完善、衔接顺畅、运作高效的基础设施网络，为粤港澳大湾区经济社会发展提供有力支撑。在《规划纲要》中，这方面包含提升珠三角港口群国际竞争力、建设世界级机场群、畅通对外综合运输通道、构筑大湾区快速交通网络、提升客货运输服务水平等不同的互联互通的内容。这方面体现得最充分的就是构建现代化的综合交通运输体系的语言服务，其在事、策、规三方面的谋划推动是需要创新的，要注意做好新旧内外的衔接，即从新建扩展、对内（湾区内）和对外（湾区外）等不同角度加以分析与应对。以在大湾区建设世界级机场群为例，就一定要注意彼此之间语言服务设施的一致性问题，既然要面向世界，首先就是机场服务设施国际化水平如何向标杆看齐的问题，如果说得更直接一点，这些机场中，应该以香港机场的语言服务作为一种重要参照，因为《规划纲要》中对香港机场的表述是"巩固提升香港国际航空枢纽地位"，对广州、深圳机场的表述是"提升广州和深圳机场国际枢纽竞争力"，少了"巩固"二字，至于与之相关的香港机场第三跑道建设、澳门机场改扩建，以及广州、深圳等机场改扩建，其语言服务方面的追求有相对统一明确的规划是十分自然的事情。再以畅通对外综合运输通道为例，《规划纲要》提出"完善大湾区经粤东西北至周边省区的综合运输通道"，"有序推进沈海高速（G15）和京港澳高速（G4）等国家高速公路交通繁忙路段扩容改造"，其应该采取的语言服务措施的一致性要求可能有所不同，还有"连接泛珠三角区域和东盟国家的陆路国际大通道"需要什么样的语言服务，如何保障内外协调一致也是需要加以注意的。这种一致联通通常要落实到具体的

服务细节当中，这些细节实际上也是牵一发而动全身的，应该成为"一事三地""一策三地""一规三地"的具体体现，例如《规划纲要》提出推进大湾区城际客运公交化运营，推广"一票式"联程和"一卡通"服务，构建现代货运物流体系，加快发展铁水、公铁、空铁、江河海联运和"一单制"联运服务。这湾区内的一票、一卡、一单的联程联通联运一定要有语言服务的支持。创新通关模式，更好地发挥广深港高速铁路、港珠澳大桥的作用，同样也需要在语言服务方面作出妥善周全的规划安排，有的时候也应该允许有微调的空间。

很多时候，现代高科技可以为我们更好地实现语言服务提供强大支持，以港珠澳大桥车辆通行为例，在港珠澳大桥通行的车辆不仅有统一格式车牌的中国内地车，还有车牌格式多样的中国香港和中国澳门地区的车辆，内地和香港实行不同的过路收费模式。港珠澳大桥收费系统采用开放的收费制式，采用电子不停车收费（ETC）与人工半自动收费（MEC）相结合的收费方式。考虑到港珠澳大桥的收费应用环境，方便中国大陆和香港、澳门已有ETC用户的使用，港珠澳大桥交通工程项目部开发了兼容中国大陆和香港、澳门ETC收费等方面内容的软件，前期模拟测试累计1110次，车牌平均识别率从不到30%提高到96.7%，平均识别时间从0.5秒缩短到0.3秒。[①] 人工半自动收费可能涉及三地驾驶者与大桥管理者之间更多的面对面的语言服务，但如果采用电子不停车收费（ETC），则可能大大提高通行效率，彼此之间可能存在的语言服务的障碍在这个细节上则消弭于无形。当然，相关软件设计中语言服务技术的内嵌是十分自然的，这里面涉及相应的语言产业方面的支持，这同样也是语言服务研究关注的范围。随后公布的《港珠澳大桥通行指南》也对此作出了明确的指引。

至于基础设施互联互通的其他几个板块，例如信息基础设施、能源安全保障体系、水资源安全保障等在具体实施过程中都会涉及语言服务问题，但与交通运输体系比较，其迫切性没有那么强，显著程度也没有那么高，这里不一一论列。

五、优质生活圈中的语言服务

这方面的语言服务的选择也会因事因时因地不同而有不同选择。"建设宜居宜业宜游的优质生活圈"共有六节，依次为打造教育和人才高地、

---

① 《顶尖技术收费系统正式上线测试：港珠澳大桥装上"超级大脑"》，金羊网，http://ep.ycwb.com/epaper/myjj/html/2018−01/06/content_3144.htm#article，2018年1月6日。

共建人文湾区、构筑休闲湾区、拓展就业创业空间、塑造健康湾区、促进社会保障和社会治理合作。每一节中的具体项目实施过程都离不开语言服务，由于项目性质的不同，语言服务内容方式的选择是大可讲究的。以"打造教育和人才高地"一节为例，里面提到"支持粤港澳高校合作办学""支持大湾区建设国际教育示范区"，那么粤港澳高校教学语言的选择是否与内地一般高校在某些方面有所不同？又如"研究赋予在珠三角九市工作生活并符合条件的港澳居民子女与内地居民同等接受义务教育和高中阶段教育的权利"，这个研究赋予的范围对于珠三角九市中小学的港澳居民子女是否应该有相应的语言服务的支撑？至于里面直接提到的"支持澳门建设中葡双语人才培训基地"，则更是直接和特定语言服务相关。这一节中同时还提到加强基础教育交流合作，鼓励粤港澳三地中小学校结为"姊妹学校"，在广东建设港澳子弟学校或设立港澳儿童班并提供寄宿服务，研究探索三地幼儿园缔结"姊妹园"等，此中无不时时处处涉及教学语言、校园语言、生活语言、三地交流语言的选择引导问题。建设人才高地，在开展外籍创新人才创办科技型企业享受国民待遇试点、畅通人才申请永久居留的市场化渠道、为外籍高层次人才在华工作生活提供更多便利等方面同样存在着营造相应的语言环境、提供相应的语言服务的问题。

再以共建人文湾区为例，此节中提出"推进大湾区新闻出版广播影视产业发展"，"支持新建香港故宫文化博物馆、西九文化区戏曲中心等重点文化项目，增强香港中西合璧的城市文化魅力"，"支持香港通过国际影视展、香港书展和设计营商周等具有国际影响力的活动"，"建设中国与葡语国家文化交流中心"，"鼓励香港发挥中西方文化交流平台作用，弘扬中华优秀传统文化"，林林总总，没有哪个方面不需要语言服务。至于具体的语言选择，语言服务位序的规划在不同的项目场景中会有不同的表现，我们在语言服务政策上应该提前做好相应的规划，这应该是题中应有之义。构筑休闲湾区中提出"丰富粤港澳旅游精品路线，开发高铁'一程多站'旅游产品，建设粤港澳大湾区世界级旅游目的地"，此中语言服务的支撑是必不可少的。"加快'海洋—海岛—海岸'旅游立体开发，完善滨海旅游基础设施与公共服务体系"，这里的基础设施与公共服务体系肯定离不开语言服务。这种语言服务的需求在各节的具体项目中比比皆是，例如塑造健康湾区中提出"深化中医药领域合作……与内地科研机构共同建立国际认可的中医药产品质量标准，推进中医药标准化、国际化。支持粤澳合作中医药科技产业园开展中医药产品海外注册公共服务平台建设"，就必须考虑相应的语言服务标准规范的建立。目前我们在这方面还缺少全面的基于语言服务立场的梳理和规划。

根据王海兰等的相关调查，以 2017 年度为例，粤港澳大湾区有 328 场会展，其中 218 场会展有能成功打开的网站，218 家官网全部提供了中文服务。英语则是粤港澳大湾区会展官网使用的第二大语言，共有 146 家会展官网提供了英语页面，占总数的 67.0%。其他外语中，使用数量依次为日语、俄语，法语、韩语、西班牙语、意大利语、葡萄牙语、德语、阿拉伯语、波兰语、印地语等。广州、深圳会展的多语服务意识比较强，广州举办的广州进出口商品交易会和铝门窗幕墙新产品博览会的官网提供了 12 种语言和 13 种文字，深圳举办的中国国际社会公共安全博览会的官网提供了 13 种语言和 14 种文字，展现了多语服务的一种追求。① 至于不同语种在大湾区各个城市今后的会展语言选择，尤其是香港作为中西方文化交流平台，国际影视展、香港书展和设计营商周在语言服务上应该有哪些进一步的完善推展，似乎目前我们还了解考虑得不是十分充分。

《规划纲要》有一章是"共建粤港澳合作发展平台"，共有三项内容：一是优化提升深圳前海深港现代服务业合作区功能，二是打造广州南沙粤港澳全面合作示范区，三是推进珠海横琴粤港澳深度合作示范。这三项内容在进一步深化改革、扩大开放、促进合作中的试验示范作用，拓展港澳发展空间，推动公共服务合作共享，引领带动粤港澳全面合作方面具有重要的作用。上文提出的关于大湾区语言服务的种种谋划推演与落地实践，在这三个合作示范区中相当一部分都应该更加真实全面地反映，这或者可以为我们更加深入科学地进行大湾区的语言服务实践提供重要的示范平台。

六、余论

大湾区背景下的语言服务是当下我国语言规划中一个新的课题，关于这种"一国两制"背景下的语言服务应该如何规划，此前的一些相关研究有一定的借鉴意义。例如中国社科院民族所课题组等②曾经从国家利益与国语及官方语言问题、国家主体民族语言的规划与传播、国家双语政策、国家多语政策、国家"统一多样"的语言政策等方面对相关语言政策进行过较为系统的国别研究，李宇明③在其论著中也对香港"两文三语"现象

---

① 王海兰、刘灵锋、揭晨：《会展官方网站的语言文字使用》，屈哨兵主编：《中国语言服务发展报告（2018）》，北京：商务印书馆，2019 年。

② 中国社科院民族所课题组等编：《国家、民族与语言：语言政策国别研究》，北京：语文出版社，2003 年。

③ 李宇明：《中国语言规划论》，上海：华东师范大学出版社，2006 年。

发表过相关看法，国家语言文字工作委员会①对世界上一些地区语言生活状况的分析也有点类似，相关出版机构翻译出版的"语言规划经典译丛""语言资源与语言规划丛书"也可以从不同的角度为我们进行大湾区背景下的语言服务研究提供参考。但鉴于在"一国两制"背景下大湾区语言生态环境的特殊性，语言规划服务政策稍有不慎就会引起社会的广泛关注，参见屈哨兵②。因此，如何做好大湾区发展建设过程中的语言服务工作是一件十分重要且政策性很强的工作，需要我们加强研究。

　　粤港澳大湾区语言服务政策的制定与实施最重要的原则是坚守"一国"之本，用好"两制"之利，最大限度地实现"中央要求""湾区所向""三地所长"的有机统一，语言服务同样也应该有"一事三地""一策三地""一规三地"的创新追求。语言服务具有共同的法治基础，但由于空间布局的不同，彼此之间的服务侧重点也应该有所不同，要正视大湾区文化多元、语言生态多样的现有格局，营造多语多方言的语言使用和语言服务环境不仅仅是一种权宜之计。在具体项目上，由于新旧内外的不同，在实际实施过程中，朝着一致性方向发展的同时也应该允许有微调的空间。

　　语言服务的选择可能也会因事因时因地的不同而有不同的选择，我们对整个大湾区语言服务需求的整体梳理和规划还有大量的工作要做。要加强粤港澳三地语言服务基本走向的观察研究，随着大湾区发展建设的推进，一些具体项目的语言服务多语选择的优先序列或者应用范围可能会发生变化，这也需要我们理性对待。由于具体领域和具体项目的不同，语言服务既有分众化、多向性的选择，也有一体化、协调性的选择，在大湾区建设过程中要因时因地因事作出不同的应对，即使是针对同一发展任务，在面对国际和国内两个大局的不同阶段，语言服务是选择国家通用语言文字优先还是给予多语服务更多一些空间，要根据具体情况具体分析。同样，不同的区域在面对国际和国内两个大局时，语言服务的策略选择也可能会有所区别，如何充分发挥这四大中心城市的核心引擎作用，深化港深、澳珠合作，加快广佛同城化建设，在语言服务规划实施中有许多问题需要我们进一步观察思考并提出相应的对策建议。

---

　　①　国家语言文字工作委员会组编：《世界语言生活状况报告（2018）》，北京：商务印书馆，2018 年。

　　②　屈哨兵：《广州"撑粤语"事件引发的思考》，《云南师范大学学报》（哲学社会科学版）2011 年第 1 期。

参考文献

［1］国家语言文字工作委员会组编：《世界语言生活状况报告（2018）》，北京：商务印书馆，2018 年。

［2］李宇明：《中国语言规划论》，上海：华东师范大学出版社，2006 年。

［3］屈哨兵：《广州"撑粤语"事件引发的思考》，《云南师范大学学报》（哲学社会科学版）2011 年第 1 期。

［4］王海兰、胡嘉仪、赵一忆：《企业电话服务调查》，屈哨兵主编：《中国语言服务发展报告（2018）》，北京：商务印书馆，2019 年。

［5］王海兰、刘灵锋、揭晨：《会展官方网站的语言文字使用》，屈哨兵主编：《中国语言服务发展报告（2018）》，北京：商务印书馆，2019 年。

［6］中国社科院民族所课题组等编：《国家、民族与语言：语言政策国别研究》，北京：语文出版社，2003 年。

粤港澳大湾区发展和语言服务[*]

《粤港澳大湾区发展规划纲要》（下称《规划纲要》）出台后，除了围绕规划进行的大湾区相关区域建设稳步推进外，围绕大湾区的研究在众多领域也引发了广泛的学术响应，我们不难判断，随着大湾区建设的进一步推进，与之相关的各领域的研究讨论也将会朝着助力大湾区更好发展的方向建言献策，不管是空间布局、建设国际科技创新中心、加快基础设施互联互通、构建具有国际竞争力的现代产业体系方面，还是建设宜居宜业宜游的优质生活圈、紧密合作共同参与"一带一路"建设、共建粤港澳合作发展平台方面，都会有大量的问题需要作出及时的学术观察和实践解释，其中有些问题和语言有关，本文仅从语言服务的角度对大湾区建设可能涉及的相关问题进行观察分析。

何谓语言服务，我们通常将其定义为国家或者其他团体与个人以语言文字作为资源手段为社会团体各种单元及个体提供帮助与支持的各种活动。[①] 根据大湾区发展推进的实际，我们大体上从三个角度来看和语言服务有关的几个问题，分别是语言生态、语言教育、语言科技。

一、语言生态

20 世纪 70 年代，美国斯坦福大学的豪斯提出了语言生态的概念，他的研究探讨了语言和社会、文化、地理、种族等环境因素的相互依存关系。近年来，我国学界对语言生态的研究成果逐渐增多，涉及的研究内容包括语言多样性、语言权利和语言的保存等问题，有的研究基于对现实语言生活的观察，对语言生态的属性作出了比较深刻的解释。[②] 大湾区包括珠江三角洲的九个市和香港、澳门，从语言服务的角度看，大湾区的语言生态大体上有如下两个问题值得关注：

（一）中文和英文、葡文之间的生态关系

从官方语言或者法定语言的角度看，就大湾区九市而言，自然是国家

＊　本文原载于《云南师范大学学报》（哲学社会科学版）2019 年第 6 期。
①　屈哨兵：《我国语言活力和语言服务的观察与思考》，《学术研究》2018 年第 3 期。
②　张先亮、杨依希：《试论"语言生态"的属性特征》，《语言文字应用》2017 年第 4 期。

通用语言——普通话，在香港则是中文和英文，在澳门则是中文和葡文，关于这几种语言的法律地位在两个特区的基本法中都各有体现，通常情况下，这里的中文包括普通话和粤方言（有时又称为粤语）两项内容，所以我们一般在谈论香港的相关语文政策时就会有"两文三语"的说法，在澳门也是"两文三语"。当然，在实际情况中，不管是香港还是澳门都还有其他语言或者方言使用。在这里我们可以看到，国家在关于香港、澳门特别行政区的基本法中对于法定语言的表述方式是很有讲究的，使用的分别是"中文""英文""葡文"。从法理精神上看，国家宪法与港澳基本法关于语言的选择使用和价值取向是一致的，但从具体的语言使用的导向原则上讲，彼此之间还是有差异的，宪法提出"国家推广全国通用的普通话"，港澳两地的基本法提出的则是行政机关、立法机关和司法机关"使用中文"，很显然只是针对文本的一种使用表述，至于其他语言生活中的语言使用如何选择，基本法中并没有作出明确规定。关于英文与葡文，基本法中的相关表述是"还可使用"这样的描述，从某种意义上讲，也可以看成对两地法定语言的一种"生态"规范。《规划纲要》中对澳门有多处可能影响到葡文生态的表述，包括"（建设）中国与葡语国家商贸合作服务平台""支持澳门打造中国—葡语国家金融服务平台""支持澳门加快建设葡语国家食品集散中心""支持澳门建设中葡双语人才培训基地""建设中国与葡语国家文化交流中心""支持澳门建设中国与葡语国家青年创新创业交流中心""探索建设粤澳合作葡语国家产业园"等，可以看出葡语在今后大湾区发展中的生态地位可能会进一步强化与提升，这意味着相应的葡语语言服务的范围会进一步扩展。至于香港，在大湾区发展规划纲要中并没有特别强调英文的生态地位，我们的理解是并非其不被重视，而是因为其可能有种不证自明的预设。这个从对香港发展定位的相关表述中可以看出来。"巩固和提升国际金融、航运、贸易中心和国际航空枢纽地位"和"打造更具竞争力的国际大都会"，当然离不开对当今"超级语言"英语的选择使用。我们有理由相信，在今后相当长的一个时期内，英语在香港地区的生态地位在语言生活的各个层面不会受到影响。值得注意的是，随着大湾区建设的推进，中文尤其是国家通用语言文字，在香港、澳门地区使用上的生态表现需要什么样的服务指引，应该引起我们的持续关注。有观察研究指出，在香港、澳门回归祖国之后，国家通用语言文字尤其是普通话的使用呈现出一种发展的态势，目前随着大湾区建设的开局和进一步发展，国家通用语言文字应该考虑在"中文＋英文""中文＋葡文"的框架中，"中文"一端如何延展出一些新的语言生活空间。大湾区本身就是影响几种语言生态地位最直接的因素，这里的因素既有地理上的彼此融入，也有使用人口族群的彼此汇通，当然也有面对国际和国内两个大局所产生的种种语言需求，这些都需要我们做好语言服务的谋划。

（二）国家通用语言和粤方言、客家方言之间的生态关系

现在的情形是，珠三角九市中，普通话作为教学语言、传媒语言以及政府工作语言的程度虽然有地区场合上的差异，整体通用程度已经很高，但在香港、澳门地区却还远没有达到通用的程度。粤方言在珠三角九市和香港、澳门日常语言生活中的通用程度占据相当高的比例，在地方传媒语言中也占有较大的比重，尤以香港地区的表现最为活跃。珠三角地区的各市传媒都有各种粤方言节目，这些节目是地区语言生活中不可缺少的角色。客家方言在珠三角主要分布在惠州部分区域，广州、深圳、澳门也有部分人口使用，但整体来说相对较少。湾区内还有其他一些少数民族语言或者方言。从大的语言生态构成而言，基本情况是国家通用语言和粤方言各安其位，客家方言及其他少数民族语言和方言的使用范围相对较小。从大湾区规划建设五大定位上看，如果要达到"社会文明程度达到新高度，文化软实力显著增强，中华文化影响更加广泛深入，多元文化进一步交流融合"这样的发展目标，我们认为国家通用语言的适用范围应当继续推广巩固，粤方言与客家方言及其他汉语方言或者少数民族语言的使用也都应该按照各安其位的原则允其存在。《规划纲要》中提出的"多元文化进一步交流融合"指东西方文化之外，也应该包括大湾区内各种中华文化要素的存续。当然，要做到文化影响方面更加广泛深入，在语言服务的生态构建上要立足于何者更有活力、何者更能影响全球、何者更能支撑"一带一路"、何者更能促进内地与港澳的深度合作这些定位要求来做好我们的布局。

二、语言教育

（一）关于教学语言的选择

语言教育可以从产业或者免费等不同的方面进行描述[1]，从国家的语言教育角度看粤港澳大湾区的语言服务，有一个问题值得我们探讨，那就是大湾区内各类教育机构教学语言的选择使用问题。关于教学语言，《中华人民共和国教育法》第十二条规定"国家通用语言文字为学校及其他教育机构的基本教育教学语言文字，学校及其他教育机构应当使用国家通用

---

[1]　屈哨兵主编：《语言服务引论》，北京：商务印书馆，2016年。

语言文字进行教育教学"。从目前情况来看，大湾区之珠三角地区按照国家教育法的要求使用国家通用语言文字进行教育教学已经实现，但是在大湾区之香港、澳门的情况却有所不同，国家通用语言并没有成为基本的教育教学语言，在这两个特区各自的基本法中都能找到根据。《香港特别行政区基本法》第一百三十六条规定："香港特别行政区政府在原有教育制度的基础上，自行制定有关教育的发展和改进的政策，包括教育体制和管理、教学语言、经费分配、考试制度、学位制度和承认学历等政策。"《澳门特别行政区基本法》第一百二十一条则规定："澳门特别行政区政府自行制定教育政策，包括教育体制和管理、教学语言、经费分配、考试制度、承认学历和学位等政策，推动教育的发展。"也就是说，香港、澳门特别行政区政府都拥有规定和选择教学语言的权力。从两地教育机构实际情况看，也确实与珠三角其他区域存在显著不同，随着大湾区的建设发展，这方面出现的一些新的情况需要面对。

（二）大学与中学语言教育服务的困惑与应对

以大学为例，香港地区大学的基本教学语言一般都是英语，在某种意义上，选择英语教学是香港地区多所大学招收全球各地的学生与教师保障教学与研究质量的前提，相关成果的发表也是以英语为主，在世界大学几个重要的学术排名中也得到了相应的印证，澳门地区的大学也以英文作为主要教学语言。这种教学语言的选择在香港、澳门的高等学校中似乎已经是"顺理成章"，但一旦与内地发生关联，有的时候就面临着一种选择问题，《规划纲要》第八章第一节"打造教育和人才高地"首提的就是"推动教育合作发展。支持粤港澳高校合作办学，鼓励联合共建优势学科、实验室和研究中心"。目前与香港合作办学的法律依据是《中外合作办学条例》，条例的相关要求是应当以普通话和规范汉字为基本教学语言文字。目前陆续将在珠三角落户合作办学的有香港科技大学（广州）、香港大学医学院（广州）等，此前已经合作开办的有香港中文大学（深圳）、香港浸会大学（珠海）等，根据我们的了解，不论是在签订协议、制定学校章程，还是在具体的教育教学实践中，都碰到了这方面的选择难题。相应的语言服务应该如何进一步完善值得我们进行研究并作出明确应对，这样既有利于打造教育与人才高地，又不悖于相关的法律法规，保障国家发展文化软实力不断增强。

从中小学的情况来看，大湾区内中小学的教学语言还很难做到同步划一。这里面的差异主要是香港与澳门对中小学教学语言的选择，根据区域的差异和不同学校的实际，各自还有所不同。以香港为例，回归之后有一段时间计划在中小学大力推广中文作为教学语言，特区政府出台资助政策，针对中小学普通话课联合内地高校进行过较大规模的教师培训，也有一定的效果，但是基于市场竞争等各种因素的影响，中文作为教学语言或者更明确地将普通话作为教学语言（以普教中）可能还有很长的一段路要走。《规划纲要》中没有明确提出大湾区内中小学语言教育的指导性意见或者规定，但是有几段相关的表述值得我们关注。例如"加强基础教育交流合作，鼓励粤港澳三地中小学校结为'姊妹学校'，在广东建设港澳子弟学校或设立港澳儿童班并提供寄宿服务""姊妹学校、寄宿服务、随迁子女就学和在流入地参加高考、研学旅游""研究在横琴设立澳门子弟学校"等，这些政策措施的实施背后实际上都离不开教学语言以及交流和考试语言的选择。如果我们在这些方面做好引导安排，就是一种语言服务。从某种意义上讲，活动的切口比较小并不意味着效果差。比如粤港姊妹学校，自从这个活动开展以来，粤港两地先后有 721 对姊妹学校彼此缔结协议，并且在教学研究、课程研究、学校管理、师生互访等方面开展了丰富多彩的活动，效果比较好。① 尤其是师生互访这个非常重要的平台，充分依靠国家新时代发展的宏大背景和交流空间开展学校之间的多方位交流互动。我们有理由相信，像"姊妹学校""姊妹幼儿园"这样的活动坚持下去并逐渐扩展开来，可能会在语言教育上发挥意想不到的作用。

（三）其他的语言教育学得服务

除了大湾区内各类教育机构教学语言的选择使用问题之外，另一个问题是相关语言及方言的教育学得服务。大湾区规划建设的指导思想包括进一步建立粤港澳互利共赢的区域合作关系，建设富有活力和国际竞争力的一流湾区和世界级城市群这样的内容。要建立互利共赢的区域合作，也要对这个区域内人们在生活中的语言权利有所主张，这种主张不只是涉及大湾区本身存在的方言，还有可能涉及对来自全国各地的人们所使用的语言或者方言的关注，并在一定程度上提供教育学得上的政策指引。要建设富有活力和国际竞争力的一流湾区和世界级城市群，一定会涉及不同国家不同语种的服务需求。《规划纲要》中提出"支持澳门建设中葡双语人才培训基地"，正是体现了这样的语言学得上的引导，这自然需要相应的语言服务方面的支撑。

---

① 孙唯：《粤港再添 47 对姊妹学校！看看有没有你的学校》，《羊城晚报》，2018 年 12 月 5 日。

三、语言科技

语言科技是否有可能成为粤港澳大湾区语言服务的一个发展极，需要我们认真加以审视谋划。李葆嘉等就语言科技有过专门的讨论①，这里的语言科技侧重指语言技术，即自然语言处理技术。何谓自然语言处理技术，国内相关学术机构对此作出的相关说明是：包括书面语言文本处理和语音及口语处理两大技术范围，是当前最重要的智能信息处理技术，联结着各类信息媒体技术（多媒体技术）和知识处理技术，为未来基于数字网络信息的知识服务奠定着重要的技术基础。② 从语言发展的大历史来看，语言的发展一直是在语言技术的推进下发展的，语言交际更加依赖于语言技术，个人语言生活需要一定的语言技术设备，社会语言生活更是需要现代化的语言技术和语言装备的支撑。③

大湾区总面积为 5.6 万平方千米，2017 年末总人口约 7 000 万人。2018 年，大湾区 GDP 达到 11 万亿元，同比增长 7%，以不足全国 5% 的人口创造了 13% 的经济总量，自由港、特别行政区、经济特区、自由贸易试验区的制度叠加效应，为贸易和产业合作提供了巨大的选择空间，"一国两制三关税区"使得湾区政策制定以多方协商推进。大湾区的战略定位之一是"内地与港澳深度合作示范区"。《规划纲要》对这一方面提出的具体实现路径是"依托粤港澳良好合作基础，充分发挥深圳前海、广州南沙、珠海横琴等重大合作平台作用，探索协调协同发展新模式，深化珠三角九市与港澳全面务实合作"，要达到的功能性目的是"促进人员、物资、资金、信息便捷有序流动，为粤港澳发展提供新动能"。我们认为，要达到这样的目的，大湾区建设有必要重视语言科技，以更加务实的行动为内地与港澳更紧密的合作提供示范。

（一）建设国际科技创新中心离不开语言科技

大湾区目前的区域集群创新能力全球排名第二④，拥有全球顶尖 100 所大学中的 4 所，拥有超过 3 000 家创投机构。2018 年，广东省新一代人工智能发展规划发布，语言科技发挥的作用不容小觑。目前的困扰是，不

---

① 李葆嘉：《论语言科学与语言技术的新思维》，《南京师范大学文学院学报》2002 年第 1 期。
② 《语言技术与知识技术》，中国科学技术信息研究所网站，http：//www. istic. ac. cn/html/1/151/156/229. html。
③ 李宇明：《语言学是一个学科群》，《语言战略研究》2018 年第 1 期。
④ 据世界知识产权组织、美国康奈尔大学、英士国际商学院发布的《2017 年全球创新指数》。

管是学界还是业界，对语言科技在这方面发挥了哪些作用，能够在哪些方面做得更好，似乎缺少全面的了解。着眼于未来实现中华民族伟大复兴所必需的深度规划，语言科技正扮演着越来越重要的角色，大有用武之地。例如"AI＋服务"方面的医疗保健、金融、物流、零售和教育等具体领域的响应，"AI＋电子政务"方面的香港、澳门与珠三角九市政务数据互联互通和开放共享等，背后都离不开语言科技。就拿医疗来说，人工智能技术在医疗影像辅助诊断、语音智能问诊、医疗大数据平台等方面的应用已经非常广泛①，这里面的语音智能问诊系统就是一种最直接的语言科技和语言服务。国际上对这方面的应用报道最早出现在 2015 年，使用人机对话进行心理疾病的咨询和治疗取得成功。② 目前这方面的运用已经有了更大的发展。以科大讯飞的智慧医疗为例，我们就可以看出这方面语言科技应用的广度和深度。该公司提供的相关解决方案包括医疗听写 SDK、口腔电子病历、超声助理、云医声、医疗机器人等，这些应用场景在实现过程中都离不开语言科技。例如口腔门诊就可以做到在嘈杂的环境中智能识别医患对话并精准记录，解决口腔门诊临床医生病历多、信息无法及时处理这些问题；超声助理采用语音识别＋自然语言理解的方式，在医生检查过程中进行语音实时识别，自动提取相关信息生成报告。③ 2018 年 6 月，广东省在全国率先制订《广东省促进"互联网＋医疗健康"发展行动计划(2018—2020 年)》，科大讯飞迅速跟进，在广州南沙医院落地，智能识图技术的识别率已达到99％以上，其健康大数据总部选址也已在南沙落户。④当然，大湾区内其他机构借助语言科技的支持，也正在做更多的工作。例如依托中山大学、南方医科大学附属医院及广东省人民医院等，建立人工智能辅助诊疗中心，推行智能语义电子病历系统等，不一而足。我们目前看到的更多的是珠三角或者香港、澳门各自相对独立的语言科技应用，如果在大湾区背景下通过语言科技的手段逐步实现包括智慧医疗在内的服务行业在人工智能支持下的融通，这将会是一件可以大大助力于大湾区成为国际科技创新中心的事情。

　　还有，广东与香港、澳门的政务数据互联互通和开放水平均居全国前列，我们可以预见，随着包括语言科技在内的人工智能的全面介入，必将

---

　　① 陈静：《国内外巨头纷纷布局，人工智能如何引爆医疗行业？》，百家号，https：//baijia-hao. baidu. com/s？id＝1613019621372206670＆wfr＝spider＆for＝pc，2018 年 9 月 30 日。

　　② 严律南：《人工智能在医学领域应用的现状与展望》，《中国普外基础与临床杂志》2018年第 5 期。

　　③ 《智慧医疗解决方案》，科大讯飞，https：//www. xfyun. cn/solutions/medicalSolution。

　　④ 马建忠：《广东互联网＋医疗布局提速后智慧医疗离我们还有多远？》，《南方都市报》，2018 年 7 月 30 日。

大大促进大湾区在规则方面的连通、贯通、融通。但从多语服务这个角度看，珠三角九市政务服务的多语对接还有不小的差距。相较而言，香港特区政府提供的多语服务更全一些，除了简体与繁体中文及英文外，还有其他八种语言的资讯服务。澳门除了简体与繁体中文及英文外，还有葡语。珠三角九市中，广州、深圳、珠海、东莞、中山、惠州、江门、肇庆八个市都能提供简体中文、繁体中文及英文资讯的服务（佛山市有简体、繁体两种），整体的语言服务水平还需要进一步提升。《规划纲要》中提出要创新"互联网＋政务服务"模式，加快清理整合分散、独立的政务信息系统，打破"信息孤岛"，提高行政服务效率等，语言科技到底能够为大湾区的电子政务等方面的规则"三通"进一步作出哪些贡献，目前还没有看到相关的报告与规划，这或者就是语言服务需要着力的地方。

（二）客运、货运票、卡、单离不开语言科技

《规划纲要》中的"加快基础设施互联互通"部分提出要提升客货运输服务水平，"推进大湾区城际客运公交化运营，推广'一票式'联程和'一卡通'服务。构建现代货运物流体系，加快发展铁水、公铁、空铁、江河海联运和'一单制'联运服务"。这里提到的"一票式""一卡通"和"一单制"，表面上看都是关于票、卡、单等客货运输服务中的一些细节，但其背后都应该得到语言规划和语言科技方面的助力，这种助力至少体现在两个方面：一方面，无论是汉语人士（包括普通话和粤方言），还是葡语人士或者英语人士，在票、卡、单等方面都用得上、用得方便，既然是零距离换乘和无缝化衔接，那么就应该在"9＋2"城市群中任何一个地方都没有认读上的障碍和困难。这虽然看似一个小问题，但由于背后涉及如何协调内地与香港、澳门在语言文字方面法律法规的"三通"问题，就需要及时进行设计安排，设计安排得越及时无声，就越有可能避免无谓的一些纷争。另一方面，要实现这种票、卡、单上的"三通"，也离不开语言科技方面的助力。目前大湾区内的城市分别使用人民币、澳门币、港元，电子货币又有八达通、澳门通、羊城通、深圳通……仅兑换货币就已经对游客构成不便，"一票式"联程和"一卡通"服务有利于游客和商家经常往返大湾区城市，如果进一步配合 5G 网络和电子支付，变成"电子货币单一化"缴付交通费①，就一定需要来自语言科技方面的支撑了。这里的语言科技主要体现为通过信息化的手段使得不同币种不同语言之间的换算变得畅通无阻，只不过我们目前通常不把这个功劳算在语言科技的头

---

① 赖振雄：《"一票式""一卡通"出行交流更畅通》，《大公报》，2019 年 2 月 19 日第 A7 版。

上。至于"一单制"联运服务，要实现三种不同税制背景下铁水、公铁、空铁、江河海联运的信息畅通，更离不开语言科技。从发展趋势看，大湾区拥有香港国际航运中心和吞吐量位居世界前列的广州、深圳等重要港口，2018年，广州港货物吞吐量达到6.15亿吨，集装箱吞吐量突破2 180万标箱，深圳港货物年吞吐量也突破2.5亿吨，集装箱年吞吐量达到2 573.5万标箱，香港的吞吐量多年排在世界前列，如何通过"一单制"这样的方式，使得大湾区的航运与吞吐量在现代综合交通运输体系中形成更大的合力是题中应有之义，语言科技大有作为。

四、结语

本文关于粤港澳大湾区发展规划中语言服务有关问题的讨论不是大湾区语言服务问题的全部，除了文中涉及的语言生态、语言教育和语言科技之外，其他的如语言政策和语言规划、语言产业和语言经济、语言设施和语言景观、语言保护和语言传播、语言文化认同和语言文化建设等很多方面都可以从语言服务的角度进行观察和分析，在科学审慎论证的基础上，相关的学术成果在粤港澳大湾区建设过程中或者能够发挥更好的决策推动作用。当然，即使是本文所讨论的几个问题，囿于观察问题的深度与广度的限制，也没来得及进行更加充分的调查研究，很多地方都是浅尝辄止，充其量也只是基于学习《规划纲要》的一种延展思考，如果加以更多研究资源的投入，一定会为大湾区建设中的语言服务作出更多的贡献。

参考文献

[1] 李葆嘉：《论语言科学与语言技术的新思维》，《南京师范大学文学院学报》2002年第1期。

[2] 李宇明：《语言学是一个学科群》，《语言战略研究》2018年第1期。

[3] 屈哨兵主编：《语言服务引论》，北京：商务印书馆，2016年。

[4] 屈哨兵：《我国语言活力和语言服务的观察与思考》，《学术研究》2018年第3期。

[5] 严律南：《人工智能在医学领域应用的现状与展望》，《中国普外基础与临床杂志》2018年第5期。

[6] 张先亮、杨依希：《试论"语言生态"的属性特征》，《语言文字应用》2017年第4期。

粤港澳大湾区建设中的语言问题 *

　　《粤港澳大湾区发展规划纲要》（以下简称《规划纲要》）作为跨区域国家战略发布后，对《规划纲要》进行解读、对大湾区问题进行研究的成果已经有很多，这些解读和研究大多围绕《规划纲要》所涉及的科技创新、产业发展、空间布局、城市发展以及基础设施建设等方面进行，取得了比较丰富的阶段性成果（陈广汉，2018；曾志敏，2018；国世平，2018；马化腾等，2018；南方日报社，2018a；南方日报社，2018b；张思平，2019）。这些研究有一个共同特点，那就是专门从《规划纲要》所涉及的各个主题入手，或观察比较，或解释现实，或分析发展，其中很多是国家智库性质的建言，对大湾区的发展建设开局起到了良好的促进作用。本文换一个角度，从大湾区语言建设方面着眼，观察分析《规划纲要》所涉及的大湾区发展的有关方面还存在哪些问题，我们应该提出一些什么样的策略建议。全文共 4 个部分：第一、二部分侧重于问题观察，第三、四部分侧重于从不同角度提出策略建议。

一、"一国两制"背景下的"三文"问题观察

　　如何描述大湾区内各区域彼此之间的异同？"一国两制"+"三 ×"是目前比较普遍的一种描述大湾区发展规划要素背景的方式，这里的"×"包括：①关税区（"一国两制"3 个关税区）：内地、香港、澳门是 3 个不同性质的关税区；②货币（"一国两制"3 种货币）：内地使用的是人民币，香港使用的是港币，澳门使用的是澳门币；③法律（"一国两制"3 种法系）：内地属于社会主义法系，香港属于英美法系（判例法），澳门属于大陆法系（成文法）。关于"三 ×"，有的还提到 3 个合同区、3 个教育区等（马化腾等，2018）。事实上，除了上面提到的这些方面外，还有许多其他方面可以归入" ×"范围内，其中就包括我们今天要讨论的"三文"。目前对大湾区规划建设推动层面的关注比较多地集中在税、法、币这几个方面，认识也比较一致，认为"保持'一国两制'背景下'三税区

---

　　* 本文原载于《语言战略研究》2020 年第 1 期，为 2019 年度国家语委委托项目"粤港澳大湾区语言状况及规划研究"（WT135 – 58）的阶段性成果。

三法律三货币'体制，是粤港澳大湾区最大潜力所在、动力所在、特色所在"①。

相较而言，《规划纲要》发布后，不管是从规划层面还是建设层面上，学界对大湾区"一国两制"背景下的"三文"（中文、英文、葡萄牙文）还关注得不够多，对于"三文"以及与"三文"有关的大湾区范围内的各种语言问题及其与大湾区建设发展的关系还缺少更加深入、系统的梳理。对于"三文"里的"中文"，在不同的场合也有不同的理解，这里不排除有的人直接在"中文"和"粤方言"（香港话）之间画等号的情况，更多时候，人们会把"中文"再分解成"两语"，即国家通用语言普通话和粤方言，所以又有"三文四语"（普通话、汉语粤方言、英语、葡萄牙语）的说法。为了便于观察问题，本文在使用"中文"这个概念的时候，主要是指国家通用语言。

《规划纲要》在"前言"中提出要全面准确贯彻"一国两制"方针，在"总体要求"中则把"坚持'一国'原则和尊重'两制'差异有机结合起来，坚守'一国'之本，善用'两制'之利"作为一种基本原则加以强调。从某种意义上看，"三税区三法律三货币"是粤港澳大湾区最大潜力所在、动力所在、特色所在，这一说法是在尊重"两制"之利的基础上得出的一种判断。那么，如何看待"三文"在大湾区建设中的地位与作用呢？分别从"一国之本"和"两制之利"的角度看，可能会对此提出不同的问题。

（一）从"一国"的角度看

问题一：从"一国"的角度看，国家通用语言应该与国旗、国徽、国歌等受到同样的重视吗？国家官方语言的通行是维护一国范围内政治认同、社会认同、情感认同重要的文化基础，如果在很长时期内，国家通用语言文字在一个地区的通行通用程度较低，那么"一国"的基础是否就会受到影响？在过去的历史和现实世界中，我们可以举出很多因为语言问题而影响国家认同和国家统一的实例（中国社会科学院民族研究所等，2001）。一旦这个问题被提出来，常常会引起社会的极大关注，在某种意义上，其和国歌、国旗的国家象征意义有着同等重要的地位，其在国家认同方面具有非常重要的基础性作用，这在梁振英、林郑月娥及国家有关部门对香港由所谓"反修例"引起的事件的表态中可以看得十分清楚。2019

---

① 参见梁宏亮、刘艳美：《黄奇帆：粤港澳大湾区的路子该怎么走？》，中国经济网，http://www.ce.cn/xwzx/gnsz/gdxw/201808/22/t20180822_30099410.shtml，2018年8月22日。

年 8 月 3 日，香港街头的游行示威者藐视相关法律，在尖沙咀天星码头将国旗扯下丢入海中。全国政协副主席、香港特区前行政长官梁振英对此表达了强烈谴责，并请全港市民提供资料，全力协助缉捕狂徒归案，悬赏 100 万港元向公众征集线索。① 而在此之前的一些激进示威者于 2019 年 7 月 21 日下午包围冲击中联办大楼并污损国徽，受到特区行政长官林郑月娥的强烈谴责，她指出其性质是公然挑战国家主权，触碰"一国两制"底线，伤害民族感情。② 国务院港澳办和中联办也就此多次表明严正立场，这说明国人对具有国家意义的象征是十分重视的。香港这次延续数月的风波，最后演变为讲普通话的人被激进示威者辱骂围殴。相对于国徽、国旗、国歌而言，语言问题似乎更为敏感也更为复杂，因为语言和这块土地上生活的人们时时相关、处处相关，上到行政、立法、司法、教育媒体，下到每时每刻的人际交流，须臾不可或缺，而不仅仅是一种象征。那么，国家通用语言在进入大湾区时代后，下一步应该有一些什么样的走向呢？

问题二：如何在宪法和两个特区的基本法框架下使用和推行国家通用语言文字？粤港澳大湾区包括香港特别行政区、澳门特别行政区和广东省广州市、深圳市等珠三角九市。就"一国"意义上看，珠三角九市在国家通用语言文字的使用和推行上虽然存在不同方言区如何更好地构建和谐语言生活的问题，但基于国家通用语言文字推广使用所形成的基础十分牢固，国家认同深入人心，即使在十年前广州地区发生的"撑粤语"事件中，相当一部分主张"撑粤语"的人在这一点上也是十分清醒的。但是基于香港与澳门割让租借这段特别历史的存在，两个地区对回归之后的语言使用有着不同于内地的法律赋权，这方面的问题就变得有些不简单起来。《中华人民共和国香港特别行政区基本法》规定"香港特别行政区的行政机关、立法机关和司法机关，除使用中文外，还可使用英文，英文也是正式语文"，《中华人民共和国澳门特别行政区基本法》规定"澳门特别行政区的行政机关、立法机关和司法机关，除使用中文外，还可使用葡文，葡文也是正式语文"。这也正是我们现在说英文和葡文分别是香港和澳门的法定语言的原因。两个基本法中使用的是"中文"这个概念，而不是"国家通用语言文字"或者"普通话""规范汉字"这一组概念，究其原因，显然是要通过这个概念把粤方言（当然还可以包含其他汉语方言）统入其中。那么现在我们需要思考的问题是，在粤港澳大湾区这个框架中，基于

① 《梁振英怒了！悬赏百万港币缉拿将国旗扔海中暴徒》，中国网，http：//news. china. com. cn/2019 - 08/04/content_75064544. htm，2019 年 8 月 4 日。

② 范凌志、陈青青、杨升等：《香港示威者冲击中联办　这是我们在现场看到的真相》，新浪网，https：//news. sina. com. cn/c/2019 - 07 - 23/doc-ihytcerm5561754. shtml，2019 年 7 月 23 日。

"一国"的国家通用语言文字在下一步的发展建设中如何进一步发挥作用？远期展望到 2035 年，我们在这方面的语言建设还需要做哪些工作？

（二）从"两制"的角度看

如前文所提及，在现有的"三×"所涉事项作出的判断，更多的是看到了"两制"之利；利用关税、法律及货币上的各自优长作出相关建设推进，用《规划纲要》的话来讲，达到的是"充分发挥粤港澳综合优势，深化内地与港澳合作"和"增进香港、澳门同胞福祉，保持香港、澳门长期繁荣稳定"这样的目的。如果按照这个思路，所谓"三文"问题和其他几个"三×"思考的起点或者大体一致，其所要努力达成的目的也应该具有上面所述相同的价值追求。

现在的问题是，在《规划纲要》出台之后，不管是学界还是政界业界，在相关的"三×"梳理过程中，为什么"三文"问题没有凸显出来呢？

问题一：是因为一种功能认可的潜意识吗？在《规划纲要》决策过程或者推动实施过程中，大家是否对大湾区内的"三文"问题已经达成了共识或者形成了某种共同的潜意识？因为基于语言作为交际工具本身具有的嵌入性，有可能会导致大家在谈到"关税、法律、货币"等不同内容时，潜意识认为其相关的语言本身就天生附着在不同的内容之中，如果相关的"×"问题得以解决，相应的语言问题就自然得以解决。实际上，这种所谓的"潜意识"是否意识到语言本身可能就是推动问题得以解决的钥匙？或至少是关键因素之一？或者应该是促成其他"三×"问题得以解决的一个基础？这些都值得我们加以研究。李宇明（2014）在谈到我国相关语言问题时，曾指出"中国人自古至今都是一个语言不敏感的民族"，或者可以成为这种功能认可潜意识的一种解释。

问题二：是基于大湾区语言生态的复杂性和敏感性吗？因为它所关系到的不仅仅是一种机制，而是大湾区内包括香港 745 万和澳门 63 万在内的 7 000 万人口，这个群体，尤其是这个群体中的香港同胞和澳门同胞，基于特有的历史文化原因，不管是士农工商还是男女老少，他们对其所使用的英文、葡文包括很多时候首先定义为粤方言的中文所附带的价值，可能与珠三角九市人群对所持语言的价值认同有着种种的差异，这种差异难以像其他的"三×"一样可以有一个清晰可见的机制去求得成功的证明，这里面尤以对英文在大湾区规划发展中应该如何定位还缺少充分的讨论。我们注意到《规划纲要》中以"葡文""葡萄牙语"为指向的相关平台载体规划数次被提及，但是关于中文和英文在大湾区建设中应该如何定位鲜有涉及，这可能使得人们在讨论"三×"来证明"两制"之利的时候，对于"三文"问题作出了一种回避，这种回避也许是中国智慧的一种表现。

问题三：在现有法律框架下如何评估中文（尤其是国家通用语言）与英文、葡文的发展方向？《中华人民共和国宪法》和香港、澳门两个特别行政区的基本法就相关问题都有相应的表述与定位。宪法中说"国家推广普通话"，在两个特别行政区的基本法中，相应的表述是"除使用中文外"，"还可使用英文，英文也是正式语文"，"还可使用葡文，葡文也是正式语文"，应该是留有政策规划空间的。法律语言的精确性告诉我们，这种"除……外……还可……也是……"的格式其实暗含一种价值选择，后面出现的选项表示的是一种"添加"（宋海燕，2015）和"类同"（马真，1982）。所谓"添加"和"类同"，在语值上可能还包含着一个含义，那就是它不是首先被关注到并被提及的，基本法首先关注提及的是中文。如果说基本法关于"三文"各自的法律地位有了这种原则性表述，那么在大湾区规划发展这个新的背景下，"三文"在基本法允许的框架内朝着哪个方向发展更好呢？如果在"使用中文"这个框架中再考虑到"国家推广普通话"这个因素，那么大湾区下一步语言生活的发展会呈现出一种什么样的样态和趋势值得我们关注？

二、大湾区战略定位背景下的问题观察

大湾区的语言问题可以从不同的角度提出，除了上述"一国两制"视角外，我们还可以从大湾区的战略定位这个角度出发，分析大湾区发展中可能面临的语言问题。

在《规划纲要》中，对大湾区发展的战略定位包含 5 个方面，依次分别是充满活力的世界级城市群、具有全球影响力的国际科技创新中心、"一带一路"建设的重要支撑、内地与港澳深度合作示范区、宜居宜业宜游的优质生活圈。如本文开篇所述，大家在讨论大湾区的战略定位时较少从语言视角来审视其是否存在需要进行规划建设的问题。实际上，我们认为有些问题是需要提出来讨论的，其中至少有如下 4 个：

问题一：要建设充满活力的世界级城市群和具有全球影响力的国际科技创新中心，大湾区需要一种什么样的语言能力？毫无疑问，大湾区科技创新选择用何种语言表达与传播，其基础同样离不开语言能力，这方面语言能力的表现是国家语言能力表现的一个重要方面。我国应该如何进行语言强国建设，有关学者已经有过系统阐述（李宇明，2010）。世界上的几个大湾区，如美国的纽约湾区和旧金山湾区的语言能力当然是依托英语形成的，粤港澳大湾区要达到世界级城市群和国际科创中心的目标，是否一

定也要具备美国湾区那样的语言能力？但是我们发现，日本东京湾区的地位并非通过拥有强大的英语能力以推动创新创造来形成的，其科学技术立国方针的持久推行及高效的译介机构和有效的科技情报系统成果转化机制可以给我们另一个方向的启示（张睿蕾，2011）。那么，如何设计粤港澳大湾区语言能力的建设方向与步骤，应该进行系统考虑。

问题二：要成为"一带一路"建设的重要支撑，大湾区需要提供一些什么样的语言服务？广东作为我国海上丝绸之路一个重要的出发地，在历史上发挥过相当重要的作用，香港、澳门同样也不例外，尤其是21世纪海上丝绸之路经济带从海上联通欧亚非3个大陆，和丝绸之路经济带战略形成海上、陆地的呼应，涉及"一带一路"沿线的各个国家。2019年第二届"一带一路"国际合作高峰论坛已经有150个国家参加。作为支撑，今后如何在更高层次上参与国际经济合作和竞争，建设具有重要影响力的国际交通物流枢纽和国际文化交往中心，如何布局、建设大湾区的语言服务，也应该进行系统考虑。

问题三：要成为内地与港澳深度合作示范区，大湾区需要作出一种什么样的语言环境引领？这里面实际上蕴含着两个方面的内容：一是深圳前海、广州南沙、珠海横琴等重大合作平台建设过程中应该有什么样的语言规划？二是珠三角九市与港澳全面务实合作有哪些语言事项需要解决？把这两个方面的问题解决好了，其作为内地与港澳深度合作示范区才会名副其实。重视抓好深圳前海、广州南沙、珠海横琴的语言环境（设施）是一个比较理想的行动切口。

问题四：要建成宜居宜业宜游的优质生活圈，大湾区需要一种什么样的语言生态？这个方面直接和大湾区内绝大多数人的语言生活相关，更多时候涉及文化交流融合、城市群管理和社会治理问题，语言问题尤其是语言生态问题平时可能引而不发，遇到某些导火索就有可能引发意想不到的纷扰，我们应该切实作出一些语言生活的建设指引，才能有裨益于优质生活圈的建成。

上述这些基于大湾区战略定位所提出的问题可能不是大湾区语言问题的全部，但即使是这样，也足以引起我们的高度关注，并且这些问题与前文提及的"一国两制"背景下的"三文"所涉及的语言问题里外彼此纵横交错，恐怕也不是区区一文就能解决的。

三、基于空间格局的大湾区语言建设的策略建议

上文提出了9个方面的问题，为了便于对问题进行解答，我们想从空间格局和领域格局两个方面对前面的问题提出相应的策略建议。这里先从

空间格局方面提出粤港澳大湾区语言建设的一些策略建议。根据大湾区空间所涉不同层次角度和功能定位，我们认为相应的语言建设策略应该有所不同，从策略性质上看，大体上可将其分成示范、呼应、融通、互渗、服务5个方面。

（一）示范

这是针对大湾区三大合作平台而言。《规划纲要》提出要"充分发挥深圳前海、广州南沙、珠海横琴等重大合作平台作用，探索协调协同发展新模式"。我们知道，粤港澳大湾区要合作的事项多、范围广，除了面上推进外，国家在深圳、广州、珠海部署了3个自贸区重大合作平台，习近平总书记到广东视察，2018年去了深圳前海、珠海横琴，2019年到了广州南沙，由此可见几个平台的分量之重。很多政策措施可能一时在香港、澳门不能落地，那么就可以在这3个平台上探索协同发展的新模式，探索这种发展新模式的目的是将大湾区建设成为内地与港澳的深度合作示范区提供最有说服力的实践。基于此，我们认为在3个重大合作平台上进行语言文字的规划建设具有基础性的示范作用。这3个重要平台构成中国（广东）自由贸易试验区，与此前的产业园区、国家新区最为不同的一点，即它是一种特定的制度试验区，旨在通过制度创新，消除以往阻碍粤港澳三地要素自由流动的障碍，这里面涉及人员、物资、资金、信息等不同方面。如果要促进这些要素的便捷有序流动，我们在语言文字环境建设方面就应该有一个通盘的考虑，既要考虑国家通用语言文字规范在3个平台的各种语言文字设施得以保障，也要考虑到来自香港、澳门的人员，让信息不会因英语、葡萄牙语或者其他语言文字的传递而受到阻碍、耽搁，因为自贸区有一个功能，就是要粤港澳专业人才在自贸区集聚执业、就业。为此，3个平台都有必要为不同语种、不同文字的人员交流打开方便之门，同时也要积极建立在更多场合使用国家通用语言文字的机制。广州南沙（自贸）区法院诉讼服务中心多语种导诉就是一个很好的示范，根据媒体报道，在该中心的立案登记窗口，南沙（自贸）区法院还专门设置了多语种接待岗，为工作人员配备了智能语言翻译器，以更好地为外籍当事人提供诉讼服务。① 再如在这几个区域推行的粤港澳大湾区青年的创新创业发展平台，就应该有步骤地考虑大家彼此之间交流工具的趋同推动，只有这

---

① 参见吴笋林：《立案大厅多语种导诉 可远程视频调解纠纷》，《南方都市报》，2019年8月7日第2版。

样才有可能更好地降低创新创业的成本，同时为粤港澳人才进一步与内地合作奠定良好的基础。

（二）呼应

这是针对香港、澳门、广州、深圳这 4 个中心城市而言。《规划纲要》对四者的整体要求是"以香港、澳门、广州、深圳四大中心城市作为区域发展的核心引擎，继续发挥比较优势做优做强，增强对周边区域发展的辐射带动作用"，但由于每个中心城市本身的禀赋各不相同，各自的比较优势是不一样的，如果将这种比较优势代入相应的语言建设工作中，各自的重点和选择可能有同有异。因此，我们要梳理好这些异同，着意引导建设，使它们彼此之间形成一种呼应，从而助力于大湾区的发展。香港要"巩固和提升国际金融、航运、贸易中心和国际航空枢纽地位"，"推动金融、商贸、物流、专业服务等向高端高增值方向发展，大力发展创新及科技事业，培育新兴产业"，"建设亚太区国际法律及争议解决服务中心"，英语作为国际第一语言的地位应该得到进一步的巩固，这样这座城市才会成为更具竞争力的国际大都会。澳门要成为"中国与葡语国家商贸合作服务平台"，"打造以中华文化为主流、多元文化共存的交流合作基地"，这就意味着葡文（葡萄牙语）在澳门的语言生活中不能走上式微之路。大湾区在相当意义上是中国推动构建人类命运共同体的生动实践，葡语国家如葡萄牙、巴西、安哥拉、莫桑比克、几内亚比绍、佛得角、圣多美和普林西比、东帝汶等，可以通过这样的纽带更加自然地增进与中国的往来合作。中华文化主流基础上的多元文化合作意味着中文和其他语种只要有需要，在澳门这块土地上都有其存在空间。广州要"全面增强国际商贸中心、综合交通枢纽功能，培育提升科技教育文化中心功能，着力建设国际大都市"，这或许意味着广州在语言建设方面作为国际商贸中心和综合交通枢纽的服务功能要进一步增强，作为科技教育文化中心的培育意味着国家通用语言文字的使用也要得到进一步的巩固。深圳要"加快建成现代化国际化城市，努力成为具有世界影响力的创新创意之都"，要"发挥作为经济特区、全国性经济中心城市和国家创新型城市的引领作用"，这或许要求深圳不断用国际超级语言向世界发出创新创意之声，同时也要更加重视使用国家通用语言文字向世界讲好中国故事，从而起到相应的引领作用。

（三）融通

这是就珠三角九市与香港、澳门之间的整体语言生态性质而言。自

《规划纲要》颁行后，关于大湾区内如何进行体制机制创新，广东省的解读是要结合三地实际、发挥各自优势，形成更多"一事三地""一策三地""一规三地"的创新举措①，对于这些创新举措的性质用得较多的描述是联通、融通、贯通。从广东珠三角九市来看，更多的是学习借鉴港澳经验，携手打造具有全球竞争力的营商环境，提升法治化、市场化、便利化水平，吸引各种要素汇聚到大湾区。但如果从语言建设这个角度来说，大湾区内建设努力的整体方向用"融通"这个概念进行价值引领可能更为合适，这种湾区之"通"，有的强调的是一种体制机制规则上的看齐，只要是国际通行的，就可以就高不就低的原则在广东复制推广，这可能更接近于贯通与联通；有的则要根据三地的不同进行互认互鉴，这可能更多的是一种融通。鉴于大湾区内语言生态的多样性，我们很难在可以预见的时期内用某一种语言文字系统来一统湾区，很多情况下可能要在不同的事项切口上形成一些差异化的解决方案，上述4个中心城市彼此之间形成呼应，其结果就是实现融通。国家发改委有关专业人士表明，与发达国家城市相比，中国城市边界交流成本较高，跨区域发展打破壁垒是必然的发展路径，纽约与新泽西边界线为1.2公里，经济成本为20公里；美国与加拿大的经济边界约为47公里；香港和深圳虽然仅隔深圳河，但彼此之间的经济成本实际高达266公里。② 要使得彼此之间降低交流成本，就必须做到融通。《规划纲要》提出推进莲塘/香园围口岸、粤澳新通道（青茂口岸）、横琴口岸（探索澳门莲花口岸搬迁）、广深港高速铁路西九龙站等新口岸项目的规划建设，进一步实现通关便利化，更好地解决大湾区人流要素的自由便捷流动问题，这里面就涉及通过各种语言工程手段的融通解决三地彼此间的信息一体化问题。珠海、佛山、惠州、东莞、中山、江门、肇庆等重要节点城市与中心城市的互动合作，带动周边特色城镇发展，在语言生活上的表现就应该是一种融通，有主有次，有先有后，有多有少，与时俱进，动态管理，不断趋近融通的理想格局，只有这样，大湾区城市群的发展质量才会得到相应的文化上的发展保障。

（四）互渗

这是针对大湾区与内地其他几个国家战略彼此间的关系而言。党的十八大以来，国务院已经先后布局京津冀协同发展、长江经济带发展、粤港

---

① 参见吴璇、裴萍、陈燕等：《集中资源优势推进大湾区建设 形成"一策三地"创新举措》，《南方都市报》，2019年3月7日第5—6版。

② 参见梁倩：《长江三角洲、粤港澳、京津冀、长江经济带四大国家级区域战略渐明 我国形成跨区域协调发展新格局》，《经济参考报》，2018年11月6日。

澳大湾区建设、长江三角洲区域一体化四大国家战略。跨区域战略的主要特征是打破区域行政壁垒，构建新时代区域协调发展的新机制，它有利于推动各地充分发挥比较优势，极大地提高区域经济发展的总体效率。随着跨区域协调发展总体格局的初步形成，几个大区域彼此之间势必形成合力，最终将为在 21 世纪中叶建成社会主义现代化强国奠定坚实的基础。在这个过程中，语言建设如何发挥作用？我们认为互渗可能是一种比较好的策略选择，就大的情形而言，这种互渗可能会体现在粤港澳大湾区的国际化取向会使以英语为载体的各种发展要素在其他几个地区产生比较大的边际效应，同时其他几个区域的国家通用语言文字的使用可能会在粤港澳大湾区拓展出更广阔的使用空间。就具体情形而言，大湾区内因为语言生态的多样性，尤其是粤方言使用人口众多，如何平衡好当地方言和国家通用语言的关系，推动国家现代化进程中和谐语言生活的构建，是我们要充分考虑的事情。这几个大的区域各自都有不同的方言版图，涉及吴、湘、赣及北方方言，在经济一体化进程中，语言建设也应该有相应的一体化的追求。由于各个区域拥有的语言和方言背景不一样，社会经济发展水平不一样，文化教育背景不一样，语言和方言对社会经济运行的依附程度或者促进程度也不一样，对于这种大区域彼此之间如何互渗，我们还需要加强研究并进一步形成促进互渗的机制。在这一点上，不管是粤港澳大湾区的建设，还是粤港澳大湾区和其他几个国家战略大区域彼此之间的一体化，我们所进行的都是一个并无多少历史经验可以借鉴的伟大实践。就现实世界而言，这既不同于美国的发展之路，也不同于欧盟的发展之路，而是中华民族的伟大复兴之路。对于如此历史背景下的大区域之间语言政策的走向，我们一定要有行稳致远的规划与建设。

（五）服务

这是针对粤港澳大湾区建设在"一带一路"建设中的功能作用而言。《规划纲要》提出大湾区要成为"一带一路"的重要支撑，这里面至少有两层含义：一是要更好地发挥港澳在国家对外开放中的功能和作用，二是要提高珠三角九市的开放型经济发展水平。就其实现路径来说，就是要在大湾区建设具有重要影响力的国际交通物流枢纽和国际文化交往中心，从而达到国际国内两种市场、两种资源的有效对接；要做好这种有效对接，就必须提供良好的语言服务。以国际文化交往中心为例，《规划纲要》中关于大湾区各类中心建设目标超过 40 个，和国际文化交往中心相关联的中心应该包括"世界旅游休闲中心（澳门）""中国与葡语国家文化交流中心（澳门）""科技教育文化中心（广州）""岭南文化中心（广州）""西九文化区戏曲中心（香港）"等。或者我们可以这样理解，在粤港澳大湾区形成国际文化交往中心的一个重要目的，就是要立足于"一带一路"，做好中国文化在大湾区吸纳国际认同的传播工作，《规划纲要》的其他部分也提到，要扩大岭南文化的影响力和辐射力、鼓励香港发挥中西方文化交流平台作用，弘扬中华优秀传统文化、增强香港中西合璧的城市文化魅力等，都是作为国际文化交往中心的一种必然体现。国际文化的语言数以百计、千计，要使它们能够通过大湾区进行文化交往、交汇，我们就有必要作出科学有效的语言服务方面的对接。

四、基于领域格局的大湾区语言建设的策略建议

根据《规划纲要》里面部署的重点领域（主要集中在第四章至第八章），有的领域要想达到规划发展的目的，在"一国两制"的基础上，在3个关税区、3种法律制度、3种货币以及3个合同区与3个教育区这样的背景下有针对性地提出相关的策略建议，全面系统地进行语言文字的规划建设，是十分有必要的。实事求是地依据"一事三地""一策三地""一规三地"的原则指引，针对不同领域主体，我们提出如下一些策略建议："双通"相谐；效率优先；重视多语多方言能力的培养；融通利导。

（一）"双通"相谐，并行而不悖

这主要是针对大湾区建设国际科技创新中心和构建具有国际竞争力的现代产业体系提出的策略建议。"双通"相谐的意思是要在这个领域做好国际通行语言和国家通用语言的和谐并举。《规划纲要》拿出两章来说明大湾区建设在这方面的目的，里面涉及的具体任务很多，可以说每一样都是大事项。以建设国际科技创新中心为例，这里面直接提到的"国际"概念将近10处，包括"集聚国际创新资源""国际化创新平台""国际科技创新合作""具有国际竞争力的科技成果转化基地""国际技术转让""加强在知识产权创造、运用、保护和贸易方面的国际合作"等，构建具有国际竞争力的现代产业体系部分中包含"国际"概念的提法也不下10处，这充分说明国际化在这些领域中占有多么重要的地位。英语是当今世界通行的国际语言，因此，我们在进行这些方面建设的过程中，将讲英语作为表达和参与国家合作与竞争的手段是一个必然的选择；同时我们也不能忽略这是中国的国家战略，远期规划是要到2035年，这是十九大提出的我国基本实现现代化的时间节点，这个时候国家的语言能力尤其是国民语言能力一定会在现有的基础上有更大幅度的提升，这种提升一定是以国家通用

语言文字的应用水平作为重要指标的。大湾区中一定会有一批代表中国科技创新成就的企业成为国际科技创新的坚实基础。根据《2017 年全球创新指数》报告公布的全球创新活力群 TOP100，深圳、香港地区以"数字通信"为主要创新领域，在全球创新集群中排名第二，仅次于具有综合创新优势的东京—横滨地区。截至 2017 年，仅广州、深圳、东莞三地的国家高新技术企业就接近 15 000 家，拥有华为、中兴、腾讯、比亚迪、华大基因、大疆创新、广汽集团、广药集团、金发科技等一大批具有国际竞争力的科技龙头企业（曾志敏，2018）。这些都是大湾区内代表国家参与国际竞争的创新企业，这些企业走向国际的时候在以国家通用语言文字作为标准信息传递工具手段方面责无旁贷。构建具有国际竞争力的现代产业体系包括先进制造业、战略性新兴产业和现代服务业等方面。提升国家新型工业化产业示范基地发展水平，以珠海、佛山为龙头建设珠江西岸先进装备制造产业带，以深圳、东莞为核心在珠江东岸打造具有全球影响力和竞争力的电子信息等世界级先进制造业产业集群，推动制造业从加工生产环节向研发、设计、品牌、营销、再制造等环节延伸，这里面任何时候都涉及语言文字的选择使用。我们说要讲好中国故事，在这方面用"双通"相谐的方式同步讲好中国故事就是一种十分有效的方法。截至 2018 年 4 月，广东规模以上工业企业达 4.72 万家，超越江苏位居全国第一，这里面制造业大部分都在珠三角九市（南方日报社，2018a）。对于全面实现这些企业的"双通"相谐，我们还有很多工作要做。

（二）效率优先，做好语言服务

这主要是针对大湾区建设中的各种硬联通和软联通提出的策略建议。各种语言环境建设工程要以信息传达的速度效率作为第一诉求，立足当下，面向未来，作出各种语言工程的科学安排。《规划纲要》提出要加快基础设施互联互通，包括构建现代化的综合交通运输体系、优化提升信息基础设施、建设能源安全保障体系、强化水资源安全保障等，这些应该都是属于硬联通的相关内容，它们在实施过程中自然离不开语言文字。以构建现代化的综合交通运输体系为例，其中包括建设世界级机场群、畅通对外综合运输通道、构筑大湾区快速交通网络、提升客货运输服务水平等内容，我们应该根据具体实施地及关涉人群重点的不同来确定相应的语言文字建设策略。世界级机场群建设的各个子项就应该优先做好多语服务的谋划，畅通对外综合运输通道主要是要完善大湾区经粤东西北至周边省区的综合运输通道，有的是要对国家高速公路交通繁忙路段进行扩容改造，这些都应该根据现已采用的相关语言文字标准来实施，让国家通用语言文字的使用享有优先地位；构筑大湾区快速交通网络以连通内地与港澳以及珠江口东西两岸为重点，还要编制粤港澳大湾区城际（铁路）建设规划，这就要求我们在以国家通用语言文字的使用为主的基础上，对多语多方言（主要是粤方言和繁体汉字）的语言服务工程考虑得更为周全一些。以港珠澳大桥（Hong Kong – Zhuhai – Macao Bridge）的语言环境建设为例，在珠海口岸使用的是"港珠澳大桥珠海公路口岸"（Hong Kong – Zhuhai – Macao Bridge Zhuhai Port），在香港口岸使用的是"港珠澳大桥香港口岸"（Hong Kong – Zhuhai – Macao Bridge Hong Kong Port）。软联通主要体现在大湾区内物流、人流、信息流、资金流等方面的高效联通，提升客货运输服务水平。人流方面推进零距离换乘、无缝化衔接，推进大湾区城际客运公交化运营，推广"一票式"联程和"一卡通"服务；物流方面加快发展铁水、公铁、空铁、江河海联运和"一单制"联运服务；信息流方面加强粤港澳智慧城市合作，探索建立统一标准，开放数据端口，建设互通的公共应用平台，建设全面覆盖、泛在互联的智能感知网络以及智慧城市时空信息云平台、空间信息服务平台等信息基础设施；资金流方面大力发展特色金融产业，有序推进金融市场互联互通，包括支持符合条件的港澳银行、保险机构，在深圳前海、广州南沙、珠海横琴设立经营机构等，都应该按照效率优先的原则做好语言文字选择使用上的安排。《规划纲要》就促进社会保障和社会治理合作作出了明确的规划指引，提出探索推进在广东工作和生活的港澳居民在教育、医疗、养老、住房、交通等民生方面享有与内地居民同等的待遇，研究建立粤港澳跨境社会救助信息系统，开展社会福利和慈善事业合作；社会治理方面提出在珠三角九市港澳居民比较集中的城乡社区，有针对性地拓展社区综合服务功能，为港澳居民提供及时、高效、便捷的社会服务，建立粤港澳大湾区应急协调平台，联合制定事故灾难、自然灾害、公共卫生事件、公共安全事件等重大突发事件应急预案等。在这些机制、平台、预案系统中，按照效率优先做好语言服务是一个必不可少的要求，根据香港、澳门和内地的不同情况，尊重语言选择使用的成例便捷服务，应该成为我们的一种基本的语言态度。

（三）中小学及幼儿园要重视多语多方言能力的培养

这一条主要是针对大湾区内不同的教育区在今后的教育尤其是基础教育方面的语言教育情况而言的。这里的语言教育包括3个含义：第一个含义是珠三角九市的教育在执行好国家通用语言文字作为教育教学语言的基础上，要进一步加强外语尤其是英语的教育。从人才培养这个角度看，要更加重视英语语言能力的培养，并且要从基础教育抓起。大湾区建设的一个重要的价值取向是面向国际。以教育而论，大湾区高等教育的重要组成部分——香港地区的几所大学排名通常都在世界前 100 位，它们的一个重要特色就是英语作为学校教学语言和参与世界科学研究文献语言的力量雄厚，大湾区要引进港澳的高等教育到广东开展教育合作，就必须更加重视对英语这样的国际性语言的教育运用，这样也有利于国家高端人才的集聚。国家支持大湾区建设国际教育示范区，引进世界知名大学和特色学院，推进世界一流大学和一流学科建设，例如广东投入巨资建设的华南理工大学国际校区就采用全英文教学，这些目的的达到都需要我们全链条重视英语教育。第二个含义是港澳地区要进一步重视普通话和规范汉字的教育学习，这主要是基于内地已经成为并将在更大范围内成为港澳青年创新、创业的成就地，如果他们在接受基础教育的时候有更多机会接触、学习国家通用语言文字，具备相应的语言能力，那么这一定会为今后他们的成长成才奠定更好的基础。① 香港已经实行 12 年义务教育，中小学实行双语教学。根据香港教育局公布的中小学 8 个学习领域中的科目，其中"中国语文教育"小一到小六及中一至中三，均要求开设"中国语文"和"普通话"，高中开设"中国语文"和"中国文学"，可以看出目前香港中小学在这方面已经具有了相应的基础。香港教育局就相关教育与宗旨的阐述中也明确表明"积极主动地以两文三语与人沟通"（小学）、"学习两文三语，有利更好学习和生活"（初中）。澳门特别行政区教育暨青年局对中小学相关的规定为公立学校以中文/葡文为教学语言。实际上在课程设置方面存在着葡、中、英 3 种教学语言，中文包括普通话和粤方言。曾经有研究报告指出澳门基础教育中的普通话教学还有不少提升空间。第三个含义是在大湾区还要重视母语和母方言的教育，具体包含两个方面：一是澳门地区葡人子弟的葡语教育不能缺失，《规划纲要》对以葡语为基础的相关项目建设有明确涉及，葡人子弟是非常重要的一个力量，需要从语言教育上加以注意。二是粤方言的教育，不管是珠三角九市还是香港和澳门，使用粤方言的人口覆盖绝大部分区域，粤方言也成为岭南文化的重要载体，同时也是维系海外华人情感往来的一条天然的文化纽带，需要三地在语言教育中留有足够的空间。那种认为让粤方言使用范围不断缩小才有利于大湾区一体化进程的观点既不现实也不正确，这需要我们在进行语言建设中做好相关工作。在粤港澳大湾区学生的学习成长阶段尤其是中小学阶段，我们要提供足够的语言教育资源使他们能够真正成为既有普通话和粤方言

---

① 《八个学习领域中的科目》，中华人民共和国香港特别行政区政府教育局网站，https://www. edb. gov. hk/sc/curriculum – development/kia/overview. html。

语言能力又拥有英语或葡语语言能力的多语多方言人才。

（四）融通利导，有所选择

这主要是针对在《规划纲要》中提出的基本以内地为立足点建立若干方面的交流就业创业的机制而言的，融通是基础，利导是因势利导，国家通用语言成为交流就业创业过程中的首选语言。相关机制的内容包括加强粤港澳青少年交流，支持"粤港澳青年文化之旅"、香港"青年内地交流资助计划"和澳门"千人计划"等重点项目实施，促进大湾区青少年交流合作，在大湾区为青年人提供创业、就业、实习和志愿工作等机会，开展青少年研学旅游合作，共建一批研学旅游示范基地。鼓励举办大湾区青年高峰论坛，研究开放港澳中小学教师、幼儿教师到广东考取教师资格并任教，研究赋予在珠三角九市工作生活并符合条件的港澳居民子女与内地居民同等接受义务教育和高中阶段教育的权利，还要确保符合条件的随迁子女顺利在流入地参加高考等。由于这些工作主要在内地进行，鉴于内地已有的语言环境和三地青年已经拥有的语言能力以及他们进一步融入国家参加国家建设的需要，融通选择、因势利导，将国家通用语言的使用作为首选。当然，内地在相关语言服务环境的配套服务上也不能有所缺失，有语言能力的首选，但并不排斥多语多方言能力的发挥。例如由腾讯集团主办的腾讯粤港澳湾区青年营自 2017 年以来已经连续举办了 3 期，围绕多个主题开设课程及活动，着力培养三地学生的领导力，其在融通利导方面就做得非常自然。

五、结语

本文通过粤港澳大湾区规划发展所涉及的语言问题的梳理，大致提出了 9 个问题，对于大湾区接下来的语言建设的策略也大致提出了 9 个方面的建议。问题与建议之间其实并没有严格地进行一一对应，大体上是想对主要问题进行梳理，根据《规划纲要》的布局再对解决问题的思路进行梳理，希望能对下一步的实际工作有所启发，以有益于国家及地方的相关决策参考，在实际情况中很多工作是需要只做不说或者多做少说的。如果从更加细致的层面角度出发，粤港澳大湾区建设的语言问题还有许多，语言建设的具体任务更是不胜枚举，这需要我们进行更加深入的调查，一个问题一个问题地分析，一个领域一个领域地解决，一个时期一个时期地推进，从这个意义上说，我们现在对大湾区语言问题的研究只能说是才刚刚破题。

参考文献

［1］陈广汉主编：《粤港澳大湾区发展报告（2018）》，北京：中国人民大学出版社，2018 年。

［2］国世平主编：《粤港澳大湾区规划和全球定位》，广州：广东人民出版社，2018 年。

［3］李宇明：《中国语言规划续论》，北京：商务印书馆，2010 年。

［4］李宇明：《发掘语言的经济价值：〈语言产业引论〉序》，《语文建设》2014 年第 1 期。

［5］李宇明：《中国语言规划三论》，北京：商务印书馆，2015 年。

［6］马化腾等著，王晓冰、谈天主编：《粤港澳大湾区：数字化革命开启中国湾区时代》，北京：中信出版社，2018 年。

［7］马真：《说"也"》，《中国语文》1982 年第 4 期。

［8］南方日报社编：《向上突围》，广州：南方日报出版社，2018 年。

［9］南方日报社编：《开放崛起：世界级湾区深调研》，广州：南方日报出版社，2018 年。

［10］宋海燕：《"除了……还……"和"除了……也……"的句法语义对比》，《现代语文（语言研究）》2015 年第 6 期。

［11］曾志敏编著：《粤港澳大湾区论纲》，广州：华南理工大学出版社，2018 年。

［12］张睿蕾：《日本科技事业发展历程、特点及其对我国的启示》，《科学管理研究》2011 年第 5 期。

［13］张思平：《粤港澳大湾区：中国改革开放的新篇章》，北京：中信出版社，2019 年。

［14］中国社会科学院民族研究所等编：《国外语言政策与语言规划进程》，北京：语文出版社，2001 年。

要进行城市和区域语言服务能力的评估*

　　如何评估一个区域或者一个城市的语言服务能力？目前这方面的文献还不多见。但与这个工作相关的工作基础和学术基础还是比较扎实的。就工作基础而言，近三十年来，国家语委不间断开展的城市语言文字水平评估工作，对我国各地语言文字工作事业的发展起到巨大的推动作用，这本身就是语言文字服务国家经济社会发展的重大行动。就学术基础而言，语言服务近二十年成为我国学界普遍关注的一个话题。屈哨兵、李宇明、赵世举等较早提出语言服务研究话题①，近年来每年的《中国语言生活状况报告》中都有相当一部分直接涉及各个领域甚或相关区域的语言服务的事实②，尤其是近些年来语言服务作为国家语言生活中的一个重要组成板块后，我们对语言服务事实的关注越来越聚焦，并逐渐形成相应的系统。③目前国家"十四五"发展规划已经全面开局，2035 年基本建成中国特色社会主义现代化强国的目标已经成为引领新时代的方向指南，我们有必要专门就如何评估语言服务能力进行系统思考，并且也应该适时提出构建相应的语言服务能力指标体系。

　　进行语言服务能力评估十分重要，城市和区域作为首选，既有经济社会发展大背景的需要，也有学术讨论前提基础的可能。本文尝试就三个方面的问题进行一些思考：一是如何看待语言服务能力评估的重要性，二是如何看待首先进行城市和区域语言服务能力评估的必要性，三是语言服务能力评估遵循的基本原则是什么。最后从可行性方面提出几点建议。

---

　　* 本文原载于屈哨兵主编：《粤港澳大湾区语言服务发展报告（2022）》，北京：商务印书馆，2022 年。

　　① 屈哨兵：《语言服务研究论纲》，《江汉大学学报》（人文科学版）2007 年第 6 期；屈哨兵：《语言服务的概念系统》，《语言文字应用》2012 年第 1 期；赵世举：《从服务内容看语言服务的界定和类型》，《北华大学学报》（社会科学版）2012 年第 3 期；李宇明：《语言服务与语言产业》，《东方翻译》2016 年第 4 期。

　　② 屈哨兵：《关于〈中国语言生活状况报告〉中语言服务问题的观察与思考》，《云南师范大学学报》（哲学社会科学版）2010 年第 5 期。

　　③ 屈哨兵主编：《中国语言服务发展报告（2020）》，北京：商务印书馆，2020 年。

一、进行语言服务能力评估的重要性

　　服务属性是语言文字事业的一个重要属性。观察我国近年来语言文字事业发展规划以及国家语委的科研规划，可以发现"服务"或者"语言服务"是我国语言文字事业服务于国家发展的一种事业自觉，出现频次可见一斑。《国务院办公厅关于全面加强新时代语言文字工作的意见》24 次提到"服务"，其中有 6 次专门提到"语言服务"。[①] 而在《国家语言文字事业"十四五"发展规划》中，"服务"一词出现了 60 余次。以《国家语言文字事业"十四五"发展规划》为例，里面既包括以"服务"打头修饰限定的、将涉及服务的方方面面串起来而形成的"服务群"，如服务能力、服务体系、服务质量、服务需求、服务供给、服务水平、服务平台、服务内涵、服务功能、服务行业、服务行动、服务领域、服务力；也包括以"服务"打头点明各种服务对象服务范围而形成的"服务群"，如服务国家、服务高质量教育体系、服务铸牢中华民族共同体意识、服务"一带一路"建设、服务新发展格局、服务党和国家战略全局、服务立德树人根本任务、服务学习型社会、服务时代需求等；还包括以"服务"殿后点明各种属性类别而形成的"服务群"，如测评服务、志愿服务、应急语言服务、特殊人群语言服务、公共语言服务、语言咨询服务、语言文字决策支持服务、语言学习服务、语言培训服务、语言评价服务、语言公共服务、无障碍语言服务、普通话培训测试服务、中文支持服务、国家语言服务等。三组不同组合方式的"服务群"非常形象生动地展示了"十四五"期间我国语言服务的"任务书"。要使得这一组组的"任务书"落到实处，就需要有一个个"路线图"，这些"路线图"能否"挂图作战"，就需要确立相应的"质量监控体系"，语言服务能力评估就是这个"质量监控体系"的重要组成部分。

　　新时代国家事业发展呼唤语言文字提供更高品质的语言服务。语言服务通常指的是针对个人或特定群体的语言服务，甚至专指语言翻译服务，实际上语言服务所涉及的范围比上述所列要更加宽广。关于这个问题，我们曾经在《语言服务引论》中从语言服务的业态、语言服务的领域和语言服务的层次等不同角度进行过较为全面的梳理。[②] 我们认为，对语言服务

---

　　① 《国务院办公厅关于全面加强新时代语言文字工作的意见》（国办发〔2020〕30 号），中国政府网，http：//www.gov.cn/zhengce/content/2021 - 11/30/content_5654985.htm，2021 年 11 月 30 日。

　　② 屈哨兵主编：《语言服务引论》，北京：商务印书馆，2016 年。

进行观察与研究应该有更加宽广的视野，这样更有利于国家语言文字事业的发展。田学军同志在国家语委"十四五"科研工作会议上要求准确把握新形势新要求，指出国家语言文字工作创新力亟待提升、服务力亟须加强、引领力需要突破、影响力仍需加强。我们尤其关注此中提到的"服务力"。《国家语言文字事业"十四五"发展规划》中专门有一个"增强国家语言文字服务能力"部分，由两个板块组成：一个板块叫"加强国家语言发展战略规划"，提出要"统筹国家通用语言文字推广普及、语言文字规范化标准化信息化建设、语言资源保护利用、外语教育、国际中文教育、语言人才培养"，还提出"开展粤港澳大湾区、雄安新区、海南自由贸易港等区域语言规划研究""谋划推动'一带一路'语言互通行动""防范化解由语言文字引发的各类风险""发展语言智能、语言教育、语言翻译、语言创意、语言康复等语言产业""建设一批国家语言服务出口基地"等；另一个板块叫"提升语言服务能力"，主要涉及特定人群的语言服务问题，包括关注进城务工人员、留守儿童、留守妇女、老年人群体以及听力视力残疾人、来华旅居留学工作的外国人等，还包括应急语言服务和公共领域语言服务等。这些规划与具体的语言服务任务落地效果如何，需要我们对相关的语言服务能力进行评估，这样才能更好地进行更宽广领域的语言服务。评估的目的是更好地明晰我们的所作所为与国家事业发展之间的吻合度，是否达到或者接近国家发展的相关目标，是否有助于中国特色社会主义现代化一系列强国目标的实现，尤其是否有助于十九大报告中提出的文化强国、教育强国、人才强国、科技强国等十二个强国目标的实现。

二、进行语言服务能力评估的必要性

选择哪个范围首先开展语言服务能力评估看起来只是工作先后步骤问题，实际上涉及语言文字事业战略布局的考量。从理论上讲，开展语言服务能力评估至少可以有三个选择：国际层面、国家层面、城市和区域层面，当然还可以从不同领域、角度来进行划分。这里面还涉及与国家语言能力的关系问题。关于国家语言能力，我国有关学者近年来已经有较多讨论。① 从整体情况看，国家语言服务能力可以看成国家语言能力的一个组成部分。张天伟关于国家语言能力指数的报告分析有一部分就是语言服务的内容，例如其三级指标中涉及的"应急语言服务的可获得性""语言服务社团开设的数量""全球主要语言可提供性""机器翻译能力""信息检索能力""语音语种识别能力"等都与语言服务能力有关。② 但如果仅从国内语言服务所涉及的内容来讲，又有一些方面是在讨论国家语言能力时没有涵盖的，所以有必要将它们单列出来进行研究。这些没有涵盖的内容涉及社会经济文化发展的方方面面。本来从领域角度直接切入也不失为一个办法，从长远来看，设计针对各个领域语言服务能力的评估指标系统也有其必要性，但是鉴于领域本身边界的开放性，一步到位存在较大困难。相较而言，首先进行城市和区域语言服务能力评估更有必要性：

具体来说，这种必要性可以从三个维度来看：

第一个维度，国家城镇化战略布局提出了相关需求。中共中央十九届五中全会审议通过《中共中央关于制定国民经济和社会发展第十四个五年规划和二〇三五年远景目标的建议》，随后全国人大批准颁行《中华人民共和国国民经济和社会发展第十四个五年规划和 2035 年远景目标纲要》（以下简称《纲要》）。《纲要》第八篇的主题是"完善新型城镇化战略提升城镇化发展质量"，提出坚持走中国特色新型城镇化道路，深入推进以人为核心的新型城镇化战略，以城市群、都市圈为依托促进大中小城市和小城镇协调联动、特色化发展，使更多人民群众享有更高品质的城市生活，该篇分"加快农业转移人口市民化""完善城镇化空间布局""全面提升城市品质"三章来部署城镇化战略的各项任务。可以这样说，几乎每一章节都离不开语言服务，都应该建立相应的语言服务能力评估体系，以更好地保障城镇化发展质量。以第二十九章"全面提升城市品质"为例，该章的四节分别是"转变城市发展方式""推进新型城市建设""提高城市治理水平""完善住房市场体系和住房保障体系"。在各节提出的"十四五"期间的各项具体举措中，只要稍加留心，就可以发现语言服务在其中发挥的作用不可替代。这里仅以第二节"推进新型城市建设"为例。这一

---

① 李宇明：《提升国家语言能力的若干思考》，《南开语言学刊》2011 年第 1 期；文秋芳：《国家语言能力的内涵及其评价指标》，《云南师范大学学报》（哲学社会科学版）2016 年第 2 期；周庆生：《国家语言能力的结构层次问题》，《语言政策与规划研究》2016 年第 1 期；文秋芳：《对"国家语言能力"的再解读：兼述中国国家语言能力 70 年的建设与发展》，《新疆师范大学学报》（哲学社会科学版）2019 年第 5 期；文秋芳、杨佳：《面向两个共同体建设提升国家语言能力》，国家语言文字工作委员会组编：《中国语言政策研究报告（2021）》，北京：商务印书馆，2021 年。

② 张天伟：《国家语言能力指数体系完善与研究实践》，《语言战略研究》2021 年第 5 期。

段话仅 348 个字，里面提到的"科学规划布局城市绿环绿廊绿楔绿道，推进生态修复和功能完善工程，优先发展城市公共交通，建设自行车道、步行道等慢行网络""保护和延续城市文脉，杜绝大拆大建，让城市留下记忆、让居民记住乡愁""增强公共设施应对风暴、干旱和地质灾害的能力，完善公共设施和建筑应急避难功能""加强无障碍环境建设"等，每一项建设内容都包含语言服务的需要："城市绿环绿廊绿楔绿道"需要具有绿色环保性质的语言服务来维护生态；"建设自行车道、步行道等慢行网络"需要以人为本的语言服务来帮助出行；"完善公共设施和建筑应急避难功能"需要语言服务设施来应急补缺；"保护和延续城市文脉"需要语言服务来帮助城市留下记忆、让居民记住乡愁；"加强无障碍环境建设"需要特殊语言服务来帮助残障人士更好地融入城市，感受到有品质的城市生活。

第二个维度，国家的区域战略布局提出了相关需求。《纲要》第九篇设定的主题是"优化区域经济布局促进区域协调发展"，专列一章部署"深入实施区域重大战略"，聚焦实现战略目标和提升引领带动能力，推动区域重大战略取得新的突破性进展。这一章分成五节，分别提出"加快推动京津冀协同发展""全面推动长江经济带发展""积极稳妥推进粤港澳大湾区建设""提升长三角一体化发展水平""扎实推进黄河流域生态保护和高质量发展"。第九篇还另列一章部署"深入实施区域协调发展战略"，分别提出"推进西部大开发形成新格局""推动东北振兴取得新突破""开创中部地区崛起新局面""鼓励东部地区加快推进现代化""支持特殊类型地区发展"。不管是区域重大战略，还是区域协调发展战略，可以说覆盖了国土空间的绝大部分。这种优化区域经济布局、促进区域协调发展的规划布局，势必对语言文字工作的同步跟进提出了相应的要求，更加及时地做好各个区域的语言服务，并对各个区域的语言服务能力在国家层面上进行科学布局和评估引导势在必然，也理所当然。只有这样，我们才能实现这两章的导语提出的"促进区域间融合互动、融通补充"和"在发展中促进相对平衡"的目标。

第三个维度，现有的城市与区域的语言服务的实践提出了相关需求。前述第一个维度和第二个维度是从国家"十四五"经济社会发展规划需求方面所进行的讨论。与此相关，笔者所在团队研制的《粤港澳大湾区语言服务发展报告（2022）》也说明，对语言服务能力加以评估，对于城市和区域都十分有必要。粤港澳大湾区由广东珠三角九个城市和香港、澳门两个特别行政区组成，其中广州、深圳、香港、澳门是大湾区的四个中心城市。如果从《纲要》文本这个角度看，粤港澳大湾区既具有国家城镇化发展的特质，也具有国家区域发展的特质。从城镇化角度看，《纲要》里提出"优化提升京津冀、长三角、珠三角、成渝、长江中游等城市群……建立健全城市群一体化协调发展机制和成本共担、利益共享机制，统筹推进基础设施协调布局、产业分工协作、公共服务共享、生态共建环境共治"；从区域发展战略看，《纲要》提出"以京津冀、长三角、粤港澳大湾区为重点，提升创新策源能力和全球资源配置能力，加快打造引领高质量发展的第一梯队"，同时也提出"提高中心城市综合承载能力和资源优化配置能力，强化对区域发展的辐射带动作用"。从城市群一体化协调发展中心城市综合承载能力和资源优化配置能力、粤港澳大湾区提升创新策源能力和全球资源配置能力等方面考虑，语言服务能进行哪些方面的赋能？这就成为我们观察分析大湾区语言服务能力的一个重点。在《粤港澳大湾区语言服务发展报告（2022）》里，我们一共提交了26篇与大湾区语言服务有关的报告，分别放在不同的专题下，其中教育湾区语言服务6篇，人文湾区语言服务5篇，智慧湾区语言服务5篇，健康湾区语言服务4篇，生活湾区语言服务6篇。这几个专题主要是依据《粤港澳大湾区发展规划法纲要》中关涉较大的一些重点内容来设定的。里面的报告既涉及面向大湾区面上的一些语言服务项目，也涉及大湾区特定城市范围内的语言服务；既涉及现实物理空间里的语言服务，也涉及信息空间里的语言服务。这些报告的内容表明，我们在语言服务层面已经有了很多实践。但在《粤港澳大湾区语言服务发展报告（2022）》研制的过程中，我们遇到了一些问题：如何评估一个特定项目或者特定区域（城市）的语言服务能力？应该基于什么原则来帮助我们评估？又有哪些项目资源可以纳入语言服务能力的评估指标之中？这些项目资源如何获得以及怎样接受评估？这些问题虽然不是这部报告所要解决的，但它们确实启发我们，进行城市与区域的语言服务能力评估十分有必要。

三、进行语言服务能力评估的基本原则

《纲要》的城镇化战略布局和区域战略布局中关于语言服务需求的场景还有很多。城镇化战略布局方面，"推动城市群一体化发展"部分提出要"形成多中心、多层级、多节点的网络型城市群"，"建设现代化都市圈"部分提出"提高1小时通勤圈协同发展水平，培育发展一批同城化程度高的现代化都市圈""完善大中城市宜居宜业功能优化市政公用设施布局和功能，支持三级医院和高等院校在大中城市布局，增加文化体育资源供给，营造现代时尚的消费场景，提升城市生活品质"，"提高城市治理水

平"部分提出"加强物业服务监管，提高物业服务覆盖率、服务质量和标准化水平"等；区域发展战略方面，京津冀协同发展要"紧抓疏解北京非首都功能'牛鼻子'""构建功能疏解政策体系，实施一批标志性疏解项目"，长江经济带发展要"打造人与自然和谐共生的美丽中国样板""保护好长江文物和文化遗产"，粤港澳大湾区建设要"深化通关模式改革，促进人员、货物、车辆便捷高效流动。扩大内地与港澳专业资格互认范围，深入推进重点领域规则衔接、机制对接"，长三角一体化要"加快公共服务便利共享，优化优质教育和医疗卫生资源布局"，黄河流域生态保护和高质量发展要"优化中心城市和城市群发展格局，统筹沿黄河县城和乡村建设。实施黄河文化遗产系统保护工程，打造具有国际影响力的黄河文化旅游带"。这些从不同的角度蕴含着各种各样的语言服务需求。各级党委和政府组织、学术机构、企业及社会力量，都应该从不同角度不同层面作出积极系统的响应，这是国家语言文字事业服务国家发展之必需，也是《国务院办公厅关于全面加强新时代语言文字工作的意见》提出的"提升城乡社区语言服务能力"、2025 年达到"人民群众需求相适应的语言服务体系更加完善"目标的必然要求。

那么，语言服务能力评估应该遵循的基本原则有哪些呢？我们可以从三个方面进行思考：

第一个方面，空间布局中的地位不同，相应的语言服务能力的评估要求也有所不同。根据《纲要》所示，从实施乡村建设到推进以县城为重要载体的城镇化建设，从完善大中城市宜居宜业功能到优化提升超大特大城市中心城区功能，从建设现代化都市圈到推动城市群一体化发展，从深入实施区域重大战略（京津冀、长江经济带、粤港澳、长三角、黄河流域）到深入实施区域协调发展战略（西部大开发、东北全面振兴、中部地区崛起、东部率先发展、支持特殊类型地区加快发展），此中的每一个方面都应该有相应的语言服务需求。不同方面的语言服务需求彼此之间有同有异，但在国家层面上，肯定是同大于异，如不同地区之间都要提供国家通用语言文字的教育服务，但随着区位的不同，势必在语言服务方面产生不同的需求。例如，粤港澳大湾区涉及香港、澳门与珠三角九市的规则衔接与机制对接以及人流物流车辆高效流动，在使用国家通用语言文字的基础上，一定会产生英语、葡语和粤方言等方面的语言服务需求；在普通话普及率低于全国平均水平的省份，一定会存在实施"一地一策"的语言教育服务需求。城市地位也有着彼此之间的差异，在语言服务方面的表现也会有所不同。前文《纲要》提出推进新型城市建设中要"保护和延续城市文脉"，相应的语言服务表现随着城市区位的不同也会有所不同。《粤港澳大湾区语言服务报告（2022）》中有一篇是调查广州市荔湾区永庆坊旧城微改造项目中的语言景观。语言景观设置是语言服务的一种表现方式。报告显示，永庆坊自上而下的语言景观存在单语、双语和多语三种情况，使用语言有中文、英语和韩/朝鲜语三种。其中，单用中文的占48.39%，中英双语的占45.16%，中、英和韩/朝鲜语的占6.45%。这里的双语或多语情况就和广州作为国际旅游目的地的城市定位有着直接的联系。至于这样的语言服务是否完全到位，尤其是在传承历史文脉这方面是否做得到位，还需要我们作出更加细致的调查论证才能得出结论。城市和区域的语言服务体系，尤其是辐射带动能力较强的中心城市和超大特大城市，它们的语言服务体系如何建设，语言服务能力如何评估，都应该成为我们的工作重点。

第二个方面，领域层级中的地位不同，相应的语言服务能力的评估要求也有所不同。我们曾经从不同角度列举分析过语言服务的类型，领域和层级是其中两个重要的角度。① 从领域的角度看，可以分为网络领域、广告商业领域、会展导游领域、电信交通领域、体育医疗领域、法律灾异领域等；从层次角度看，可以分为国际语言服务、国家语言服务、族际语言服务、方言/社区语言服务、家庭/个体语言服务等。随着语言服务实践和语言服务研究的进展，这样的分类可能还不是十分周全，领域本身的开放性使得我们在领域语言服务方面难以一一列举，语言服务层级层次的差异性使得我们对相关实践的观察与建设还不是十分及时。如果就《纲要》所涉及的不同领域进行一次全面的梳理，我们会发现可以进行语言服务的领域比我们曾经列出的要丰富得多。仅从《纲要》的章目看，一些关键概念就可以引导我们进行更多的语言服务方面的思考。我们不妨把这些章目中的核心概念罗列一下：企业技术创新、科技创新、制造强国、战略性新兴产业、服务业、现代化基础设施体系、国内大循环、国内国际双循环、数字经济、数字社会、数字政府、数字生态、海洋经济、公共文化服务、现代文化产业体系、生态系统、环境质量、开放型经济、"一带一路"、教育体系、健康中国、人口老龄化、公共服务制度体系、社会保障体系、妇女未成年人和残疾人基本权益、基层社会治理、国家安全体系和能力建设、国家经济安全保障、公共安全保障能力、社会稳定和安全、国防和军队现代化、国防实力、社会主义民主法治、党和国家监督体系、保持香港澳门长期繁荣稳定、两岸关系和平发展和祖国统一。上述这些关键概念在规划实施过程中涉及的领域千差万别，里面关涉的层级层次也同样千差万别，

---

① 屈哨兵主编：《语言服务引论》，北京：商务印书馆，2016年。

但它们一定都离不开这样或那样的语言服务。对国民经济与社会发展中的语言服务能力进行建设并进行不同方式不同要求的评估，其重要性再怎么估计都不过分。

第三个方面，信息世界中的表现不同，相应的语言服务能力的评估要求也有所不同。这里我们就信息世界专门列出一个部分来讨论其语言服务问题，是基于新一代信息技术互联网已经成为与物理世界平行的一个世界。很多时候我们将信息世界称为虚拟世界，实际上随着社会发展，尤其是随着元宇宙概念及相关事实的出现，虚拟不再是其唯一特征，它与客观物理世界已经如水乳交融般同体存在。在信息世界里同样存在着巨量语言生活。从某种意义上讲，语言在信息世界里所占的份额更大。我们研制的《粤港澳大湾区语言服务报告（2022）》，虽然整体上针对的是大湾区这个物理空间，但是此中相当多的语言服务现象却都是在网上运行并通过网上得来的，本来就是信息世界中的一种真实存在。信息世界中的语言服务能力应该成为我们观察、评估、建设、引导的一个重要方面。我们注意到《纲要》的第五篇"加快数字化发展建设数字中国"的四章，分别从"数字经济""数字社会""数字政府""数字生态"角度来布局数字中国。数字中国也就是信息世界里的中国。我们曾经关注过数字经济框架下的主要经济业态与语言服务的关系，认为在这方面我们要做的工作还有很多，目前做得还很不够①，这里面涉及云计算、人工智能、大数据、工业互联网、区块链、虚拟增强现实技术等各个方面及层面里的语言要素如何介入服务的问题。至于在数字社会和数字政府方面，充分重视语言服务能力建设，进一步提高语言服务水平，更是题中应有之义。《纲要》的数字社会建设中提到的"提供智慧便捷的公共服务""建设智慧城市和数字乡村""构筑美好数字生活新图景"，每一个方面都离不开语言服务；同样，《纲要》的数字政府建设中提出的"加强公共数据开放共享""推动政务信息化共建共用""提高数字化政务服务效能"，任何一个方面也都离不开语言服务。就拿其最后一部分"提高数字化政务服务效能"来说，《纲要》提出要"强化数字技术在公共卫生、自然灾害、事故灾难、社会安全等突发公共事件应对中的运用，全面提升预警和应急处置能力"，应急语言服务就有着很强的数字技术应用追求。设想一下，在国家提出的一系列数字应用场景中，不管是智能交通、智慧教育、智慧医疗、智慧文旅，还是智慧社区、智慧家居、智慧政务，假如没有语言服务的参与，那几乎是不可想象

---

① 屈哨兵：《数字经济时代里的语言服务能力建设问题》（在首届中国—东盟语言文化论坛上的报告），贵阳，2021 年 9 月 25 日。

的。营造开放、健康、安全的数字生态必须包括语言服务生态。但从目前情况看，数字中国的语言服务能力建设与语言服务能力评估还没有被提上议事日程，这需要我们及时及早作出规划部署。

四、进行语言服务能力评估体系建设的几点建议

很显然，我们虽然讨论了进行城市和区域语言服务能力评估的重要性、必要性及其相应的评估原则，但就其可行性的角度看，要拿出一个相对完备的语言服务能力评估指标体系并不是一件容易的事情。这里提出三点建议：

第一，要做好语言服务能力评估中城市和区域的统筹和区分。由于我国关于区域发展的战略通常是跨省域（海南自由贸易港除外）的空间构成，对区域语言服务能力的评估可以在国家层面进行，比较可行的途径是依托国家语委设在一定区域内的条件相对成熟的科研中心来做基础性工作，前期评估主要是基于学术机构提出相应的评估意见，也可以成为中国语言生活状况报告的一项内容，也可以进行专门报告，时机成熟时再成为国家语言文字事业发展报告中的组成部分。相对于战略性区域而言，城市语言服务能力评估在行政区划板块上的边界比较清晰，但城市本身的规模层级有大小高低之分，还需要我们作出进一步的区分。从层级看，城市有县级市、地级市、省会城市、副省级省会城市、直辖市等区分；从规模看，城市又有超大特大城市和大中城市等方面的区别。此外，还有国家中心城市、计划单列市等不同角度的区分。对城市进行语言能力评估，不妨先选择辐射带动力强的中心城市作为语言能力评估的主要对象。由于辐射带动性强的中心城市在空间布局、领域层级及信息世界中的表现具有较强的覆盖性，首先对它们的语言服务能力进行建设评估，随后它们形成的上行支撑力和下行示范力都会有较大的活动空间。当然我们也清楚，城市和区域的层级不同，相应的语言服务能力评估指标体系及其相应参数的设计甚或评估指数的计算都会有所不同。目前我们在这方面的思考和研究还不够。

第二，要分步进行语言服务能力指标体系的构建。这实际上是本文讨论的主要内容。前文不管是从三个不同的维度讨论其设置的必要性，还是从三个不同的方面讨论其设置的基本原则，都是力图在抽取不同的语言服务能力评估的内容项目上落脚。通过讨论可以发现兹事体大。评估指标体系的建立是一项系统工程，有必要设立专项进行研究。不过我们认为，《国家语言文字事业"十四五"发展规划》已经为我们建立城市和区域语言服务能力评估指标体系奠定了一个比较好的基础，此中的绝大部分举措

都可以在特定区域和辐射带动力强的中心城市工作中找到工作抓手。概略一点说，我们可以分别从服务需求和服务供给、服务体系和服务平台、服务质量和服务水平、服务内涵和服务功能、服务行业和服务领域、服务行动和服务措施等不同角度进行系统梳理，在此基础上形成语言服务能力的评估指标系统骨干框架，将《国家语言文字事业"十四五"发展规划》中提及的关于语言服务的具体事项作为语言服务能力评估的重点内容，这里面既包括"进城务工人员、留守儿童、留守妇女、老年人群体以及听力视力残疾人、来华旅居留学工作的外国人"等特定人群的语言服务，也包括"国家通用语言文字推广普及、语言文字规范化标准化信息化建设、语言资源保护利用、外语教育、国际中文教育、语言人才培养"等特定范围的语言服务，还应该涵盖相关区域或城市语言发展规划、语言产业发展状况、公共领域语言服务等方面的内容。以《国家语言文字事业"十四五"发展规划》所涉的语言服务能力评估体系构建为基础，进一步结合国家"十四五"发展规划所需明细的相关领域，构建更加完善、着眼长远的语言服务能力评估指标体系。

第三，要把握好数字社会和数字政府建设的时代机遇，使语言服务能力评估更多更好地利用人工智能和大数据进行，提升国家语言文字事业的服务力，从而更加精准地助力现代化强国建设。我们注意到，《纲要》提出要"适应数字技术全面融入社会交往和日常生活新趋势，促进公共服务和社会运行方式创新，构筑全民畅享的数字生活"，要"将数字技术广泛应用于政府管理服务，推动政府治理流程再造和模式优化，不断提高决策科学性和服务效率"。在这些关于数字社会和数字政府的建设目标中，如何使语言服务能力成为观察政府管理服务能力和社会公共服务能力的一个窗口，应该具有一种特别的价值；不断提高语言服务能力，应该成为提高全民数字生活水平和政府服务效率的一种时代追求。"促进人的全面发展，满足人民对美好生活的向往，迫切需要语言文字事业向更高水平更高质量发展。"[①] 我们还注意到，《纲要》中提到"扩大基础公共信息数据安全有序开放，探索将公共数据服务纳入公共服务体系""开展政府数据授权运营试点，鼓励第三方深化对公共数据的挖掘利用"，这些都为我们进行语言服务能力评估奠定了良好的政策基础，尤其是为我们进行语言服务能力指数系统的设计与实施提供了一种现实可能，值得引起我们的高度关注和及时跟进。

---

① 田学军：《努力开创新时代语言文字事业发展新局面》，《光明日报》，2020 年 10 月 14 日第 8 版。

参考文献

［1］李宇明：《提升国家语言能力的若干思考》，《南开语言学刊》2011 年第 1 期。

［2］李宇明：《语言服务与语言产业》，《东方翻译》2016 年第 4 期。

［3］屈哨兵：《语言服务研究论纲》，《江汉大学学报》（人文科学版）2007 年第 6 期。

［4］屈哨兵：《关于〈中国语言生活状况报告〉中语言服务问题的观察与思考》，《云南师范大学学报》（哲学社会科学版）2010 年第 5 期。

［5］屈哨兵：《语言服务的概念系统》，《语言文字应用》2012 年第 1 期。

［6］屈哨兵主编：《语言服务引论》，北京：商务印书馆，2016 年。

［7］屈哨兵主编：《中国语言服务发展报告（2020）》，北京：商务印书馆，2020 年。

［8］文秋芳：《国家语言能力的内涵及其评价指标》，《云南师范大学学报》（哲学社会科学版）2016 年第 2 期。

［9］文秋芳：《对"国家语言能力"的再解读：兼述中国国家语言能力 70 年的建设与发展》，《新疆师范大学学报》（哲学社会科学版）2019 年第 5 期。

［10］文秋芳、杨佳：《面向两个共同体建设提升国家语言能力》，国家语言文字工作委员会组编：《中国语言政策研究报告（2021）》，北京：商务印书馆，2021 年。

［11］张天伟：《国家语言能力指数体系完善与研究实践》，《语言战略研究》2021 年第 5 期。

［12］赵世举：《从服务内容看语言服务的界定和类型》，《北华大学学报》（社会科学版）2012 年第 3 期。

［13］周庆生：《国家语言能力的结构层次问题》，《语言政策与规划研究》2016 年第 1 期。

附　录

附录一　当代中国领域语言学研究

附录二　《语言服务引论》目录

附录一　当代中国领域语言学研究*

领域语言学是近年来我国语言学研究逐渐形成的一个新的研究趋势，整体特征是主张在划分清楚各种语言生活边界的基础上，对不同领域的语言实践进行全面系统的观察，分析事实，解释因果，总结规律，从而更加有效地指导语言生活，从领域系统的层面推动语言学研究理论的创新和发展。从某种意义上讲，只要是有人类语言活动的地方，都有可能在那里形成相应的领域语言研究的门类，这将是一个非常丰富多彩的格局，尺幅之内难以尽述。即使是从当下社会语言生活发展及学术研究需要的角度看，要列出一个领域语言学研究的清单，同样也会比较长，三十个甚至五十个都未必列得全。我国的语言学研究各个分支固然都有很多成绩及优长，但同时也有很多短板与不足，其中之一就是语言研究的领域意识不强，领域语言研究专门人才队伍建设乏力，更进一步，领域语言的建设标准及集成力度不够，如果不加强建设，今后会在相当程度上影响我国语言学研究参与和推动国家文化与社会建设的力度与水平，影响到国家软实力的质量与效能。本部分只是对几个有代表性的领域语言的实际作出观察与分析。

一、法律语言学

作为领域语言学重要分支之一，法律语言学是语言学与法学的交叉学科。"语言与法律的关系甚为密切。"① 法律离不开语言，中国法律语言学伴随着中国依法治国的推行而产生。历数中国史料文献，虽然也能找到零星的法律语言研究和论述，但是中国法律语言真正有影响的研究，却是最近二三十年的事情。中国法律语言学的兴起丰富了汉语语言学的本体研究，同时中国法律语言学研究也与国外法律语言学研究保持密切关系。这个时期，外语界法律语言研究者的系列引介和研究工作对于开辟法律语言

---

　　* 本文原载于《当代中国语言学研究（1949—2019）》第十六章"领域语言学研究"（李宇明主编，北京：中国社会科学出版社，2019年），与廖美珍共同完成。撰写过程中，黄梦、张曼、王冀、李爽等参加了地名学、广告语言学、新闻语言学、语言经济学部分内容的写作。语言经济学部分得到王海兰博士的重要帮助。
　　① 许嘉璐：《序》，周庆生、王杰、苏金智主编：《语言与法律研究的新视野》，北京：法律出版社，2003年。

研究新领域起到了引领作用。国外法律语言学的及时引介，如吴伟平①、林书武②、庞继贤③、廖美珍④等，国内法律语言研究综述梳理，如邢欣⑤、胡海娟⑥、安秀萍⑦、朱振华⑧、李诗芳⑨、肖明星⑩等，促进了中国法律语言学研究内容日益丰富、研究视角更加开阔、研究方法呈现多样化。

（一）法律语言学研究的四个阶段

20 世纪 70 年代末期可以称为法律语言研究酝酿阶段。中国共产党的十一届三中全会之后，党和政府高度重视法治建设，社会主义民主与法治逐步健全，国家立法机关、司法机关、公安机关、行政机关、律师事务所、公证处、仲裁处等各种法律机构以及法律院校面临着大量与语言运用相关的问题，这对法律语言研究提出了迫切要求。"最早涉猎法律语言研究领域的是全国首个法律院系的语文教师，高潮教授于 1982 年与他人合作编写了《语文教程》，最早提及法律语言研究问题。"⑪ 北京政法学院（今中国政法大学）编写的《关于司法文书中的语法修辞问题》（内部印刷）是较早运用法律文书实例说明汉语语法修辞规律的书，陆俭明说"这是我见到的最早的一本谈论法律语言问题的书。不过严格说，这还算不上真正的法律语言研究成果"⑫。

20 世纪 80 年代后期可以称为法律语言研究的初创阶段。此间从事汉语教学和研究的一批研究者着力于法律语言研究，发表、出版了一批数目可观、有一定理论和体系的学术论著，如高玉成的《司法口才学》⑬，宁致远、刘永章的《法律文书的语言运用》⑭ 等，这个时期的法律语言研究主要还是"语言内部要素论"，即法律语境下语言构成要素——字、词、修辞、风格等研究。对法律语言进行比较全面的考虑并较早提出建立法律语

---

① 吴伟平：《法律语言学：会议、机构与刊物》，《国外语言学》1994 年第 2 期。

② 林书武：《一种法律语言学杂志创刊》，《当代语言学》1996 年第 1 期。

③ 庞继贤：《语言学在法律中的应用：司法语言学》，《外国语（上海外国语大学学版）》1996 年第 5 期。

④ 廖美珍：《国外法律语言研究综述》，《当代语言学》2004 年第 1 期。

⑤ 邢欣：《国内法律语言学研究述评》，《语言文字应用》2004 年第 4 期。

⑥ 胡海娟：《法庭话语研究综论》，《广东外语外贸大学学报》2004 年第 1 期。

⑦ 安秀萍：《法律语言研究之我见》，《山西省政法管理干部学院学报》2004 年第 3 期。

⑧ 朱振华：《论法律语言学研究》，《湘潮》（理论版）2008 年第 4 期。

⑨ 李诗芳：《法律语言学研究综观》，《学术交流》2009 年第 6 期。

⑩ 肖明星：《法庭话语研究的文献综述》，《文学教育》（中）2012 年第 6 期。

⑪ 陆俭明：《序》，廖美玲：《法庭问答及其互动研究》，北京：法律出版社，2003 年。

⑫ 陆俭明：《序》，廖美玲：《法庭问答及其互动研究》，北京：法律出版社，2003 年。

⑬ 高玉成：《司法口才学》，北京：知识出版社，1986 年。

⑭ 宁致远、刘永章：《法律文书的语言运用》，合肥：安徽教育出版社，1988 年。

言科学体系的是陈炯教授撰写的《法律语言学探略》①。

20世纪90年代可以称为法律语言研究繁荣阶段。这个时期的法律语言学研究者开始在原来关注语言层次各要素的分析之外，特别强调立法和司法过程中的语言表达和篇章组织，更加关注法律语言使用的社会语境、法律制约等法律语境、法律语言的事实、现象、特点、规律的探讨，产生了一批较有影响的研究性专著。最早以"法律语言学"为书名出版专著的是余志纯主编的《法律语言学》②，此后又有王洁主编的我国第一部"法律语言学"统编教材《法律语言学教程》③。

21世纪以来可以称为法律语言研究多元化发展阶段。21世纪以来，伴随着社会科学领域的各种思潮影响、系统跨学科复杂化理论的诞生，法律语言学的各种视角、途径的探索不断深入，法律语言学研究呈现出多元化发展的研究态势，倡导"法律语言学"学科建设的要求越发迫切。这段时间先后出版了一批法律语言学研究著作，如吴伟平的《语言与法律：司法领域的语言学研究》④、刘蔚铭的《法律语言学研究》⑤、王道森的《法律语言运用学》⑥ 等。这些著作绝大多数是从语言识别、问题风格、词语特点、修辞理据、句法特征等微观层面研究法律语言，推动了法律语言学研究的纵深发展。这个时期，国外法律语言学研究成果的译介和借鉴也蔚为大观，较具代表性的是"西方法律语言学丛译"，共计10种，由廖美珍、苏金智任主编，组织翻译并由法律出版社出版。廖美珍在这套丛书的序言中阐述了中国法律语言学研究要立足本国、走向世界的路径，在其个人著作中也展现了这种研究特点。⑦

（二）法律语言学研究的主要范围与类别

从学科性质上讲，法律语言学是应用语言学的一个分支，考察法律领域中语言的应用。从法律语言的总体研究来看，法律语言学是法学和语言学的结晶，是独具个性的一门交叉学科。⑧ 法律语言学涵盖法律实践中的两大领域——立法语言和司法语言。当代中国法律语言学可以从研究对象、研究领域、研究内容（视角/分类）和国内研究格局四个方面进行

---

① 陈炯：《法律语言学探略》，《安徽大学学报》（哲学社会科学版）1985年第1期。
② 余志纯主编：《法律语言学》，西安：陕西人民教育出版社，1990年。
③ 王洁主编：《法律语言学教程》，北京：法律出版社，1997年。
④ 吴伟平：《语言与法律：司法领域的语言学研究》，上海：上海外语教育出版社，2002年。
⑤ 刘蔚铭：《法律语言学研究》，北京：中国经济出版社，2003年。
⑥ 王道森：《法律语言运用学》，北京：中国法制出版社，2003年。
⑦ 宋北平：《法律语言研究三十年回顾与展望》，《北京政法职业学院学报》2008年第4期。
⑧ 王洁主编：《法律语言学教程》，北京：法律出版社，1996年。

申说。

从研究对象上看，法律语言学研究的对象是特定的，即立法、司法、执法研究过程中所用的语言和文本。1997 年以前法律语言研究的状况，正如潘庆云所言："十几年来，法律语言研究大体已形成司法文书、法庭论辩、法制宣传、公安预审、言语识别、谈判调解、立法语言等分支。"① 随着我国社会主义法治的逐步健全和法律语言研究的不断深入，法律语言学的研究内涵不断丰富，法律翻译、跨文化法律交流、东西方法律语言对比、法律语篇（话语）等前沿问题也被纳入法律语言的研究视野。

从研究领域上看，法律语言研究的论著几乎涉及诉讼和法律实务的各个领域：一是关于法律语言学科体系的研究；二是关于司法实践的研究，包括立法语言研究、司法语言研究、执法语言研究、普法语言研究、涉法语言研究、预审语言研究、言语识别研究等；三是语言本体角度的法律语言研究，包括法律词语、法律修辞、法律语用学、法律句法学、法律歧义等。

从研究内容（视角/分类）上看，孙懿华将法律语言学的研究内容分为静态立法语言（legislative language）和实施法律过程的动态司法话语（judicial discourse），后者又分为司法书面文本和司法口头话语；在研究视角上，拥有法学背景的孙懿华、华尔庚等重在对立法语言的法学规范、司法语言的运用；拥有外语背景的吴伟平、杜金榜、刘蔚铭等侧重引介国外的法律语言学理论建设；而拥有汉语背景的王洁、潘庆云等重在法律语言本身的研究及其运用，以语言学视角和方法探求法律语言的特点。学者们各自的研究旨趣和侧重点也不同。在学科分类上，早期多将法律语言的应用范围划分为立法语言、司法语言以及其他法律语言，中期将重点转向法律语言的运用，后期以外语界为代表的法律语言学研究者受国外语言学分类的启发，以语言行为说为指导，研究语言与法律的关系。

从国内研究格局上看，中国法律语言研究格局与中国法律语言学领域现有的学术组织有直接的关系。在学术背景上，中国法律语言学学者形成"三分天下"的态势，呈现边缘法学、话语语言学、国外语言学三种取向。② 边缘法学取向以南昌为中心，依托江西农业大学法律语言学研究所进行；话语语言学取向主要以北京为中心，依托北京政法职业学院法律语言应用研究所进行，2008 年成立了中国行为法学会法律语言研究会；国外语言学取向以广东为中心，依托广东外语外贸大学国际商务英语学院法律

---

① 潘庆云：《跨世纪的中国法律语言》，上海：华东理工大学出版社，1997 年。
② 李振宇：《试述"天下三分"的我国法律语言学》，《法律语言学说》2008 年第 6 期。

语言学研究所进行，2000 年还成立了中国修辞学会法律语言研究会（2006年改名为中国法律语言学研究会）。

（三）法律语言学研究方法的嬗变

我国法律语言学建立在语言学和法学交叉学科之上，不可避免要以语言学和法学作为其理论支柱。根据各阶段研究主题的特征和研究方向的不同，先后形成了"汉语模式""英语模式"和"法学模式"三个时代模式。①

一是传统汉语言纯文本分析视角下的法律语言研究方法。20 世纪 80年代我国的法律语言研究，可以说是从事大学汉语类教学的学者们"一统天下"。经过 10 年艰苦努力，至 80 年代末，汉语模式时代的法律语言研究进入巅峰状态，为数可观的论文先后发表，各种各样的学术著作先后出版，表现为三个特征：第一，内容上以法律文书语言为主，涉及范围广泛；第二，方法上以现代汉语知识运用为主，兼及逻辑学、心理学、方言学、司法精神病学等；第三，学科上局限于语言本身的研究，没有打通其与法学、法律的联系。②

二是西方语言学理论视角下的法律语言研究方法。90 年代前后的中国法治建设吸引了语言学界尤其是社会语言学、应用语言学的学者的参与实践，也将法律语言作为其研究对象。由于中国的语言学大量借鉴索绪尔、乔姆斯基、韩礼德等西方学者的学说的学术背景。一批高校具有较好外语背景的研究者在引介、领会西方语言学理论方面捷足先登，利用西方语言学理论来研究法律语言的思维，介绍和模仿欧美法律语言研究传统，开启了"英语模式"的法律语言研究时代。③ 借助娴熟的英语工具，英语界的研究者很快了解到欧美国家法律语言研究情况，并将其迅速介绍到中国，随后就英汉、汉英法律翻译中的语言问题展开研究。这个时期，学者们介绍欧美学者基于法律语言问题的研究来切实解决他们的法律问题，研究汉英语法律翻译中的语言问题。社会语言学主要研究课题对法律语言学研究起到了十分重要的借鉴作用，如语言变体理论帮助法律语言使用者识别身份，运用权力关系和同等关系理论来研究语言使用者（如言者和听者）之间的关系，推断相互之间的关系。④ 语用学的理论和方法以及心理语言学的研究成果在法律语言学研究中也有较大的应用空间。

---

① 李振宇：《试述"天下三分"的我国法律语言学》，《法律语言学说》2008 年第 6 期。
② 李振宇：《试述"天下三分"的我国法律语言学》，《法律语言学说》2008 年第 6 期。
③ 李振宇：《试述"天下三分"的我国法律语言学》，《法律语言学说》2008 年第 6 期。
④ 杜金榜：《法律语言学》，上海：上海外语教育出版社，2004 年。

　　三是法学取向视角下的法律语言研究方法。法治国家建设的客观需求，以及法律语言学研究多年的积累和沉淀，语言学与法学交融的时代随之来临。宋北平认为，法律语言学旨在探讨法律语言在法律中的应用，应致力于解决法律问题。这个阶段有关专家还建成了我国第一个法律语言语料库，力图解决法律语言研究数十年来因为缺乏语料库的工具进行法律语言研究的尴尬状况。

　　同时还需要特别指出的是，同语言学研究一样，有关法的理论衍生出各种派别，如功利主义、分析实证主义、社会法学、法律现实主义、自然法等，都试图从不同侧面揭示法的真谛，这些观点和理论也给法律语言学研究提供了参照和指导。[1]

（四）法律语言学研究的新动态与基本走向

　　作为一个新兴的交叉学科，法律语言学处于急速发展时期，各种理论和方法尚未成形，缺乏系统性，有些重要的问题尚未有定论。例如来自语言学界的杜金榜认为："法律语言学研究是语言学理论框架下的法律语言研究。"[2] 该观点突出了法律语言学是语言学理论视角和语言学理论指导的法律语言研究，属于典型的"语言主导"的法律语言研究。拥有法学背景的宋北平则认为"法律语言研究既不为研究语法而研究、也不为研究翻译而研究，更不为介绍国外研究情况而研究，而是以语言学、法学、逻辑学等其他学科知识为工具，解决法学理论、法律实务问题"，并认为中国法律语言研究的未来方向是解决法律问题而不是语言问题；突出了法律问题是"本"，语言研究是"末"，是工具、手段，是凸显"法律语言研究以服务立法活动为主要功能"[3]。而拥有法律实务背景的边缘法学论者李振宇则认为"法律语言学归属于边缘法学，在中国图书分类中已经成为事实"[4]。我们必须承认一个事实：中国法律语言学是在完全不同于国外法律语言学的背景下建立起来的，其研究传统、研究内容、研究方法、研究语料以及研究条件等各方面都存在很大差异。

　　理论构建方面，在语言学与法学充分发展的基础上，法律语言学力图建立完整的理论体系。如李振宇论述法律语言学的发展趋势时就认为"成为具有法律属性、高度融合、有相对独立性质的边缘法学学科之一，是法律语言学发展的基本趋势"。为了实现具有法律性质、法律与语言高度融

---

① 杜金榜：《法律语言学》，上海：上海外语教育出版社，2004 年。
② 杜金榜：《法律语言学》，上海：上海外语教育出版社，2004 年。
③ 赵艳平：《关于法律语言学学科归属的思考》，《北京政法职业学院学报》2012 年第 2 期。
④ 李振宇：《论法律语言学的学科归属》，《江西社会科学》2006 年第 10 期。

合的目标，必须作出以下几个方面的努力：第一，造就大批复合型专门研究人才；第二，加快法律与语言融合的进程；第三，吸收国外法律语言研究的长处；第四，提高法律语言学的科技含量。①

未来中国法律语言研究的未来方向是解决法律问题，法律语言学研究要走学科融合之路而不是简单的组合和结合，从法律语言研究的交叉性、综合性、动态性、哲学性和社会性等多个视角，用不同的方法、从不同的途径对我国法律语言进行研究，推进法制健康建设，丰富对法律语言的认识。

随着我国依法治国进程的不断深入和完善，来自法学理论界、法律实务界、汉语语言学界、英语语言学界四个方面的研究者将构成国内法律语言学研究的主力军，彼此之间会更加强调交流与合作，充实、改进和完善研究方法和手段，即重视本土的法律语言学科体系的构建和本土的纯语言分析强项，同时也密切关注国外法律语言学研究的进展，加强译介和引进、消化吸收，为解决中国法律问题提供更好的服务和作出更大的贡献。

二、刑侦语言学

刑侦语言学又叫侦查语言学，是指运用现代语言学和刑事侦查学的理论、原则和方法，对案件言语材料进行研究，探讨所涉语言的形成和演变规律，寻求语言材料和制作人特征之间的对应关系，从而为侦查破案提供有效途径的一门新兴的应用学科。

（一）研究的主要成果

我国刑侦语言学的研究成果可以从两个角度来进行总结：

一是司法界对刑侦语言学的研究。"最初对于案件语言的研究是从识别案件语言材料中的方言词语开始的。"② 二十世纪五六十年代被视为刑侦语言分析在司法实践中的开端，语言学知识在案件侦破中主要用于方言土语的语言识别。到了 70 年代，侦查技术人员开始重视对书面语言进行全面分析。邱大任首先提出"案件语言分析"的概念，先后发表了《语言分析在侦察破案中的应用》《怎样分析案件的语音》等一系列研究论文。③ 公安机关从事刑事科学技术工作者和公安院校文件检验教育工作者相继发表了

---

① 李振宇：《论法律语言学的学科归属》，《江西社会科学》2006 年第 10 期。

② 邱大任：《我国侦查语言学的缘起和发展》，《语文建设》1991 年第 6 期。

③ 邱大任：《语言分析在侦察破案中的应用》，《刑事技术》1980 年第 5 期。邱大任：《怎样分析案件的语音》，《刑事技术》1981 年第 2 期。

研究论文。八九十年代，在司法工作者和研究者的共同努力下，研究成果陆续涌现。邱大任先后于 1985 年和 1995 年出版了《语言识别》和《侦查语言学》，全面系统地论述了侦查语言学的理论与方法，为侦查语言学的形成与发展作出了重要贡献。① 进入 21 世纪以后，学界对侦查语言学进行了更为深入的研究，涉及侦查讯问语言和策略问题的教材或著作有毕惜茜的《侦查讯问理论与实务探究》②、王怀旭的《侦查讯问学》③、易云飚的《侦查讯问理论与应用研究》④、徐加庆的《侦查讯问策略与技巧》⑤、侯英奇的《侦查讯问》⑥ 等。关于案件侦破中言语分析与鉴定的高校教材有袁瑛的《案件言语分析与鉴定》⑦、岳俊发的《言语识别与鉴定》⑧ 等。

二是语言学界对刑侦语言学的研究。20 世纪 80 年代末，拥有语言学教育背景的潘庆云发表了《"预审言语" 修辞论略》⑨，并出版了他的第一部法律语言专著《法律语言艺术》⑩，在其专著中探讨了 "讯问语言" 问题。到了 90 年代，法律语言研究专著陆续问世，无不探及侦查语言的研究。如潘庆云的《法律语体探索》⑪ 分别探讨了 "刑事侦查语言" 和 "讯问与查证" 问题，在《跨世纪的中国法律语言》⑫ 中又进一步深入细化地研究了 "讯问和查证中的语言" 问题。进入 21 世纪以后，这方面的研究进一步深入，如吴伟平在《语言与法律：司法领域的语言学研究》⑬ 一书中分别从 "法律语音学及语音识别" "录音会话分析" "笔迹学" 等方面进行侦查语言的相关研究，杜金榜在《法律语言学》⑭ 中论述了法律语音识别和文本鉴定的相关问题。

此外，相关研究成果还有黄萍的《从模糊到精确：侦查讯问的话语策

---

① 邱大任：《语言识别》，北京：群众出版社，1985 年。邱大任：《侦查语言学》，北京：中国人民公安大学出版社，1995 年。

② 毕惜茜主编：《侦查讯问理论与实务探究》，北京：中国人民公安大学出版社，2004 年。

③ 王怀旭主编：《侦查讯问学》，北京：中国人民公安大学出版社，2004 年。

④ 易云飚：《侦查讯问理论与应用研究》，武汉：湖北人民出版社，2005 年。

⑤ 徐加庆主编：《侦查讯问策略与技巧》，北京：中国人民公安大学出版社，2007 年。

⑥ 侯英奇主编：《侦查讯问》，北京：中国民主法制出版社，2007 年。

⑦ 袁瑛：《案件言语分析与鉴定》，北京：中国人民公安大学出版社，2005 年。

⑧ 岳俊发：《言语识别与鉴定》，北京：中国人民公安大学出版社，2007 年。

⑨ 潘庆云：《"预审言语" 修辞论略》，《北华大学学报》（社会科学版）1987 年第 4 期。

⑩ 潘庆云：《法律语言艺术》，上海：学林出版社，1989 年。

⑪ 潘庆云：《法律语体探索》，昆明：云南人民出版社，1991 年。

⑫ 潘庆云：《跨世纪的中国法律语言》，上海：华东理工大学出版社，1997 年。

⑬ 吴伟平：《语言与法律：司法领域的语言学研究》，上海：上海外语教育出版社，2002 年。

⑭ 杜金榜：《法律语言学》，上海：上海外语教育出版社，2004 年。

略》① 《中国侦查讯问话语的对应结构研究：侦查讯问话语系列研究之一》②《话语考量触及侦查讯问的语言本质》③《侦查讯问话语研究述评：侦查讯问话语系列研究之三》④，从语言学的理论和方法对侦查讯问进行研究。袁传有则研究了中国警察告知体系的建构、警察讯问语言的人际意义以及侦查讯问语言中的言语适应等问题。⑤ 曾范敬的《侦查讯问话语参与框架分析》⑥ 则分析了中国警察讯问笔录所体现的权力关系，为侦查讯问话语的进一步分析研究提供了新的视角。

（二）研究的主要范围与类别

围绕刑侦语言学的两大任务，上述研究成果涉及侦查语言的诸多方面，主要概括为侦查语言的本体研究和应用研究。

刑侦语言学的本体研究涵盖语言分析在案件侦查中的重要性、侦查讯问的语言本质属性；侦查语言学的缘起和发展、研究对象、研究方法、科学依据和原理、教学改革；侦查语言的艺术性、适应性、规范化、人际意义；侦查讯问的微观互动结构和宏观体裁结构等。

刑侦语言学的应用研究覆盖的范围更广、类别更多，主要涉及语言的识别与鉴定，包括书面语和口语的识别和鉴定。其中，书面语主要涉及方言土语的使用、人名的使用、新词语及流行语的使用、精神病患者的书面语、聋哑人的书面语、性别集团言语和笔迹学等；口语主要涉及语音，尤其是方言音，同音别字的使用、语音分析的方法、声纹鉴定等；还有关于讯问告知体系的建构以及书面语和口语转换等问题的探讨。此外，还涉及侦查语言策略和技巧，包括修辞方法的使用，如模糊语言、委婉语、比喻和双关语、体态语、警语和谚语等的使用，以及提问和应答技巧等。

---

① 黄萍、谢绍伟：《从模糊到精确：侦查讯问的话语策略》，《玉林师范学院学报》2010 年第 1 期。

② 黄萍：《中国侦查讯问话语的对应结构研究：侦查讯问话语系列研究之一》，《外语学刊》2010 年第 4 期。

③ 黄萍：《话语考量触及侦查讯问的语言本质》，《中国社会科学报》，2011 年 6 月 7 日。

④ 黄萍、林国丽：《侦查讯问话语研究述评：侦查讯问话语系列研究之三》，《玉林师范学院学报》2013 年第 1 期。

⑤ 袁传有：《由美、英、中警察告知语言分析看中国警察告知体系的建构》，《修辞学习》2005 年第 1 期。袁传有：《警察讯问语言的人际意义：评价理论之"介入系统"视角》，《现代外语》2008 年第 2 期。袁传有：《侦查讯问语言中的言语适应》，《吉林广播电视大学学报》2010 年第 8 期。

⑥ 曾范敬：《侦查讯问话语参与框架分析》，《修辞学习》2008 年第 5 期。

（三）研究的手段与方法

刑侦语言学主要运用语言学和刑事侦查学以及相关学科的理论、方法和知识为研究目的服务。通过考察刑侦语言学的主要研究范围和类别，可以发现语言学分析在刑侦语言学研究中占据核心地位。无论是司法界的研究还是语言学界的研究，语言学分析都不可或缺，微观语言学和宏观语言学在刑侦语言学的研究中都有所体现。

语言识别与鉴定的方方面面分别运用了语音学、词汇学、句法学、语义学、语用学等微观语言学的理论和方法。刑侦语言学通过具体的语言分析来判断涉案人的性别、籍贯、年龄、教育背景、职业身份等，这里面会运用到较多的社会语言学的理论和方法。会话分析被用于侦查讯问的策略与技巧研究，尤其是答问技巧的研究。互动社会语言学的参与框架理论被用来分析讯问笔录中的权力关系；叙事结构理论被用来分析侦查讯问构建的叙事话语。功能语言学中的评价理论有助于分析侦查讯问语言的人际意义。语料库语言学为刑侦语言学研究的有效性、科学性、高效性提供了强有力的保障。此外，计算机技术的迅猛发展、先进语音分析仪器和软件的研发以及相关实验室的建设等都为刑侦语言学的发展提供了有效的技术支撑。

（四）进一步研究的重点与取向

我国刑侦语言学的研究大致分为两个阵营：司法界和语言学界。司法界的研究成果较为丰富、成绩显著，但在涉及刑事侦查过程中的语言问题，尤其是专业强的语言问题方面，就显得有些力不从心。语言学界还没有很多人去关注刑侦语言的研究，即便是在法律语言学的学术圈内，刑侦语言学研究也没有引起足够的重视。如何将语言学界既有的研究成果应用于刑侦语言的研究，为解决刑事侦查的实际问题作出贡献，是学界值得思考和解决的问题之一，所以两个阵营之间的交流与合作就显得尤为重要。在刑侦语言学研究的动态发展过程当中，针对新出现的、语言学界还没有答案的语言问题，语言学将如何配合和支持又是一个值得思考和解决的问题。

从进一步的发展要求来看，刑侦语言学的交叉学科性质决定了其发展单靠司法界和语言学界的一般性交流与合作是不够的，复合型人才的培养和使用应该是更为有效的途径，这需要司法界、语言学界乃至教育界进行更深入全面的合作。首先，要树立和提高刑侦语言学的学科地位；其次，要在司法院校或普通高校的语言学系设立相应的专业和学位培养机制；最后，司法界尤其是公安机关要为高校此类人才培养提供实习基地、第二课堂等有效的平台，助其提高分析技术水平等。

刑侦语言学是应用性极强的跨学科研究，它不仅和上述的微观语言学、宏观语言学、刑事侦查学等关系密切，与社会心理学、犯罪心理学、神经心理学、司法精神病学等诸多学科的联系也很密切。因此，加强与上述相邻学科的综合研究也是今后刑侦语言学的重要内容之一。

三、地名学

地名学以地名为研究对象，主要研究内容为地名的渊源和沿革、地名地理位置以及其分布规律、地名标准化、地名学史研究以及地名学理论等，与语言学、历史学、地理学、地图学有着天然的密不可分的关系。

（一）地名学的研究阶段

中国地名学的发展历程大致可以分为古代传统地名学研究和现代地名学研究两个阶段。传统地名学研究主要是地名渊源和沿革的研究。我国对于地名的记载和研究历史悠久，地名的出现可以追溯到商周甚至是更早的时期。在殷墟记载的甲骨卜辞中所保留的能为今人所理解的地名就有500余处。① "地名"这个术语的使用在中国最早的记录是在《周礼》中。班固的《汉书·地理志》是我国地名学史上的一部划时代之作，魏晋南北朝时期的《水经注》记录地名达2万个，解释地名渊源2 400处②，成为当时地名渊源和地名沿革研究集大成的著作，这些成就为后来学者提供了极为丰富的地名研究资源。

在传统承接的基础上，我国的地名研究也不可避免地与世界的学术大势发生连接，现代地名学渐成规模。辛亥革命后，西方的地名学理论及研究方法传入中国，"地名学"一词出现于《综合英汉大辞典》③ 中。这个阶段出现了丁文江等编纂的《中华民国新地图》④，葛绥成的《地名之研究》⑤，金祖孟的《地名通论》⑥ 和《地名学概说》⑦ 等一批较有水平的成

---

① 陈梦家：《殷墟卜辞综述》，北京：科学出版社，1956年。

② 陈桥驿：《论地名学及其发展》，史念海主编：《中国历史地理论丛》（第一辑），西安：陕西人民出版社，1981年。

③ 黄士复、江铁编辑：《综合英汉大辞典》，上海：商务印书馆，1928年。

④ 丁文江、翁文灏、曾世英编纂：《中华民国新地图》，上海：上海申报馆，1934年。

⑤ 葛绥成：《地名之研究》，《地学季刊》1935年第1期。

⑥ 金祖孟：《地名通论》，《新中华》1945年第4期。

⑦ 金祖孟：《地名学概说》，《新中华》1945年第5期。

果。民国时期的地名研究大致包括地名学理论的探索、地名分类的阐述、地名辞书的编纂和统一地名译名的讨论等。

中华人民共和国成立后，我们开展了地名标准化研究工作，颁布了如何整顿地名的具体方法与规定，清除了对邻邦含有大国沙文主义的地名及外国人强加于我国的地名，更改了一批有歧视侮辱少数民族性质和以人名命名而不宜保留的地名，以及一批字面生僻难读难认的地名和重复地名，同时制定了少数民族语地名和外国地名的汉字译音规则等，地名标准化工作成果巨大。最近三十多年来，我国地名学研究也进入了一个新的历史发展阶段。除了传统地名学研究领域外，地名研究更注重综合性与系统性，各种地名研究刊物以及地名研究工具书陆续出版，各级地名管理机构纷纷设立地名研究与管理机构。中国地名委员会于 1977 年成立，1978 年确定将《汉语拼音方案》作为我国人名、地名罗马字母拼法的统一标准，少数民族地名的研究成果逐渐丰富，地名学研究在全国各地形成一定的气候。以地名研究刊物而论，先是中国地名委员会创办了《地名工作通讯》，继之者还有山西的《地名知识》（后改名为《中国方域》），辽宁的《地名丛书》（后改名为《中国地名》），云南的《地名集刊》，福建的《地名》，还有《内蒙古地名》《湖北地名通讯》等，为中国地名学研究的发展提供了重要的平台。[①] 地名学研究不仅在领域上得到大大的扩展，在理论和方法论研究上也取得了很大的进步。

现代地名学研究在地名渊源和沿革研究的基础上也有了很大的拓展，内容涉及地名学理论和方法论研究、地名学史研究、地名标准化研究、地名应用研究、地名工具书编撰研究、地名分类和检索研究、少数民族地名研究、地名保护研究、地名翻译问题研究等。尤其值得肯定的是，少数民族地名研究的数量与质量近年来均有很大发展。

（二）地名学的研究理论与研究方法

在地名学理论与研究方法方面，对地名学理论研究有重要影响的论著有曾世英、杜祥明的《试论地名学》[②]《地名学导言》[③]，王际桐的《王际桐地名论稿》[④]，华林甫的《中国地名学源流》[⑤]，李如龙的《地名与语言

①　韩光辉：《中国地名学的发展》，《中国科技史料》1993 年第 4 期。

②　曾世英、杜祥明：《试论地名学》，中国地名委员会办公室编：《地名学文集》，北京：测绘出版社，1985 年。

③　曾世英、杜祥明：《地名学导言》，褚亚平主编：《地名学论稿》，北京：高等教育出版社，1986 年。

④　王际桐：《王际桐地名论稿》，北京：社会科学文献出版社，1999 年。

⑤　华林甫：《中国地名学源流》，长沙：湖南人民出版社，1999 年。

学论集》① 《汉语地名学论稿》② 等。地名学很多成果的取得都是在语言学、地理学、历史学、测绘学、人类学等相邻学科理论的基础上形成的。例如李如龙的《汉语地名学论稿》对语言学相关知识系统的借鉴，李如龙指出，地名本来就是语言里的一个词汇系统，对于地名学的研究必须运用语言学的理论和方法。他认为，对于地名的语词结构分析，对于地名的音、形、义和词汇系统的研究，本来就是描写语言学、结构语言学的课题；对于地名的语源研究，历史地名、方言地名以及外族语地名的考证，都只能借助历史语言学的研究成果；对于地名的命名法以及地名如何反映历史文化背景的研究，则是文化语言学的研究内容；对于地名的标准化及各项地名工作的研究，应该归入应用语言学的范围。所以地名学研究可以采用相应的语言学理论来进行研究。③ 李如龙的《汉语地名学论稿》强调运用现代语言学的理论和方法进行汉语地名的研究，是地名学理论研究的一大进步，具有相当的标志性意义。

地名学的研究方法大体上可以分为通用和专用两种。通用方法以综合分析研究为主，而针对不同的研究内容和研究的不同侧面总是会选用不同的研究方法，需采用一些专门的方法，如研究地名含义与称读，一般就要采用训诂学和音韵学的研究方法；研究地名的发展演变，一般就要采用历史比较法；研究地名现象的数量表现，则一般采用统计法；研究地名的分布规律和各地关系，则多采用地理和地图制图法；对解决文献中的疑难问题和收集地名语音、方言词义、俗语源等，则需要采用更多的田野调查方法。不同研究专用方法的使用推动了地名学研究水平的不断提升。

（三）地名学研究前瞻

我国现代地名学研究虽然成果可谓丰硕，但相对于领域语言学的发展要求来看，还有很大的发展空间。

一是应该继续加强地名学理论的研究。中国现代地名学虽然较传统地名学在理论研究方面已经取得了很大的发展，但应该继续积极进行地名学理论的探究与建设，形成具有中国特色的地名研究理论。地名作为人类文化遗产不可或缺的组成部分，其研究的理论指向及其价值效用怎么估计都不会过分。

二是要继续拓展地名学的研究领域。在地名学研究领域，目前世界地名研究成果非常丰富，中国固然可以引用借鉴，但中国有着自己灿烂而悠

---

① 李如龙：《地名与语言学论集》，福州：福建省地图出版社，1993 年。
② 李如龙：《汉语地名学论稿》，上海：上海教育出版社，1998 年。
③ 李如龙：《自序》，《汉语地名学论稿》，上海：上海教育出版社，1998 年。

久的历史，中国地名的起源和发展也有着自己的规律和特点，更值得不断维护与研究发掘。中国是一个多民族国家，少数民族地名的研究还需加强。目前对于少数民族地名的研究成果还谈不上丰富，较多成果集中在壮族、蒙古族、满族等几个比较大的少数民族，对于其他少数民族地名的研究还是比较欠缺的。同时，随着我国城镇化速度的加快，对于带有深刻历史文化印记的村镇地名研究需要引起更多的关注与进行系统的研究。

三是要重视地名研究对社会发展的应用指导，加强应用地名学研究。理论研究还必须应用于实践，需要把地名学研究的原理、理论和成果广泛应用到社会发展领域，要将我国的地名研究放在全球一体化甚至太空时代的背景下来进行观察与安排。

四是要加强地名学的定量分析。长期以来，中国地名学研究较多使用的是传统的定性分析方法，着重于地名来源和含义的阐述或地名音、形、义的研究，定量分析有所不足。随着大数据时代的来临，各种地名表征可以充分集合，能更深刻更精确地阐述地名现象的本质和规律，利用地名资源为国家社会发展服务是一个不可避免的趋势，要注重大数据时代背景下新的地名研究空间与研究对象的发生和发展。

四、广告语言学

广告语言学是广告学与语言学相结合而产生的从广告学的角度来研究语言运用的一门交叉学科，其交叉涉及的学科通常包括社会学、文化学、心理学、市场学、传播学等不同门类，在领域语言学中占有一席之地。

（一）广告语言学研究的阶段及主要内容

我国广告语言的研究大约是从 20 世纪 80 年代中后期开始的，学界通常将 80 年代的广告语言研究划为初创阶段，1990—1995 年的广告语言研究为探索阶段。20 世纪 90 年代后期到现在可以称为广告语言研究的深化阶段，进入 21 世纪后的广告语言研究称得上进入了一个进一步拓展的阶段。

初创探索阶段的广告语言研究大多立足于语言学本体要素框架对广告语言进行观察分析，具有较为明显的市场应用指向，也出现了一些较有质量的广告语言研究成果，比如邵敬敏的《广告实用写作》①、曹志耘的《广

---

① 邵敬敏：《广告实用写作》，上海：华东师范大学出版社，1991 年。

告语言艺术》①、林乐腾主编的《广告语言》② 等。

在深化阶段，随着我国社会主义市场体系的进一步建设，广告与社会生活的关系越来越紧密，业界和学界都更注重广告语言的市场反响和消费者的接受心理，在进行广告语言的设计时也更注意语言的人文性和人们的心理诉求。出现了一批质量较高的论文与专题研究，如国家教委语用所广告语言课题组的《广告语言课题研究纲要》③ 《广告语言课题研究纲要补》④ 对广告语言的研究就有很多建设性的意见，对广告语言研究的理论和实践意义、广告语言的规范与发展、广告语言的定位与创新及广告语言的民族风格等方面都进行了较为深入的思考与讨论。此时期随着学术视野的放开，出现了一些从心理学、社会学、文化学、市场学等多角度进行研究的成果，如屈哨兵的《广告语言方略》⑤，广告语言本体研究也有成果出现，如周建民的《广告修辞学》⑥，广告语言规范问题也是这个时期比较受关注的一个方面。

21 世纪之后的广告语言研究从范围所涉到质量深度得到进一步的拓展。随着经济全球化的到来，我国广告市场进一步开放，竞争也更加激烈，广告语言成为艺术性、实用性、实效性和针对性的综合表现体，对广告语言的研究更具多领域、多角度、多层次的特点，研究的跨学科性也日渐凸显。就语言学本身的分支而言，一些新的学术理论如语用学、系统功能语法、语篇与话语分析技术等的引入也为广告语言的研究增添了新的视角。广告语言研究的论文数量和质量达到了一个新的水平，其中较有影响的相关学术论著有樊志育的《广告效果测定技术》⑦，黄国文的《语篇分析的理论与实践：广告语篇研究》⑧，于根元主编的《广告语言概论》⑨，屈哨兵、刘惠琼的《广告语言跟踪研究》⑩ 等。

（二）广告语言研究的基本学术旨趣

通过对中国知网检索出来的一千一百多篇与广告语言研究有关的文献

---

① 曹志耘：《广告语言艺术》，长沙：湖南师范大学出版社，1992 年。

② 林乐腾主编：《广告语言》，济南：山东教育出版社，1992 年。

③ 语用所广告语言研究课题组：《广告语言课题研究纲要》，《语言文字应用》1995 年第 1 期。

④ 语用所广告语言研究课题组：《广告语言课题研究纲要补》，《语言文字应用》1996 年第 3 期。

⑤ 屈哨兵：《广告语言方略》，北京：科学普及出版社，1997 年。

⑥ 周建民：《广告修辞学》，武汉：武汉出版社，1998 年。

⑦ 樊志育：《广告效果测定技术》，上海：上海人民出版社，2000 年。

⑧ 黄国文：《语篇分析的理论与实践：广告语篇研究》，上海：上海外语教育出版社，2001 年。

⑨ 于根元主编：《广告语言概论》，北京：中国广播电视出版社，2007 年。

⑩ 屈哨兵、刘惠琼：《广告语言跟踪研究》，广州：暨南大学出版社，2009 年。

进行分析比较，可以发现广告语言学的研究大体上可以分成两大块：第一块是基于语言学本体各分支的研究，第二块是基于与借鉴相关学科理论进行的广告语言的观察研究。

基于语言学本体各分支学科的研究通常着眼于广告文稿部分的广告标题、广告标语、广告正文的语言形式，在占有一定语料的基础上，从文字、语音、词汇、语义、句法、语用、修辞各个方面，侧重于对广告语言进行静态的观察与描写。[①]　整体来看，在广告语言研究的起步阶段，这种基于语言及语言学本体的研究通常是由来自语言学界的专家学者进行的，为广告语言学的进一步研究发展奠定了比较扎实的基础。当然，很多专家学者在研究的过程中自觉或者不自觉地意识到消费者心理、社会文化、市场特征等因素对广告语言的设计与使用有着直接的作用与影响，相关研究者在各自的著述中都有相应的一些思考与研究，有的可以说是相对完善，但是从整体来看还是未成大的气候。

基于与借鉴相关学科理论进行的广告语言研究则把广告语言研究带入了一个更加广阔的空间，成果指向可以说是五彩纷呈，所涉及的学科较多，比较常见的有文化学、社会学、心理学（包括消费心理学）、营销学、市场学、经济学、传播学、公共关系学等。这类研究是把广告语言问题放在学科交叉的背景下进行多角度、多层次的跨学科研究，其目的是推动广告语言研究更好地与社会经济的发展相适应。从语言学本体角度来看，也存在着一个广告语言学研究如何从一些新的语言学研究流派与理论中吸取营养的问题。观察文献资料大体上可以得知，近年来一些新出现的语言学理论与分析框架，如模糊理论、关联理论、顺应理论、言语行为理论等，都对广告语言的研究理论与研究方法产生过直接或间接的影响，催生了一批研究成果。

(三)　广告语言研究前瞻

从发展的眼光看，广告语言研究下一步的发展应该注意三个方面的应对与研究建设：

一是广告语言研究的市场应对需要进一步强化。从语言应用这个角度来看，广告语言可以说是一个表现最为直接的领域。早期我国的广告语言研究多是来自语言学界的人士做了一些奠基性及拓展性的工作，但整体来说还是先天不足，和市场需求不匹配。一方面是近几十年的中国广告市场

---

① 龙涛、贾德民、向德全：《广告语言研究的范畴与方法论》，《天津职业技术师范学院学报》2001 年第 1 期。

蓬勃发展，广告语言表现丰富；另一方面是在广告市场的发展过程中，来自语言学界的引领与指导还不到位，广告语言的设计建设没能达到一个更高的水平。近年来，随着广告语言研究的深入，一些新的研究路径也在逐渐形成，值得注意的是基于语言服务视角的广告语言跟踪研究与广告语言谱系研究，就带有比较明确的市场应对指向。

二是广告语言开展多学科、多角度、多层次的综合性研究需要进一步深化。经过近年来的发展，广告语言学已经成为一门语言学与广告学、社会学、传播学、心理学、文化学、市场学和市场营销学等诸多学科充分结合的综合性、交叉性的领域语言学学科。① 广告语言学跨界综合的色彩非常明显，在此基础上进行的观察和得出的相关结论也常常富有启迪作用。进一步的工作应该是在学科交叉融合的基础上使广告语言领域能够形成一些更有分量的细分成果，比如广告语言营销研究、广告语言传播研究、广告语言心理研究、广告语言美学研究等。与之相关的另一个问题也要注意，就是本土的广告语言研究如何在经济全球一体化的进程中保持一种与世界之间的良好沟通与对话乃至融合，随着中国制造和中国创造不断走向世界，中国的广告语言也会随之走向世界，需要我们做好更加充分的学术研究准备。

三是广告语言建设的评价机制与人才队伍的建设。从宏观层面上讲，广告语言属于国家语言生活的一个重要组成部分，需要进行规范，目前情况是我们从大的法律层面对广告及广告语言的设计建设有一些原则性的要求，但从实际微观操作层面上看，我们还缺少更有针对性的评价标准与评价机制，这方面的建设需要加强。另外，广告语言设计的专门人才队伍培养建设也是一个弱项，弱在两个方面：一是广告市场中广告语言设计方面从业人员的专门培养问题，我们在这方面还没有形成一个专门的职业，也没有设立相应的培养标准和准入条件；二是广告语言研究人才队伍的培养建设问题，目前这方面我们基本上还是处在各自为政的自由状态，下一步应该创造条件，建立平台，进行队伍整合与培养建设。

五、新闻语言学

新闻语言学是近年来逐渐显示出来的有一定领域语言研究特色的一个板块，随着研究的深入，其逐渐从新闻学或者写作学的附庸地位上剥离出来，成为一个具有相对研究对象、研究范围和研究方法的领域语言学的分支。

---

① 邵敬敏：《广告语研究的现状与我们的对策》，《汉语学习》1995 年第 3 期。

（一）新闻语言学研究的主要内容与当下的变化

我国早期进行新闻语言研究的规模并不大，成果也不多，前期进行相关研究多是一些在写作方面的报纸杂志上的零星文章，谈不上系统。较有影响的有李元授的《新闻信息概论》①，该著作以新闻信息为背景讨论了新闻语言的相关问题，包括"语言语信息传递""话语信息类型与新闻语体""新闻信息语言的特性""新闻中的模糊语言问题""新闻信息语言的规范问题"等。近年来，新闻语言研究逐渐成为国内学者的研究重点，相关研究成果陆续形成，比较重要的有黄匡宇的《电视新闻语言学》②，廖艳君的《新闻报道的语言学研究》③，段业辉、李杰、杨娟的《新闻语言比较研究》④，李杰的《媒体新闻语言研究》⑤，黄匡宇、黄雅堃的《当代电视新闻语言学》⑥。此外还有王燕的《新闻语体研究》⑦、翁玉莲的《报刊新闻评论话语的功能语法分析》⑧、林纲的《网络新闻语言的语用分析》⑨ 等。这些研究成果对新闻语言所涉及的各个层面都进行了较为全面的扫描与观察。

在时代变动的格局中，新闻语言同样也会与时俱进，多元、互动、融合、平和成为非常重要的特色，这个方面逐渐引起相关研究者的注意。

（二）新闻语言学的主要研究方法

基于语料收集的比较分析一直是比较传统的新闻语言研究方法。具体来说，比较分析又有横向对比和纵向对比两类。横向对比就是将同一时期的不同媒介的新闻语言进行对比，如段业辉、李杰、杨娟的《新闻语言比较研究》，这部著作比较分析了四种媒体的新闻语言在语境交际、词汇语法等方面的异同，并作出总结概括。纵向对比法是将不同时期的新闻语言进行历时的比较，比如近些年一些研究者将"文革"时期的报纸新闻语言与改革开放之后的新闻语言进行对比跟踪研究就属于这种类型。近年来的新闻语言研究也呈现出一种依托相应语料库进行研究的趋势。

① 李元授：《新闻信息概论》，武汉：武汉大学出版社，1994 年。
② 黄匡宇：《电视新闻语言学》，北京：中国广播电视出版社，2000 年。
③ 廖艳君：《新闻报道的语言学研究》，长沙：湖南大学出版社，2006 年。
④ 段业辉、李杰、杨娟：《新闻语言比较研究》，北京：商务印书馆，2007 年。
⑤ 李杰：《媒体新闻语言研究》，北京：中国传媒大学出版社，2009 年。
⑥ 黄匡宇、黄雅堃：《当代电视新闻语言学》，北京：中国社会科学出版社，2011 年。
⑦ 王燕：《新闻语体研究》，复旦大学博士学位论文，2003 年。
⑧ 翁玉莲：《报刊新闻评论话语的功能语法分析》，福建师范大学博士学位论文，2007 年。
⑨ 林纲：《网络新闻语言的语用分析》，南京师范大学博士学位论文，2008 年。

基于不同学术背景对新闻语言进行观察研究是新闻语言学显现出生机与活力的一个重要原因，早期的新闻语言研究很多是基于对其进行语言要素与风格特点层面的观察与分析，对新闻语言的健康发展起到了积极推动的作用。近年来，随着学术研究的繁荣和领域语言研究视野的拓展，新闻语言学的研究方法也有了一些新的发展，主要体现在两个方面：一是学科交叉借鉴，新闻语言学和信息学、传播学、社会学、政治学等相关学科的关系更受研究者关注；二是语言学内部各个分支学科的发展为新闻语言学的研究提供了新的观察视角，以认知语言学、功能语言学、语用学、语义学等为学术背景，形成了一批较有质量的研究成果。

（三）新闻语言学的研究指向与重点

从发展的眼光来看，新闻语言学的研究在当下语境中仍然有很大的发展空间，至少在以下三个方面是该领域研究的发展方向：

一是新闻语言的多元互动研究。随着各种新兴媒介与传统媒介进行融合，尤其是随着自媒体时代的到来，原有的新闻语言的概念及其范围已经远远不能满足当下新闻语言的发展表现。报纸新闻语言、广播电视新闻语言与网络新闻语言、手机新闻语言已经高度融合在一起，优势互补，信息互享，效应互动，图像、文字、声音多位一体的新的新闻语言给原有单一纯粹的研究格局提出了新的挑战，需要我们积极应对。

二是新闻语言的社会建设角色与功能研究。研究新闻语言的目的，除了学术上的探究之外，还有一个非常重要的目的，那就是要通过这个路径引导社会发展，推动社会文明进步。当今若干事实表明，新闻的力量在新传媒时代的作用不论从其瞬间时效还是长久功效，从其个性覆盖到全面渗入，都已经具有比既往时代中的新闻语言更大的作用。目前，我们基于传播学、社会学以及政治学等相关学科交叉研究形成的有分量的领域语言学研究成果鲜有呈现，这应该是我们下一步研究的一个重点。

三是新闻语言学研究的数据基础与人才队伍的建设。这里主要有两个要点：大数据时代新闻语言的语料收集与语料分析，全媒体时代能进行新闻语言分析研究与评价引导的复合型专门人才欠缺。很显然，随着时代的发展，既往的那种手工收集新闻语言或者小样本的新闻语言的语料库已经不足以拿来掌控未来时代的新闻语言，单一学科背景的人也越发难以对新闻语言的诸多特性与发展可能进行全面的引导评估，这就需要我们及早进行相应的基础建设。目前我们在这方面的设计与投入都还有较多的不足。

六、语言经济学

语言经济学是近年来一门以跨语言学和经济学为主，同时涉及多种学科门类的新兴经济学分支学科。它把经济学理论、方法和工具应用到语言变量研究中，主要研究语言的经济属性、语言变量对经济变量的作用，以及在经济学范式下考察语言自身的形成与演变。语言经济学是一门联结语言学与社会经济发展的学科，为语言学研究提供了一种新路径。

（一）语言经济学的研究现状

中国语言经济学的发展历史不长，开始于 20 世纪 90 年代，最早由语言学者和外语教育学者发起，2004 年后逐渐兴起研究热潮，目前已经形成经济学者和语言学者共同推动的态势，总体上还处于发展的起步阶段，但在稳步推进。

20 世纪 90 年代，在改革开放推动下，"外语热"兴起，同时普通话推广与方言，特别是与粤语之间的权衡选择问题凸显，这促使一些语言学者和外语教育学者逐步认识到语言与经济之间存在密切关系，并展开了对语言经济属性的探讨。陈建民、祝畹瑾《语言的市场价值》① 较早提出语言的市场价值概念，指出语言在经济生活中作用的大小往往取决于语言本身的市场价值，并对英语热、扩大共同语言进行了经济学分析。何自然《语用学和英语学习》② 首次引入"语言经济学"概念，分析社会用语和经济的关系，指出语言本身和外语学习是一种经济投资，提出语言经济价值和经济效用的构成与影响因素。1999 年，许其潮《语言经济学：一门新兴的边缘学科》③ 对语言经济学这一新兴学科的基本理论观点、研究对象和方法进行了较为全面的引介，这被认为是我国语言经济学研究的正式开始。④

进入 21 世纪以后，我国语言经济学有了新的发展。汪丁丁《语言的经济学分析》⑤ 建立了一个演化的语言习得经济学分析框架，开启了国内经济学界对语言问题的研究。2004 年，经济学博弈大师鲁宾斯坦（Ariel Rubinstein）的《经济学与语言》（*Economics and Language*）在国内翻译出

① 陈建民、祝畹瑾：《语言的市场价值》，《语言文字应用》1992 年第 2 期。

② 何自然编著：《语用学与英语学习》，上海：上海外语教育出版社，1997 年。

③ 许其潮：《语言经济学：一门新兴的边缘学科》，《外国语（上海外国语大学学报）》1999 年第 4 期。

④ 张卫国、刘国辉：《中国语言经济学研究述略》，《语言教学与研究》2012 年第 6 期。

⑤ 汪丁丁：《语言的经济学分析》，《社会学研究》2001 年第 6 期。

版，韦森随书发表书评《从语言的经济学到经济学的语言》，深化了学者对语言和经济学关系的认识。① 此后，相关研究成果陆续出现，逐渐形成研究热潮，研究方法和范式上有所创新，研究领域呈现出多样化，相关研究成果将在下文予以介绍。

近年来，我国语言经济学在专业设置、人才培养和研究机构建立方面取得较快发展，表现出较强的发展态势。山东大学于 2003 年在全国率先尝试招收和培养语言经济学方向博士，2004 年成立了全国首家专门从事语言经济学研究的研究所（现扩建为山东大学语言经济研究中心），2006 年自主设置了国内第一个语言经济学博士招生专业，培养语言经济学研究专门人才。宁继鸣《汉语国际推广：关于孔子学院的经济学分析与建议》②、张卫国《语言的经济学分析：一个初步框架》③ 分别是国内首篇应用语言经济学和理论语言经济学的博士学位论文。2009 年成立的南京大学中国语言战略研究中心在语言消费领域进行了诸多探讨。2010 年，首都师范大学成立北京语言产业研究中心，该中心在语言产业理论和实践研究方面取得了系列研究成果。国家语委近年来十分重视语言经济学的发展，认识到语言不仅是国家的"软实力"，而且也是"硬实力"，全力支持山东大学、南京大学、广州大学、首都师范大学等高校的语言经济学研究，于 2008 年 12月支持商务印书馆成立"中国语言资源开发应用中心"，旨在"把语言及语言知识转化为生产力和文化商品"，并在《国家语委"十二五"科研规划 2011 年项目指南》中首次把"语言经济与语言产业发展战略研究"列为重要的科研方向，表明语言经济问题开始进入国家的语言规划。④

与此同时，近年来一批与语言经济学有关的课题研究相继获准立项，支持和带动了我国语言经济学的发展，相关学术研讨会渐次开展。2009年，由山东大学经济研究院发起，与南京大学中国语言战略研究中心等单位联合主办的"中国语言经济学论坛"定期召开，使中国的语言经济学研究有了自己的交流平台⑤，目前已经举办 5 届，标志着中国语言经济学开始有组织地发展。2011 年，北京语言大学北京语言文化建设研究中心举办语言经济及语言服务学术讨论会。2012 年，广州大学举办"语言服务研究高级论坛"，同年，首都师范大学举办了首届"中国语言产业论坛"。

---

① 韦森：《从语言的经济学到经济学的语言：评鲁宾斯坦的〈经济学与语言〉》，鲁宾斯坦著，钱勇、周翼译，韦森审订：《经济学与语言》，上海：上海财经大学出版社，2004 年。

② 宁继鸣：《汉语国际推广：关于孔子学院的经济学分析与建议》，山东大学博士学位论文，2006 年。

③ 张卫国：《语言的经济学分析：一个初步框架》，山东大学博士学位论文，2008 年。

④ 李宇明：《认识语言的经济学属性》，《语言文字应用》2012 年第 3 期。

⑤ 黄少安、张卫国、苏剑：《语言经济学及其在中国的发展》，《经济学动态》2012 年第 3 期。

（二）语言经济学研究的主要内容

近几年来，中国语言经济学取得较快发展，研究内容多元化，涉及多个领域，主要归纳为以下四个方面：

一是学科定位与基础理论研究。语言经济学作为一门新兴的交叉学科，国内外都尚未形成相对成熟的理论分析框架。国内学者一方面对国外语言经济理论进行引介和评述，提出对中国的启示与借鉴，如许其潮①，林勇、宋金芳②，袁俏玲③，张卫国、刘国辉、陈屹立④，姚明发⑤，蔡辉⑥，张卫国⑦；另一方面立足本国，开展独立研究，对语言经济学的学科定位与建设问题进行追问，其核心是探讨语言经济学究竟应该研究什么，以及如何建构分析框架。苏剑、黄少安、张卫国指出语言经济学是研究语言本身的产生、演变规律及其与经济活动关系的经济学分支学科，语言本身的起源、演变和消亡规律，语言、语言政策及其演变与经济主体行为、经济增长、收入分配等的相关性构成了语言经济学的两大主要研究领域，这是对语言经济学学科定位较具代表性的观点。⑧ 同时，学界从语言经济学研究的不同侧重点提出了分析框架，代表性的成果有：张卫国《作为人力资本、公共产品和制度的语言：语言经济学的一个基本分析框架》⑨ 从人力资本、公共产品和制度的角度提出语言经济学研究的三个维度，提出了一个基于语言的经济属性的语言经济学分析框架；苏剑《语言演化与语言保护：语言经济学的分析框架》⑩ 提出了基于语言演化和语言保护的语言经济学分析框架；王海兰《个体语言技能资本投资研究》⑪ 提出了关于

---

① 许其潮：《语言经济学：一门新兴的边缘学科》，《外国语（上海外国语大学学报）》1999年第 4 期。

② 林勇、宋金芳：《语言经济学评述》，《经济学动态》2004 年第 3 期。

③ 袁俏玲：《语言经济学论略》，《云梦学刊》2006 年第 6 期。

④ 张卫国、刘国辉、陈屹立：《语言与收入分配关系研究评述》，《经济学动态》2007 年第 7 期。

⑤ 姚明发：《语言经济学的历史回顾与研究路向》，《社会科学家》2007 年第 5 期。

⑥ 蔡辉：《语言经济学：发展与回顾》，《外语研究》2009 年第 4 期。

⑦ 张卫国：《语言政策与语言规划：经济学与语言学比较的视角》，《云南师范大学学报》（哲学社会科学版）2011 年第 5 期。

⑧ 苏剑、黄少安、张卫国：《语言经济学及其学科定位》，《江汉论坛》2012 年第 6 期。

⑨ 张卫国：《作为人力资本、公共产品和制度的语言：语言经济学的一个基本分析框架》，《经济研究》2008 年第 2 期。

⑩ 苏剑：《语言演化与语言保护：语言经济学的分析框架》，山东大学博士学位论文，2011 年。

⑪ 王海兰：《个体语言技能资本投资研究》，山东大学博士学位论文，2012 年。

个体语言技能资本投资的分析框架；徐大明《有关语言经济的七个问题》①讨论了有关语言经济的七个问题，对经济学概念应用到语言现象时容易出现的疑问与混乱进行了分析与澄清。但总体来说，对语言经济学学科的定位和基础理论研究处于探索期，还有待进一步完善。

二是语言的经济属性和经济力量分析。作为交际工具和信息载体，语言是组织一切经济活动必不可少的要素，是促进经济发展和经济增长的重要力量。尽管语言与经济之间存在密切关系，学界真正开始关注语言的经济属性和经济力量是最近几年的事情。李宇明在其著作《中国语言规划论》《中国语言规划续论》②，论文《语言也是"硬实力"》《认识语言的经济学属性》③，以及演讲、报告中提出语言资源、语言红利、语言产业、语言职业、语言的经济贡献度等命题，呼吁发展语言经济。

语言产业是语言经济的重要形态，中国对语言产业的研究正处于上升状态，研究内容包括语言产业的含义、语言产业的业态、语言产业的特征、中国语言产业战略、中国语言产业现状调查，以及语言产业的经济贡献率等。黄少安、苏剑、张卫国《语言经济学与中国的语言产业战略》④基本上代表了我国学界在语言经济方面的认识。2012 年，贺宏志主编的《语言产业导论》问世，这是我国第一部语言产业方面的专著，第二年出版《语言产业引论》。该书分为绪言、语言资源分析、语言产业概述、语言产业的经济学分析、语言产业的业态与案例分析五章内容。⑤《语言文字应用》2012 年第 3 期同时发表了 5 篇语言产业相关论文⑥，分别从语言的经济属性和经济价值、近期语言产业的研究与实践、语言产业的基本概念和基本要素、语言产业背景下的语言消费、语言培训的调查和思考等方面探讨有关语言产业的一些基本问题。《云南师范大学学报》（哲学社会科学

---

① 徐大明：《有关语言经济的七个问题》，《云南师范大学学报》（哲学社会科学版）2010 年第 5 期。

② 李宇明：《中国语言规划论》，长春：东北师范大学出版社，2006 年。李宇明：《中国语言规划续论》，北京：商务印书馆，2010 年。

③ 李宇明：《语言也是"硬实力"》，《华中师范大学学报》（人文社会科学版）2011 年第 5 期。李宇明：《认识语言的经济学属性》，《语言文字应用》2012 年第 3 期。

④ 黄少安、苏剑、张卫国：《语言经济学与中国的语言产业战略》，《光明日报》，2012 年 3 月 2 日第 11 版。

⑤ 贺宏志主编：《语言产业导论》，北京：首都师范大学出版社，2012 年。贺宏志：《语言产业引论》，北京：语文出版社，2013 年。

⑥ 5 篇文章分别为：李宇明的《认识语言的经济学属性》；贺宏志的《发展语言产业，创造语言红利：语言产业研究与实践综述》；陈鹏的《语言产业的基本概念及要素分析》；李艳的《语言产业视野下的语言消费研究》；王巍、李艳的《对当前语言培训行业的调查与思考》。

版）2013 年第 5 期设置"国内外语言产业研究"栏目，刊发了 3 篇文章①，分别对加拿大的语言产业、美国的语言培训产业和中国的语言产业进行探讨。语言经济的发展离不开对语言资源潜在经济价值的认识②，语言资源的开发利用就是通过某种特定方式使语言资源产生经济效益和社会效益的过程③，保护语言资源的目的之一是开发和利用语言资源，而开发和利用语言资源产生语言经济。④

在语言经济力量分析视域下，学界还兴起了对语言服务与语言消费的研究。语言服务和语言消费是两个互相呼应的概念。关于语言服务的研究目前主要集中在对语言服务的属性、类型、内容、概念系统⑤，语言服务与语言资源和语言问题的关系⑥，语言服务的定义、意义、性质、主客体等⑦，语言服务与语言消费的关系⑧等问题的探讨。在语言消费方面，后蕾分析了当前我国语言消费的现状与特点⑨；李艳界定了语言消费概念，厘清了语言消费与文化消费的关系，从语言产业视角探讨了语言消费发展问题⑩；李现乐提出要增强依附性语言消费意识，从供求角度观察语言消费，最大限度地满足语言消费⑪。此外，一些学者还探讨了语言与贸易、语言与交易成本、语言（汉语）推广的经济效益等。

三是语言政策和语言规划的经济学分析。国内学者在评介国外语言经济学理论的同时，开始从语言经济学视角反思中国的语言政策和语言规划问题，主要分为三个维度：一是语言政策和规划的一般经济学分析。通过

---

① 3 篇文章分别为：刘国辉、张卫国的《从"产业倡议"到"语言红利"：加拿大的语言产业及其对中国的启示》；李艳、陆洁的《产品供给视角下的美国语言教育培训行业分析》；高传智的《当前我国语言产业的发展状况及相关思考》。

② 徐大明：《有关语言经济的七个问题》，《云南师范大学学报》（哲学社会科学版）2010 年第 5 期。

③ 王世凯：《略论我国语言资源的开发与利用》，《云南师范大学学报》（哲学社会科学版）2010 年第 5 期。

④ 李现乐：《语言资源与语言经济研究》，《经济问题》2010 年第 9 期。

⑤ 屈哨兵：《语言服务研究论纲》，《江汉大学学报》（人文科学版）2007 年第 6 期。屈哨兵：《语言服务视角下的中国语言生活研究》，《北华大学学报》（社会科学版）2011 年第 5 期。屈哨兵：《语言服务的概念系统》，《语言文字应用》2012 年第 1 期。赵世举：《从服务内容看语言服务的界定和类型》，《北华大学学报》（社会科学版）2012 年第 3 期。

⑥ 李现乐：《语言资源和语言问题视角下的语言服务研究》，《云南师范大学学报》（哲学社会科学版）2010 年第 5 期。

⑦ 郭龙生：《论国家语言服务》，《北华大学学报》（社会科学版）2012 年第 2 期。

⑧ 李宇明：《语言服务与语言消费》，《教育导刊》（上半月）2014 年第 7 期。

⑨ 后蕾：《对当前"语言消费"现象的几点思考》，《南京社会科学》2003 年第 8 期。

⑩ 李艳：《语言产业视野下的语言消费研究》，《语言文字应用》2012 年第 3 期。

⑪ 李现乐：《关注服务活动中的依附性语言消费》，《中国社会科学报》，2013 年 3 月 11 日。

介绍西方语言政策经济学分析的案例与理论，提出对中国的启示①，分析语言经济学对语言政策及评估的影响，以及语言政策研究及其评估的方法和内容②，通过语言规划的成本收益分析、语言与区域经济发展的相关性分析，以及语言、语言资源与语言环境研究，建立语言规划经济学分析框架③等。经济学为语言规划研究注入了新的活力，但需强调的是，将经济学理论和方法纳入语言政策和规划中，并不是要取代传统语言规划研究，而是将其作为语言规划研究的一个有力补充。④ 此外，一些成果从公共产品视角分析了语言和汉语推广、语言（政策）供给问题，如宁继鸣⑤，宁继鸣、王海兰⑥，祁毓⑦。二是对外语教育和外语教学的经济学分析。20世纪90年代，十四大明确提出建立社会主义市场经济体制，对教育改革提出了更新、更高的要求，外语界发起了如何适应市场经济，使培养的外语人才更好地适应市场经济发展需求的讨论⑧，外语教育和外语教学与经济的关联性开始受到重视。在语言经济学被正式引入后，国内研究人员依据经济学的相关理论，开始尝试利用经济学的人力资本理论、理性选择理论等来分析研究我国的外语教育和教学，涌现了一批基于语言经济学视角下的外语教育和教学研究成果。⑨ 主要表现为：基于语言的经济价值、外语教育是一种经济投资、外语教育具有人力资本投资功能等原理，提出对我国外语教育改革和外语教育规划的指导意义，尤其是在商务英语教育中的应用，如许其潮⑩、莫再树⑪、徐启龙⑫等；对我国的英语教育进行经济学的成本收益分析，如江桂英⑬；基于语言经济学的相关理论，对英语教学

① 宋金芳、林勇：《语言经济学的政策分析及其借鉴》，《华南师范大学学报》（社会科学版）2004 第 6 期。

② 张忻：《语言经济学与语言政策评估研究》，《语言文字应用》2007 年第 4 期。

③ 薄守生：《语言规划的经济学分析制度》，《经济学研究》2008 年第 2 期。

④ 张卫国：《语言政策与语言规划：经济学与语言学比较的视角》，《云南师范大学学报》（哲学社会科学版）2011 年第 5 期。

⑤ 宁继鸣：《语言国际推广：全球公共产品和国家公共产品的二重性》，《文史哲》2008 年第 3 期。

⑥ 宁继鸣、王海兰：《汉语国际推广的公共产品属性分析》，《东岳论丛》2009 年第 5 期。

⑦ 祁毓：《公共产品视角的语言供给经济学分析：以教育部调整汉字写法为例》，《西部论坛》2011 年第 1 期。

⑧ 戴炜栋：《适应市场经济　深化外语教改》，《外语界》1993 年第 3 期。蓝仁哲：《在市场经济的大环境里办好外语院校》，《外语界》1993 年第 3 期。

⑨ 张卫国：《遮蔽与澄明：语言经济学的几个基本问题》，《学术月刊》2012 年第 12 期。

⑩ 许其潮：《从语言经济学角度看我国的外语教育》，《外语与外语教学》1999 年第 8 期。

⑪ 莫再树：《语言经济学视角下的商务英语教育研究》，《外语界》2008 年第 2 期。

⑫ 徐启龙：《基于语言经济学视角的我国外语教育决策研究》，《全球教育展望》2010 年第 3 期。

⑬ 江桂英：《中国英语教育：语言经济学的视角》，厦门：厦门大学出版社，2010 年。

改革提出建议，包括外语教学的指导原则、课程设置等，如王伯浩①、孟晓②。三是通过微观个体的语言投资行为分析反观中国的语言政策和规划。语言技能是一种人力资本，个体语言学习是人力资本投资行为，这是语言经济学最重要的理论观点。王海兰从个体语言投资视角考察了孔子学院等汉语推广政策对汉语国际传播的影响，对汉语推广提出政策建议。③ 刘国辉分析了中国外语的投资回报率，对外语教育政策进行评估。④

　　四是语言动态发展的经济学分析。从经济学角度分析语言自身的演化、传播与消亡规律是语言经济学的重要研究领域，国内学者对此进行了探讨，其分析的一个基本视角是从个体对语言的理性选择角度考察语言的动态发展。周端明基于语言的理性选择理论证明了语言演进过程中的最小有效规模特征及由此产生的路径依赖。⑤ 黄卫挺利用博弈论，从个体语言学习角度出发分析了语言的动态发展。⑥ 黄少安、苏剑从经济学视角提出并论证关于语言动态发展的三个基本命题：作为人类的基本制度，语言是演化的，而文字主要是建构的；语言的信息载体及传播工具功能与文化符号功能有分野的趋势，两者具有不同的演化路径或方向，作为前者，趋同趋简，作为后者，呈现多元化或者力求保持多元化；一种语言的通用程度是该语言的学习成本和相应母语国的经济文化影响力的函数。⑦ 此外，还有学者从经济学角度分析了语言传播问题。李宇明指出语言传播的根本动因在于价值，首先取决于语言领有者的社会及历史地位，同时还要看它对语言接纳者有无价值，以及语言接纳者是否认识到其价值。⑧ 王海兰、宁继鸣从个体语言技能资本投资特性角度考察了语言传播规律，认为一种语言的可持续传播在于两个方面：一是劳动力市场存在对掌握该语言技能劳动者的持续性需求，可为其提供长期的经济收益；二是该语言获得了广泛使用，能为投资该语言的个体在当下或可预见的未来带来具有吸引力的交

　　① 王伯浩：《从语言经济学角度看外语市场价值与外语教改》，《兰州商学院学报》2001 年第 1 期。
　　② 孟晓：《基于语言经济学的英语教育改革进路：经济属性嵌入》，《东岳论丛》2014 年第 5 期。
　　③ 王海兰：《个体语言技能资本投资研究》，山东大学博士学位论文，2012 年。
　　④ 刘国辉：《中国的外语教育：基于语言能力回报率的实证研究》，山东大学博士学位论文，2013 年。
　　⑤ 周端明：《语言的经济学分析框架》，《江苏行政学院学报》2005 年第 3 期。
　　⑥ 黄卫挺：《经济学视角下的语言动态分析制度》，《经济学研究》2008 年第 1 期。
　　⑦ 黄少安、苏剑：《语言经济学的几个基本命题》，《学术月刊》2011 年第 9 期。
　　⑧ 李宇明：《探索语言传播规律：序“世界汉语教育丛书”》，《云南师范大学学报》（对外汉语教学与研究版）2007 年第 4 期。

际收益。①

　　语言经济学研究内容庞杂，很多研究成果无法归入上述领域，但这也代表了语言经济学的某种研究取向。例如，立足于中国语言生活现实，对我国语言生活中的流行语、网络语言、汉字繁简之争等热点问题进行经济学分析。此外，不少学者对经济学的修辞、语用学的博弈分析等进行探讨。

　　语言经济学作为一门新兴的领域语言学，其在研究方法方面既具有自然科学的实证性，也具有社会科学的演绎性。从总体上说，实证研究和演绎研究的统一、定量研究和定性研究的互相支撑，是语言经济学常见的研究方法。从具体的研究手段来看，数学方法如博弈论在语言经济学分析中经常被使用，费用—效益分析法、统计方法、计量方法等经济学常用手段也经常被使用。

　　（三）　中国语言经济学的研究指向

　　根据语言经济学研究现状与发展方向，下一步我们要加强语言经济学的基本理论探究，构建与完善语言经济学体系。语言经济学是近年来一个迅速拓展的研究领域，但现有研究仍较为零散，尚未形成一个统一的分析框架，在理论研究层面还有很多工作要做，包括语言经济学的基本概念、研究纲领与方法论，语言经济史的考究及其规律探索，语言自身的演化规律等。作为一门交叉学科，语言经济学可能需长期面对的一个问题是如何在语言学和经济学两个不同的分析框架中寻求均衡，即"语言学还是经济学：我们到底站在哪一边"②，并最终形成自己的研究范式。从目前的研究现状看，语言学者和经济学者仍是在两个相对独立的范式下进行语言经济学的研究，语言学者侧重于运用语言经济学的现有理论、经济学的基本概念和工具对外语教育和教学、语言生活的热点问题进行分析与解释，经济学者侧重于运用经济学的主流工具探讨语言的经济后果和语言本身的演化与博弈问题，两大学界之间的对话不足。语言学家和经济学家应加强合作，促进经济学和语言学在研究内容和研究范式上的沟通与协调，使语言经济学真正形成自己相对清晰的分析框架、相对独立的研究范式和相对完善的理论体系和方法论，这是语言经济学作为一个学科得以存在和发展的基础。

　　二是语言经济学的应用研究，着力解决中国自身语言问题。语言经济

---

　　①　王海兰、宁继鸣：《基于个体语言技能资本投资特性的语言传播规律分析》，《社会科学辑刊》2014 年第 3 期。

　　②　蔡辉：《语言经济学：发展与回顾》，《外语研究》2009 年第 4 期。

学是一门应用性很强的学科，可以为个体、组织、国家等不同层面提出语言相关问题的对策。我国语言发展的悠久历史与实践和当前丰富的语言生活为语言经济学发展提供了研究土壤，同时提出了学术诉求。首先是对中国语言政策和语言规划的经济学分析，包括普通话推广政策、外语教育政策、少数民族双语教育政策及汉语国际推广等进行经济学分析，对其实施效果开展经济效益评估。例如，普通话推广政策实施以来在推动社会经济发展方面到底发挥了哪些作用，同时存在哪些问题，从经济学的角度如何对其成本—收益进行刻画，对其政策效果给予一个公允的评价，这是语言学界和经济学界都有责任解决的问题。一些学者已经对我国的外语教育政策进行了评估，但还不够系统、全面。双语教育是少数民族重要的人力资本投资方式，从理论上说，少数民族学习普通话可以提高就业率，增加收入，如果有一些实证研究成果予以支撑，对我国少数民族地区的双语教育也会有推动作用。2002 年以来，我国开始了有组织的汉语国际推广（传播）事业，做了大量工作，积累了丰富的实践经验，但在理论研究上还任重道远。语言经济学在这方面可以大有作为，包括对汉语国际推广和孔子学院建设的经济效益评估、实证分析母语非汉语者汉语投资回报率、语言经济学相关理论在汉语教学中的应用等。其次是发展语言经济，赚取红利。语言经济是绿色环保经济，是可持续发展的经济形态。语言经济学的重要任务是，认识语言在经济活动中的作用，认识语言经济的运行规律，研究语言对社会的经济贡献度，研究语言政策的成本及其产生的经济效益，探讨促进语言经济发展的政策环境和各种举措，夯实语言基业，发展语言产业，培育语言职业，壮大语言行业，促进语言消费，使国家和个人充分赚取语言红利。[①] 我国发展语言经济需要从多个层面、多个维度下功夫，正确认识语言的经济价值和属性，正确对待和审视对汉民族共同语普通话、各地地方方言、少数民族语言及外语，提高汉语的经济价值。发展语言产业，促进语言经济在语言服务各个领域（包括行业、职业、产业、基业等）的发展壮大，用语言经济学的理论来分析发展语言产业，既是理论研究的起步，也是最终实践的目标。比如语言产业，李宇明指出中国语言产业目前的业态，他从语言教育和测试、语言翻译、语言出版、语言艺术、语言康复、语言创意、语言工程、语言会展等八个方面来进行举例介绍。[②] 这些业态不一定完全囊括了所有语言产业的内容，还有待于继续发掘和开发。瑞士语言产业的经济贡献度达到 10%，那么中国语言产业对经

---

① 李宇明：《认识语言的经济学属性》，《语言文字应用》2012 年第 3 期。

② 李宇明：《语言也是"硬实力"》，《华中师范大学学报》（人文社会科学版）2011 年第 5 期。

济的贡献度有多大，如何测度，这是语言经济学要解决的一个重要问题。与此同时，语言资源保护与开发、语言服务、语言消费的前景十分广阔，如何将其纳入经济增长和经济发展的框架，培植为经济增长点，也大有文章可做。

三是语言经济学发展的数据平台和专门人才队伍的建设。当今世界处于一个大数据信息化时代，计算机技术对提升语言的经济价值也将会有不容置疑的作用。虚拟世界应该拥有相当规模的应对语言经济发展的平台与空间。网络世界对语言和经济产生的影响越来越重要，我们应该建设相应的平台，提高人类彼此之间信息传递的效率，降低交际成本，催生新的语言经济形态，为人类文明建设增添新的动力。同时，由于语言经济从研究到应用涉及各式各样的领域，需要及早规划，通盘考虑，设定标准，培育出一支足量的应对语言经济学研究，语言经济所涉及的相关基业、行业、产业、职业的专门人才队伍。人才的培养需要进行跨学科的规划与设计，必要时还应该组成语言经济学研究与实践跨学科跨业态的各种联盟，一起推动语言经济及语言经济学的健康蓬勃发展。

七、医疗语言学

医疗语言是指在医院或诊所的工作状态下，医务人员（医生、护士等）、患者（及其家属）两个群体内部或互动时使用的口头、书面和体态语，医疗语言学是对这种语言的科学研究而形成的领域语言学分支。

（一）医疗语言学的理论构建

这一阵营中较早进行相关研究的是王孝军[1]，姜学林[2]，姜学林、曾孔生[3]，李永生[4]，姜学林、赵世鸿[5]，李永生、朱海兵[6]，王锦帆[7]，他们分别出版或者发表了相关论著，所使用的学科名称分别是"医生语言学""医疗语言学""医患沟通学""医学沟通学""临床医学语言学""医务语言

[1] 王孝军：《建立医生语言学刍议》，《医学教育》1988年第12期。王孝军：《医生语言艺术》，郑州：中州古籍出版社，1989年。

[2] 姜学林：《医疗语言学初论》，北京：中国医药科技出版社，1998年。姜学林主编：《医学沟通学》，北京：高等教育出版社，2008年。

[3] 姜学林、曾孔生主编：《医疗语言学》，香港：世界医药出版社，2000年。

[4] 李永生：《临床医学语言艺术》，北京：人民军医出版社，2001年。

[5] 姜学林、赵世鸿主编：《医患沟通艺术》，上海：第二军医大学出版社，2002年。

[6] 李永生、朱海兵：《医务语言学概论》，郑州：郑州大学出版社，2005年。

[7] 王锦帆主编：《医患沟通学》（第2版），北京：人民卫生出版社，2006年。

学"。目前很多医学院校都开设了"医学沟通学"课程，"医学沟通学"这一学科名称已基本为医学界所承认，"医学/医疗语言学"也逐渐为语言学界所接受。

王孝军讨论了建立医生语言学的必要性、可行性，以及医生语言的功能和作用，阐明了医生语言学的基本任务。姜学林、曾孔生对医疗语言学的概念系统进行了拓展和增补，认为要分为基础理论部分和应用理论部分进行研究。李永生、朱海兵进一步构建了临床医学语言、医务语言学的理论框架，讨论了临床医学语言学的定义、意义、与思维的关系，以及临床医学语言职业变体的特点，分析了临床医学语言交际的科学性、情感性、道德性三大原则。姜学林等对这一学科进行了较为全面的论述，包括学科性质、学科特点、重要意义、基本概念、研究对象、研究内容、理论基础、基本原理和理论体系。

（二）医疗语言的研究队伍、研究方法和研究对象

研究医疗语言的队伍由两部分组成：

一是一些带有汉语语言学、医疗实践和管理背景的研究人员，他们总结医疗实践和管理中医患交际的经验，归纳医患语言的特征和功能，以医疗管理、临床实践的体系为框架，建立了医疗或医学语言学的体系，最终目的是规范和改进实际的医患语言互动。我们称这一阵营为汉语语言学理论和医疗实践相结合的研究，包括构建医疗语言学理论的各位学者。

二是有外国语言学背景的研究人员，他们借鉴西方的语用学、话语分析的理论和方法，基于实际语料，结合访谈和问卷，分析了中国医患语言的特征，并进行了理论和方法的创新，提出了对医疗实践的建议。我们将这一阵营的研究称作借鉴西方语言学理论的研究。

研究医疗语言的方法大体上可以分成两种：

一是汉语语言学理论和医疗实践相结合的研究方法。这方面的研究具有以下特色和优势：侧重于构建和完善整个医疗语言学或医学语言学的框架，具有学科开创性和较高的概括性；结合医疗管理、实践的体系和普通语言学的体系来建立医疗语言学的框架，比较符合医疗语言学作为交叉学科的特点；对影响医疗语言的因素、医疗语言的特征和分类、医疗语言的运用方法和艺术进行了多方面的定性分析，论述细致、透彻；研究人员熟悉医患交际，对医疗实践经验的总结比较符合现实；大部分是规范性研究和定性研究。研究的不足在于：没有借鉴成熟的语言交际理论、语用理论、信息理论，将它们融入理论体系，没有吸取话语分析、会话分析、语用学、批判话语分析、多模态话语分析的最新成果，较少借鉴一般语言学

的框架体系，因而所构建的医疗语言学框架在语言学意义上显得科学性、逻辑性、理论性不强。

二是借鉴西方语言学理论的研究方法。这方面的研究内容涉及医患会话中的某类语言现象、医患会话互动的语用策略和原则、言语障碍患者的语言、会话分析模式的构建，以及医患话语研究的综述及研究方法的反思等。其研究方法具有以下特点和优势：借鉴了西方先进的语言学理论，如话语分析、会话分析、语用学和批判话语分析等，与西方的医患互动研究接轨，有利于揭示语言和交际的共性和中国医患会话的个性，且有一定的理论深度；带有鲜明的实证特色，大都进行实地调查，采用录音或录像方法收集语料并转写成文字；有些还结合访谈、问卷等方法，对语料和数据进行了统计分析处理；研究途径多样，如话语分析、会话分析、语用学和批判话语分析等；针对具体的语言问题进行分析，微观分析与宏观分析相结合，有一定的深度；都是在对实际医患会话进行充分描述的基础上提出对医疗实践的启示，结论具备客观性、现实性和可行性。

医疗语言的研究对象主要集中在医务人员语言的研究方面。对于医务人员语言的研究是根据研究对象进行划分，主要有两个类别：医护语言以及非语言沟通。这方面讨论医护各自语言的文献较多，包括对医生、护士各自语言的研究即医务人员语言的作用、功能、必要性和重要性研究①，医务人员语言沟通的内容研究②，医务人员语言沟通现状的调查研究③，医务人员语言沟通的方式、方法、技巧和艺术研究④等，个中涉及正确理解患者的语言，正确表达医生自己的意图，多用鼓励性语言、解释性语言、正性暗示语言，适当自我表露以使患者了解医务人员自己的信息，针对不同心理特点和不同疾病患者使用不同的语言，要有文化敏感性，采用多种形式沟通，符合伦理道德规范等内容。对于医务人员非语言沟通的研究⑤主要集中在非语言沟通的作用、重要性、必要性和使用现状的研究，以及非语言沟通的方法、技巧和艺术方面，涉及善用副语言信息、通过目光接触、面部表情进行沟通、注意把握适当的交际距离、细心观察患者体态语、保持体态语与有声语言和谐统一等内容。与医护人员语言研究相关的

---

① 朱耀明：《浅谈医疗活动中的医患沟通与交流》，《中华医院管理杂志》2004 年第 10 期。

② 桑福金：《在沟通中构建和谐医患关系》，《军医进修学院学报》2007 年第 5 期。

③ 徐双燕、苏维、欧志梅等：《藉由语言性沟通认知分析成都市公立医院医患关系现状》，《中国卫生事业管理》2011 年第 1 期。

④ 张璟、王维利：《医患沟通新视角：论自我表露的临床应用》，《医学与哲学》2013 年第 4 期。

⑤ 雒保军：《非语言沟通在医患沟通中的作用及技巧》，《医学与哲学》（人文社会医学版）2010 年第 9 期。

一个问题是这些人员的语言能力培养问题的研究。①

从伦理、文化、哲学、历史的视角审视医疗语言是近年来值得关注的一种现象，包括试图通过语言路径来认识人及医学活动，认识人类独有的健康和疾病现象以及医学诊断和治疗，并希望促进人员的修行，而使其成为说真话的主体。② 有研究提出要重视在思维方式和语言表达结构上医患两者之间的不同，医生是理性的线状思维和隐性描述的因果式语言结构，患者是面状思维和类似文学故事的交织式语言结构，理想的医患会话应该是两种思维方式的经纬交织和两种叙事方式的融合。③ 在后现代语境下，医学语言的伦理应该是摆脱现代性/文化霸权的一种诠释学的谈话，是一种境遇伦理。④ 这些研究视角无疑为医疗语言学的研究提供了更大的发展空间。

（三）医疗语言学的研究前瞻

从发展的眼光看，医疗语言学的研究在如下三个方面还有很大的研究空间：

一是医疗过程中不同参与者的语言研究。当前的情况是，除了对语言障碍患者语言的研究外，对患者语言的客观分析很少。患者是医患语言互动两极中的一极，当然值得进行透彻的研究，也只有掌握了患者语言的特点，才可能对医务人员的语言提出有针对性的建议。同时还缺少对医方与患者家属及其陪同人员之间的互动进行研究，患者家属及其陪同人员不同程度地参与了医患互动，对于年幼、高龄患者和其他缺乏正常行为能力和语言能力的患者来说，患者家属及其陪同人员在互动中代表患者扮演了主要的参与者角色。⑤ 他们的语言以及他们与医务人员的互动也应该纳入研究的视野。医方内部的语言互动也应该成为医疗语言学的重要研究内容，包括医生与医生之间、护士与护士之间、医生与护士之间即医方内部的语言互动等。

二是医疗过程中不同语言场景的研究，包括诊疗各个阶段的医患语言

---

① 张常明：《医学生需要提高语言技能：关于"医学语言学"的构想》，《医学教育》1994年第8期。李玉梅：《在基础护理教学中提高护生的语言表达能力》，《中华护理杂志》1996年第10期。

② 邱鸿钟：《医学与语言：关于医学的历史、主体、文本和临床的语言观》，广州：广东高等教育出版社，2010年。

③ 王茜、隆娟：《基于门诊会话语料的患者多出信息现象的分析》，《医学与哲学》（人文社会医学版）2011年第11期。

④ 黄功勤、孙慕义：《后现代语境下医学语言的伦理解读》，《医学与哲学》（人文社会医学版）2006年第10期。

⑤ TATES K, et al. "I've come for his throat": roles and identities in doctor-parent-child communication. Child care health development，2002（1）.

研究、医患的门诊诊疗语言与住院诊疗语言研究等。

三是医疗过程中不同语言表现形式的研究，包括对医生、护士的书面语言（病历、处方、单据等）研究，医患语言研究的多模态分析方法，因为医疗语言互动是语言、动作、图片等模态相互融合和配合的互动，不采用多模态的方法就不能揭示医疗语言互动的全貌和本质。

同时，从研究的理论基础讲，对医疗语言的研究还应该借鉴最新的语用学、认知语言学、叙事学、系统功能语言学等方面的理论和视角，推进研究的进一步深入。

领域语言学的范围十分广泛，本文只是对法律语言学等七个领域语言学分支进行述评研判，相对于可以列出的领域语言学的分支来说，只能是管中窥豹。事实上，领域语言学研究大有可为，其研究空间不可限量，其他如儿童语言学、军事语言学、交际语言学、网络语言学、康复语言学等很多领域，都可以拿来专作分析，限于篇幅，这里就不一一列示了。

附录二　《语言服务引论》目录

（三）语音规范标准的内容及服务

（四）音节表的制定及其服务面向

二、语音训练服务与语音信息播报服务

（一）语音训练服务

（二）信息播报服务

三、语音分析技术服务

（一）语音分析技术及软件

（二）语音分析技术的利用

四、语音面貌的设计与利用

（一）嗓音设计

（二）停顿设计

（三）语速设计

第三节　基于词汇的语言服务

一、词汇规范及其推广

（一）词汇规范的服务空间

（二）现代汉语规范（通用）词表的研制

（三）规范词表的推广利用

二、专题词汇的荐选与推广

（一）语种间的词汇对照服务

（二）科技名词的规范服务

（三）专业/通用词语的大众服务

（四）普通话和方言之间词汇对比服务

（五）商用关键词服务

三、新词热词的引导服务

（一）年度词语的发布

（二）新词新语的引导服务

（三）搜狗新词及相关领域的服务

第四节　基于语法的语言服务

一、语法规范及其运用

（一）语法规范的服务空间

第二节　语言服务职业

一、传统的语言服务职业

（一）语言翻译人员

（二）语言教师

（三）其他传统的语言服务职业

二、新兴的语言服务职业

（一）语言工程师

（二）语言矫治师

（三）文字速录师

（四）网络文字编辑师

三、语言服务职业的开发

（一）语言规划师

（二）语言策划师

（三）语言鉴定师

（四）语言认证师

（五）语言纠错师

（六）其他有待显化的语言服务职业

第三节　语言服务行业

一、行业和语言服务行业

（一）服务性行业的语言服务需求

（二）语言服务行业的现状

二、语言服务行业的特征

（一）自主性

（二）服务性

（三）商品性

三、语言服务行业的发展

（一）与语言服务职业的关系

（二）语言服务行业的成长规律

（三）语言服务行业的测查认证

第三章　语言服务领域

第一节　网络领域语言服务

一、网络语言的形态

（一）网络语言的基本特征

（二）网络语言的生存样态

（三）网络语言的下位划分

二、网络语言的设计及语源

（一）网络语言的设计

（二）网络语言的语源分析

三、网络语言的引导与服务

（一）社会生活中的网络语言评价

（二）语文教育中的网络语言引导

（三）社会呼应中的网络语言引导

第二节　广告商业领域语言服务

一、广告商业领域的语言状况

（一）广告商业领域的范围

（二）广告商业领域的语言状况

二、广告领域的语言服务

（一）广告语言谱系建设

（二）广告关键词语的管理

（三）广告文案的设计推广

三、商业领域的语言服务

（一）商品市场的语言服务

（二）商店名称的设计与管理

第三节　会展旅游领域语言服务

一、会展旅游领域的语言状况

二、会展领域的语言服务

（一）会展行业的发展过程

第三节　族际语言服务

一、少数民族语言使用状况与特点

二、少数民族语言服务的现状及存在的问题

（一）现状

（二）存在的问题

三、加强少数民族语言服务的意义及策略

（一）意义

（二）策略

第四节　方言/社区语言服务

一、方言地区的语言服务

（一）民族共同语的教育和推广

（二）方言服务的规划

（三）方言服务的实施

二、各类社区群体的语言服务

（一）城市社区的语言服务

（二）农民工群体的语言服务

（三）大型移民社区的语言服务

三、特殊群体的语言服务

（一）听障人群的语言服务

（二）视障人群的语言服务

第五节　家庭、个体语言服务

一、家庭语言服务

（一）家庭语言状况

（二）家庭语言规划指导

二、个体语言服务

（一）个体在语言服务层次系统中的地位

（二）个体语言服务的特征

（三）个体语言服务的重点

第五章　语言服务效能

第一节　语言服务的工具效能
一、工具性
（一）工具性的主要表现
（二）工具性的主要功能
二、规约性
（一）规约性的主要表现
（二）规约的主要范围
三、主导性
（一）主导性的主要体现
（二）主导性的主要功能

第二节　语言服务的经济效能
一、语言服务的市场
（一）市场类型
（二）市场特征
（三）市场延伸
二、语言服务的价格
（一）价格基础
（二）价格状态
（三）价格计算
三、语言服务的收益
（一）产业收益
（二）职业收益

第三节　语言服务效能的测评
一、语言服务系统的效能测评
（一）服务系统的设计
（二）服务系统的评估
（三）服务系统的更新

术语索引

后　记